딥러닝
EXPRESS

천인국 지음

생능출판

저자 소개

천인국

1983년 서울대학교 전자공학과 공학사
1985년 KAIST 전기및전자공학과 공학석사
1993년 KAIST 전기및전자공학과 공학박사
1985~1988년 삼성전자 종합연구소 주임 연구원
1993년~현재 순천향대학교 컴퓨터공학과 교수
2005년 캐나다 UBC 방문 교수
E-mail: chunik@sch.ac.kr

딥러닝 EXPRESS

초판발행 2021년 7월 16일
제1판2쇄 2023년 2월 3일

지은이 천인국
펴낸이 김승기
펴낸곳 (주)생능출판사 / **주소** 경기도 파주시 광인사길 143
출판사 등록일 2005년 1월 21일 / **신고번호** 제406-2005-000002호
대표전화 (031)955-0761 / **팩스** (031)955-0768
홈페이지 www.booksr.co.kr

책임편집 신성민 / **편집** 이종무, 김민보, 유제훈 / **디자인** 유준범, 표혜린
마케팅 최복락, 김민수, 심수경, 차종필, 백수정, 송성환, 최태웅, 명하나, 김민정
인쇄 성광인쇄(주) / **제본** 은정문화사

ISBN 978-89-7050-495-7 93000
정가 28,000원

머리말

우리는 알파고의 충격을 잊지 못한다. 컴퓨터가 정복하기 어려울 것이라던 바둑 게임에서 프로 기사들을 상대로, 인공지능 프로그램 알파고는 일방적인 승리를 기록하였다. 최근에 인공지능, 그 중에서도 딥러닝(deep learning)은 시대의 화두가 되었다. 많은 기업에서 인공지능을 미래의 먹거리로 생각하고 연구에 매진하고 있다. 많은 대학교에서도 딥러닝을 정규 과목으로 편성하여 가르치고 있다.

하지만 딥러닝을 효과적으로 가르치기란 쉽지 않다. 많은 이유가 있겠지만 수학도 필요하고, 파이썬, 특히 넘파이 라이브러리에 대한 깊은 지식이 필요하다. 이 책은 대학교의 딥러닝 과목을 목표로 하여 저술되었다. 학생들에게 딥러닝을 효과적으로 가르치려면 여러 가지 기법이 필요하다고 믿고 있다. 이 책을 저술하면서 역점을 두었던 몇 가지는 다음과 같다.

- 적절한 그림을 가능한 많이 사용하여, 보다 친숙하고, 지루하지 않으며 독자들이 이해하기 쉬운 교재를 만들려고 노력하였다.
- 구글이 제공하는 텐서플로우 플레이그라운드 웹사이트를 이용하여 각종 개념에 대한 실습을 코딩없이 가능하도록 하였다. 독자들은 웹사이트의 간단한 설정을 통하여 여러 가지 실험을 해볼 수 있다.
- 딥러닝의 핵심적인 개념들을 철저히 설명하였다. 예를 들어서 역전파 알고리즘은 지면을 아끼지 않고 최대한 자세히 설명하였다.
- 흥미로운 주제의 실습 코드들을 최대한 수록하였다. 다만 수업에 사용하기 어려운, 너무 복잡한 코드는 제외하였다.

이 책이 만들어지기까지 많은 도움이 있었다. 이 책에 대하여 적극적으로 지원해주신 생능출판사 김민수 이사님과 편집부에 감사드린다. 책이 나올 때마다 오류를 바로 잡아주고 격려해주는 모든 분들께도 깊이 감사드린다. 아무쪼록 많은 이들이 이 책을 통하여 인공지능 분야로 성공적으로 진입할 수 있다면 필자에게는 큰 보람이 될 것이다.

2021년 7월
천인국

강의 계획안

한 학기 16주 강의라면 다음과 같은 진행을 생각할 수 있다. 상황에 따라 일부 내용은 제외해도 좋을 것이다.

주	해당 장	주제
1	1장	인공지능의 개요
2	2장	파이썬과 넘파이 복습(생략 가능)
3	3장	머신러닝의 기초적인 각종 개념들
4	4장	선형 회귀 이해
5	5장	퍼셉트론의 이해와 제한점
6	6장	다층 퍼셉트론의 이해와 학습 알고리즘
7	7장	MLP의 배치와 학습률, 케라스 라이브러리 이해
8	중간고사	중간 평가
9	8장	심층 신경망의 문제점, 구조, 학습 알고리즘
10	9장	컨벌루션 신경망의 구조, 응용 분야
11	10장	영상 인식을 위한 신경망 이해
12	11장	순환 신경망 이해
13	12장	자연어 처리를 위한 신경망 구조, 자연어 전처리
14	13장	강화 학습의 용어, 개념, 학습 알고리즘
15	14장	생성 모델의 개념, 오토인코더와 GAN
16	기말고사	기말 평가

차례

01

인공지능이란?

인공지능은 최근 가장 각광받는 산업분야입니다. 하지만 인공지능이 거쳐 온 경로는 그다지 순탄치 않았습니다. 많은 역경이 있었고 그것을 극복해 왔습니다. 그리고 가장 오래된 신경망 기술이 화려하게 부활하였습니다. 이 장에서는 마음 편하게 인공지능의 역사, 정의, 활용 분야를 살펴보겠습니다.

학습목표

- 인공지능이란 무엇인지를 이해한다.
- 인공지능의 특징을 살펴본다.
- 인공지능의 역사를 이해한다.
- 인공지능이 사용되는 분야를 이해한다.

인공지능이란?

1. 인공지능의 시대

2016년 3월 구글의 인공지능 바둑 프로그램인 알파고(AlphaGo)는 한국에 큰 충격과 공포를 주었다. 컴퓨터가 이기기 어렵다고 알려진 바둑 게임에서 알파고가 압도적인 실력으로 4-1로 승리하였다. 2017년 1월에는 온라인 바둑 사이트에 마스터(Master)란 이름의 고수가 나타났다. 마스터를 상대로 승리시 10만위안(약 1700만원)을 주는 이벤트에서 마스터는 세계 1위의 커제 9단을 비롯하여 한·중·일을 대표하는 프로기사들을 상대로 30전 전승을 기록하였다. 마스터는 다른 온라인 바둑 사이트에서도 30전 전승을 기록하여 마스터의 전체 전적은 60전 60승이 되었다. 마스터는 바둑 팬들의 예상대로 업그레이드된 알파고였다.

그림 1-1 알파고

알파고는 인공지능 기법으로 작성된 바둑 프로그램이다. 알파고로 인하여 우리는 인공지능의 시대가 성큼 다가왔다는 것을 느낄 수 있었다. 최근에 인공지능이 이룩한 업적을 보면 실로 경이롭다. '서양의 바둑'이라고 불리는 체스에서 1997년 IBM의 컴퓨터 '딥블루'는 세계 챔피언이었던 카스퍼로프를 상대로 승리를 거두며 인간 챔피언을 넘어선 최초의 컴퓨터가 됐다. 2011년 IBM에서 개발한 인공지능 프로그램 "왓슨"이 퀴즈쇼 '제퍼디'에서 인간 우승자를 제치고 우승을 차지했다. 제퍼디 퀴즈쇼는 사회자가 어떤 단어에 대해 설명을 하면, 제일 먼저 정답을 말하는 사람이 상금을 가져가는 퀴즈쇼이다.

그림 1-2 왓슨과 제퍼디(출처: TV 화면 캡처)

인공지능은 어디에 필요할까? 인공지능은 자율 주행 자동차에서 장애물이 감지되면 자동차를 스스로 세우게 한다. 이것은 이미 여러 자동차회사에서 구현하고 있다. 내 차가 앞차와 부딪힐 위험에 처하면 차가 스스로 브레이크를 걸고 사고를 최소화하는 쪽으로 방향을 틀 것이다.

그림 1-3 자율 주행 자동차

우리는 음성으로 인터넷에서 상품을 주문할 수 있다. 아마존에서 판매하고 있는 "알렉사"라는 인공지능 스피커는 이러한 기능을 탑재하고 있다. 알렉사에는 음성 인식 기능이 있어서 아마존에서 판매하는 제품을 쉽게 주문할 수 있게 했다. 또 날씨와 시간, 일정 등을 음성으로 확인하고 음악을 듣거나 IoT 기기들을 제어하는 등의 기능을 수행할 수 있다. 인공지능은 인간이 지치고 외로울 때 말동무가 될 수 있다. 우리는 스마트폰에 내장된 구글의 어시스턴스나 애플의 시리를 많이 사용한다. 인공지능은 앞으로 영상 인식, 음성 인식, 스팸 필터링, 의료 진단, 무인 자동차, 금융 투자, 얼굴 인식 시스템, 비디오 게임에서의 NPC(Non-Player Character) 구현, 드론, 로봇 공학, 광고, 예술 등의 분야에서 활용이 기대되고 있다.

Meet Alexa

Turn up
your music

Check the
weather

Place an order

Hear the news

그림 1-4 아마존의 알렉사(출처: 아마존)

인간과 컴퓨터는 각각 장점과 약점을 가지고 있다. 우리는 컴퓨터와 같이 살아가는 방법을 배워야 한다. 기존의 컴퓨터가 계산만 빨리하였다면 인공지능이 탑재된 컴퓨터는 논리적으로 추론할 수도 있으며 학습도 가능하다. 인간은 계산은 늦지만, 창의적으로 문제를 해결할 수 있다. 실세계의 다양한 문제들을 빠르

그림 1-5 인간과 인공지능

고 정확하게 해결해내는 컴퓨터는 인간의 능력을 확장하는데 활용되고 있다. 컴퓨터는 과거에는 상상도 못했던 일들을 해결하고 있고, 인간으로 하여금 새로운 방식의 삶을 영위하게 해주었으며, 시간과 공간의 제약을 없애고 있다. 앞으로도 인간과 인공지능 컴퓨터는 좋은 동반자가 되어서 "인간의 우주 개척", "지속 가능한 에너지"와 같은 복잡한 문제들을 함께 처리할 것이다.

2. 인공지능의 정의

우리는 인간처럼 생각할 수 있는 기계를 만들기 위해 오랫동안 연구하였다. 인공지능(Artificial Intelligence)은 지능적인 기계를 만드는 학문 분야이다. 그렇다면 지능(intelligence)이란 무엇인가? 지능은 학자에 따라 다르게 정의되고 있고 아직도 명확하게 정의하기는 쉽지 않다. 지능의 정의는 철학자와 과학자마다 다르다. 이 문제가 중요한 이유는 "지능"을 어떻게 정의하느냐에 따라서 완전히 연구 방향이 달라지기 때문이다.

"인간은 어떻게 지능적으로 사고하는 것일까?" 이 질문의 답을 찾기 위하여 철학자들과 과학자들은 2천년 이상 노력해왔다. 하지만 아직도 우리는 우리가 어떻게 사고하는지 자세히 모른다.

우주만큼 신비한 것이 인간의 사고 과정이라고 한다. 우리는 어떻게 자기 자신을 인지하고 우리 주위의 사물을 인식할 수 있을까? 만약 인간의 사고가 어떻게 이루어지는지를 정확하게 안다면 이것을 그대로 본떠서 기계로 만들 수 있을 것이다. 인간의 지능적인 사고는 다음과 같은 특징을 가지고 있다.

학습(Learning)
과거의 패턴들로부터 학습할 수 있는 능력을 가지고 있다.

문제 해결(Problem Solving)
복잡한 문제를 분석하고 해결할 수 있는 능력을 가지고 있다.

아주 큰 용량의 변화하는 데이터를 처리할 수 있다.

주위의 상황으로부터 추론할 수 있는 능력을 가지고 있다.

빅데이터(Big Data)

추론(Reasoning)

그림 1-6 인간의 지능

인공지능을 정의할 때, 학자들은 다음과 같은 4가지 측면을 중요시한다[Russell].

- 인간처럼 사고하기(Thinking Humanly): 컴퓨터를 인간처럼 사고하게 만들려고 노력한다. 즉 생각이 있는 컴퓨터가 목표이며, 인간의 중요한 능력인 학습, 문제 해결, 결정내리기 등을 구현하려고 노력한다.
- 합리적으로 사고하기(Thinking Rationally): 계산적인 모델을 통하여 인지, 추론, 행동을 구현하는 것이 목표이다.
- 인간처럼 행동하기(Acting Humanly): 인간처럼 행동하는 컴퓨터로 구현하는 것이 인공지능이라고 주장한다.
- 합리적으로 행동하기(Acting Rationally): 인공지능은 지능적인 에이전트들의 설계에 대한 연구라고 정의한다.

인공지능을 정의하는 것은 생각보다 단순하지 않다. 인간은 지능적인 행동을 많이 하지만 어리석은 실수도 많이 한다. 잘 잊어버리고 비이성적인 결정을 내리는 때도 많다. 또 어떤 사람은 다른 사람들보다 뛰어나다. 복잡한 계산을 잘하는 사람도 있고 철학이나 문학에 소질이 있는 사람도 있다. 그렇다면 우리가 인공지능 컴퓨터를 만들 때, 때로는 어리석은 결정을 내리도록 해야 할까? 또는 인간처럼 컴퓨터마다 고의적으로 능력의 차이를 두어야 할까?

어떤 학자들은 인공지능이 인간의 사고하는 방식을 그대로 따라서 구현되야 한다고 주장한다. 또 다른 학자들은 인공지능이 인간의 사고방식과는 상관없이 합리적이고 이성적으로 사고할 수 있는 방식이면, 충분하다고 한다.

사전에서 지능의 정의를 찾아보면 일반적으로 다음과 같은 2가지의 능력으로 설명되어 있다.

> 1. 인간이 사물을 이해하고 학습하는 능력(Learning)
> 2. 어떤 문제가 주어졌을 때, 합리적으로 사고하여 문제를 해결하는 능력(Problem Solving)

첫 번째 정의는 이해하고 학습하는 능력을 강조한다. 이것은 아직까지도 인간에게만 있는 능력이다. 최근에 인기 있는 기술인 딥러닝은 상당한 수준의 학습이 가능하지만, 이전까지만 해도 학습이 힘들었다. 아직도 주위 사물을 인간처럼 이해하는 것은 아주 어려운 일이다. 두 번째는 합리적인 사고를 통하여 문제를 해결하는 능력을 지능이라고 정의한다. 이것은 인간도 가능하지만, 기계도 가능할 수 있다.

첫 번째 정의와 두 번째 정의를 합하여 "문제를 해결하기 위하여 학습하고 이해하는 능력"을 지능이라고 정의하자. 그렇다면 인공지능이란 "인간의 인지적인 기능을 흉내 내어서 문제를 해결하기 위해 학습하고 이해하는 기계(컴퓨터)"가 될 것이다.

NOTE 약인공지능과 강인공지능

"터미네이터" 영화에서처럼 인공지능은 두려운 존재일까? 인공지능에는 강인공지능(strong AI)과 약인공지능(weak AI)이 있다. 강인공지능은 인공지능의 강한 형태로 자의식이 있는 인공지능이다. 강인공지능은 일반적인 영역에서의 문제를 해결할 수 있으며 명령받지 않은 일도 스스로 필요하다고 생각해서 할 수 있다. 터미네이터의 스카이넷이나 어벤저스에서의 울트론은 강인공지능의 예이다. 약인공지능은 인공지능의 약한 형태로 자의식이 없으며 특정한 영역에서 주어진 문제를 해결한다. 예를 들어서 음성을 인식한다던지 영상을 이해하는 인공지능이다. 알파고는 약인공지능의 예이다. 강인공지능보다는 약인공지능이 쓸모가 많다. 아무리 똑똑해도 인간의 지시를 거부한다면 무슨 소용이 있을까?

인공지능 vs 머신러닝 vs 딥러닝

요즘 인공지능, 머신러닝, 딥러닝이라는 용어는 아주 많이 등장한다. 어떤 차이가 있을까? 다음 그림 1-7을 기억하면 된다.

인공지능(artificial intelligence)이란 컴퓨터에 지능을 부여하기 위한 연구 분야 전체를 의미한다. 인간처럼 학습하고 추론하는 프로그램을 연구한다.

머신러닝(machine learning)은 인공지능의 한 분야로, 컴퓨터에 학습 기능을 부여하기 위한 연구 분야이다. "머신러닝"이란 용어는 1959년에 아서 사무엘(Arthur Samuel)에 의해 만들어졌다. 패턴 인식 및 계산 학습 이론에서 진화한 머신러닝은 컴퓨터가 주어진 데이터를 학습하는 알고

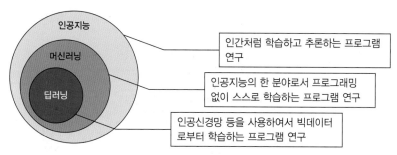

그림 1-7 인공지능, 머신러닝, 딥러닝

리즘을 연구한다. 학습할 수 있는 데이터가 많아지면 알고리즘 성능이 향상된다. 이들 알고리즘은 항상 고정적인 의사 결정을 하는 프로그램의 명령어와는 다르게, 데이터 중심의 예측 또는 결정을 내릴 수 있다. 머신러닝은 어떤 문제에 대하여 명시적 알고리즘을 설계하고 프로그래밍하는 것이 어렵거나 불가능한 경우에 주로 사용된다. 예를 들어서 스팸 이메일 필터링, 네트워크 침입자 작동 검출, 광학 문자 인식(OCR), 컴퓨터 비전 등의 분야에서 활발하게 사용된다.

딥러닝(deep learning)은 신경망의 학습 알고리즘이다. 신경망(neural network)은 1950년대부터 연구되어 온 연구 주제였다. "생각하는 기계"는 항상 인간의 꿈이었고 사람들은 인간의 두뇌를 본떠서 기계로 만들려고 하였다. 인간의 뉴런(신경세포)은 다음과 같이 입력을 받아서 출력을 내보는 구조로 되어 있다.

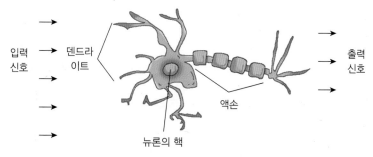

그림 1-8 생물학적 뉴런의 구조

인간의 뉴런은 굉장히 단순한 계산만을 하지만, 수백만 개를 모아 놓으면 복잡한 작업을 할 수 있다. 이것은 현대 컴퓨터와는 완전히 반대의 개념인데, 강력한 계산 기능을 가지는 CPU를 하나 사용하는 대신에, 신경망은 미약한 기능의 CPU를 수백만 개 사용하는 컴퓨터라고 할 수 있다. 최근의 인공지능 붐은 전적으로 딥러닝의 성공 때문이다.

3. 인공지능의 간단한 역사

인공지능은 그림 1-9와 같이 "탐색의 시대" → "지식의 시대" → "학습의 시대"로 발전해왔다고 할 수 있다.

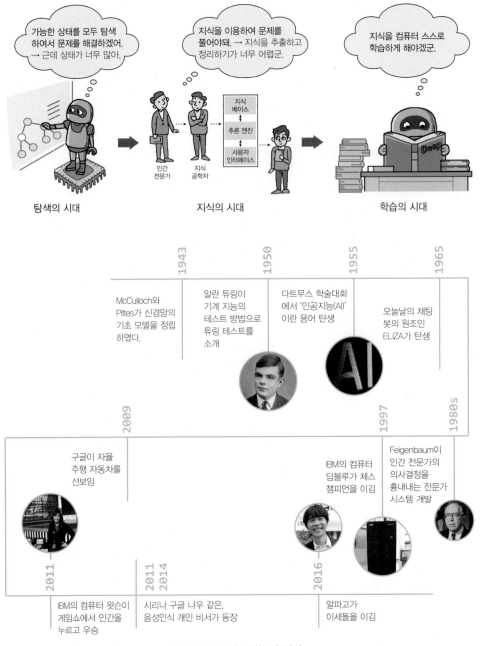

그림 1-9 인공지능의 역사

인공지능의 태동(1940~1960)

1940년대부터 수학, 의학, 공학 등의 다양한 분야의 과학자들이 인공두뇌의 가능성을 연구하기 시작하였다. 이것이 인공지능 연구의 시작이라고 할 수 있다. 1940년대는 아직 컴퓨터도 개발되지 않았을 시대이다. 1940년대 초반의 연구에 따르면, 인간의 두뇌는 펄스를 내보내는 뉴런 (neuron)의 전기적 네트워크로 생각할 수 있음을 알게 되었다. 1943년에 Warren McCulloch 과 Walter Pitts는 뉴런들의 간단한 네트워크를 분석하고 이것이 간단한 논리 기능을 수행할 수 있음을 보여주었다. 이것은 나중에 인공신경망이라고 부르게 된다. 인공신경망에서 각 뉴런은 ON 또는 OFF 상태 중의 하나로 있을 수 있었다. 이들은 이 간단한 인공신경망이 초보적인 학습도 가능함을 보여주었다. 딥러닝의 기초가 되는 인공신경망 연구는 McCulloch와 Pitts에 의하여 시작되었다.

그림 1-10 Warren McCulloch와 Walter Pitts, 그들이 만들었던 신경망

1950년 앨런 튜링(Alan Turing)은 "생각하는 기계"의 가능성을 고찰한 획기적인 논문을 출간했다. 그는 "인간의 생각"은 정의하기 어렵다는 것을 지적하고, 유명한 튜링 테스트를 제안하였다.

그림 1-11 튜링 테스트

텔레타이프를 통한 대화에서 심판관이 기계를 인간과 구별할 수 없다면 기계가 "생각하고 있었다."고 말하는 것이 합리적이라고 주장하였다.

튜링 테스트에서는 인간, 컴퓨터, 질문자가 각각 독립된 방에 있고 원격 터미널만을 사용하여 통신을 한다. 질문자는 방 안에 누가 있는 지 볼 수 없고 음성을 들을 수도 없다. 질문자는 누가 인간이고 누가 컴퓨터인지를 알아내기 위하여 까다로운 질문을 하게 된다. 컴퓨터에서는 미리 작성된 프로그램이 실행된다. 프로그램은 고의적으로 실수도 하고 애매한 답변도 하면서 질문자에게 자신이 인간이라고 여기게끔 한다. 만약 컴퓨터가 인간만큼 질문자를 속일 수 있다면 컴퓨터는 튜링의 테스트를 통과한 것이다. 즉 인공지능을 가졌다고 볼 수 있는 것이다.

여기서 질문자는 컴퓨터를 보거나 만지거나 소리를 들을 수는 없지만, 컴퓨터를 테스트하는 여러 가지 질문을 할 수 있다. 예를 들어서 소설이나 시에 대하여 질문할 수 있다. 또 복잡한 수학 문제를 제시하여 인간보다 더 빨리 해결하는 지를 볼 수도 있다. 튜링 테스트에서는 어떤 질문들이 오갈까? 아주 궁금하다. 다음과 같은 질문일 수 있다.

질문자: 당신은 컴퓨터인가요?
컴퓨터: 절대 아닙니다.

질문자: 253886489*357725896을 곱해보세요.
컴퓨터: (한참 쉬었다가 틀린 답을 제시한다.)

질문자: 인생의 의미는 무엇인가요?
컴퓨터: (미리 저장된 답변을 제시한다.)

질문자: 사랑은 무엇인가요?
컴퓨터: (미리 저장된 답변을 제시한다.)

튜링 테스트는 컴퓨터가 지능적으로 작동하는지 여부를 직접 테스트하지 않는다. 컴퓨터가 인간처럼 행동하는지 여부만 테스트한다. 그러나 인간의 행동과 지적인 행동이 항상 같지는 않다. 인간의 행동은 때로는 비지능적이고 또 일부 지적 행동은 비인간적이다. 그런데 튜링 테스트를 통과한 컴퓨터를 과연 우리가 원하는가? 즉 인간처럼 느리게 계산하는 기계를 원하는 것일까? 인간이 보여주는 비합리적인 행동도 하는 컴퓨터를 원하는 것인가?

튜링 테스트 자체가 너무 예전 기준이라는 의견도 있다. 튜링 테스트가 등장하였던 1950년대는 컴퓨터가 등장하지도 않았던 시기이다. 어떤 연구자들은 튜링 테스트를 업그레이드해야 한다고 주장한다. 진짜 인공지능이라면 TV의 연속극이나 유튜브 영상을 보고, 영상의 내용에 대한 질문에 대답할 수 있어야 한다는 것이다. 또 인간의 유머를 이해할 수 있다면 진정한 인공지능이라고 보아도 된다.

그림 1-12 진정한 인공지능은 유머도 이해할 수 있어야 한다.

1950년대에 Frank Rosenblatt은 인공신경망의 초기 형태인 퍼셉트론(perceptron)을 개발하였다. Rosenblatt은 인공지능의 대가였던 Marvin Minsky와 브롱스 고등학교 동창이었다. 이 당시의 인공지능 연구자들과 마찬가지로, Rosenblatt는 "퍼셉트론은 궁극적으로 언어를 배우고 결정하며 언어를 번역할 수 있게 될 것"이라고 예측하며 낙관적인 입장을 보였다. 1960년대 내내 활발한 연구 프로그램이 진행되었지만, 1969년 Minsky와 Papert의 저서 '퍼셉트론(Perceptrons)'이 발표되면서 갑작스럽게 중단되었다. 이 책에서 저자들은 퍼셉트론이 할 수 있는 작업에는 심각한 제한이 있었고 Rosenblatt의 예측은 엄청나게 과장되어 있었다는 것을 증명하였다. 이 책의 영향은 끔찍했다. 그 후 한동안 신경망에 대한 연구가 전혀 이루어지지 않았다. 결국 후대 연구자들이 퍼셉트론의 제한점을 극복할 수 있는 방법을 찾아내어서 신경망 분야를 부활시켰다. 우리가 알다시피 최근에 신경망은 인공지능의 가장 중요하고 유용한 부분으로 부활하였다. 퍼셉트론은 아직까지도 신경망의 가장 기본적이고 중요한 모델 중의 하나이다.

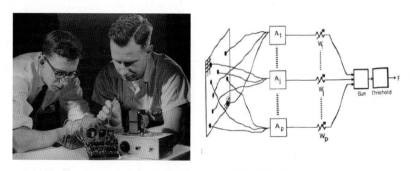

그림 1-13 Rosenblatt와 퍼셉트론

1956년에 다트머스 학술회의가 Marvin Minsky와 John MacCarthy 등에 의하여 조직되었다. 참가자였던 Ray Solomonoff, Oliver Selfridge, Trenchard More, Arthur Samuel, Allen Newell, Herbert A. Simon 등은 모두 인공지능 연구 첫 10년 동안, 중요한 작품을 만들었다. 회의를 통해 "학습이나 지능은 컴퓨터가 시뮬레이션할 수 있을 정도로 상세하게 기술될 수 있다."라는 결론을 얻었다. 1956년 다트머스 회의에서 "인공지능"이라는 이름이 만들어졌으며 인공지능의 탄생으로 널리 받아들여지고 있다.

그림 1-14 다트머스 학술회의 참가자들

탐색의 시대(1960~1970)

이 시기는 인공지능이 크게 융성한 시기였다. 대중들은 인공지능에 엄청난 기대를 걸었으며, 몇 개의 근사한 아이디어도 제안되었다. 다트머스 회의가 끝난 후 몇 년 동안은 인공지능에 대한 기대와 열광의 시기였다. 이 시기에 개발된 프로그램은 대다수의 사람들에게 놀라운 것이었다. 컴퓨터는 간단한 대수학 문제를 풀 수 있었고 기하학의 정리를 증명할 수 있었으며 영어로 말하기를 학습할 수 있을 것처럼 보였다. 당시는 컴퓨터가 반복적인 수학 계산 이외에 이러한 지적 행동을 한다는 것은 불가능하다고 믿었던 시기였었다. 인공지능 연구자들은 강렬한 낙천주의를 표현했으며, 20년 이내에 완전한 지능형 기계가 등장할 것으로 예측했다. 이 당시 미국의 DARPA와 같은 정부 기관은 이 새로운 분야인 인공지능에 많은 돈을 쏟았다.

많은 초기의 AI 프로그램은 탐색 알고리즘을 사용했다. 이들 알고리즘은 어떤 목표를 달성하기 위해, 미로를 탐색하는 것처럼 단계별로 진행하였고 막다른 곳에 도달할 때마다 탐색 트리

상에서 되돌아갔다. 이러한 인공지능 패러다임은 "탐색으로 추론하기"라고 불린다. 이러한 방법의 가장 큰 어려움은 많은 문제들에 대해 경우의 수가 천문학적이라는 것이다. 이것은 조합 폭발(combinatorial explosion)이라고 알려져 있다. 조합 폭발이란 탐색 과정에서 가능한 선택의 수가 폭발적으로 증가하는 것이다. 연구자들은 해답으로 이어질 가능성이 없는 경로를 제거하는 휴리스틱 방법을 사용하여 탐색 공간을 줄였다.

조합 폭발에 대하여 조금 더 설명해보자. 기본 탐색 알고리즘은 문제 크기에 따라 걸리는 시간이 기하급수적으로 증가한다. 예를 들면 3×3 크기의 8-퍼즐은 빈칸을 포함하여 9개의 타일이 있으므로, 타일을 배열하는 순서에는 $9! \cong 10^5$개의 가능한 상태가 있어서 기본 탐색 알고리즘으로 쉽게 풀 수 있지만 4×4 크기의 15-퍼즐은 $16! \cong 10^{13}$개가 넘는 상태가 있으므로 기본 탐색으로는 해결할 수 없다. 5×5 크기의 24-퍼즐에는 거의 10^{25}개의 상태가 포함되어 있기 때문에 상당한 시간이 걸린다.

(10⁵개의 상태)　　(10¹³개의 상태)　　(10²⁵개의 상태)

그림 1-15 조합 폭발

Newell과 Simon은 "GPS(General Problem Solver)"라는 프로그램에서 "탐색으로 추론하기" 알고리즘의 일반적인 버전을 개발하려 했다. GPS는 아주 야심찬 프로젝트로 탐색을 이용하여서 세상에 존재하는 모든 문제를 해결하는 프로그램 작성이 목표였다. GPS에서는 상태(state)라는 용어를 사용하였다. 이들은 현재의 상태와 원하는 상태(목적 상태) 간의 차이를 분석하고 목적 상태로 가기 위한 연산자를 정의하였다. 연산자를 작용하여서 현재의 상태에서 목적 상태에 가까운 상태로 변경하고, 이 과정을 목적 상태에 도달할 때까지 반복한다. 하지만 문제가 복잡해지면 GPS는 연산자를 처리 불가능할 정도로 많이 생산하여서 시간과 메모리가 너무 많이 필요하였다. GPS는 "하노이 탑"과 같이 간단한 문제를 해결했지만, 조합 폭발로 인해 실제의 문제들은 해결할 수 없었다.

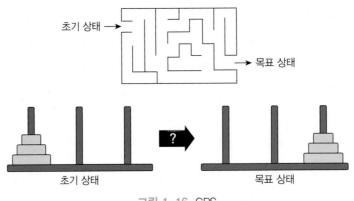

초기 상태 →

목표 상태

초기 상태

목표 상태

그림 1-16 GPS

이 시대에 채팅봇의 원조 프로그램도 개발되었다. Joseph Weizenbaum의 ELIZA 프로그램은 사용자가 프로그램이 아니라 인간과 의사소통하고 있다고 생각하게끔, 현실적으로 대화를 수행할 수 있었다. 그러나 사실 ELIZA는 자신이 무슨 말을 하고 있는지 전혀 몰랐다. ELIZA는 몇 가지 규칙으로 대답을 바꾸거나 되풀이하여 말했을 뿐이다. 어쨌든 ELIZA는 최초의 채팅봇(chatterbot)이라고 할 수 있다.

이 당시 연구자들은 인공지능 개발에 대하여 아주 낙관적인 예측을 내렸다. 예를 들어서 1958년 Simon과 Allen Newell은 "컴퓨터는 10년 안에 세계의 체스 챔피언이 될 것이며, 10년 이내에 컴퓨터는 새로운 수학적 정리를 발견하고 증명할 것이다."라고 하였고 1970년에 Marvin Minsky는 "3년에서 8년 사이에 평범한 인간의 지능을 가진 기계를 갖게 될 것이다."라고 주장하였다. 과연 정말 그렇게 되었을까?

첫 번째 AI 겨울(1974~1980)

1970년대 AI는 비판과 재정적 어려움을 겪었다. 인공지능 연구자들은 직면한 문제의 어려움을 인식하지 못했다. 그들의 엄청난 낙관주의로 인해 일반인들의 기대치가 엄청나게 높아졌고, 약속된 결과가 실현되지 않자, AI에 대한 자금 지원이 사라졌다. AI에 대한 대중들의 인식에 어려움이 있었음에도 불구하고, 이 시기에 논리 프로그래밍, 상식 추론 등의 새로운 아이디어도 탐구되었다.

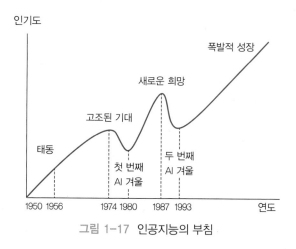

그림 1-17 인공지능의 부침

1970년대 초에는 AI 프로그램의 기능이 아주 제한되었다. 가장 인상적인 프로그램조차, 사소한 규모의 문제만 처리할 수 있었다. 이 당시 모든 인공지능 프로그램은 어떤 의미에서는 그저 "장난감"이었다. 장난감 문제(toy problem)란 현실의 문제를 아주 간단하게 만든 문제이다. 현실적인 문제는 정형화하기에 너무 복잡하므로, 인위적으로 문제를 쉽게 축소하여서, 이를 해결하는 방법을 설명하는 것이다. 인공지능 알고리즘은 장난감 문제는 거의 완벽하게 해결한다. 하지만 이 알고리즘을 현실적인 영역으로 가져가면 여러 가지 문제가 발생한다. 가장 큰 문제는 알고리즘의 탐색 복잡도가 지수적으로 커져서 알고리즘 자체가 쓸모없어진다(조합 폭발).

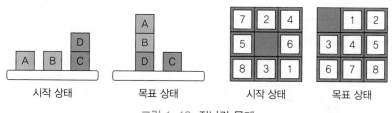

그림 1-18 장난감 문제

AI 연구자들은 1970년대에 극복할 수 없는 몇 가지 근본적인 한계로 신음하기 시작했다. 이러한 한계 중 일부는 이후 수십 년 동안 정복되었지만, 아직도 몇 개의 문제는 남아 있다. 몇 개만 살펴보자.

① 첫 번째로 1970년대에는 충분한 컴퓨팅 파워가 없었다. 실제로 유용한 결과를 내는데 필요한 CPU의 속도나 충분한 메모리가 없었다. 1970년대에 자연 언어 처리 소프트웨어는 단 20단어만을 사용하였는데 컴퓨터의 성능이 낮아서 컴퓨터가 이 정도의 단어만을 처리할 수 있었기 때문이다. 컴퓨터가 지능을 보여주려면 컴퓨터의 성능이 수백만 배는 향상되어야 한다고 연구자들은 주장하였다. 인공지능은 특정 임계값 이하의 성능에서는 불가능하다는 것

이다. 예를 들어서 연구자들은 컴퓨터 시각과 관련하여 인간 수준의 컴퓨터 시각을 실시간으로 구현하려면 적어도 1000MIPS 수준의 컴퓨터가 필요하다고 추정했다.

② 두 번째로 잠간 언급하였던 "장난감 문제"가 있다. 인공지능 분야에서는 지수적 시간에만 풀 수 있는 많은 현실적인 문제가 있다. 따라서 이러한 현실적인 문제에 대한 최적의 솔루션을 찾는 데는 상상할 수 없는 정도의 계산 시간이 필요하다. 이것은 컴퓨터의 성능이 아무리 향상되어도 불가능하다. 입력의 크기를 n이라고 하면, 쉬운 문제들은 n의 다항식에 비례하는 시간 안에 풀 수 있었지만 어려운 문제들은 n의 지수에 비례하는 시간이 필요하다. 따라서 인공지능 분야에서 개발된 많은 "장난감" 솔루션이 실제의 유용한 시스템으로 확장되기는 아주 어려웠다.

③ 세 번째 문제로 컴퓨터 시각이나 자연어 처리와 같은 많은 인공지능 응용 프로그램은 전 세계에 대한 엄청난 양의 정보를 필요로 한다는 것이다. 여기에는 상식적인 정보도 포함된다. 7살 정도의 아이는 쉽게 주위의 물체를 인식하는데 그 이유는 태어나서 세상에 대한 많은 정보들을 접하고 처리해서 저장하였기 때문이다. 컴퓨터도 아이처럼 세상에 대한 정보를 알아야 카메라를 통하여 물체를 인식할 수 있는 것이다. 연구자들은 이것이 실로 방대한 양의 정보임을 발견했다. 1970년에는 아무도 이 정도의 데이터베이스를 만들 수 없었고 어떤 프로그램도 이 방대한 정보를 어떻게 학습해야 하는지를 알지 못했다.

④ 네 번째로 John McCarthy와 같이 논리를 사용한 개발자는 논리 그 자체의 구조를 변경하지 않고는 일반적인 추론을 구현하기 어렵다는 것을 발견했다. 연구자들은 이 문제를 해결하기 위해 비단조 논리와 같은 새로운 논리 시스템을 개발하였다. 논리적 접근법에 대하여 비판하는 연구자들은 인간이 문제를 해결할 때 거의 논리를 사용하지 않는다고 지적했다. 몇 명의 심리학자들은 실험을 통하여 이것에 대한 증거를 제시했다. 그러나 McCarthy는 사람들이 하는 방식과 달라도 상관없다고 주장하였다. McCarthy는 실제로 필요한 것은 사람

처럼 생각하는 기계가 아니라 문제를 해결할 수 있는 기계라고 응답했다.

결론적으로 초기 인공지능 연구자들은 너무 낙관적으로 생각했다. 대표적인 예가 기계 번역 분야이다. 미국에서는 소련에서 출간한 논문들을 번역하기 위하여 인공지능을 사용하려고 하였다. 초기에는 사전을 이용하여 단순히 러시아어 단어를 영어로 바꾸면 될 것으로 생각했지만 우리가 알다시피 번역에서 올바른 단어를 선택하려면 문맥을 알아야 한다. 문맥을 알려면 상당한 지능이 필요하다. 기계 번역은 지금도 만만치 않은 분야이다. 여러분이 구글의 번역기를 사용해보았으면 알 수 있을 것이다(참고로 구글 번역기는 최근에 엄청난 기능 향상이 이루어졌는데 이것이 바로 딥러닝의 힘이다). 이 시기의 인공지능 연구자들이 얼마나 낙관적이었는지를 알 수 있다. 인공지능 연구에 자금을 지원하는 DARPA와 같은 기관들은 인공지능의 진전에 대하여 좌절감을 느꼈으며, 결과적으로 인공지능 연구에 대한 거의 모든 자금 지원을 중단했다.

지식의 시대(1980~1990)

인공지능의 첫 번째 겨울이 지나고 연구자들은 문제 영역을 아주 제한해야 한다는 것을 깨달았다. 즉 이 세상의 모든 문제를 해결할 수 있는 시스템을 개발한다는 생각을 버렸다. 이에 새롭게 등장한 시스템이 "전문가 시스템(expert system)"이다. 1980년대에는 전문가 시스템이 전 세계의 기업에서 채택되었고 지식(knowledge)은 인공지능 연구의 초점이 되었다.

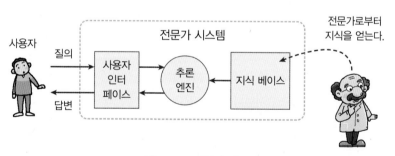

그림 1-19 전문가 시스템

전문가 시스템은 전문가들로부터 습득한 "규칙(rule)"들을 사용하여 특정 영역에 대한 질문이나 문제를 해결하는 프로그램이다. 규칙은 IF-THEN 형태를 사용하는 지식 표현 방법이다. 예를 들어 신호등에서 사용할 수 있는 규칙은 다음과 같다.

규칙 1: IF 신호등이 녹색
　　　　THEN 길을 건넌다.

규칙 2: IF 신호등이 빨간색
　　　　THEN 멈춰서 기다린다.

전문가 시스템의 가장 초기의 사례는 스탠포드 대학교의 Edward Feigenbaum에 의해 개발된 DENDRAL이었다. DENDRAL은 분광계 수치로 화합물을 분석하는 전문가 시스템이었다. NASA에서는 무인 우주선을 화성으로 발사할 예정이었고 화성 토양을 분광계 수치로 분석할 계획을 세웠다. DENDRAL은 화학자의 전문적인 지식을 컴퓨터에 저장하여 이 문제를 해결하였다. DENDRAL은 화학자들 사이에서 인기가 있어서 유료로 판매되기까지 했다. 드디어 인공지능이 첫 매출을 기록한 시기였다.

Mycin
• Have you obtained positive cultures?
  Yes
• What type of infection is it?
  Primary bacteremia
• When did the symptoms first appear?
  May 5
  …
• I recommend gentamycin using a dose of...

그림 1-20 Feigenbaum과 MYCIN

Feigenbaum이 1972년에 시작한 프로젝트가 MYCIN이다. MYCIN은 전염성 질환을 진단하고 항생제를 처방하는 전문가 시스템이었다. MYCIN은 규칙 기반의 전문가 시스템으로 의사들에게 친근한 방식으로 치료법을 알려주었다. MYCIN은 초보 의사보다 수준이 높았다고 한다. 또 MYCIN에서는 최초로 확신도를 사용하여 불확실성도 처리하였다. 확신도란 전문가가 IF-THEN 지식이 얼마나 확신할 수 있는지를 0에서 1 사이의 실수를 사용하여 표현하는 것이다. 전문가 시스템의 구현을 위하여 Symbolics 및 Lisp Machines와 같은 하드웨어 회사 및 IntelliCorp 및 Aion과 같은 소프트웨어 회사들이 등장하였다.

전문가 시스템은 특정 지식의 소규모 영역에 국한되어 상식 문제를 피할 수 있었다. 그리고 지식과 추론을 분리하는 설계로, 시스템을 구축한 후에 수정하기가 비교적 쉬워졌다. 대체로 전문가 시스템은 유용하다는 것이 입증되었다. 이것은 인공지능이 지금까지 달성할 수 없었던 것이었다. 전문가 시스템의 힘은 "지식(knowledge)"에서 비롯된 것이었다. 인공지능 연구자들은 마지못해 지능은 다양한 지식을 다양한 방식으로 사용하는 능력에 기반한다는 점을 인정하기 시작했다.

1980년대 초반의 또 다른 고무적인 사건은 신경망의 부활이었다. 1982년 물리학자 John Hopfield는 완전히 새로운 방식으로 정보를 학습하고 처리할 수 있는 한 형태의 신경망 (Hopfield Net)을 제안하였다. 같은 시기에 Geoffrey Hinton과 David Rumelhart는 "역전파 (backpropagation)"라고 불리는 유명한 학습 방법을 대중화하였다. 이 두 발견은 신경망에 대한 관심을 되살리는 데 큰 도움이 되었다.

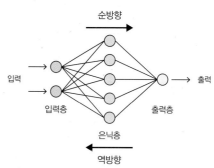

그림 1-21 Geoffrey Hinton과 역전파 알고리즘

이 신경망 분야는 1986년 Rumelhart와 McClelland가 편집한 두 권의 논문집인 "Parallel Distributed Processing"의 등장으로 영감을 받았다. "Parallel Distributed Processing"란 용어는 성능이 약한 처리 소자를 많이 연결하여 병렬, 분산 방식으로 데이터를 처리하는 패러다임이라는 의미이다. 신경망은 광학 문자 인식 및 음성 인식과 같은 프로그램을 구동하는 엔진으로 사용되기 시작하여 1990년대에 상업적으로 성공할 수 있었다.

두 번째 AI 겨울(1987~1993)

인공지능 분야에 두 번째 겨울이 찾아왔다. "AI 겨울(AI Winter)"이라는 용어는 전문가 시스템에 대해 실망감을 느끼게 된 1974년에 만들어졌다. 1980년대 후반과 1990년대 초, AI는 재정적 어려움을 겪었다. 정부 기관과 투자자들은 AI를 거의 포기하였다. 하지만 이러한 어려움에도 불구하고 이 분야는 계속 진보했다.

AI 겨울의 첫 번째 징후는 1987년 인공지능 하드웨어 시장의 갑작스런 붕괴였다. Apple과 IBM

의 데스크탑 컴퓨터는 꾸준히 성능을 증가시키고 있었고 1987년에는 비싼 인공지능 Lisp 컴퓨터보다 더 강력해졌다. 따라서 개인이나 회사에서 Lisp 컴퓨터를 이제는 구매할만한 이유가 없어졌다.

성공적인 전문가 시스템조차도 유지 보수비용이 너무 많이 들었다. 전문가 시스템의 "지식"은 업데이트하기 어렵고, 학습할 수 없었으며, 신뢰성이 부족했다. 즉 비정상적인 입력이 주어지면 이상한 실수를 범할 수 있었다. 결론적으로 전문가 시스템은 유용했지만 몇 가지 특수한 상황에서만 유용함이 밝혀졌다.

결국 1980년대 후반, 미국의 전략적 컴퓨팅 구상(Strategic Computing Initiative)은 AI에 대한 기금을 잔인하게 삭감했다. DARPA에서는 AI가 "차세대 물결"이 아니며 즉각적인 결과를 만들 수 있는 프로젝트로 자금을 돌린다고 결정했다. 결과적으로 300개가 넘는 AI 회사가 1993년 말에 폐쇄되거나 파산하거나 인수되어 AI의 첫 번째 상업적인 성공이 종결되었다.

1980년대 후반에 여러 연구자들은 로봇 공학을 기반으로 하는 인공지능에 대한 완전히 새로운 접근 방식을 지지했다. 그들은 인공지능이 몸체를 지니고 있어야 한다고 믿었다. 인공지능은 세계를 인식하고, 움직이고, 생존하고, 대처할 수 있어야 한다고 주장했다. 연구자들은 이러한 감각 및 운동 기술이 상식적인 추론과 같은 더 높은 수준의 기술에 필수적이라고 주장했다. 또 다른 선구자는 David Marr이었는데, 그는 이론적 신경 과학을 전공하고 1970년대 말 MIT에 와서 컴퓨터 시각 연구 그룹을 이끌었다. 그는 AI에서 기호적인 처리가 일어나기 전에 기저부의 물리적인 메커니즘을 이해할 필요가 있다고 주장하면서 모든 기호적인 접근법(McCarthy의 논리와 Minsky의 프레임)을 모두 거부했다.

AI의 부활(1993~2011)

이제 50살이 된 AI는 마침내 가장 오래된 목표 중 일부를 달성했다. 다소 뒤떨어졌지만 산업 전반에 걸쳐 성공적으로 사용되기 시작했기 때문이다. 성공의 일부는 증가하는 컴퓨터 성능 때문이었고 일부는 제한된 특정 문제에 초점을 맞추었기 때문에 달성되었다. 그럼에도 불구하고 비즈니스 세계에서 AI의 악명은 그대로였다. AI가 1960년대에 약속하였던, 세계의 상상력을 사로잡은, 인간 수준의 지능을 제공하지 못했기 때문이다.

1997년 Deep Blue는 세계 체스 챔피언인 게리 카스파로프(Garry Kasparov)를 이긴 최초의 컴퓨터 체스 게임 시스템이 되었다. Deep Blue는 IBM에 의해 생성된 특화된 버전의 슈퍼 컴퓨터였고 초당 200,000,000 체스 이동을 계산할 수 있었다. 이 행사는 인터넷을 통해 생중계되어 7400만 건의 조회 수를 기록했다. 2011년 2월, 제퍼디 퀴즈 쇼에서 IBM의 컴퓨터 시스템인 왓슨

(Watson)이 2명의 세계 챔피언 브래드 러터(Brad Rutter), 켄 제닝스(Ken Jennings)을 물리쳤다.

이러한 성공은 혁신적인 새로운 패러다임에 기인한 것은 아니었지만 대부분 90년대 컴퓨터의 속도와 용량의 엄청난 증가에 기인했다. 사실, 딥 블루(Deep Blue)의 컴퓨터는 1951년의 체스 컴퓨터였던 Ferranti Mark 1보다 10만배 더 빨랐다. 무어의 법칙에 따라 컴퓨터의 속도와 메모리 용량은 2년마다 두 배로 늘었다. "컴퓨터 능력"의 문제는 서서히 극복되고 있었다.

"지능형 에이전트(intelligent agent)"라는 새로운 패러다임이 1990년대에 널리 받아 들여졌다. Judea Pearl, Allen Newell, Leslie P. Kaelbling 등이 의사 결정 이론 및 경제학에서 개념을 가져와, 지능형 에이전트의 현대적인 형태를 제안하였다. 경제학자들이 정의하는 "합리적인 에이전트"가 컴퓨터 과학의 "객체" 개념과 결합하면서 지능형 에이전트 패러다임이 완성되었다. 지능형 에이전트는 환경을 인식하고 성공의 기회를 극대화하는 행동을 수행하는 시스템이다. 사람과 사람들이 회사라는 집단으로 모여 있는 것과 마찬가지로 에이전트들은 모여 있을 수 있다.

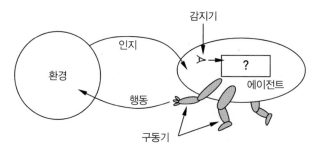

그림 1-22 지능형 에이전트의 개념

딥러닝, 빅데이터 및 인공지능(2011~현재)

많은 우여곡절을 거친, 신경망 기술이 드디어 빛을 보기 시작하였다. 2012년도의 영상 인식 경진 대회에서 신경망은 다른 모든 방법들을 큰 차이로 물리쳤다. 객관적으로 인정을 받은 것이다. 딥러닝(deep learning)은 많은 은닉층을 가진 "심층 신경망"에서 사용하는 학습 기술이다. 심층 신경망은 얕은 신경망에 비해, 훨씬 더 복잡한 작업을 수행할 수 있다. 최근의 인공지능

붐은 전적으로 딥러닝 때문이다.

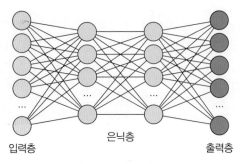

그림 1-23 심층 신경망

심층 신경망은 몇 가지의 문제를 가지고 있었다. 예를 들어서 "그래디언트 소실" 문제가 있다. 그래디언트는 미분값으로 학습에 중요하게 사용된다. 은닉층이 깊어지면 이 미분값이 중간에 없어지는 문제가 발생하였다. 하지만 끈질긴 연구자들은 연구를 거듭하여 이 문제를 해결하였다.

또 '빅데이터(big data)' 시대가 도래하였다. 우리 주변의 디지털 환경에서 생산되는 방대한 데이터를 저장하고 활용할 수 있게 되었다. 예를 들어서 인터넷 쇼핑몰에서는 사용자가 돌아다닌 기록이 자동적으로 데이터로 저장된다. 이들 데이터를 분석하면 사용자가 어떤 상품에 관심이 있는지를 알 수 있다. 이들 빅데이터는 딥러닝의 훈련 데이터로 활용할 수 있다.

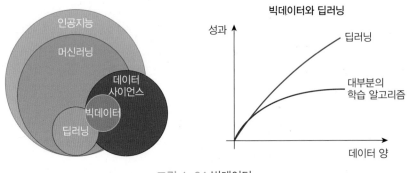

그림 1-24 빅데이터

최근의 딥러닝은 기술은 자율 주행 자동차를 운전하기도 하고, 인터넷 상의 영상을 분류하기도 하며, 자연어 처리에도 활용되고 있다. 또 바둑이나 벽돌깨기와 같은 고전 게임, 스타크래프트 게임에서 인간을 능가하고 있다. 인공지능은 화풍을 학습하여 그림을 그리거나, 음악을 작곡하기도 한다. 바이오 분야에서는 인공지능이 새로운 신약을 개발하고 있다. 구글이나 애플, 마이크로소프트, 페이스북, 엔비디아와 같은 업체에서는 인공지능에 많은 투자를 진행하고 있다.

그림 1-25 알파고와의 바둑 대국

4. 규칙 기반 방법 vs 머신러닝 방법

지금까지 인공지능 시스템을 만드는 데는 2가지의 방법을 사용하였다. 즉 규칙 기반 방법과 머신러닝 방법이다. 이들 방법들의 차이점을 잘 알아두는 것도 중요하다.

그림 1-26 규칙 기반과 머신러닝 방법의 비교

규칙 기반 방법은 전문가 시스템이나 전통적인 프로그램에서 사용하는 방법이다. 전문가 시스템에서는 "규칙(rule)"을 사용하여 전문가의 지식을 "지식베이스"에 저장한다. 규칙은 "IF .... THEN ..." 형태이다. 이 방법에서는 인간이 모든 지식을 코딩하여야 한다. 따라서 지식을 확장하기가 무척 어렵다. 또 각각의 규칙들이 충돌하면 안 된다. 예를 들어서 동물원에서 동물들을 식별하는 시스템을 가정하자. 다음과 같은 규칙들이 생각할 수 있다.

규칙 #1	IF 동물이 육식동물이다. AND 황갈색이다. AND 갈기가 있다. THEN 사자이다.
규칙 #2	IF 동물이 육식동물이다. AND 황갈색이다. AND 검은 줄무늬가 있다. THEN 호랑이이다.

이번에는 머신러닝 방법으로 동물들을 식별해보자. 이번에는 동물들의 사진을 많이 모아서 인공지능 시스템에 보여주면서 학습시키면 된다. 힘들게 동물들의 특징을 추출할 필요도 없다.

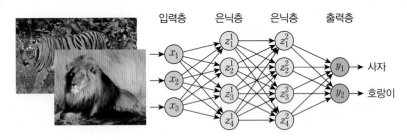

우리는 앞의 예에서 각 방법들의 장단점을 알 수 있다. 규칙 기반의 방법은 인간에게 잘 이해되는 방법이지만 아무리 정교하게 규칙을 수집하여 만든다고 해도, 현실 세계의 복잡성을 표현하기에는 역부족이다. 반면에 머신러닝 방법은 데이터에 비례하여 성능을 향상시킬 수 있고, 인간이 데이터로부터 특징을 추출할 필요도 없다. 규칙을 사용하는 전문가 시스템은 1980년대에 많이 사용되었지만, 현재는 딥러닝이 대세이다.

도전문제

하나의 예로 필기체 숫자 이미지를 인식하는 인공지능 시스템을 생각해보자.

(1) 규칙 기반 방법을 사용한다면 어떤 규칙을 생각할 수 있는가?
(2) 머신러닝 방법을 사용한다면 어떻게 하면 되는가?

5. 인공지능은 어디에 필요할까?

어떤 분야에서 인공지능이 사용될 수 있을까? 다양한 분야에서 인공지능을 성공적으로 응용하고 있다. 몇 가지만 살펴보자.

자율 주행 자동차

자동차 업계에서는 인공지능과 영상 인식 기술을 바탕으로, 자율 주행 자동차 개발에 심혈을 기울이고 있다. 자율 주행 자동차에서 가장 중요한 기술이 전방이나 후방에 있는 장애물, 차선, 보행자, 자전거, 신호등, 다른 차량 등을 정확하게 인식하는 것이다. 딥러닝 기술을 사용하여서 카메라나 초음파, 라이더 등의 센서에서 전달되는 영상을 인식한다.

그림 1-27 자율 주행 자동차의 개념
(Creator: type="Seq" eschenzweig Copyright: Common License 4.0)

맞춤형 광고

아마존 상거래 사이트에서는 이용자에게 꼭 맞는 상품을 추천하는 것으로 유명하다. 이것도 머신 러닝이 계산한 예측 결과를 사용하는 것이다. 인공지능은 이용자가 방문한 웹사이트나 방문횟수, 구매기록 등의 정보를 이용하여 효과적인 추천을 하는 데 활용된다. 웹사이트에 표시되는 광고나 뉴스들도 이러한 추천 엔진들이 생성한 결과이다. 인공지능은 현재 사용자가 보고 있는 웹사이트의 컨텐츠와 가장 유사한 상품이나 기사를 추

그림 1-28 인공지능 추천시스템

천한다. 딥러닝을 이용하면 개인 취향에 맞춘 상품이나 정보들을 제공할 수 있다.

챗봇(chatbot)

챗봇은 음성이나 텍스트를 사용하여 대화를 진행하는 소프트웨어이다. 챗봇은 인간의 호기심을 불러일으키는 프로그램이다. 챗봇은 일반적으로 고객 서비스나 정보 수집 등의 다양한 목적을 위해 사용된다. 첨단 챗봇은 딥러닝 기술을 이용하여서 말뭉치에 있는 자연어 데이터를 학습한다. 최근에 편향된 데이터로 학습된 챗봇 때문에 사회 문제가 되기도 했다. 오늘날 챗봇은 항공사 예약 시스템이나 Google Assistant 및 Amazon Alexa와 같은 가상 어시스턴트, Facebook Messenger와 같은 메시징 앱이나 웹 사이트를 통해 사용된다.

의료 분야

의료 분야에서도 인공지능이 확산되는 추세이다. 가장 많은 형태는 의료 영상을 분석하여서 암과 같은 병을 진단하는 것이다. 또 개인의 장치를 통하여 데이터를 수집하여서 건강을 관리해주는 시스템도 등장하였다. 아래의 그림에서는 뇌의 MRI 영상을, 학습된 컨벌루션 신경망을 이용하여서 판독한다.

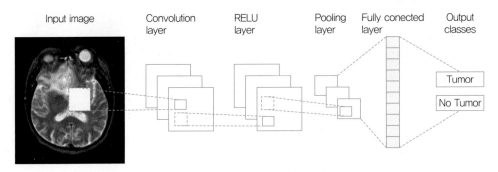

그림 1-29 딥러닝을 사용한 의료 진단
(출처: IEEE Access, J. Ker et al.: Deep Learning Applications in Medical Image Analysis)

언어 번역

자연어 처리에도 딥러닝이 폭넓게 사용되고 있다. 구글 번역기가 바로 딥러닝을 이용한 언어 번역이다. 자연어 처리에 음성 인식과 음성 합성 기술을 추가하면, 편리한 외국어 번역 앱이 된다. 스마트폰에서 자주 볼 수 있는 앱이다.

경영 분야

회사에서 경영 전략을 세울 때, 인공지능을 사용할 수 있다. 예전에는 개인의 경험에 의존하여서 경영 전략을 세웠지만, 현재는 인공지능을 탑재한 컴퓨터를 이용하여서 의사결정을 지원하고 있다. 대표적인 것이 재고 관리이다. 재고 관리에서는 재고의 수량을 최소로 하는 것이 중요하다. 생산 수량을 결정할 때, 과거의 경향도 참조해야 되고 날씨나 인구 동태, 지리적 특성 등의 데이터도 사용된다. 빅데이터에서 학습하여서 결과를 예측하는 딥러닝 알고리즘이 사용된다.

딥러닝 예술

딥러닝 기술은 예술계에도 영향을 주고 있다. 그림을 예로 들자면 딥러닝은 거장들의 화풍을 학습하여서 모방할 수 있다. https://deepdreamgenerator.com/#gallery에 가보면 인공지능이 생성한 여러 가지 화풍의 그림들을 볼 수 있다.

음악도 마찬가지이다. 인공지능 시스템이 악보를 학습한 후에, 새로운 음악을 창조하는 기술도 개발되었다. https://magenta.tensorflow.org/에서는 TensorFlow.js로 구현되는 브라우저 기반 애플리케이션을 볼 수 있다.

Web apps built with Magenta.js

This section includes browser-based applications, many of which are implemented with TensorFlow.js for WebGL-accelerated inference.

Listen to Transformer

Monica Dinculescu ⬤ notwaldorf 🐦 notwaldorf
An app to make it easier to explore and curate samples from a piano transformer.

DrumBot

Monica Dinculescu ⬤ notwaldorf 🐦 notwaldorf
Play real-time music with a machine learning drummer that drums based on your melody.

머신러닝 체험하기 #1

https://transcranial.github.io/keras-js/#/에 가보면 Keras.js라는 딥러닝 라이브러리를 이용하여 여러 가지 머신러닝 알고리즘을 구현해놓았다. 작성자 "Leon Chen"에 감사드린다. 사이트에 접속하여 왼쪽 메뉴에서 "Basic Convnet"을 선택하면 다음과 같은 화면에 등장한다.

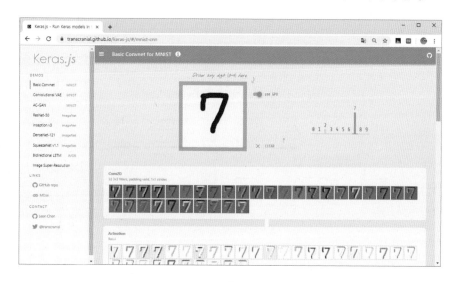

중앙의 사각형 안에 마우스로 숫자를 써보자. 딥러닝이 이 이미지를 0부터 9 사이의 숫자로 분류한다.

왼쪽의 메뉴 중에서 "ResNet-50"은 ImageNet 경진 대회에서 우승한 적인 있는 딥러닝 구조이다. 이것은 사용자가 올리는 이미지를 분류한다. 여러분도 테스트하여 보자.

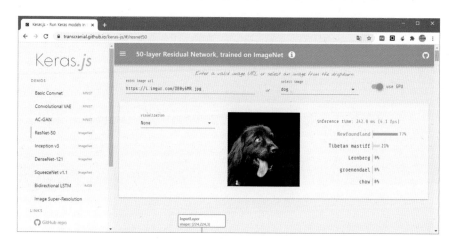

다음과 같은 사이트를 방문하여서 머신러닝을 체험해보자.

(1) Quick Draw(https://quickdraw.withgoogle.com/): 시스템이 지시하는 그림을 그리는 게임이다.

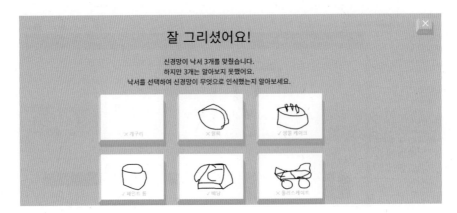

(2) https://magenta.tensorflow.org/music-transformer에 가서 인공지능이 작곡한 곡들을 들어보자.

Generating long pieces of music is a challenging problem, as music contains structure at multiple timescales, from milisecond timings to motifs to phrases to repetition of entire sections. We present Music Transformer, an attention-based neural network that can generate music with improved long-term coherence. Here are three piano performances generated by the model:

▶ 0:00 / 1:10 ◆ ━━━━ ◀) ⋮

▶ 0:00 / 1:32 ◆ ━━━━ ◀) ⋮

▶ 0:00 / 0:31 ◆ ━━━━ ◀) ⋮

티처블 머신 이용하여 머신러닝 체험하기

구글의 사이트(https://teachablemachine.withgoogle.com/)를 이용하여 머신러닝에 대한 개념을 체험해보자. 사이트에 접속하면 다음과 같은 화면을 볼 수 있다.

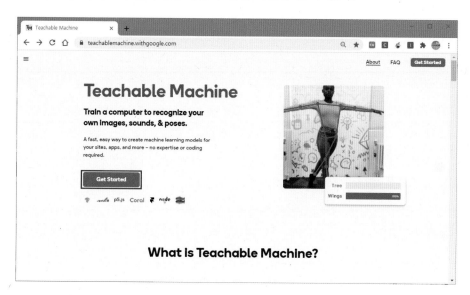

위의 화면에서 "Get Started"를 누르면 다음과 같은 화면으로 이동한다. 우리는 사진을 분류할 수도 있고, 소리나 포즈를 분류할 수도 있다. 사진을 분류하기 위하여 "Image Project"를 클릭한다.

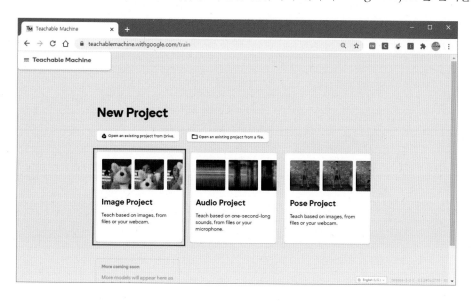

다음과 같이 이미지를 분류하기 위한 다이어그램이 나타난다.

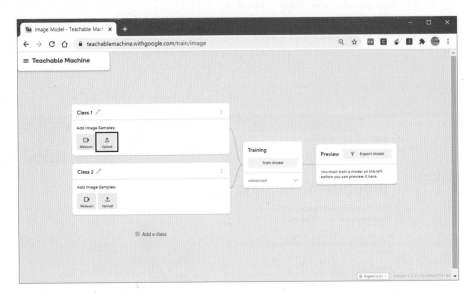

훈련 데이터 준비

우리는 강아지와 고양이를 분류하는 머신러닝 시스템을 만들어보자. 따라서 클래스는 2개만 있으면 된다. 웹캠으로 보여주어도 되고 아니면 업로드하면 된다. 우리는 업로드를 선택하자. 인터넷에서 검색하여서 강아지와 고양이 이미지를 다운로드한다. "Upload"를 클릭한다.

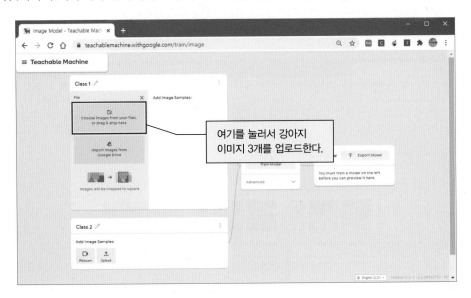

여기를 눌러서 강아지 이미지 3개를 업로드한다.

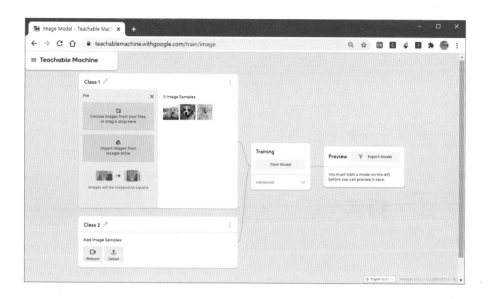

마찬가지로 고양이 이미지 3개를 업로드한다.

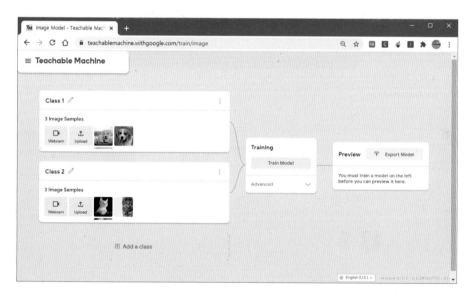

학습

머신러닝 시스템을 학습시키려면 위의 화면에서 "Train Model" 버튼을 누른다.

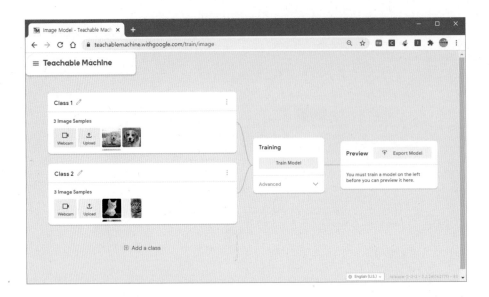

평가

학습이 완료되면 다음과 같은 화면이 등장한다. 웹캠이나 파일을 이용하여 분류를 해볼 수 있다.

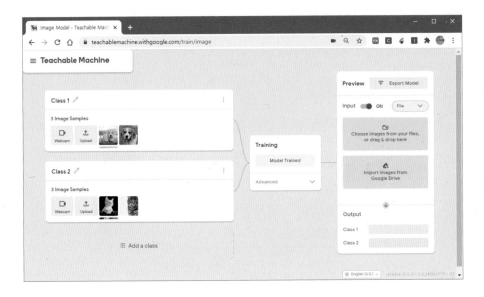

새로운 파일을 하나 다운로드하여서 테스트해보자.

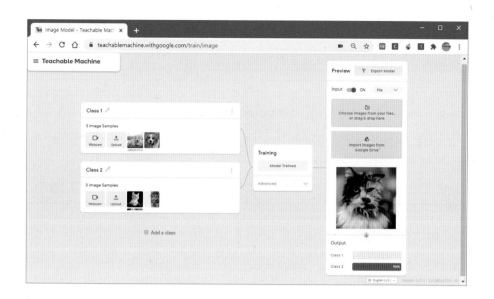

아래쪽에 결과가 표시된다. 전혀 본적이 없는 고양이 이미지인데도 "Class 2", 즉 고양이로 올바르게 분류하고 있다.

> 도전문제
>
> (1) 사자와 호랑이를 분류하도록 학습시켜보자.
> (2) 소리를 분류할 수 있도록 학습시켜보자.
> (3) 포즈를 분류할 수 있도록 학습시켜보자.

요약

SUMMARY

- 인공지능이란 지능이 있는 기계를 만드는 학문 분야이다.

- 지능은 데이터를 학습하고 상황을 이해하며, 주어진 문제를 해결하는 능력이다. 지능의 특징으로 "학습", "문제해결", "빅데이터", "추론" 등을 들 수 있다.

- 인공지능은 "인간처럼 사고하기", "합리적으로 사고하기", "인간처럼 행동하기", "합리적으로 행동하기"로 정의할 수도 있다.

- 머신러닝(Machine Learning)은 인공지능의 한 분야이고, 딥러닝(Deep Learning)은 머신러닝의 한 분야이다.

- 튜링 테스트는 인간, 컴퓨터, 질문자가 각각 독립된 방에 있고 원격 터미널만을 사용하여 누가 컴퓨터인지를 알아내는 테스트이다.

- 인공지능은 1940년대의 McCulloch와 Pitts의 인공신경망의 연구로부터 시작되었다. 인공신경망의 초기 형태인 퍼셉트론(perceptron)을 Frank Rosenblatt가 개발하였다. 퍼셉트론은 인기를 끌었으나 한계점이 나타났다.

- 1980년대에 문제 영역을 아주 제한한 "전문가 시스템(expert system)"이 등장하였다. 전문가 시스템이 전 세계의 기업에서 채택되었고 지식(knowledge)은 인공지능 연구의 초점이 되었다.

- 2010년대 AI에 대한 관심이 "열광적"이 되었다. 빅데이터는 경제 분야의 다양한 응용 분야에도 적용되기 시작했다. 딥러닝은 이미지 및 영상 처리, 텍스트 분석, 음성 인식에도 사용되고 있다.

연습문제

01 지능을 정의해보자. 지능의 핵심적인 요소는 무엇인가?

02 튜링 테스트(Turing test)란 무엇인가? 튜링 테스트는 인공지능의 타당한 테스트일까?

03 인공지능이 유용하게 사용될 수 있는 분야를 구체적으로 몇 가지를 지적해보자.

04 인공지능 연구는 두 번의 시련기를 겪었다. 무엇이 문제였는가? 정리해보자.

05 전문가 시스템이 이전의 GPS(General Problem Solver)와 다른 점은 무엇인가?

06 머신러닝은 무엇이고 인공지능과는 어떤 관련이 있는가?

07 딥러닝은 무엇이고 인공지능, 머신러닝과는 어떤 관련이 있는가?

08 신경망과 딥러닝은 어떤 관계인가?

09 인공신경망이란 무엇이고 인공지능과는 어떤 관련이 있는가?

10 인공신경망이 처음 등장한 것은 언제였는가?

11 인공신경망의 초기 형태인 (   )을 Frank Rosenblatt가 개발하였다.

12 인공지능이 인간을 능가하였던 몇 가지의 최근 사건을 들어보라.

13 최근 뉴스 중에서 인공지능을 언급한 기사를 하나 선택하라. 기사에서 언급된 문제를 해결하는 데 인공지능이 어떤 역할을 했는지 또는 그러한 문제에서 인공지능을 사용하는 방법을 간략하게 설명하라.

14 외국어를 번역하는 것이 지금도 참 어려운 문제이다. 왜 번역 문제가 이렇게 어려운 것인가?

15 알란 튜링의 일대기를 그린 영화 "이미테이션 게임"을 보고 감상문을 제출하라. 튜링의 업적은 무엇인가?

16 "컴퓨터는 프로그래머가 지시한 것만 할 수 있기 때문에 컴퓨터는 지능적일 수 없다."는 논리에 대해서는 어떻게 생각하는가?

17 파이썬의 문자열 기능을 이용하여 간단한 챗봇을 만들어보자. 사용자가 인사를 하면(예를 들어서 "안녕"), 컴퓨터도 인사를 하도록 한다(예를 들어서 "안녕하세요?").

02

파이썬과 넘파이 복습

파이썬은 30년 전에 만들어진
언어이지만 최근에 가장 각광받는 언어입니다. 파이썬은
그 동안 간결한 문법, 풍부한 라이브러리로 많은 개발자들을 끌어들였죠.
결과적으로 파이썬은 인공지능 개발자들이 가장 많이 선택하는 언어가 되었습니다.
이 장에서는 파이썬을 간단히 소개합니다. 더불어 파이썬의 강력한 라이브러리인
넘파이와 맵플롯립을 소개합니다. 만약 파이썬에 대하여 알고 있는
독자라면 이 장은 건너뛰어도 좋습니다.

학습목표

- 파이썬을 설치한다.
- 파이썬을 복습한다.
- 넘파이를 복습한다.
- 맵플롯립을 복습한다.

02 | 파이썬과 넘파이 복습

1. 파이썬이란?

파이썬은 프로그래밍 입문자들도 쉽게 배울 수 있는 프로그래밍 언어이다. 파이썬은 인터프리터 언어여서 컴파일 과정을 거치지 않고 바로 실행할 수 있다. 영어와 유사한 문법을 사용하기 때문에 파이썬으로 작성된 코드는 읽기 쉽다. 파이썬은 빠르게 코드를 작성하고 테스트할 수 있어서 초보자들뿐만 아니라 전문가들도 좋아한다. 파이썬의 한 가지 약점은 성능이 느릴 수 있다는 점이지만 이것은 넘파이와 같은 성능 좋은 라이브러리로 상쇄시킬 수 있다. 실제로 구글이나 드롭박스, 인스타그램과 같은 첨단 기업에서 파이썬을 많이 사용한다.

그림 2-1 파이썬의 라이브러리

파이썬은 특히 딥러닝과 같은 머신러닝 분야와 데이터 과학 분야에서 널리 사용된다. 그 이유는 무엇일까? 파이썬 언어 자체의 매력도 크지만, 특히 넘파이(Numpy), 판다스(Pandas), 맵플롯립(matplotlib)과 같이 수치 계산이나 통계 처리, 데이터 가공 등에 탁월한 성능을 보이는 라이브러리가 무료로 제공되기 때문이다. 머신러닝을 위해서도 케라스(Keras), 사이파이(SciPy), 텐서플로(Tensorflow), 파이토치(PyTorch)와 같은 라이브러리들이 제공된다. 또 병렬 처리를 지원하는 클라우드 형태로도 사용할 수 있다. 내 컴퓨터의 CPU가 안 좋아도 서버의 고성능 CPU를 이용할 수 있는 것이다.

파이썬은 흔히 배터리-포함 언어라고 불린다. 여러분들도 장난감을 샀는데 배터리가 없어서 구동을 못 시켜 본 기억이 있을 것이다. 파이썬은 각종 강력한 라이브러리들을 기본으로 제공한다. 다른 언어에서는 라이브러리를 찾기가 아주 어렵고, 찾았다고 해도 설치하여 사용하기가 만만치 않다. 파이썬에서는 pip 명령어만 실행하면 자동으로 라이브러리가 설치된다.

2. 파이썬 설치하기

아나콘다

파이썬만 설치할 수도 있지만, 딥러닝을 하려면 다른 패키지들도 함께 설치하는 것이 좋다. 각 패키지를 개별적으로 내려받아서 설치할 수도 있지만 우리는 인기 있는 라이브러리가 거의 모두 포함된 아나콘다(anaconda)를 사용해보자. 아나콘다는 전 세계 1100만명이 넘는 사용자가 사용하는 오픈 소스 배포판으로 업계 표준이라 할 수 있다. 아나콘다에 포함된 대표적인 라이브러리는 넘파이(Numpy), 사이파이(SciPy), 판다스(Pandas), 맵플롯립(matplotlib) 등을 들 수 있다. 다만 텐서플로(Tensorflow)는 별도로 설치하여야 한다. 개발 도구도 차이가 난다. 아나콘다에서는 주피터 노트북이나 스파이더(spider)와 같은 편리한 개발 도구들이 포함되어 있다. 이름이 왜 아나콘다일까? 아나콘다 뱀이 파이썬보다 몸집이 훨씬 크기 때문이다.

그림 2-2 아나콘다에 포함된 라이브러리들

넘파이는 수치 계산용 라이브러리이다. 각종 수치 해석 알고리즘과 행렬 계산이나 행렬을 조작할 수 있는 편리한 메소드들이 포함되어 있다. 넘파이를 이용하면 딥러닝에 필요한 계산 들을 훨씬 쉽고 효율적으로 구현할 수 있다. 맵플롯립(matplotlib)는 각종 2차원 그래프나 3차원 그래프를 그려주는 라이브러리이다. 맵플롯립을 사용하면, 데이터도 시각적으로 확인이 가능하고 실행결과를 그래프로 볼 수 있다. 텐서플로우는 구글에서 배포하는 딥러닝 라이브러리이다.

특히 텐서플로우의 케라스 라이브러리를 사용하면 복잡한 딥러닝 시스템을 레고처럼 차곡차곡 쌓아올려서 쉽게 구현할 수 있다.

우리는 처음에는 파이썬과 넘파이만을 이용하여 간단한 모델들을 직접 구현해가면서 개념을 잡을 것이다. 이후 복잡한 딥러닝 모델들은 케라스 라이브러리를 이용하여 구현할 것이다.

아나콘다 설치하기

https://www.anaconda.com/distribution/에 접속하여 [Products] → [Individual Edition]을 선택한다. 화면 중간에 있는 [Download] 버튼을 누른다.

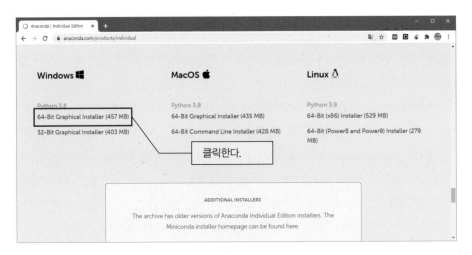

64비트와 32비트 버전이 제공된다. 만약 자신의 PC 운영체제가 64비트 버전이면 "64-Bit Graphical Installer"를 누른다. 다운로드가 완료되면 다운로드된 파일을 실행한다. 설치할 때 특별한 것은 없다.

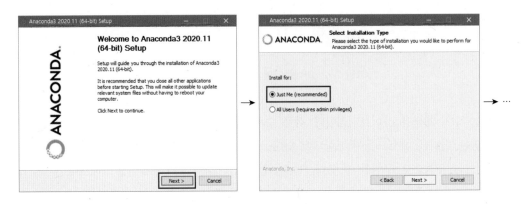

[시작] → [Anaconda3 64비트] → [Anaconda Navigator]를 실행해보면 아나콘다가 제공하는 개발 도구들을 볼 수 있다.

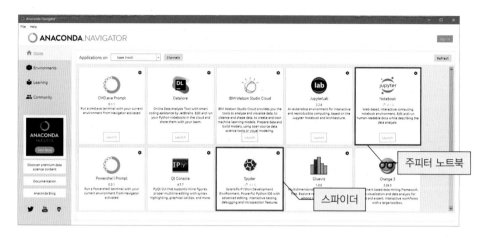

우리는 아나콘다의 개발 도구 중에서 주피터 노트북과 스파이더를 주로 사용할 것이다.

가상 환경 설정

파이썬은 매우 빠르게 업데이트된다. 따라서 라이브러리들과 충돌이 생길 수 있다. 예를 들어서 현재 파이썬의 최신 버전은 3.9이지만 텐서플로우는 아직도 3.7 버전을 사용할 수 있다. 이렇게 되면 충돌이 생겨서 최신 버전의 파이썬에서는 텐서플로우가 실행되지 않는다(2021년 2월 현재 상태가 그렇다. 이후 업그레이드가 진행될 수 있다). 따라서 이런 경우에는 아나콘다의 가상 환경을 사용하여 파이썬 3.7 환경을 만들어주어야 텐서플로우가 올바르게 실행된다.

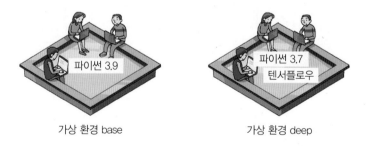

아나콘다에서는 여러 개의 가상 환경을 만들어서 사용자가 개발 환경을 선택하면서 사용할 수 있다. 아나콘다를 설치하면 "base"라는 이름의 가상 환경만 만들어진다. [시작] → [Anaconda3 64비트] → [Anaconda Prompt(anaconda3)]를 실행하고 다음 명령을 실행하면 이름이 "deep"인 가상 환경이 만들어진다.

```
(base) C:\Users\deep> conda create -n deep python=3.7
```

여기서 python=3.7이란 파이썬 버전을 3.7으로 설정하라는 의미이다. 이어서 다음과 같은 명령으로 "deep"이라는 가상 환경을 활성화 상태로 만든다.

```
(base) C:\Users\deep> conda activate deep
```

위의 명령이 실행되고 나면 base가 deep으로 변경된다. 여기에다가 스파이더와 텐서플로우를 설치해보자. 가상 환경에는 우리가 개발도구와 라이브러리들을 설치해야 한다.

```
(deep) C:\Users\deep> conda install spyder
(deep) C:\Users\deep> conda install tensorflow
```

위의 명령들이 성공적으로 실행되면 [시작] → [Anaconda3 64비트] 아래에 "deep" 버전이 추가된다.

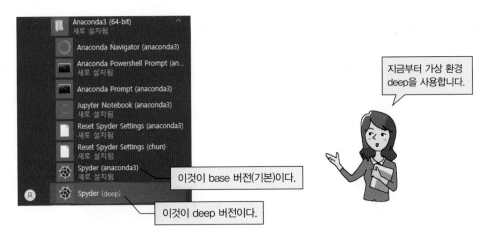

3. 어떤 개발 도구를 사용할 것인가?

우리는 www.python.org에서 기본 파이썬을 다운로드하여서 사용할 수 있다. 이 책이 저술되는 시점의 최신 버전은 3.9.1이다. 파이썬의 기본 통합 개발 환경은 IDLE이다. IDLE는 그야말로 기본적인 기능만을 가지고 있어서 우리에게는 적합하지 않다. 따라서 우리는 보다 강력한 다음과 같은 3가지의 개발 도구를 사용할 것이다. 3가지의 개발 도구를 비교해보면 다음과 같다.

특징	스파이더	주피터 노트북	구글의 코랩
설치 필요?	YES	YES	NO
인터페이스	GUI	웹 브라우저	웹 브라우저
인터넷 연결 필요?	NO	NO	YES
코드와 텍스트 통합	NO	YES	YES
데이터 파일 사용	로컬/리모트	로컬/리모트	구글 드라이브
CPU 사용	내 컴퓨터의 CPU	내 컴퓨터의 CPU	구글 클라우드 CPU

주피터 노트북

최근에 새로운 개념의 프로그래밍 도구들이 나타나고 있다. 그 중의 하나가 "주피터 노트북"이다. 주피터 노트북은 코드와 실행결과, 설명들을 하나로 묶어서 제공하는 도구이다. 사용자들은 미리 작성된 노트북을 다운로드 받아서 한 줄씩 실행하면서 동적으로 코드의 실행결과를 확인할 수 있다. 노트북의 장점은 코드와 설명을 하나로 묶을 수 있다는 점이다. 기존에는 주석을 사용하여 코드에 대한 설명을 기록할 수 있었지만 불충분한 경우가 많았다. 주피터 노트북에서 코드의 중간에 텍스트를 추가할 수 있다. 텍스트, 그림, 수식 등을 자유롭게 사용할 수 있다. 다른 사람들에게 자신이 작성한 코드를 한 줄씩 실행하면서, 설명할 때 유용하다. 주피터 노트북은 웹 브라우저를 사용한다.

주피터 노트북은 아나콘다 안에 내장되어 있다. [시작] → [Anaconda3 (64-bit)] → [Jupyter Notebook(Anaconda3)]을 클릭한다. 웹브라우저에 주피터 노트북이 표시된다. 새로운 노트북을 생성하려면 오른쪽 New 버튼을 클릭한 후에 Python3를 선택한다.

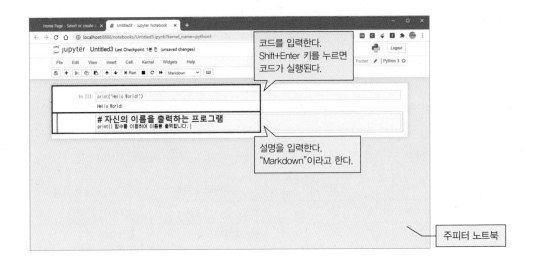

코드를 입력한다.
Shift+Enter 키를 누르면
코드가 실행된다.

설명을 입력한다.
"Markdown"이라고 한다.

주피터 노트북

화면에서 개발자는 코드 셀과 마크다운 셀을 추가하여 코드와 설명을 작성한다. 주피터 노트북을 사용하면 실행 코드와 서식 있는 텍스트를 이미지, HTML, LaTeX 등과 함께 하나의 문서로 통합할 수 있다. 특히 동일한 노트북 안에 들어있는 코드 셀은 모두 연결되어서 실행된다. 즉 하나의 코드 셀에서 생성한 변수는 다른 코드 셀에서 사용할 수 있다.

코랩(CoLab)

구글의 코랩은 대표적인 파이썬 클라우드 개발 환경이다. 주피터 노트북을 클라우드로 확장한 것이 코랩이다. 코랩은 설치가 필요없다는 장점이 있다. 사용자의 컴퓨터 사양 때문에 아나콘다나 다른 머신러닝 패키지 설치가 어려운 경우도 있기 때문이다. 사용자 컴퓨터의 CPU나 GPU가 강력하지 않아도 구글의 서버를 사용하여 복잡한 프로그램을 실행할 수 있다. 하지만 인터넷이 연결되어 있어야 하고, 디버깅할 때는 조금 번거롭다. 코랩을 사용하면 모든 소스 파일과 데이터 파일들이 구글의 코랩 서버나 구글 드라이브에 저장된다.

인터넷

데이터 파일들

파이썬 인터프리터 + 라이브러리

구글 코랩 서버와 구글 클라우드

colabcolab.research.google.com에 접속하면 코랩을 사용할 수 있다. 구글 코랩을 이용하면 웹브라우저에서 파이썬 프로그램을 작성하고 실행할 수 있다. 코랩 메모장을 사용하면 실행 코드와 서식 있는 텍스트를 이미지, HTML, LaTeX 등과 함께 하나의 문서로 통합할 수 있다. 코랩 메모장을 만들면 구글 드라이브 계정에 저장된다. 코랩 메모장을 다른 개발자들과 공유하여 동료들이 댓글을 달거나 수정하도록 할 수 있다. 자세한 설명은 유튜브 영상 "https://www.youtube.com/watch?v=inN8seMm7UI"을 참조하자. 코랩은 주피터 노트북과도 호환된다. 아주 직관적으로 사용할 수 있다.

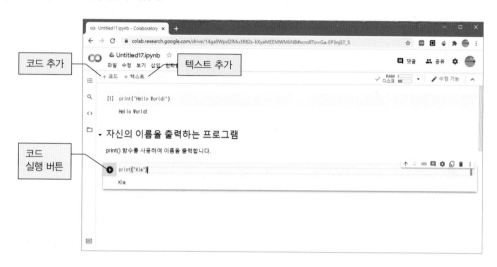

스파이더

스파이더는 파이썬으로 작성된 파이썬 개발 도구이다. [시작] → [Anaconda3 64비트] → [Spider (anaconda3)]을 실행하면 된다. 스파이더는 과학자들을 위하여 설계되었다고 한다. 고급 편집 기능, 분석, 디버깅, 프로파일링 등의 기능이 있으며 변수 조사, 대화식 실행, 심층 검사, 시각화 기능을 갖춘 포괄적인 개발 도구이다. 특히 넘파이 배열들의 값을 조사할 때는 스파이더만 한 게 없다.

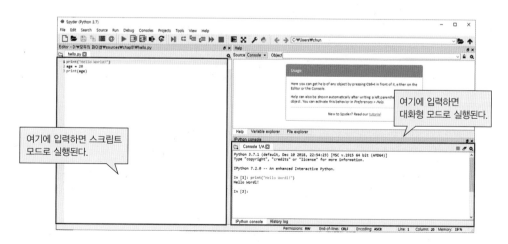

4. 파이썬 복습

딥러닝을 학습하는 독자들은 이미 파이썬은 잘 알고 있으리라 생각한다. 이번 절에서는 아주 간단하게 주피터 노트북이나 코랩, 스파이더를 이용하여 파이썬을 복습해보자.

산술연산

덧셈, 뺄셈, 곱셈, 나눗셈을 컴퓨터를 이용하여서 실행하여 보자. 반지름이 10cm인 피자의 면적을 계산해보자. 파이썬에서 곱셈을 나타내는 기호는 *이다. 책의 본문에서 >>> 기호가 등장하면 주피터 노트북이나 코랩에서 스파이더의 IPython 콘솔에서 실행하면 된다.

```
>>> 3.14 * 10 * 10    Enter↵
314.0
```

파이썬에는 제곱 연산자가 있다. 바로 **이다. 위의 식을 제곱 연산자를 이용하여 다시 작성해보면 다음과 같다. 10**2는 10^2을 의미한다.

```
>>> 3.14 * 10**2    Enter↵
314.0
```

자료형

자료형(data type)이란 데이터의 유형을 의미한다. 파이썬에는 정수, 실수, 문자열과 같은 기본 자료형이 있다. 자료형은 type() 함수로 알 수 있다.

```
>>> type(10)
int
>>> type(3.14)
float
>>> type("python")
str
```

위의 출력에서 10은 정수(int), 3.14는 부동소수점수(float), "python"은 문자열(str) 자료형임을
알 수 있다. 파이썬에서는 모든 데이터들이 객체 형태로 저장된다. 객체를 생성하는 틀이 클래
스(class)이므로 자료형을 클래스라고 생각하여도 된다.

변수

변수는 값을 저장하는 공간이다. a나 b, 또는 x와 y 같은 기호를 사용하여서 변수(variable)을
정의할 수 있다. 변수에 값을 대입하거나 변수를 이용하여 계산할 수 있다.

```
>>> r = 20
>>> PI = 3.14              # 원주율 정의
>>> area = PI * r**2
>>> area
1256.0
```

파이썬의 변수에는 어떤 자료형의 값도 저장할 수 있다. 즉 변수의 자료형이 상황에 따라 자동
적으로 설정된다. 위의 코드에서 r의 자료형이 정수형이라는 것을 명시한 적이 없지만 r = 20
이라는 문장에서 20이라는 정수로 초기화되었기 때문에 변수 r의 자료형은 정수형이 된다. 또
한 #는 주석의 시작을 나타내는 기호이다. # 이후의 텍스트는 모두 주석으로 취급되어서 무시
된다.

Tip 콘솔에서 지나간 명령문 되풀이하기

IPython 콘솔을 사용하다 보면 지나간 명령어를 다시 실행하고 싶은 경우가 있다. 이때는 위쪽 화살표 키를 눌
러보자.

    In [1]: x = 1
    In [2]: x = 99
    In [3]: ⬆
    In [3]: x = 1

리스트

리스트(list)는 여러 개의 데이터를 저장할 수 있는 자료구조이다. 리스트의 요소에 접근할 때는 lst[2]처럼 번호를 사용한다. 요소의 번호를 인덱스(index)라고 하며 0부터 시작한다. lst[2]라고 하면 처음부터 세 번째 요소를 의미한다.

```
>>> lst = [10, 20, 30, 40, 50]      # 리스트 정의
>>> lst                             # 리스트 출력
[10, 20, 30, 40, 50]
>>> lst[2]                          # 리스트의 요소 접근
30
>>> lst[2] = 90                     # 세 번째 요소를 90으로 변경
>>> lst                             # 리스트 출력
[10, 20, 90, 40, 50]
>>> len(lst)                        # 리스트의 길이 출력
5
```

리스트에는 슬라이싱을 사용할 수 있다. 슬라이싱은 리스트의 일부를 다음과 같이 추출하는 기법이다.

```
>>> lst[0:3]         # 인덱스 0부터 2까지를 추출한다.
[10, 20, 90]
>>> lst[2:]          # 인덱스 2부터 끝까지를 추출한다.
[90, 40, 50]
>>> lst[:3]          # 인덱스 0부터 2까지를 추출한다.
[10, 20, 90]
>>> lst[:-1]         # 처음부터 마지막 요소 앞까지 추출한다.
[10, 20, 90, 40]
```

lst[0:3]이라고 하면 인덱스 0부터 인덱스 2까지의 요소를 추출한다. 인덱스 3은 포함되지 않음에 유의하자. 인덱스 -1은 마지막 요소를 의미한다.

딕셔너리

딕셔너리는 키(key)와 값(value) 쌍을 저장하는 자료구조이다. 사전에 단어와 단어의 설명을 저장하는 것과 유사하다. 리스트가 정수 인덱스(0, 1, 2, 3, ...)를 사용하여 값을 저장하는 것과 대비된다.

```
>>> car = { 'HP':200, 'make': "BNW" }          # 딕셔너리 정의
>>> car['HP']                                    # 요소에 접근
200
>>> car['color'] = "white"                       # 새 요소 추가
>>> car
{'HP': 200, 'make': 'BNW', 'color': 'white'}
```

if-else 문

어떤 조건에 따라서 문장의 실행을 다르게 하려면 if-else 문을 사용한다.

```
>>> temp = -10
>>> if temp < 0 :
...     print("영하입니다.")                     # 들여쓰기를 해야 한다.
... else
...     print("영상입니다.")
...
영하
```

파이썬에서 조건이 만족될 때 실행되는 문장을 작성하려면 들여쓰기를 하여야 한다. 들여쓰기는 공백 문자를 앞에 두면 된다. 일반적으로 4개의 공백 문자를 둔다.

for 문

어떤 문장을 정해진 횟수만큼 반복하고자 할 때는 for 문을 사용한다.

```
>>> for i in [1, 2, 3, 4, 5] :
...     print(i, end=" ")
...
1 2 3 4 5
```

위의 코드에서는 리스트 [1, 2, 3, 4, 5] 안의 요소를 하나씩 꺼내서 화면에 출력한다. 세트나 딕셔너리 안의 요소들도 for 문을 사용하여 차례대로 접근하여 처리할 수 있다.

함수

함수(function)은 특정한 작업을 처리하는 코드들을 묶어서 이름을 붙인 것이다. 함수로 정의되면 몇 번이고 호출하여 사용할 수 있다.

```
>>> def sayHello():
...        print("Hello!")
...
>>> sayHello()
Hello
```

함수는 인수를 가질 수 있다. 예를 들어서 sayHello() 함수에 인사하는 대상을 보내보자.

```
>>> def sayHello(name):
...        print("Hello! "+name)
...
>>> sayHello("Kim")
Hello! Kim
```

클래스

이제까지 학습한 자료형(정수, 실수, 문자열)은 파이썬 안에 내장된 기본 자료형이다. 프로그래밍 도중에 필요한 자료형이 있다면 클래스를 이용하여 자료형을 정의할 수 있다. 클래스는 자신만의 변수와 함수(이것을 메소드라고 한다)를 가질 수 있다. 간단하게 클래스를 하나 만들어 보면 다음과 같다.

```
class Person:
   def __init__(self, name, age):
     self.name = name
     self.age = age

   def sayHello(self):
     print("Hello 나의 이름은 " + self.name)

p1 = Person("John", 36)
p1.sayHello()

Hello 나의 이름은 John
```

위의 코드에서는 Person이라는 새로운 클래스를 정의하였다. 그리고 Person 클래스를 이용하여 p1이라는 객체를 생성하였다. 우리는 클래스를 이용하여 객체를 원하는 만큼 찍어낼 수 있다. 클래스 정의에는 __init__()라는 메소드가 있는데, 이 메소드는 객체를 초기화하는 방법을 정의한다. 이 메소드를 생성자(constructor)라고 한다. 생성자는 클래스의 객체가 만들어질 때마다 호출된다. 메소드에서는 항상 첫 번째 매개 변수로 self를 사용해야 한다. self는 메소드를 실행하는 객체 자신을 참조하는 변수이다. 생성자는 name과 age를 받아서 그 인수로 인스턴스 변수인 self.name과 self.age를 초기화하였다. 인스턴스 변수나 메소드를 사용할 때는 반드시 self를 먼저 써주고 점을 찍은 후에 변수나 메소드 이름을 붙여야 한다.

5. 딥러닝 개발에 사용되는 라이브러리

파이썬이 딥러닝 프로젝트의 언어로 많이 선택되는 이유 중의 하나가 라이브러리가 많기 때문이다. 어떤 라이브러리들이 딥러닝에 많이 사용될까?

라이브러리 이름	웹사이트	설명
넘파이(Numpy)	https://numpy.org	효율적인 행렬 연산 라이브러리
맷플롯립(Matplotlib)	https://matplotlib.org	다양한 그래프를 그리는 라이브러리
사이킷런(Scikit-learn)	https://scikit-learn.org	전통적인 머신러닝 라이브러리
텐서플로우(TensorFlow)	https://tensorflow.org	딥러닝을 지원하는 라이브러리
케라스(Keras)	https://keras.io	고수준의 딥러닝 라이브러리
파이토치(PyTorch)	https://pytorch.org	페이스북에서 만든 딥러닝 라이브러리
판다스(Pandas)	https://pandas.pydata.org	데이터 처리를 위한 라이브러리

- 넘파이: 수치 데이터를 처리하는 라이브러리이다. 넘파이가 제공하는 ndarray 배열은 순수 파이썬의 리스트에 비하여 아주 빠른 속도를 제공한다. 넘파이는 벡터 및 행렬, 선형 대수 연산을 지원한다. 딥러닝에서는 넘파이 배열을 이용하여 데이터 세트나 신경망의 가중치, 바이어스 등을 표현한다. 아나콘다에는 기본적으로 포함되어 있다.

- 맷플롯립: 데이터를 각종 그래프로 시각화하는 데 사용되는 라이브러리이다. 학습 전에 데이터를 이해하기 위한 시각화나, 학습 후에 결과를 시각화하기 위해서 사용된다. 아나콘다에는 기본적으로 포함되어 있다.

- 사이킷런(Scikit-learn): 전통적인 머신러닝 라이브러리이다. 베이즈 분류나 서포트 벡터 머신(SVM), 결정 트리와 같은 다양한 분류 방법, 회귀, 클러스터링 등, 약간은 클래식한 머신 러

닝 모듈을 포함한다. MLP(다층 퍼셉트론)까지는 지원한다. 하지만 본격적인 딥러닝은 지원하지 않는다. 사이킷런에는 아이리스 데이터, 당뇨병 데이터 등도 제공한다. 아나콘다에는 기본적으로 포함되어 있다.

- 텐서플로우(Tensorflow): 구글이 만든 머신 러닝 라이브러리이다. 심층 신경망, 컨벌루션 신경망, 강화학습 등을 포함하고 있다. 라이브러리가 너무 복잡해서 아나콘다에 포함되지 않는다. 사용자가 "conda" 명령어나 "pip" 명령어를 이용하여 설치해야 한다.

- 케라스(Keras): 텐서플로우는 상당히 사용하기가 복잡하다. 케라스는 텐서플로우 위에서 추상화된 API를 제공한다. 간단히 말하자면 케라스는 텐서플로우보다 좀 더 쉽게 딥러닝 코드를 작성할 수 있게 해준다. 텐서플로우 2.0부터는 텐서플로우 안에 케라스가 포함되어 있다.

- 파이토치(PyTorch): 이것도 오픈소스 머신러닝 라이브러리이다. 텐서플로우의 강력한 라이벌이다. 주로 연구자들이 선호한다. 자연어 처리 분야에 강하다. 텐서플로우보다 쉽게 코드를 작성할 수 있는 것으로 알려져 있다. 페이스북의 인공지능 연구팀이 개발했다.

- 판다스(Pandas): 파이썬으로 데이터 처리를 할 때 필요한 라이브러리이다. 머신러닝을 하기 위해서는 데이터를 정제하여야 한다. 즉 데이터의 형태를 변경하거나 불필요한 열을 삭제한다거나, 값이 빠진 데이터를 제외할 때, 판다스가 사용된다. 판다스는 아나콘다 안에 포함되어 있다.

이번 장에서는 위의 라이브러리 중에서 넘파이와 맵플롯립에 대하여 간단히 살펴보자. 넘파이에 대해서는 자세하게 알고 있어야 한다. 부족한 부분은 인터넷을 활용하여 학습해보자.

파이썬 라이브러리 찾기

구글 검색을 통하여도 알 수 있지만 파이썬 라이브러리를 모아둔 사이트 pypi.org에서 찾아도 된다. pypi.org에서는 여러 가지 방법으로 파이썬 프로젝트를 찾을 수 있는데 특정 단어로 검색

해도 되고, 아니면 프로젝트들을 브라우징하여도 된다. 아주 많은 파이썬 라이브러리들이 있음을 알 수 있다.

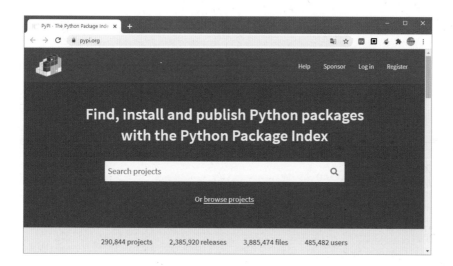

라이브러리 설치 및 사용 예제

파이썬에서 라이브러리 모듈을 설치하는 가장 쉬운 방법은 pip 명령어를 사용하는 것이다. 아나콘다에서는 conda 명령어를 사용하는 것이 좋다고 되어 있지만 어떤 라이브러리는 conda로는 찾을 수 없다. 이때는 pip 명령어를 사용하여야 한다. 예를 들어서 TTS(Text-to-Speech) 모듈인 gtts가 그렇다. 이때는 pip로 설치한다. 아나콘다 프롬프트를 열어서 다음과 같이 가상 환경 deep을 활성화하고 여기에 gtts를 설치해본다.

```
(base) C:\Users\kim> activate deep
(deep) C:\Users\kim> pip install gtts
Collecting gtts
  Using cached gTTS-2.2.2-py3-none-any.whl (25 kB)
...
Successfully installed gtts-2.2.2
```

다음과 같은 간단한 프로그램을 스파이더로 작성하여 실행해보자.

```
from gtts import gTTS
tts = gTTS('hello')
tts.save('hello.mp3')
```

작업 디렉토리로 가서 "hello.mp3"을 재생하여 보자.

이번에는 반대로 음성을 인식하여 텍스트로 만들어주는 라이브러리들을 설치하고 예제 프로그램을 실행해보자. SpeechRecognition과 pyaudio를 설치한다.

```
(deep) C:\Users\kim> pip install SpeechRecognition
(deep) C:\Users\kim> pip install pyaudio
```

다음과 같은 예제를 작성하여 스파이더로 실행해본다. 마이크를 연결하고 영어로 말해보자.

```python
import speech_recognition as sr

r = sr.Recognizer()

with sr.Microphone() as source:
    print('마이크로 말해보세요. ')
    audio = r.listen(source)
    try:
        t = r.recognize_google(audio)
        print(f'말한 것이 : {t}인가요?')
    except:
        print('음성 인식에 실패하였습니다.')
```

```
마이크로 말해보세요.
말한 것이 : hello world인가요?
```

6. 넘파이

파이썬의 리스트(list)는 값들을 저장할 수 있는 자료구조로서 강력하고 활용도가 높다. 하지만 빅데이터를 처리하는 인공지능이나 데이터 과학에서는 파이썬의 리스트로 충분하지 않다. 파이썬의 리스트에서는 데이터가 비연속적인 위치에 저장된다. 따라서 대량의 데이터를 처리할 때 상당히 불리하다. 반면에 C언어 스타일의 2차원 배열은 데이터들이 연속적인 위치에 저장되어서 아주 효율적으로 데이터를 처리할 수 있다. 데이터가 연속적으로 저장되어 있어야, 다음 데이터를 찾기 쉽기 때문이다. 집안 물건도 한군데에 모여 있어야 찾기 쉬운 것과 마찬가지이다. 물건들이 온 집안에 흩어져 있고, 위치를 알려주는 쪽지만 모여 있다면 얼마나 찾기 어렵겠는가?

그림 2-3 파이썬 리스트와 넘파이 배열의 비교

넘파이란?

NumPy(Numerical Python)는 거의 모든 과학 및 공학 분야에서 사용되는 오픈 소스 파이썬 라이브러리이다. 넘파이 사용자에는 초보 코더부터 최첨단 연구 개발을 수행하는 숙련된 연구원까지 거의 모든 사람이 포함된다. 넘파이 API는 Pandas, SciPy, Matplotlib, scikit-learn 등의 대부분 데이터 과학 패키지에서 광범위하게 사용된다.

넘파이 라이브러리에는 다차원 배열 데이터 구조가 포함되어 있다. 이것이 ndarray이다. ndarray는 동질적인 n-차원 배열(n-dimensional array)을 의미한다. 넘파이는 다양한 수학적인 행렬 연산을 수행하는 데 사용할 수 있다.

넘파이는 이미 아나콘다에 포함되어 있지만, 별도로 설치하려면 "pip install numpy" 명령어를 사용한다.

왜 딥러닝에서는 넘파이가 중요한가?

왜 넘파이가 머신러닝에 중요한 지를 알아보자. 딥러닝에서는 학습을 통하여 목표를 달성한다. 학습을 시킬 때 반드시 필요한 것이 훈련 샘플이다. 훈련 샘플은 2차원 행렬이나 3차원 행렬,

일반적으로 다차원 행렬 안에 저장된다. 가장 많은 형태가 다음과 같은 2차원 행렬이다.

	특징 #1	특징 #2	특징 #3	특징 #4	…		
샘플 #1							
샘플 #2							
샘플 #3							
…							

2차원 훈련 행렬에서 하나의 행은 하나의 샘플(예제)이다. 2차원 훈련 행렬에서 하나의 열은 하나의 특징이다. 예를 들어서 붓꽃을 식별하는 훈련 샘플의 경우에는 다음과 같다.

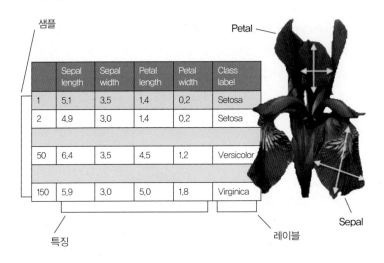

그런데 필요에 따라서 우리는 특징 중에서 어떤 특징은 제외한다. 또 다른 특징을 훈련 샘플에 추가할 수도 있다. 또 훈련 샘플 중에서 몇 개를 테스트용으로 남겨두기도 한다. 이것들은 모두 행렬을 조작해야 한다. 파이썬에서 행렬에서 일부 열을 삭제하거나, 행렬을 쪼개거나 2개의 행렬을 붙이거나 하려면 넘파이를 통해야 한다.

여러분은 넘파이 공부가 상당히 지루하겠지만 딥러닝을 공부할 때, 넘파이 기초가 약하면 코드를 전혀 이해할 수 없다. 약간의 인내심이 필요하다.

넘파이 포함하기

파이썬 코드에서 라이브러리를 사용하려면 먼저 라이브러리를 가져와야 한다. import 문으로 쉽게 가져올 수 있다.

```
import numpy as np
```

우리는 numpy를 np로 단축하여 표기한다. 코딩 시간을 절약할 수 있으며 코드를 표준화하기 위해서이다.

배열 생성하기

배열은 넘파이의 중심이 되는 중요한 데이터 구조이다. 배열의 요소는 모두 동일한 타입이며, dtype 속성에 저장된다. 배열의 랭크(rank)는 차원의 수이다. 배열의 형상(shape)은 각 차원의 크기를 튜플로 나타낸 것이다.

넘파이 배열을 생성하는 가장 기본적인 방법은, 넘파이가 제공하는 array 함수에 파이썬 리스트를 전달하는 방법이다. 넘파이 배열의 자료형은 파이썬 리스트의 요소에서 추론된다.

$$a = np.array([1, 2, 3])$$

배열 객체   생성자 함수   파이썬 리스트

```
>>> a = np.array([1, 2, 3])
>>> a
array([1, 2, 3])
```

넘파이 배열도 기본적으로는 배열(array)이다. 배열의 가장 큰 특징은 인덱스를 이용하여 데이터에 빠르게 접근할 수 있다는 점이다.

```
>>> a[0]
1
```

2차원 배열도 넘파이로 쉽게 만들 수 있다. 다음과 같이 np.array()를 호출하고 파이썬 2차원

리스트를 전달하여 생성할 수 있다. 넘파이의 2차원 배열은 수학에서의 행렬(matrix)와 같다.

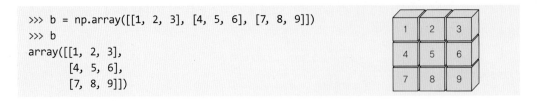

```
>>> b = np.array([[1, 2, 3], [4, 5, 6], [7, 8, 9]])
>>> b
array([[1, 2, 3],
       [4, 5, 6],
       [7, 8, 9]])
```

2차원 배열에서 특정한 위치에 있는 요소는 어떻게 꺼낼까? 2차원 배열도 인덱스를 사용한다. 다만 2차원이기 때문에 인덱스가 2개 필요하다. 첫 번째 인덱스는 행의 번호이다. 두 번째 인덱스는 열의 번호이다. 예를 들어서 b[0][2]는 3이 된다.

```
>>> b[0][2]
3
```

넘파이 배열의 속성

넘파이 배열은 일반적으로 동일한 타입의 요소들이 저장된 크기가 고정된 컨테이너이다. 배열의 차원 및 항목 수는 형상(shape)에 의해 정의된다. 배열의 형상은 각 차원의 크기를 지정하는 정수의 튜플이다. 넘파이에서는 차원을 축(axes)이라고 한다(차원이란 용어가 약간 헷갈리는 경우가 있어서이다). 예를 들어서 1차원 배열은 하나의 축만을 가지고 있다. 2차원 배열은 2개의 축을 가지고 있다.

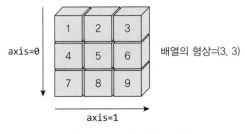

그림 2-4 넘파이 배열의 형상

넘파이 배열 클래스 이름은 ndarray이다. 때로는 그냥 array라고 불린다. ndarray 객체의 속성은 다음과 같다.

속성	설명
ndim	축의 개수. 2차원 배열이면 ndim은 2이다.
shape	배열의 형상. 형상은 정수 튜플로 나타낸다. 예를 들어서 n개의 행과 m개의 열이 있는 행렬의 경우, shape는 (n, m)이다.
size	배열 안에 있는 요소들의 총 개수
dtype	배열 요소의 자료형. numpy.int32, numpy.int16, numpy.float64가 그 예이다.
itemsize	배열을 이루는 요소의 크기로서 단위는 바이트이다. 예를 들어, float64은 itemsize가 8이다.
data	실제 데이터가 저장되는 메모리 블럭의 주소

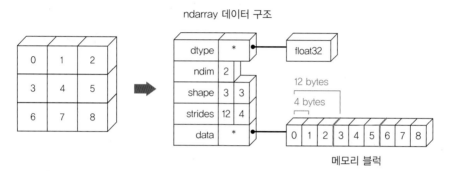

그림 2-5 넘파이 배열의 속성

이들 속성들은 확실하게 알아두어야 뒤에 가서 혼란이 없다. 이제 실제 프로그램으로 살펴보자.

```
>>> import numpy as np
>>> a = np.array([[ 0,  1,  2],
                  [ 3,  4,  5],
                  [ 6,  7,  8]])
>>> a.shape                 # 배열의 형상
(3, 3)
>>> a.ndim                  # 배열의 차원 개수
2
>>> a.dtype                 # 요소의 자료형
dtype('int32')
>>> a.itemsize              # 요소 한개의 크기
8
>>> a.size                  # 전체 요소의 개수
9
```

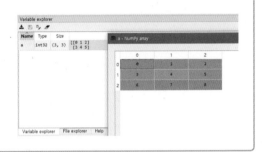
1이나 0으로 채워진 배열 생성하기

어떤 경우에는 0으로 채워진 행렬을 먼저 생성하고 나중에 일부를 고치는 경우도 많다. 함수 zeros()는 0으로 가득 찬 배열을 작성하고, ones()은 1로 가득 찬 배열을 작성한다. 이때 인수는 배열의 형상이다. 인수가 (3, 4)라면 3×4 크기의 배열을 의미한다. 함수 eye()는 대각선 요소만 1인 배열을 작성한다.

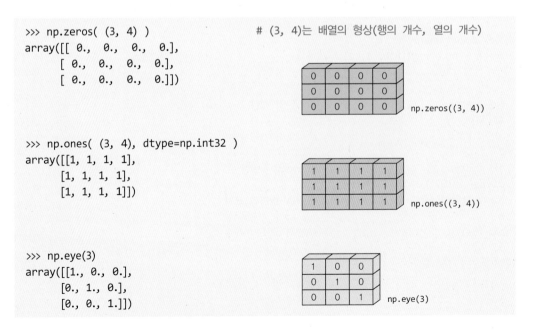

```
>>> np.zeros( (3, 4) )          # (3, 4)는 배열의 형상(행의 개수, 열의 개수)
array([[ 0.,  0.,  0.,  0.],
       [ 0.,  0.,  0.,  0.],
       [ 0.,  0.,  0.,  0.]])
```

```
>>> np.ones( (3, 4), dtype=np.int32 )
array([[1, 1, 1, 1],
       [1, 1, 1, 1],
       [1, 1, 1, 1]])
```

```
>>> np.eye(3)
array([[1., 0., 0.],
       [0., 1., 0.],
       [0., 0., 1.]])
```

배열의 자료형 지정하기

배열 생성 시에 자료형을 주지 않으면 디폴트로 np.float64(실수) 타입으로 만들어진다. 배열 생성 시에 자료형을 명시적으로 지정할 수도 있다. 자료형으로는 np.int32(정수), np.float64(실수), np.unicode_(문자열) 등을 사용할 수 있다.

```
>>> x = np.ones(5, dtype=np.int64)
>>> x
array([1, 1, 1, 1, 1])
```

연속되는 값으로 배열 생성하기

arange() 함수를 사용하면, 연속되는 값을 가지는 넘파이 배열을 쉽게 만들 수 있다. 예를 들어서 arange(5)는 [0, 1, 2, 3, 4]를 가지는 배열을 생성한다. 여기서 5는 포함되지 않는다. 반복 구조에서 사용되는 파이썬의 range() 함수와 사용법이 같다.

$$np.arange(start, stop, step)$$

시작값   종료값   간격

```
>>> np.arange(5)
array([0, 1, 2, 3, 4])
```

시작값을 지정하려면 다음과 같이 한다.

```
>>> np.arange(1, 6)
array([1, 2, 3, 4, 5])
```

증가되는 간격을 지정하려면 다음과 같이 한다.

```
>>> np.arange(1, 10, 2)
array([1, 3, 5, 7, 9])
```

균일한 간격의 값으로 배열 생성하기

linspace()도 상당히 많이 사용되는 넘파이 생성 함수이다. linspace()는 시작값부터 끝값까지 균일한 간격으로 지정된 개수만큼의 배열을 생성한다.

예를 들어서 linspace(0, 10, 100)이라고 호출하면 0에서 10까지 총 100개의 수들이 균일하게 생성된다.

```
>>> np.linspace(0, 10, 100)
array([ 0.        ,  0.1010101 ,  0.2020202 ,  0.3030303 ,  0.4040404 ,
       ...
       9.09090909,  9.19191919,  9.29292929,  9.39393939,  9.49494949,
       9.5959596 ,  9.6969697 ,  9.7979798 ,  9.8989899 , 10.          ])
```

배열 정렬하기

배열 안의 요소를 정렬하는 것은 간단하다. np.sort() 함수를 호출한다. 호출 시에 축 종류 및 순서를 지정할 수 있다.

```
>>> arr = np.array([2, 1, 5, 3, 7, 4, 6, 8])

>>> np.sort(arr)
array([1, 2, 3, 4, 5, 6, 7, 8])
```

2개의 배열 합치기

2개의 배열을 합쳐서 하나의 배열을 만들 때는 np.concatenate()를 사용한다. np.concatenate()를 호출할 때, 합치는 축을 지정할 수 있다.

```
>>> x = np.array([[1, 2], [3, 4]])
>>> y = np.array([[5, 6], [7, 8]])

>>> np.concatenate((x, y), axis=1)
array([[1, 2, 5, 6],
       [3, 4, 7, 8]])
```

2개의 배열을 수직으로 쌓기

2개의 배열을 수직 및 수평으로 쌓을 수도 있다. 직전에 학습한 np.concatenate()를 사용해도 되고 vstack()이나 hstack()을 사용해도 된다.

vstack()을 사용하여 2개의 배열을 세로로 쌓을 수 있다. 배열 x, y는 앞 예제와 같다고 가정한다.

```
>>> np.vstack((x, y))
array([[1, 2],
       [3, 4],
       [5, 6],
       [7, 8]])
```

hstack()을 사용하여 2개의 배열을 가로로 쌓을 수 있다.

```
>>> np.hstack((x, y))
array([[1, 2, 5, 6],
       [3, 4, 7, 8]])
```

배열의 형태 변경하기

딥러닝에서 무척 많이 나오는 연산이다. 일반적으로 딥러닝의 입력은 2차원이 되어야 한다. 따라서 1차원 행렬이 주어지면 이것을 2차원 행렬로 변경하여야 한다. reshape() 함수는 행렬 안의 데이터 개수는 유지한 채로, 배열의 차원만 변경한다. 예를 들어서 6개의 요소를 가진 배열을 reshape()으로 형태를 변경하여도 새 배열에는 6개의 요소만 있다. 변경되는 것은 배열의 형상이다. 다음과 같은 형식을 사용한다.

new_array = old_array.reshape((2, 3))

새로운 배열   원래의 배열   새로운 배열의 형상

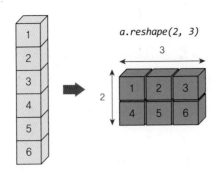

예를 들어서 1차원 배열 y를 다음과 같이 생성해보자.

```
>>> a = np.arange(12)
array([ 0,  1,  2,  3,  4,  5,  6,  7,  8,  9, 10, 11])

>>> a.shape
(12,)
```

배열을 재구성하는 데 reshape()을 사용할 수 있다. 예를 들어, 이 배열을 3개의 행과 4개의 열이 있는 배열로 변경할 수 있다. a에 대하여 reshape(3, 4)를 호출하면 1차원 배열이 2차원 배열로 바뀌게 된다.

```
>>> a.reshape(3, 4)
array([[ 0,  1,  2,  3],
       [ 4,  5,  6,  7],
       [ 8,  9, 10, 11]])
```

만약 인수로 -1을 전달하면 데이터의 개수에 맞춰서 자동으로 배열의 형태가 결정된다.

```
>>> a.reshape(6, -1)
array([[ 0,  1],
       [ 2,  3],
       [ 4,  5],
       [ 6,  7],
       [ 8,  9],
       [10, 11]])
```

행의 개수는 6이고 열의 개수는 데이터의 개수에 맞춰서 결정됨

배열을 여러 개의 작은 배열로 분할하기

하나의 배열을 분할하는 것은 슬라이싱을 사용해도 가능하다. 여기서는 메소드로 분할하는

방법을 살펴보자. 넘파이 배열을 자르는 메소드는 split()이다. 3×10 배열을 3×3과 3×7로 잘라보자. 세로로 자르려면 axis=1로 지정한다. axis=0으로 놓으면 가로로 자른다.

```
>>> array = np.arange(30).reshape(-1, 10)
>>> array
array([[ 0,  1,  2,  3,  4,  5,  6,  7,  8,  9],
       [10, 11, 12, 13, 14, 15, 16, 17, 18, 19],
       [20, 21, 22, 23, 24, 25, 26, 27, 28, 29]])

>>> arr1, arr2 = np.split(array, [3], axis=1)
>>> arr1
array([[ 0,  1,  2],
       [10, 11, 12],
       [20, 21, 22]])
>>> arr2
array([[ 3,  4,  5,  6,  7,  8,  9],
       [13, 14, 15, 16, 17, 18, 19],
       [23, 24, 25, 26, 27, 28, 29]])
```

배열에 새로운 축 추가하기

np.newaxis 및 np.expand_dims을 사용하여 기존 배열의 크기를 증가시킬 수 있다. np.newaxis을 사용할 때마다 배열의 차원이 1차원 증가한다.

```
>>> a = np.array([1, 2, 3, 4, 5, 6])
>>> a.shape
(6,)

>>> a1 = a[np.newaxis, :]
>>> a1
array([[1, 2, 3, 4, 5, 6]])
>>> a1.shape
(1, 6)

>>> a2 = a[:, np.newaxis]
array([[1],
       [2],
       [3],
       [4],
       [5],
       [6]])
>>> a2.shape
(6, 1)
```

np.expand_dims()을 사용하여 지정된 위치에 새 축을 삽입하여 배열을 확장할 수도 있다.

```
>>> b = np.expand_dims(a, axis=1)
>>> b
array([[1],
       [2],
       [3],
       [4],
       [5],
       [6]])
>>> b.shape
(6, 1)
```

인덱싱과 슬라이싱

파이썬 리스트에서처럼 넘파이 배열에서도 인덱싱과 슬라이싱을 사용할 수 있다. 예를 들어서 사람들의 나이가 저장된 넘파일 배열 ages가 있다고 하자.

```
>>> ages = np.array([18, 19, 25, 30, 28])
```

0에서 2까지의 슬라이스는 다음과 같이 얻을 수 있다.

```
>>> ages[1:3]        # 인덱스 1에서 인덱스 2까지
array([19, 25])
```

다음과 같이 시작 인덱스나 종료 인덱스는 생략이 가능하다. 이것은 파이썬의 리스트와 동일하다.

```
>>> ages[:2]         # 인덱스 0에서 인덱스 1까지
array([18, 19])
```

논리적인 인덱싱(logical indexing)이란 어떤 조건을 주어서 배열에서 원하는 값을 추려내는 것이다. ages에서 20살 이상인 사람만 고르려고 하면 다음과 같은 조건식을 써준다.

```
>>> y = ages > 20
>>> y
array([False, False,  True,  True,  True])
```

결과는 부울형의 넘파이 배열이 된다. ages 배열의 첫 번째와 두 번째 요소는 20보다 크지 않으므로 False가 되고 나머지 요소들은 모두 20보다 크므로 True가 되었다.

그런데 실제로는 배열 중에서 20살 이상인 사람들을 뽑아내는 연산이 많이 사용된다. 이때는 위의 부울형 배열을 인덱스로 하여 배열 ages에 보내면 된다.

```
>>> ages[ ages > 20 ]
array([25, 30, 28])
```

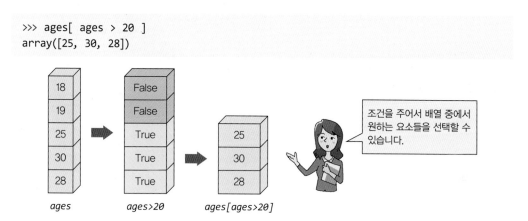

20살보다 많고 30살보다 적은 사람만 추리려면 다음과 같이 논리합 연산자 |을 사용할 수 있다.

```
>>> ages[ (ages > 20) | (age < 30) ]
array([25, 28])
```

2차원 배열의 인덱싱

넘파이의 2차원 배열에서 a[0][2]와 같은 형태로도 특정한 요소를 꺼낼 수 있다. 하지만 넘파이에서는 많이 사용되는 표기법이 있다. 0번째 행과 2번째 열에 있는 요소에 접근할 때는 콤마를 사용하여 a[0, 1]로 써준다. 콤마 앞에 값은 행을 나타내며, 콤마 뒤에 값은 열을 나타낸다.

```
>>> a = np.array([[1, 2, 3], [4, 5, 6], [7, 8, 9]])
>>> a[0, 2]
3
```

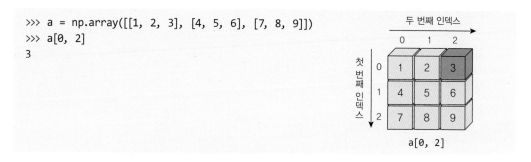

우리는 인덱스 표기법을 사용하여 배열의 요소를 변경할 수 있다.

```
>>> a[0, 0] = 12
>>> a
array([[12,  2,  3],
       [ 4,  5,  6],
       [ 7,  8,  9]])
```

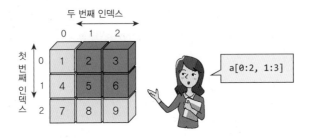

2차원 배열의 슬라이싱

넘파이에서 슬라이싱은 큰 행렬에서 작은 행렬을 끄집어내는 것으로 이해하면 된다.

```
>>> data = np.array([[1, 2, 3], [4, 5, 6], [7, 8, 9]])
>>> data[0:2, 1:3]
array([[2, 3],
       [5, 6]])
```

위의 표기법은 0에서 1까지의 행과 1에서 2까지의 열로 이루어진 행렬을 지정한 것이다. 따라서 위와 같은 행렬이 출력된다.

하나의 행을 지정하는 것도 가능하다.

```
>>> data[0]
array([1, 2, 3])
```

다음과 같은 표기법도 가능하다.

```
>>> data[1, 1:3]
array([5, 6])
```

2차원 배열에서 슬라이싱은 인공지능에서 아주 많이 사용된다. 따라서 여러분은 아래 그림을 보고 즉시 이해할 수 있도록 연습을 많이 해두어야 한다.

| data | data[0] | data[1,:] | data[:,2] |

| data[0:2,0:2] | data[0:2,2:4] | data[::2,::2] | data[1::2,1::2] |

위의 그림 중에서 하나만 골라서 설명해보자. data[::2, ::2]라고 슬라이스를 지정하면 어떤 의미일까? 슬라이스에서 시작 인덱스와 종료 인덱스가 생략되면 처음부터 끝까지이다. 또 간격 (step)이 2이면 처음부터 2씩 건너뛰면서 요소를 선택한다는 의미이다. 따라서 아래 그림처럼 될 것이다.

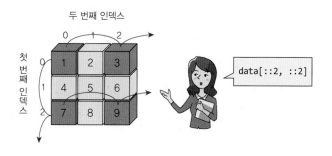

얕은 복사와 깊은 복사

파이썬에서 넘파이 배열은 객체여서 얕은 복사와 깊은 복사 문제가 존재한다. 넘파이 함수와 인덱싱, 슬라이싱 연산자는 원본 배열에 대한 뷰(view)를 반환한다. 왜냐하면 이 방법이 메모리를 절약하고 더 빠르기 때문이다. 즉 데이터를 복사할 필요가 없기 때문이다. 하지만 개발자는 이것을 잘 알고 있어야 한다. 뷰에서 데이터를 수정하면 원본 배열도 수정된다.

간단한 예제로 이것을 알아보자.

```
>>> a = np.array([[1, 2, 3, 4], [5, 6, 7, 8], [9, 10, 11, 12]])
```

이제 우리는 a의 첫 번째 요소를 슬라이싱하여 배열 b를 만든다. 이어서 배열 b의 요소를 수정한다. 그러면 원본 배열의 해당 요소도 수정된다. 얕은 복사이기 때문이다.

```
>>> b = a[0, :]
>>> b
array([1, 2, 3, 4])
>>> b[0] = 99
>>> b
array([99, 2, 3, 4])
>>> a
array([[99, 2, 3, 4],
       [ 5, 6, 7, 8],
       [ 9, 10, 11, 12]])
```

넘파이 배열을 깊은 복사하는 방법은 무엇인가? copy() 메소드를 사용하는 것이 가장 간편하다.

```
>>> b2 = a.copy()
```

깊은 복사의 경우에는 배열 b를 변경하여도 원본 배열 a는 변경되지 않는다.

기본 배열 연산

넘파이 배열에는 + 연산자나 * 연산자와 같은 수학적인 연산자를 적용할 수 있다. 배열에 대한 모든 산술 연산자는 요소별로 적용된다. 산술 연산이 적용되면 새로운 배열이 생성되고 결과값으로 채워진다. 간단한 예제를 그림과 함께 살펴보자.

```
>>> arr1 = np.array([[1, 2], [3, 4], [5, 6]])
>>> arr2 = np.array([[1, 1], [1, 1], [1, 1]])
>>> result = arr1 + arr2              # 넘파이 배열에 + 연산이 적용된다.
>>> result
array([[2, 3],
       [4, 5],
       [6, 7]])
```

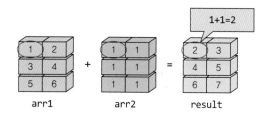

넘파이에서는 덧셈뿐만 아니라 -, *, /와 같은 산술 연산도 배열의 요소별로 적용된다. 넘파이 배열에는 여러분이 상상할 수 있는 모든 연산자를 적용할 수 있다. 예를 들어서 넘파이 배열에 ** 연산자도 적용할 수 있다.

```
>>> a = np.array([0, 1, 2, 3])
>>> a**2
array([0, 1, 4, 9])
```

〈와 〉같은 비교 연산자도 적용이 가능하다. 비교 연산자도 배열의 요소별로 적용된다.

```
>>> a = np.array([0, 9, 21, 3])
>>> a<10
array([ True,  True, False,  True])
```

배열의 합 쉽게 계산하기

배열의 모든 요소의 합을 계산하는 것과 같은 많은 연산이 ndarray 클래스의 메소드로 제공된다. sum()은 배열 요소들의 합을 계산한다. max()는 배열 요소들 중에서 최대값을, min()은 배열 요소들 중에서 최소값을 계산한다. square()는 배열 요소들을 제곱한다.

```
>>> a = np.array([[1, 2, 3], [4, 5, 6], [7, 8, 9]])
>>> a.sum()
45
>>> a.min()
1
>>> a.max()
9
```

위에서 보았듯이 넘파이에는 배열의 데이터를 사용하여 계산을 수행하는 다양한 메소드를 가지고 있다. 기본적으로 이러한 메소드는 배열의 형태를 모양을 무시하고 계산에 모든 요소를 사용한다. 우리는 넘파일 배열과 이 함수들만 잘 이용해도 많은 작업을 할 수 있다. 예를 들어, 우리는 배열의 형태와는 관계없이 배열의 평균을 계산할 수 있다. 우리가 배열의 mean() 메소드를 호출하면, mean() 메소드는 전체 요소의 합계를 계산한 후에 전체 요소 수로 나눈다.

넘파이가 강력한 것은 이러한 계산을 특정한 행이나 열만을 가지고도 할 수 있다는 점이다. axis라는 매개 변수를 이용하면 된다. axis가 계산을 해야 하는 행이나 열을 지정한다. axis=0이라면 2차원 행렬에서 특정한 열에서 모든 행의 값을 가지고 계산한다.

```
>>> scores = np.array([[99, 93, 60], [98, 82, 93],
    ...:                [93, 65, 81], [78, 82, 81]])
>>> scores.mean(axis=0)
array([92.  , 80.5 , 78.75])
```

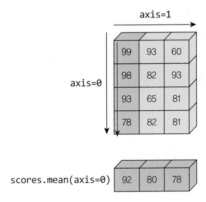

위의 계산에서 92는 99, 98, 93, 78의 평균이다. 즉 특정한 과목의 평균 성적이다.

mean(axis=1)로 하여서 평균을 계산하면 다음과 같다.

```
>>> scores.mean(axis=1)
array([84.        , 91.        , 79.66666667, 80.33333333])
```

위의 계산에서 84는 99, 93, 60의 평균이다. 즉 특정한 학생의 평균 성적이다.

브로드캐스팅

우리는 배열과 단일 숫자 사이에서 연산을 수행하려는 경우가 종종 있다. 이것은 벡터와 스칼라 사이의 연산이라고도 불린다. 예를 들어, 배열에 마일 단위의 거리값이 저장되어 있고 우리는 이것을 킬로미터로 변환하려고 한다. 이러한 경우에는 단순히 miles*1.6하면 된다.

```
>>> miles = np.array([1, 2, 3])
>>> result = miles * 1.6
>>> result
array([1.6, 3.2, 4.8])
```

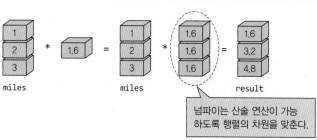

우리가 벡터와 스칼라를 곱하면 넘파이는 스칼라를 자동으로 적절한 크기의 벡터로 확장시켜서 곱한다. 이 개념을 브로드캐스팅(broadcasting)이라고 하며 매우 유용하다.

넘파이 곱셈과 행렬 곱셈

여기서 하나 조심해야 할 점이 있다. 넘파이 행렬을 서로 곱하면 많은 사람들이 행렬 곱셈(내적)이 될 것으로 기대한다. 하지만 그렇지 않다. 2개의 행렬을 곱하면 행렬의 요소끼리 곱해진다. 행렬 곱셈(내적)을 하려면 @ 연산자 또는 dot()를 사용하여야 한다. 이것은 많은 혼란을 주는 문제이니 확실하게 이해하자. 먼저 * 연산자를 2개의 행렬에 적용해보자.

```
>>> arr1 = np.array([[1, 2], [3, 4], [5, 6]])
>>> arr2 = np.array([[2, 2], [2, 2], [2, 2]])
>>> result = arr1 * arr2
>>> result
array([[ 2,  4],
       [ 6,  8],
       [10, 12]])
```

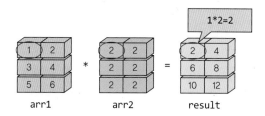

이번에는 행렬 곱셈(내적)을 하기 위하여 @ 연산자를 적용해보자.

```
>>> arr1 = np.array([[1, 2, 3], [4, 5, 6], [7, 8, 9]])
>>> arr2 = np.array([[2, 2], [2, 2], [2, 2]])
>>> result = arr1 @ arr2          # arr1.dot(arr2)로 하여도 된다.
array([[12, 12],
       [30, 30],
       [48, 48]])
```

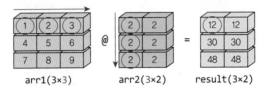

arr1(3×3)   arr2(3×2)   result(3×2)

여러분도 중고등학교 시간에 배웠겠지만, 행렬끼리의 곱셈은 첫 번째 행렬의 한 행과 두 번째 행렬의 한 열이 서로 곱해져서 결과 행렬의 한 요소가 된다. 예를 들어서 result 행렬의 첫 번째 요소의 값을 계산해보면 다음과 같다.

$$1*2 + 2*2 + 3*2 = 12$$

행렬 곱셈을 할 때, 첫 번째 행렬의 열의 개수와 두 번째 행렬의 행의 개수는 일치하여야 한다.

넘파이 배열에 함수를 적용하면 어떻게 될까?

넘파이 배열에 함수를 적용하면 어떻게 될까? 예를 들어서 넘파이의 sin() 함수를 적용하면 배열의 요소에 모두 sin() 함수가 적용된다.

```
>>> A = np.array([0, 1, 2, 3])
>>> 10 * np.sin(A)
array([0.        , 8.41470985, 9.09297427, 1.41120008])
```

균일 분포 난수 생성하기

난수 생성의 사용은 많은 머신 러닝 알고리즘의 구성 및 평가에서 중요한 부분이다. 신경망에서 가중치를 난수로 초기화해야 하고, 데이터를 랜덤하게 분할해야 하는 경우도 있고, 데이터 세트를 랜덤하게 섞어야 하는 경우도 있다. 이 모든 작업을 하려면 난수를 생성할 수 있어야 한다.

넘파이에서 난수를 생성하는 여러 가지 방법을 살펴보자. 먼저 균일 분포에서 난수를 추출하는 방법을 살펴보자. 넘파이에서 난수의 시드(seed)를 설정하는 문장은 다음과 같다.

```
>>> np.random.seed(100)
```

시드가 설정되면 다음과 같은 문장을 수행하여 5개의 난수를 얻을 수 있다. 난수는 0.0에서 1.0 사이의 값으로 생성된다.

```
>>> np.random.rand(5)
array([0.54340494, 0.27836939, 0.42451759, 0.84477613, 0.00471886])
```

$$a = np.random.rand(5, 3)$$

새로운 배열   행의 개수   열의 개수

난수로 이루어진 2차원 배열(크기=5×3)을 얻으려면 다음과 같이 한다.

```
>>> np.random.rand(5, 3)
array([[0.12156912, 0.67074908, 0.82585276],
       [0.13670659, 0.57509333, 0.89132195],
       [0.20920212, 0.18532822, 0.10837689],
       [0.21969749, 0.97862378, 0.81168315],
       [0.17194101, 0.81622475, 0.27407375]])
```

어떤 범위에 있는 난수를 생성하려면 어떻게 하면 좋을까? 이것은 간단하게 다음과 같은 수식으로 만들 수 있다. 예를 들어서 10에서 20 사이에 있는 난수 5개를 생성하는 문장은 다음과 같다.

```
>>> a=10; b=20
>>> (b-a)*np.random.rand(5)+a
array([14.31704184, 19.4002982 , 18.17649379, 13.3611195 , 11.75410454])
```

정수 난수가 필요하다면 randint()를 사용한다. randint(a, b)는 정수 a와 정수 b 사이의 난수를 생성하여 반환한다. 예를 들어서 주사위 던지기 10번을 시뮬레이션한다면 다음과 같이 코드를 작성할 수 있다.

```
>>> np.random.randint(1, 7, size=10)
array([4, 3, 4, 1, 1, 2, 6, 6, 2, 6])
```

정규 분포 난수 생성

앞에서 생성한 난수는 균일한 확률 분포에서 만들어진다. 만약 정규 분포에서 난수를 생성하려면 어떻게 해야 하는가? 정규 분포란 다음과 같은 형태를 가지는 확률 분포 함수이다.

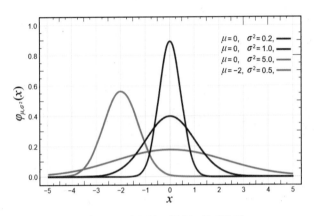

그림 2-6 정규 분포(출처: 위키백과)

넘파이가 준비한 함수는 randn()이다. "normal"을 의미하는 n이 뒤에 추가되었다. 예를 들어서 정규 분포에서 난수 5개를 생성하려면 다음과 같은 문장을 사용한다.

```
>>> np.random.randn(5)
array([ 0.78148842, -0.65438103,  0.04117247, -0.20191691, -0.87081315])
```

난수로 채워진 5×4 크기의 2차원 배열을 생성하려면 다음과 같이 적어준다.

```
>>> np.random.randn(5, 4)
array([[ 0.22893207, -0.40803994, -0.10392514,  1.56717879],
       [ 0.49702472,  1.15587233,  1.83861168,  1.53572662],
       [ 0.25499773, -0.84415725, -0.98294346, -0.30609783],
       [ 0.83850061, -1.69084816,  1.15117366, -1.02933685],
       [-0.51099219, -2.36027053,  0.10359513,  1.73881773]])
```

넘파이에는 정규 분포의 평균값과 표준편자를 인수로 보낼 수 있는 함수 normal()도 있다.

nandn()의 조금 편리한 버전이라고 생각하면 된다.

$$a = np.random.normal(loc=0.0, scale=1.0, size=None)$$

평균   표준편차   배열의 차원

평균이 0이고 표준 편차가 0.1인 난수를 생성해보면 다음과 같다.

```
>>> mu, sigma = 0, 0.1          # 평균과 표준 편차
>>> np.random.normal(mu, sigma, 5)
array([ 0.15040638,  0.06857496, -0.01460342, -0.01868375, -0.1467971 ])
```

고유 항목 및 개수를 얻는 방법

np.unique()를 사용하면 배열에서 고유한 요소를 쉽게 찾을 수 있다.

```
>>> a = np.array([11, 11, 12, 13, 14, 15, 16, 17, 12, 13, 11, 14, 18, 19, 20])

>>> unique_values = np.unique(a)
>>> unique_values
 array([11, 12, 13, 14, 15, 16, 17, 18, 19, 20])
```

넘파이 배열에서 고유값의 인덱스를 얻으려면 np.unique()을 호출할 때, return_index 인수를
전달하면 된다.

```
>>> unique_values, indices_list = np.unique(a, return_index=True)
>>> print(indices_list)
[ 0  2  3  4  5  6  7 12 13 14]
```

넘파이 배열에서 고유값의 빈도를 얻으려면 np.unique()을 호출할 때, return_counts 인수를
전달하면 된다.

```
>>> unique_values, occurrence_count = np.unique(a, return_counts=True)
>>> print(occurrence_count)
[3 2 2 2 1 1 1 1 1 1]
```

np.unique() 메소드는 은근히 편리한 함수이다.

전치 행렬 계산하기

딥러닝에서 오차역전파 방식으로 학습이 진행될 때, 필요한 연산이 전치 연산이다. 넘파이에는 행렬의 전치를 얻기 위해 호출되는 편리한 속성 T가 있다.

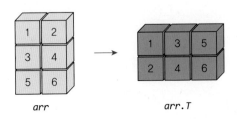

arr   *arr.T*

```
import numpy as np

arr = np.array([[1, 2], [3, 4], [5, 6]])
print(arr.T)
```

```
[[1 3 5]
 [2 4 6]]
```

속성 T 대신에 transpose()라는 메소드를 호출하여도 된다.

다차원 배열의 평탄화

머신러닝에서는 다차원 배열을 1차원 배열로 만드는 작업도 필요하다. 이것을 배열의 평탄화라고 한다. 넘파이 배열을 평탄화하는 2가지 인기 있는 메소드는 flatten() 및 ravel()이다. 둘 사이의 주요 차이점은 ravel()를 사용하여 생성된 새 배열은 실제로 부모 배열에 "뷰"라는 것이다. 즉 새 배열을 변경하면 부모 배열에도 영향을 미친다. 하지만 복사본을 생성하지 않기 때문에 메모리는 효율적으로 사용된다. flatten()을 사용하면 안심하고 새로운 배열을 변경할 수 있다.

```
>>> x = np.array([[1, 2, 3, 4], [5, 6, 7, 8], [9, 10, 11, 12]])

>>> x.flatten()
array([ 1,  2,  3,  4,  5,  6,  7,  8,  9, 10, 11, 12])
```

flatten()이 반환한 배열을 변경하여도 부모 배열이 변경되지 않는다.

```
>>> a = x.flatten()
>>> a[0] = 99
>>> print(x)
[[ 1  2  3  4]
 [ 5  6  7  8]
 [ 9 10 11 12]]
```

CSV 파일 읽고 쓰기

대부분의 학습 샘플들은 CSV 파일에 저장되어서 제공된다. 이 CSV 파일을 읽어서 넘파이 배열로 만들어야 한다. 어떻게 하는 것이 최선인가? 판다스(Pandas) 라이브러리를 사용하는 것이 최선이라고 한다. 판다스의 read_csv()를 호출하면, 반환되는 객체의 values에 넘파이 배열이 저장되어 있다.

```
import numpy as np
import pandas as pd

x = pd.read_csv('countries.csv', header=0).values
print(x)
```

```
[['KR' 'Korea' 98480 'Seoul' 48422644]
 ['US' 'USA' 9629091 'Washington' 310232863]
 ['JP' 'Japan' 377835 'Tokyo' 127288000]
 ['CN' 'China' 9596960 'Beijing' 1330044000]
 ['RU' 'Russia' 17100000 'Moscow' 140702000]]
```

우리는 필요한 열만을 지정하여 읽을 수도 있다.

```
x = pd.read_csv('countries.csv', usecols=['country', 'capital']).values
print(x)
```

```
[['Korea' 'Seoul']
 ['USA' 'Washington']
 ['Japan' 'Tokyo']
 ['China' 'Beijing']
 ['Russia' 'Moscow']]
```

반대로 넘파이 배열을 외부의 CSV 파일 형태로 내보내려면 어떻게 해야 할까? 넘파이 배열로 판다스 데이터 프레임을 만든 다음, 판다스를 사용하여 데이터 프레임을 CSV 파일에 쓸 수 있다.

```
>>> a = np.arange(100, 116, 1).reshape(4, 4)
>>> df = pd.DataFrame(a)
>>> print(df)
     0    1    2    3
0  100  101  102  103
1  104  105  106  107
2  108  109  110  111
3  112  113  114  115

>>> df.to_csv('pd.csv')
```

넘파이로 평균 제곱 오차 계산하기

넘파이를 이용하면 행렬이 관련된 수학 공식을 쉽게 구현할 수 있다. 이것이 바로 넘파이를 과학자들이 많이 사용하는 이유이다. 예를 들어 다음은 평균 제곱 오차 공식이다. 이것은 회귀를 다루는 머신 러닝 모델에 사용되는 중심 공식이다.

$$MSE(Mean\ Squared\ Error) = \frac{1}{n}\sum_{i=1}^{n}(ypred_i - y_i)^2$$

이 공식을 넘파이를 이용하여 계산해보자. 먼저 **ypred, y, mse**라는 이름의 넘파이 배열이 있다고 하면 다음과 같이 구현할 수 있다.

```python
mse = (np.square(ypred-y)).mean()
```

완전한 프로그램으로 작성해보면 다음과 같다.

```python
import numpy as np

y = np.array([1, 1, 2, 2, 4]   )
ypred = np.array([0.7, 1.34, 1.89, 2.53, 3.2])

mse = (np.square(ypred-y)).mean()
print(mse)
```

```
0.22771999999999992
```

7. 맵플롯립

맵플롯립(matplotlib)은 GNUplot처럼 그래프를 그리는 라이브러리이다. 맵플롯립의 장점은 파이썬 모듈이라는 점이다. 최근에 파이썬의 인기가 아주 높기 때문에 맵플롯립도 많이 사용된다. 또 맵플롯립이 MATLAB을 대신할 수 있다는 점도 장점이다. MATLAB이 비싸고 상업용 제품인 반면에, 맵플롯립은 무료이고 오픈 소스이다.

직선 그래프

맵플롯립에서 그래프는 점이나 막대를 이용하여 데이터의 상관 관계를 알려주는 2차원 또는 3차원 그림이다. x축은 독립 변수이고 y축은 종속 변수가 된다. 우리는 matplotlib의 하위 모듈인 pyplot을 사용한다. pyplot은 객체 지향적인 인터페이스를 제공한다. matplotlib.pyplot를 plt 이름으로 사용하는 것은 거의 표준 관행이 되었다. 우리가 값들의 리스트를 plot() 함수로 전달하면, plot() 함수는 이것을 y축 값으로 생각하여 그래프를 그린다. x축 값은 리스트의 인덱스라고 생각한다. 만약 주피터 노트북을 사용한다면 %matplotlib inline을 넣으면 콘솔 안에 그래프를 표시한다.

```python
import matplotlib.pyplot as plt
%matplotlib inline

X = [ "Mon", "Tue", "Wed", "Thur", "Fri", "Sat", "Sun" ]
Y1 = [15.6, 14.2, 16.3, 18.2, 17.1, 20.2, 22.4]
Y2 = [20.1, 23.1, 23.8, 25.9, 23.4, 25.1, 26.3]

plt.plot(X, Y1, label="Seoul")
plt.plot(X, Y2, label="Busan")          # 겹쳐서 그려진다.
plt.xlabel("day")
plt.ylabel("temperature")
plt.legend(loc="upper left")
plt.title("Temperatures of Cities")
plt.show()
```

점선 그래프

만약 데이터 값만을 기호로 표시하고자 한다면 형식문자열을 전달하면 된다.

```
import matplotlib.pyplot as plt
%matplotlib inline

X = [ "Mon", "Tue", "Wed", "Thur", "Fri",
"Sat", "Sun" ]
plt.plot(X, [15.6, 14.2, 16.3, 18.2, 17.1,
20.2, 22.4], "sm")
plt.show()
```

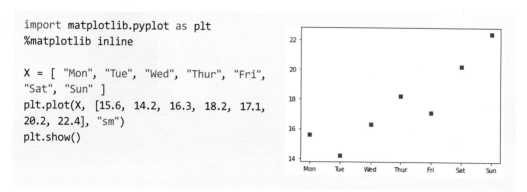

여기서 문자열 "sm"에서 "s"는 square marker를 나타내고 m은 "magenta"이다. 즉 마커의 종류를 먼저 표시하고 나중에 색상을 지정한다. 마커의 종류로는 '.', '*', 'o', ',', 'D', 'v' 등이 있다.

막대 그래프

```
import matplotlib.pyplot as plt
%matplotlib inline

X = [ "Mon", "Tue", "Wed", "Thur", "Fri",
"Sat", "Sun" ]
Y = [15.6, 14.2, 16.3, 18.2, 17.1, 20.2,
22.4]
plt.bar(X, Y)
plt.show()
```

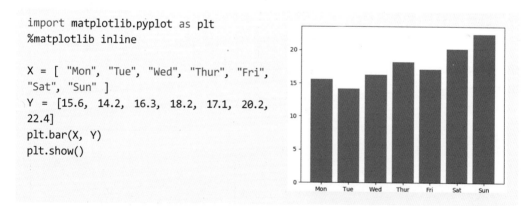

히스토그램

우리는 흔히 특정 연령대의 흡연자 수, 연간 출생자 수 등에 관심을 가진다. 이것이 바로 히스토그램(histogram)이다. 히스토그램은 수치 데이터의 빈도를 그래픽으로 표현한 것이다. 히스토그램을 생성하려면, 가능한 x 값의 범위를 동일한 크기의 구간으로 분리하는 것으로 시작한다. 일단 난수를 생성한 후에, 난수를 가지고 히스토그램을 생성해보자.

```
import matplotlib.pyplot as plt
import numpy as np

numbers = np.random.normal(size=10000)

plt.hist(numbers)
plt.xlabel("value")
plt.ylabel("freq")
plt.show()
```

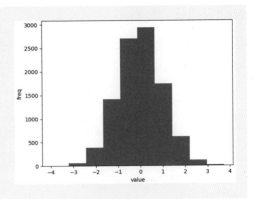

위의 코드에서 plt.hist(numbers)가 히스토그램을 생성하고 화면에 그리는 명령문이다. number 안에 들어 있는 10000개의 난수에 대하여 각 구간별로 몇 개씩의 난수가 들어 있는지를 계산하여서 히스토그램을 자동으로 그린다. 가우시안 분포에서 생성한 난수이므로 평균값인 0 주변의 값이 제일 많을 것으로 예상된다. 우리는 히스토그램의 상자(bin)의 개수를 지정할 수 있다.

넘파이를 이용한 맵플롯립

넘파이는 맵플롯립와 아주 잘 연결된다. 넘파이로 데이터를 만들고 이것을 맵플롯립으로 그릴 수 있다. 예를 들어서 arange로 x축값을 생성하고 이값을 제곱하여 다음과 같은 그래프를 그려보자.

```
import matplotlib.pyplot as plt
import numpy as np

X = np.arange(0, 10)
Y = X**2
plt.plot(X, Y)
plt.show()
```

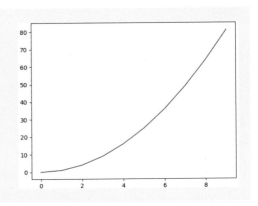

이번에는 $f(x) = 1, f(x) = x, f(x) = x^2$의 그래프를 함께 그려보자.

```
X = np.arange(0, 10)
Y1 = np.ones(10)
Y2 = X
Y3 = X**2
plt.plot(X, Y1, X, Y2, X, Y3)
plt.show()
```

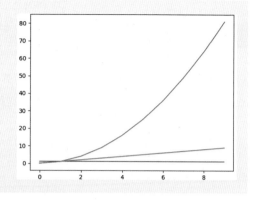

맵플롯립으로 시그모이드 함수를 그려보자

딥러닝에서 많이 등장하는 시그모이드 함수와 1차 미분값을 동시에 그려보자. 시그모이드 함수와 1차 미분값은 아래와 같은 수식으로 나타낼 수 있다.

$$\sigma(x) = \frac{1}{1+e^{-x}}$$

$$\sigma'(x) = \sigma(x)\left(1-\sigma(x)\right)$$

```python
import matplotlib.pyplot as plt
import numpy as np

def sigmoid(x):
    s=1/(1+np.exp(-x))
    ds=s*(1-s)              # 시그모이드 함수 1차 미분 함수
    return s,ds

X = np.linspace(-10, 10, 100)
Y1, Y2 = sigmoid(X)

plt.plot(X, Y1, X, Y2)
plt.xlabel("x")
plt.ylabel("Sigmoid(X), Sigmoid'(X)")
plt.show()
```

요약

- 파이썬은 라이브러리가 풍부하고 인터프리트 언어이기 때문에 딥러닝 개발에 적합하다.

- 코랩을 사용하면 내 컴퓨터에 파이썬을 설치하지 않아도, 클라우드 기능을 사용하여 머신러닝 코드를 개발하고 실행해볼 수 있다.

- 아나콘다는 머신러닝 프로그램 개발에 필요한 거의 대부분의 라이브러리들을 포함한다.

- 파이썬의 클래스를 사용하여 서로 관련 있는 변수와 함수를 묶을 수 있다.

- 많이 사용되는 딥러닝 라이브러리에는 텐서플로우와 파이토치가 있다.

- 텐서플로우는 "pip" 명령어를 사용하여서 별도로 설치한다. 만약 버전 문제가 있다면 아나콘다에서 파이썬의 버전을 낮춘 가상 환경을 만들어서 사용해야 한다.

- 넘파이는 속도가 빠른 다차원 배열 구조를 제공하여 딥러닝에 필수적인 라이브러리이다. 다차원 배열은 데이터나 가중치를 나타내는 행렬을 구현하는데 사용된다.

- 맵플롯립은 2차원이나 3차원 그래프를 그리는 기능을 제공한다.

연습문제

01 다음 코드의 최종 결과를 쓰시오.

```
>>> import numpy as np
>>> my_vector = np.array([1, 2, 3, 4, 5, 6])
>>> selection = my_vector % 2 == 0
>>> my_vector[selection]
```

HINT 넘파일 배열에 연산자를 적용하면 배열의 요소마다 연산자가 적용된다.

02 다음 코드의 최종 결과를 쓰시오.

```
>>> import numpy as np
>>> first_matrix = np.array([[1, 2, 3], [4, 5, 6]])
>>> second_matrix = np.array([1, 2, 3])
>>> first_matrix + second_matrix
```

HINT 넘파일 배열끼리 연산을 할 때, 크기가 다르면 넘파이는 자동으로 배열의 크기를 확장한다. 이것을 브로드캐스팅 기능이라고 한다.

03 크기가 10인 널 벡터를 생성하고 다섯 번째 요소는 1로 설정하는 코드를 작성하라.

```
[0. 0. 0. 0. 1. 0. 0. 0. 0. 0.]
```

HINT np.zero(10)를 사용하면 크기가 10인 널 벡터를 생성할 수 있다.

04 10에서 19까지의 값을 가지는 1차원 배열을 생성하라.

```
[10 11 12 13 14 15 16 17 18 19]
```

HINT np.arrange()를 사용해본다.

05 0부터 9까지의 값으로 넘파이 1차원 배열을 채우고, 이 배열을 거꾸로 하는 문장을 작성하라.

```
[9 8 7 6 5 4 3 2 1 0]
```

HINT 슬라이싱 array[::-1]을 사용하면 배열의 요소들의 순서를 거꾸로 할 수 있다.

06 0부터 8까지의 값을 가지고 크기가 3×3인 행렬을 생성하라.

```
[[0 1 2]
 [3 4 5]
 [6 7 8]]
```

HINT reshape(3, 3)을 넘파이 배열에 적용한다.

07 난수로 채워진 3x3 넘파이 배열을 생성해보자.

```
[[0.94479439 0.18830511 0.76377723]
 [0.07878508 0.42415636 0.88907331]
 [0.28866152 0.02901134 0.64383825]]
```

HINT np.random.random()을 사용해본다.

08 임의의 값으로 10x10 배열을 만들고 최소값과 최대값을 찾아보자.

```
최소값 = 0.004397914499617905 최대값 = 0.9941731976328123
```

HINT np.random.random()과 min(), max()를 사용해본다.

09 배열의 테두리에 1, 내부에 0을 가진 3×3 크기의 2차원 배열을 생성해보자. 슬라이싱를 이용한다.

```
[[1. 1. 1.]
 [1. 0. 1.]
 [1. 1. 1.]]
```

HINT A[1:−1,1:−1] = 0을 사용해보자.

10 5x5 행렬을 만들어 체스 보드 패턴으로 채워보자.

```
[[0 1 0 1 0]
 [1 0 1 0 1]
 [0 1 0 1 0]
 [1 0 1 0 1]
 [0 1 0 1 0]]
```

HINT A[1::2, ::2] = 1을 하면 어떻게 될까?

11 3x3 난수로 행렬을 만들고 평균값과 표준 편자로 행렬을 정규화하여 보자.

```
[[-0.93934972  0.57698567 -1.13354651]
 [ 0.17677412 -0.11732708 -0.57457895]
 [ 1.0927037  -1.04232184  1.96066061]]
```

HINT 정규화는 (x −mean)/std을 의미한다.

12 넘파이를 사용하여 0에서 9까지의 값을 가진 벡터를 만들고 5에서 8 사이의 숫자 부호를 반전시켜보자.

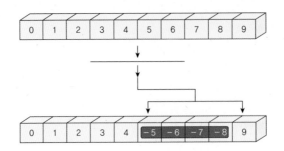

13 넘파이로 3×3 크기의 2차원 배열을 생성하고, 모든 요소의 합, 각 열의 합, 각 행의 합을 계산해보자.

```
원본 배열:
[[0 1 2]
 [3 4 5]
 [6 7 8]]
모든 요소의 합: 36
각 열의 합: [ 9 12 15]
각 행의 합: [ 3 12 21]
```

HINT x = np.arange(0, 9).reshape(3, 3)을 사용해보자.

14 주어진 두 벡터의 내적을 계산하기 위해 넘파이 프로그램을 작성해보자.

```
원본 벡터 :
[4 5]
[7 10]
벡터의 내적: 78
```

HINT @ 연산자나 dot() 메소드를 사용한다.

15 [2, 0, 3, 6, 4, 6, 8, 12, 10, 9, 18, 20, 22]와 같은 데이터를 이용하여 다음과 같은 선 그래프를 그려보자.

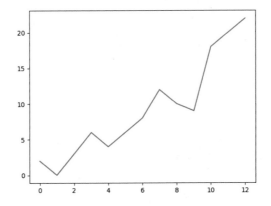

03

머신러닝의 기초

딥러닝도
머신러닝의 일종입니다.
이 장에서는 머신러닝에서
사용되는 여러 가지
개념들을 살펴봅니다.

학습목표

- 머신러닝과 전통적인 프로그래밍의 차이를 이해한다.
- 머신러닝의 과정을 이해한다.
- 붓꽃 데이터를 분류해본다.
- 숫자 이미지를 분류해본다.
- 머신러닝의 성능 측정 척도들을 살펴본다.

03 | 머신러닝의 기초

1. 머신러닝이란?

컴퓨터가 사람처럼 스스로 배울 수 있다면 어떤 세상이 올까? 현재의 컴퓨터는 스스로 학습할 수 없기 때문에, 우리가 컴퓨터에게 어떤 작업을 시키려면, 반드시 프로그램을 작성하여 작업을 지시하여야 한다. 하지만 컴퓨터가 스스로 학습할 수 있다면 컴퓨터는 프로그램 없이도 여러 가지 일을 할 수 있을 것이다. 예를 들어서 "알파고"처럼 우리가 컴퓨터한테 바둑의 규칙만 알려주면, 컴퓨터가 스스로 바둑의 원리를 깨쳐서 바둑을 둘 수 있을 것이다.

그림 3-1 머신러닝

머신러닝(machine learning)은 인공지능의 한 분야로, 1959년에 아서 사무엘이 처음 용어를 만들었으며, 컴퓨터에 학습 기능을 부여하기 위한 연구 분야이다. 머신러닝이 가능하다면 우리가 명시적으로 프로그램을 작성하지 않아도, 컴퓨터 스스로 데이터에서 학습하여 적절한 결정을 내릴 수 있을 것이다.

참고사항 왜 컴퓨터 학습이 아니고 머신러닝인가?

서양에서는 전통적으로 컴퓨터를 머신(machine, 기계)이라고 불러왔다. 컴퓨터도 따지자면 기계의 일종이라고도 할 수 있다. 유럽에서는 1800년대에 실제로 기어와 휠 등을 조립하여서, 계산하는 기계를 만들려고 노력하기도 하였다.

머신러닝과 전통적인 프로그래밍과의 차이점

그림 3-2 전통적인 프로그래밍과 머신러닝의 차이점

컴퓨터는 인간의 문제들을 해결하기 위하여 사용된다. 전통적인 접근 방식은 원하는 절차를 "프로그래밍"하는 것이다. 즉 문제를 해결하는 알고리즘을 인간이 고안한 후에 이것을 프로그램으로 변환하여서 컴퓨터로 실행하여야 한다. 알고리즘만 작성되면 컴퓨터가 인간보다 훨씬 빠르고 완벽하게 알고리즘을 수행할 수 있다. 이것을 명시적인 프로그래밍(explicit programming)이라고 한다. 예를 들어서 2개의 수 중에서 큰 수를 찾는 알고리즘은 다음과 같다.

```
Start
Read a, b
if a > b
    print(a)
else
    print(b)
Stop
```

그러나 이러한 방법에는 한계가 있다. 예를 들어서 강아지와 고양이를 구별하는 문제를 생각해보자. 인간에게는 너무 쉬운 작업이지만 알고리즘으로 구성하기가 매우 어렵다. 어떻게 해야 할까? "검은 코를 가지고 있고 털이 있으며 눈이 2개 있으면 강아지이다."와 같은 간단한 알고리즘에도 단점이 있다. 사진에 강아지의 일부만 표시될 수 있기 때문이다. 또 사진에서 코나 눈을 인식하는 작업도 매우 어렵다.

이 문제를 머신러닝으로 접근한다면 어떻게 될까? 우리는 강아지를 인식하는 프로그램을 작성하지 않는다. 단순히 많은 수의 사진을 머신러닝 시스템에 제공하고 어떤 사진이 강아지인지만 알려주면 된다. 이런 식으로 훈련이 진행되면 머신러닝 시스템이 스스로 사진에서 어떤 패턴을 발견하여서 강아지를 인식할 수 있다. 머신러닝에서는 문제를 해결하기 위해, 알고리즘을 개발할 필요 없이 데이터만 제공하면 된다.

그림 3-3 학습

다시 한 번 전통적인 프로그래밍과 머신러닝을 비교해보자. 전통적인 프로그래밍에서는 개발자가 구체적인 프로그램 코드를 작성하여야 한다. 하지만 머신러닝에서는 데이터만 제공하면 된다.

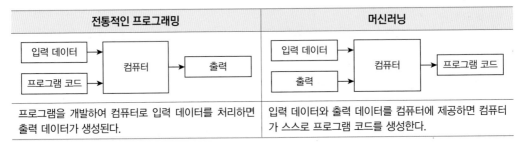

전통적인 프로그래밍	머신러닝
프로그램을 개발하여 컴퓨터로 입력 데이터를 처리하면 출력 데이터가 생성된다.	입력 데이터와 출력 데이터를 컴퓨터에 제공하면 컴퓨터가 스스로 프로그램 코드를 생성한다.

인공지능, 머신러닝, 딥러닝

1장에서도 살펴보았지만 인공지능, 머신러닝, 딥러닝의 관계는 어떻게 될까? 인공지능의 한 분야가 머신러닝이라고 할 수 있고, 머신러닝 중에서 하나의 알고리즘이 딥러닝이라고 할 수 있다. 그림 3-4를 참조한다.

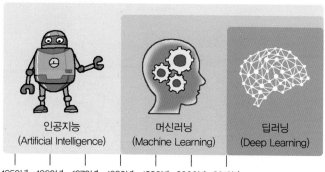

인공지능
(Artificial Intelligence)

머신러닝
(Machine Learning)

딥러닝
(Deep Learning)

1950년 1960년 1970년 1980년 1990년 2000년 2010년

그림 3-4 인공지능, 머신러닝, 딥러닝 간의 관계

참고사항 딥러닝

딥러닝은 심층 신경망에서 사용하는 학습 알고리즘이다. 신경망은 인간의 신경세포를 수학적으로 모델링하여서 만든 머신러닝 시스템이다. 신경망에 은닉층(중간에 있는 층)이 많으면 심층 신경망이라고 한다.

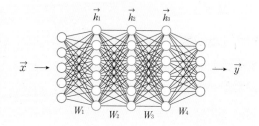

머신러닝의 역사

IBM에서 근무하던 아서 사무엘(Arthur Samuel)이 컴퓨터 게임과 인공지능을 연구하면서 1959년에 "머신러닝"이란 용어를 만들었다. 그는 IBM 최초의 상용 컴퓨터인 IBM 701에서 최초의 체커 프로그램을 만들었다. 그는 게임을 하도록 컴퓨터를 가르치는 것이, 일반적인 문제를 해결하는 알고리즘을 개발하는 데 매우 유익하다고 믿었으며, 비교적 탐색이 간단하기 때문에 체커를 선택했다.

1950년대부터 몇몇 연구자들은 기계가 데이터로부터 학습하도록 하는 데 관심이 있었다. 이때 주로 연구된 것은 퍼셉트론(perceptron)이었으며 이것은 차후에 딥러닝의 기반이 되었다. 퍼셉트론은 신경망의 한 종류로서, 프랑크 로젠블라트(Frank Rosenblatt)에 의해 고안되었다. 이것은 가장 간단한 형태의 피드포워드(feed-forward) 신경망이다.

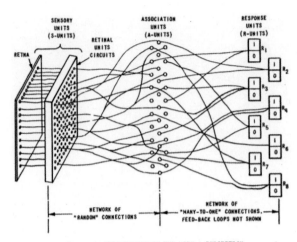

Figure I ORGANIZATION OF THE MARK I PERCEPTRON

이후에 논리를 사용하는 지식 기반 접근법이 인기를 얻으면서 인공지능과 머신러닝의 균열이 발생했다. 1980년까지, 전문가 시스템이 인공지능을 지배하게 되었고, 지식 기반 학습에 대한 연구가 인공지능 내에서 주류가 되었다. 신경망 연구는 인공지능 분야에서 거의 포기되었다. 하지만 신경망을 지속적으로 연구해온 Hopfield, Rumelhart, Hinton 등의 연구자들은 1980년대 중반에 오차 역전파 학습 알고리즘을 재발견하였다.

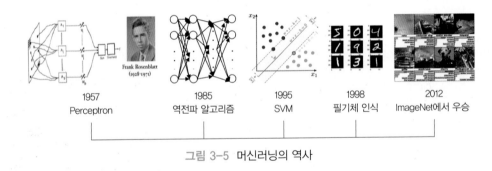

그림 3-5 머신러닝의 역사

1990년대부터 머신러닝은 독립적인 분야로 재편되었다. 이 분야는 인공지능을 달성하는 것에서 실제적인 문제를 해결하기 위해 목표를 변경했다. 머신러닝은 인공지능에서 상속받은 기호학적인 접근법에서, 통계와 확률 이론 방법으로 초점을 옮겼다. 1995년에 발표된 SVM은 선풍적인 인기를 끌었다. 2010년대 중반부터 기존의 신경망을 업그레이드시킨 딥러닝(deep learning)이 차츰 인기를 끌기 시작하였다. 이후 2012년 영상을 분류하는 경진 대회 ImageNet에서 다른 방법들을 압도적인 차이로 누른 딥러닝 방법이 머신러닝을 주도하게 되었다.

머신러닝의 종류

머신러닝은 "교사"의 존재 여부에 따라 크게 지도 학습과 비지도 학습으로 나누어진다.

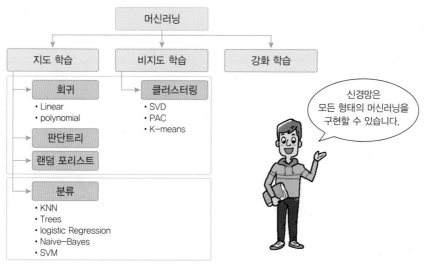

그림 3-6 머신러닝의 종류

지도 학습

비지도 학습

강화 학습

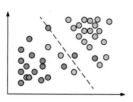

지도 학습(Supervised Learning)

컴퓨터는 "교사"에 의해 주어진 예제(샘플)와 정답(레이블)을 제공받는다. 지도 학습의 목표는 입력을 출력에 매핑하는 일반적인 규칙(함수, 패턴)을 학습하는 것이다.

예를 들어서 강아지와 고양이를 구분하는 문제라면 강아지와 고양이에 대한 사진을 제공한 후에, 교사가 어떤 사진이 강아지인지, 어떤 사진이 고양이인지를 알려주는 것이다.

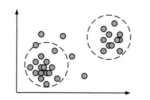

비지도 학습(Unsupervised learning)

외부에서 정답(레이블)이 주어지지 않고 학습 알고리즘이 스스로 입력 데이터에서 어떤 패턴을 발견하는 학습이다.

예를 들어 이름(레이블)이 붙어 있지 않은 과일을 분류하는 문제를 생각해 보자. 그래도 우리는 과일의 모양, 색상, 크기 등 다양한 특징을 이용하여 유사한 과일들을 분류할 수 있다.

강화 학습(reinforcement Learning)

보상 및 처벌의 형태로 학습 데이터가 주어진다. 주로 차량 운전이나 상대방과의 경기 같은 동적인 환경에서 프로그램의 행동에 대한 피드백만 제공되는 경우이다.

예를 들어서 바둑에서 어떤 수를 두어서 승리하였다면 보상이 주어지는 식이다. 강화 학습에서는 보상과 처벌을 통하여 학습이 이루어진다.

2. 지도 학습

일단 우리는 머신러닝 중에서 지도 학습에 대해서만 학습해보자. 지도 학습은 정답을 알려주는 교사가 존재하는 학습 방법이다. 지도 학습은 크게 회귀와 분류로 나눌 수 있다.

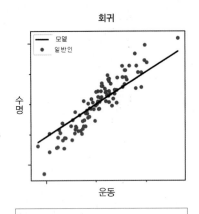

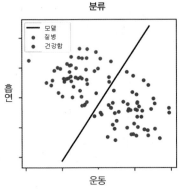

회귀(regression)	분류(classification)
회귀는 주어진 입력-출력 쌍을 학습한 후에 새로운 입력값이 들어왔을 때, 합리적인 출력값을 예측하는 것이다. 회귀에서는 학습시키는 데이터가 이산적이 아니고 연속적이다. 즉 입력과 출력이 모두 실수이다. 회귀 모델은 연속적인 값을 예측한다. 예를 들어 운동과 수명에 대하여 학습한 후에, 회귀 모델은 다음과 같은 질문에 대한 답을 예측할 수 있다. "운동을 하루 5시간 한다면 그 사람의 예측 수명은 어떻게 될까?"	입력을 두 개 이상의 레이블(유형)로 분할하는 것이다. 해당 모델을 학습시킬 때 우리는 레이블을 제공해야 한다. 학습 시에는 교사가 있어서 입력의 올바른 레이블을 알려준다. 학습이 끝나면 학습자가 한 번도 보지 못한 입력을 이들 레이블 중의 하나로 분류하는 시스템이다. 예를 들어서 운동시간을 입력하였을 때 "건강함", "질병상태"로 분류할 수 있다. 이때 입력은 운동시간이고 레이블은 "건강함", "질병상태"이다.

회귀(regression)

회귀(regression)는 주어진 입력-출력 쌍을 학습한 후에 새로운 입력값이 들어왔을 때, 합리적인 출력값을 예측하는 것이다. 즉 회귀는 입력(x)과 출력(y)이 주어질 때, 입력에서 출력으로의 매핑 함수를 학습하는 것이라 할 수 있다.

$$y = f(x)$$

학습이 끝나면 매핑 함수가 만들어지고 새로운 입력 데이터(x)가 있을 때 이 매핑 함수를 통하여 해당 데이터에 대한 출력 변수값(y)을 예측할 수 있다.

그림 3-7 회귀

간단한 예를 들어보자. 입력 데이터로 직선 y=10x 위에 있는 점 (1, 10), (2, 20), (3, 30), (4, 40)들이 주어져 있다고 하자. 컴퓨터는 이 직선의 방정식을 모르는 상태이다. 컴퓨터는 주어진 데이터만을 학습한다. 학습이 끝난 후에 x=5를 입력하면 컴퓨터가 y=50이라는 답을 할 수 있도록 만드는 것이 회귀이다. 우리가 함수를 알려주지 않았지만 컴퓨터가 스스로 데이터를 학습하여서 함수를 찾아냈다. 매핑 함수가 직선 형태이면 선형 회귀(linear regression)라고 한다. 전통적인 선형 회귀는 "머신러닝"으로 생각하기에는 너무 단순하고 단순히 "통계"적 방법이라고 생각하는 사람들도 있다. 하지만 회귀 문제도 y = f(x)에서 입력(x)에 대응되는 실수(y)들이 주어지고, 함수 f()를 학습하는 것이므로 일종의 머신러닝 문제로 생각할 수 있다. 회귀를 사용하는 머신러닝 문제도 상당히 존재한다.

선형 회귀에서 어떻게 학습이 이루어지는지 정성적으로 생각해보자. 회귀 문제는 입력과 출력이 연속적인 수치값이다. 예를 들어서 면적을 기반으로 특정 지역에 있는 아파트 가격을 예측하는 알고리즘을 생각해보자. 우리는 다음과 같이 면적에 따른 각 아파트의 가격을 그래프 위에 점으로 표시하고 점들을 최대한 가깝게 지나는 직선을 도출할 수 있다. 이것이 선형 회귀이다. 직선이 구해지면, 모르는 면적에 대해서도 대략적인 가격을 도출할 수 있다.

그런데 다시 10개의 아파트에 대한 데이터가 더 수집되었다. 이것을 일단 직선은 그래도 두고 그래프에 표시해보자.

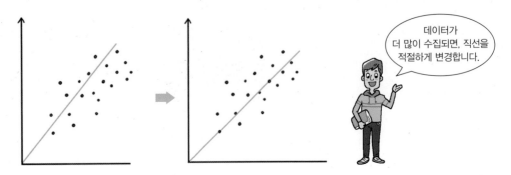

처음에는 직선이 데이터를 정확하게 표시하고 있지 않다. 하지만 우리가 직선의 기울기를 조절한다면 새로운 데이터도 포함시킬 수 있다. 이것이 회귀에서의 학습이라고 할 수 있다. 데이터를 사용하여 가설을 세우고, 새로운 데이터가 이미 결정된 가설에 오차를 유발한다면 우리는 오차를 계산하여서 가설을 수정하는 것이다.

분류(classification)

앞에 나왔던 식 y = f(x)에서 출력 y가 이산적(discrete)인 경우에 이것을 분류 문제(또는 인식 문제)라고 부른다. 분류에서는 입력을 2개 이상의 클래스(부류)로 나누는 것이다. 분류 문제는 우리가 일상에서 가장 많이 접하는 문제 중의 하나이다. 음성 인식이나 영상 인식도 모두 분류 문제에 속한다. 예를 들어서 사진을 보고 "강아지", 또는 "고양이"로 분류하는 것도 분류 문제이다. 또 이메일에서 스팸 메일을 찾아내는 것도 분류 문제에 속한다. 이 경우, 입력은 이메일 메시지이고 출력은 "spam", 또는 "no spam" 중의 하나이다. 병원에서는 머신러닝을 이용하여 종양이 악성("disease")인지 또는 양성("no disease")인지를 판단할 수 있다.

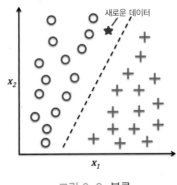

그림 3-8 분류

예를 들어 많은 과일로 채워진 과일 바구니를 보고, 프로그램이 바나나, 오렌지와 같은 올바른 레이블을 예측한다고 하자. 훈련 데이터는 아래의 표와 같이 주어질 수 있다. 과일 크기의 색상, 모양 등이 특징이고 과일 이름은 정답(레이블)이다.

번호	크기	색상	모양	과일 이름
1	크다.	빨강색	둥근 모양에 꼭지가 있음	사과
2	작다.	빨강색	심장모양	체리
3	크다.	녹색	길고 곡선 형태의 원통 모양	바나나
4	작다.	녹색	타원형, 다발 형태	포도

분류는 지도 학습의 형태로 이루어지는 것이 일반적이다. 즉 교사가 만들어놓은 훈련 데이터를 가지고 컴퓨터가 지도 학습을 수행한다. 이후에 새로운 데이터가 컴퓨터에 주어지고 컴퓨터는 훈련된 지식을 바탕으로 분류를 수행한다. 분류를 수행하기 위한 알고리즘에는 신경망, kNN(k-nearest neighbor), SVM(Support Vector Machine), 의사 결정 트리 등이 있다.

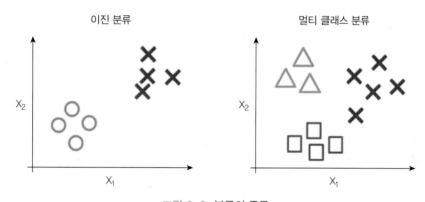

그림 3-9 분류의 종류

3. 머신러닝의 과정

우리는 하나의 예제를 가지고, 머신러닝의 과정을 살펴보자.

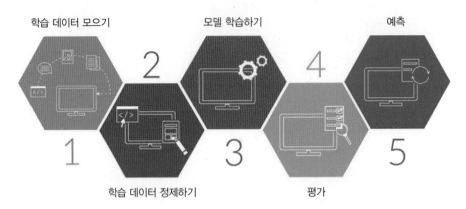

주어진 음료수가 콜라인지 주스인지를 자동으로 판별하는 시스템을 만들어 달라는 요청을 받았다고 가정하자. 머신러닝에서는 이러한 시스템을 "모델(model)"이라고 하며, 이 모델은 "학습(train)"이라는 과정을 통해 생성된다. 학습의 목표는, 질문에 올바르게 답하는 정확한 모델을 만드는 것이다. 제일 먼저 해야 하는 작업은, 모델의 훈련에 사용되는 데이터를 수집하는 작업이다.

어떤 데이터가 필요할까? 우리는 여러 형태의 데이터를 사용할 수 있다. 그냥 음료수의 이미지를 훈련 데이터로 사용할 수도 있다. 아니면 음료수의 색상, 산성도(pH)를 사용할 수도 있다. 우리는 색상(파장)과 산성도(실수)의 두 가지를 선택하도록 하자. 우리는 이 두 가지 요소만으로, 음료수를 구별할 수 있기를 희망한다. 이것을 "특징(feature)"이라고 부른다. 다음 그림은 다양한 음료수의 산성도를 보여준다.

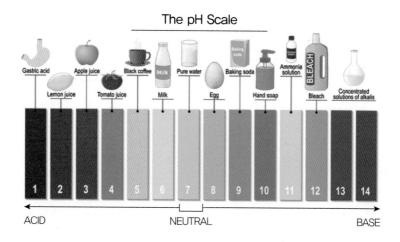

데이터 수집

이제 머신러닝의 첫 번째 단계인 데이터 수집을 시작할 때이다. 수집되는 데이터의 품질과 양이 예측 모델이 얼마나 좋은지를 결정하기 때문에, 이 단계는 매우 중요하다. 이 경우 수집하는 데이터는 각 음료의 색상과 산성도이다. 마트에 가서 다양한 콜라와 주스를 사야하고 산성도 측정을 수행할 장비도 필요할 것이다. 우리는 음료의 색상, 산성도, 콜라 또는 주스 여부에 대한 표를 생성한다. 이것이 우리의 훈련 데이터가 된다.

색상(nm)	산성도(pH)	라벨
610	3.8	오렌지주스
380	2.5	콜라
390	2.6	콜라
...	...	...

우리는 측정을 통해 훈련 데이터를 수집한 후에, 훈련 데이터의 순서를 무작위로 설정한다. 왜냐하면 우리는 데이터의 순서가 학습하는 것에 영향을 미치기를 원하지 않기 때문이다. 또 이 단계에서는 데이터의 시각화를 수행하여 변수 간에 어떤 관계가 있는지 확인하고, 데이터 불균형이 있는지 확인하는 것이 좋다. 예를 들어, 우리가 콜라보다 주스에 대한 더 많은 데이터를 수집한다면, 우리가 훈련하는 모델은, 주어진 음료수가 모두 주스라고 추측하는 쪽으로 편향될 것이다.

훈련 데이터는 일반적으로 다음과 같이 2차원 배열로 저장된다.

특징 #1	특징 #1	특징 #3	...	특징 #n	
x_1	x_2	x_3	...	x_n	샘플 #1
x_1	x_2	x_3	...	x_n	샘플 #2
x_1	x_2	x_3	...	x_n	샘플 #3
...					
x_1	x_2	x_3	...	x_n	샘플 #k

이 2차원 배열에서 하나의 훈련 데이터(행)를 샘플 또는 예제라고 부른다. 하나의 데이터는 여러 가지 특징값을 가질 수 있다.

훈련 데이터와 테스트 데이터

우리는 데이터를 두 부분으로 분할해야 한다. 데이터의 일부는 모델 학습에 사용된다. 이것을 훈련 데이터라고 한다. 데이터의 나머지 부분은 훈련된 모델의 성능을 평가하는 데 사용된다. 이것을 테스트 데이터라고 한다. 이렇게 수집된 데이터를 두 부분으로 나누는 이유는 무엇일까?

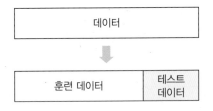

우리는 훈련에 사용된 동일한 데이터를 가지고 모델을 평가하고 싶지 않다. 만약 여러분들이 "딥러닝" 기말고사를 보는데 교과서의 예제들만 전부 출제되었다면 여러분은 얼마나 분노할 것인가? 모델의 성능을 평가할 때는 새로운 데이터를 사용하는 편이 바람직하다.

머신러닝에는 항상 훈련 데이터와 테스트 데이터가 있어야 한다. 예를 들어서 우리의 머신러닝 시스템을 살펴보자. 다음과 같이 "콜라"와 "주스" 레이블이 붙어 있는 훈련 데이터로 시스템을 학습시킨다. 학습 알고리즘은 입력 데이터의 특징에 따라 입력을 "콜라"와 "주스"로 분류할 수 있는 모델을 내부적으로 생성한다. 특징 공간 위에 판단 경계선이 만들어질 것이다.

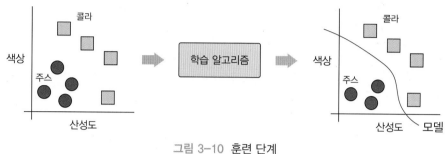

그림 3-10 훈련 단계

학습이 끝나면 한 번도 본 적이 없는 새로운 데이터로 시스템을 테스트한다.

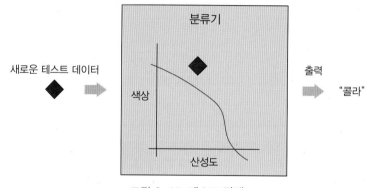

그림 3-11 테스트 단계

때때로 우리가 수집하는 데이터는 다른 형태의 조정 및 조작이 필요하다. 즉 중복 제거, 정규화, 오류 수정 등이 필요한 경우도 많다. 이는 모두 데이터 준비 단계에서 발생한다.

모델 선택

다음 단계는 머신러닝 모델을 선택하는 것이다. 많은 연구자들이 수년에 걸쳐 만든 많은 머신러닝 모델이 있다. 일부는 이미지 데이터에 매우 적합하고 일부는 소리 데이터, 숫자 데이터, 텍스트 기반 데이터에 적합하다. 머신러닝 모델은 다음과 같이 입력과 출력 사이의 함수 근사로 생각할 수 있다.

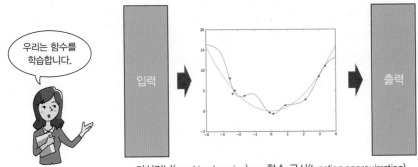

머신러닝(machine learning) == 함수 근사(function approximation)

우리의 경우에는 색상과 산성도라는 두 가지 특성만 있으므로 매우 간단한 선형 모델을 사용하자. 선형 모델은 특징 공간에서 직선을 이용하여서 음료수를 분류하는 모델이다.

학습

이제 학습을 진행할 차례이다. 이 단계에서는 데이터를 사용하여 주어진 음료가 어떤 것인지를 예측하는 모델의 능력을 점진적으로 개선할 것이다. 이 단계는 운전을 처음 배우는 사람과 비슷하다. 초보 운전자인 경우에는, 브레이크나 엑셀, 핸들 등의 조작법이 익숙하지 못하다. 그러나 많은 연습을 거치고 나면 어느덧 능숙한 운전자가 된다.

그림 3-12 학습 과정

우리가 선택한 머신러닝의 모델은 선형 모델이다. 선형 모델은 직선을 이용하여 특징 공간에 입력을 분리한다. 예를 들어서 특징 공간에서 음료수가 직선 위에 있으면 "콜라", 직선 밑에 있으면 "주스"라고 판정한다. 직선의 식은 $y = m * x + b$이다. 여기서 x는 첫 번째 특징값, m은 해당 직선의 기울기, b는 y 절편, y는 두 번째 특징값이다. "훈련"에 변경할 수 있는 값은 m과 b이다. 만약 입력이 하나가 아니고 여러 개라면 이들은 모두 행렬(matrix)이 된다. 머신러닝에서는 m을 가중치(weight)라고 하고 b를 바이어스(bias)라고 한다.

맨 처음에는 m와 b를 임의의 값을 초기화하고 초기 직선을 기준으로 분류해본다. 예상할 수 있듯이 결과는 좋지 않을 것이다. 그러나 이 결과값을 정확한 결과값과 비교하여 더 정확한 예측을 갖도록 m 및 b의 값을 조정할 수 있다. 이 과정이 반복된다. 가중치와 바이어스를 업데이트하는 각 반복을 하나의 학습 "단계(step)"라고 한다. 이 경우 데이터 세트에 대해 더 구체적으로 이것이 의미하는 바를 살펴보자. 훈련을 처음 시작할 때 데이터를 분리하는 임의의 직선을 그린 것과 같다. 그런 다음 학습의 각 단계가 진행됨에 따라 직선이 단계적으로 이동하여 콜라와 주스의 이상적인 분리에 가까워진다.

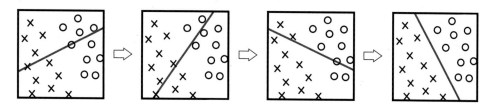

평가

학습이 완료되면 모델을 평가하여 모델이 좋은지 나쁜지를 확인해야 한다. 여기서 우리가 아껴두었던 테스트 데이터를 사용한다. 학습에 사용된 적이 없는 데이터에 대해 모델의 성능을 평가할 수 있다. 이 단계에서 우리는 모델이 아직 보지 못한 데이터에 대해 어떻게 반응하는지를 확인할 수 있다. 일반적인 훈련 데이터와 테스트 데이터의 비율은 80:20 또는 70:30이다.

예측

이 단계에서 머신러닝 시스템은 우리의 질문에 답한다. 예를 들어서 우리는 색상이 600nm이고 산성도가 3.9인 음료가 무엇인지를 머신러닝 시스템에 물어볼 수 있다. 머신러닝 시스템은 훈련된 대로 색상과 산성도를 고려하여 주어진 음료가 콜라인지 주스인지 예측할 수 있다.

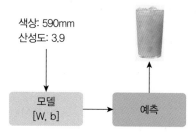

4. 붓꽃을 머신러닝으로 분류해보자.

우리는 앞에서 추상적으로 머신러닝의 과정을 살펴보았다. 이번 절에서는 실제 데이터를 가지고 머신러닝의 각 단계를 좀 더 구체적으로 살펴보자. scikit-learn 라이브러리를 이용한다. 아나콘다의 가상 환경을 사용하는 경우, 가상환경에 sklearn을 다시 설치하여야 한다. 기본 환경에는 모든 것이 설치되어 있지만 가상환경은 그렇지 않다. 아나콘다 프롬프트에서 가상환경을 deep으로 변경한 후에, pip를 사용하여 설치한다.

```
(base) C:\Users\kim> activate deep
(deep) C:\Users\kim> pip install sklearn
```

데이터 세트 읽어들이기

딥러닝을 공부할 때, 훈련 데이터를 모으는 것도 아주 귀찮으면서 시간이 많이 걸리는 작업이다. 딥러닝 라이브러리에서는 이제까지 각종 논문에서 많이 사용된 데이터 세트를 기본으로 제공한다. 이들은 장난감 데이터 세트(toy dataset)라고 불린다. 예를 들어서 사이킷런 라이브러리에서는 다음과 같이 데이터 세트를 기본으로 제공한다.

데이터 세트 이름	함수
보스톤 지역의 집값	load_boston(*[, return_X_y])
붓꽃 데이터	load_iris(*[, return_X_y, as_frame])
당뇨병 데이터	load_diabetes(*[, return_X_y, as_frame])
숫자 이미지 데이터	load_digits(*[, n_class, return_X_y, as_frame])
운동 데이터	load_linnerud(*[, return_X_y, as_frame])
와인 데이터	load_wine(*[, return_X_y, as_frame])
유방암 데이터	load_breast_cancer(*[, return_X_y, as_frame])

사이킷런에서 기본으로 제공하는 데이터 중에 붓꽃 데이터 세트가 있다. 붓꽃은 꽃 모양이 좋아, 관상용으로 많이 재배되는 꽃으로 크기와 색상에 따라 몇 개의 종으로 나눌 수 있다. 1936년에 생물학자인 로날드 피셔의 논문에 등장한 데이터 세트이다. 이 데이터 세트은 세 가지 붓꽃 종류(Iris setosa, Iris virginica, Iris versicolor)의 150개 샘플로 구성된다. 각 샘플에서 꽃받침 길이와 너비, 꽃잎의 길이와 너비의 4가지 특징이 측정되었다. 이 4가지 특징의 조합을 기반으로 로날드 피셔는 종을 서로 구별하는 선형 판별 모델을 개발했다. 우리는 알려진 붓꽃들을

대상으로 학습을 시킨 후에, 미지의 붓꽃에 대한 꽃받침 크기와 꽃잎 크기를 입력하여서 이것이 어떤 붓꽃인지를 예측할 것이다.

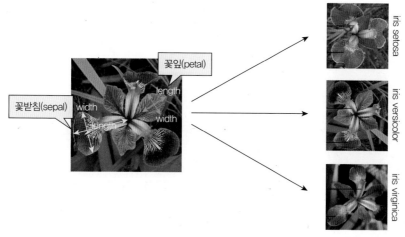

그림 3-13 붓꽃 데이터 세트

다음과 같은 문장으로 붓꽃 데이터 세트를 가져올 수 있다.

```
from sklearn import datasets
iris = datasets.load_iris()
```

특징과 레이블

붓꽃 데이터 세트를 출력해보자. 붓꽃 데이터 세트는 딕셔너리 형식으로 데이터를 저장한다. 딕셔너리 안의 많은 변수들이 출력되는데, 우리한테 중요한 것은 data와 target 변수이다.

```
print(iris)
```

```
{'data': array([[5.1, 3.5, 1.4, 0.2],
       [4.9, 3. , 1.4, 0.2],
       [4.7, 3.2, 1.3, 0.2],
       [4.6, 3.1, 1.5, 0.2],
       [5. , 3.6, 1.4, 0.2],
       [5.4, 3.9, 1.7, 0.4],
    ...
       [5.9, 3. , 5.1, 1.8]]),
 'target': array([0, 0, 0, 0, 0, 0, 0, 0, 0, 0, 0, 0, 0, 0, 0, 0, 0, 0, 0, 0, 0, 0, 0, 0,
       0, 0, 0, 0, 0, 0, 0, 0, 0, 0, 0, 0, 0, 0, 0, 0, 0, 0, 0, 0, 0, 0, 0, 0, 0,
    ...
```

data에 저장되는 것은 샘플들의 특징이다. data는 n_samples×n_features 형식의 2차원 넘파이 배열이다.

- n_samples: 샘플의 개수, 여기서는 150개이다.
- n_features: 샘플 당 특징의 개수, 여기서는 4이다.

data 배열의 한 행은 하나의 붓꽃을 나타내고 4개의 측정값을 포함하고 있다. 4개의 측정값은 꽃받침 길이와 너비, 꽃잎 길이와 너비이다.

순번	sepal length (꽃받침 길이)	sepal width (꽃받침 너비)	petal length (꽃잎 길이)	petal width (꽃잎 너비)	class
0	5.1	3.5	1.4	0.2	0
1	4.9	3.0	1.3	0.2	0
2	4.7	3.2	1.3	0.2	0
...					
					1
					2
149					

data   target

그림 3-14 특징과 레이블의 구조

1차원 넘파이 배열 target에는 붓꽃의 종류가 정수로 저장된다. 즉 0=setosa, 1=versicolor, 2=virginica이다.

훈련 데이터와 테스트 데이터

동일한 데이터를 학습하고 동일한 데이터로 테스트하는 것은 좋은 방법이 아니다. 우리는 전체 데이터를 훈련 데이터와 테스트 데이터로 나눈다. 우리는 사이킷런이 제공하는 train_test_split() 함수를 사용하면 편리하게 데이터를 분할할 수 있다. 매개 변수 'test_size'는 분할 비율을 결정한다. test_size를 0.2로 하면 80%가 훈련에 사용되고, 20%가 테스트에 사용된다는 것을 의미한다. 훈련과 테스트에 사용되는 데이터 세트가 다르기 때문에, 모델이 새로운 데이터에 대하여 얼마나 잘 예측하는지를 측정할 수 있다.

```
from sklearn.model_selection import train_test_split

X = iris.data
y = iris.target

# (80:20)으로 분할한다.
X_train,X_test,y_train,y_test = train_test_split(X,y,test_size=0.2,random_state=4)

print(X_train.shape)
print(X_test.shape)

(120, 4)
(30, 4)
```

X_train과 y_train에는 120개의 훈련 데이터와 레이블이 들어있고, X_test와 y_test에는 30개의 테스트 데이터와 레이블이 들어 있다.

모델 선택

우리는 아직 딥러닝 모델은 학습하지 않았다. 전통적인 머신러닝 모델 중에서 kNN 알고리즘을 사용해보자. k-Nearest Neighbor(kNN) 알고리즘은 모든 머신러닝 알고리즘 중에서도 가장 간단하고 이해하기 쉬운 분류 알고리즘이다. kNN은 학습 시에 교사가 존재하는 "지도 학습"에 속한다. 특징 공간에 학습 데이터를 표시하면, kNN 알고리즘에서는 이것이 바로 학습이 된다. 이제 새로운 데이터가 입력되어서 특징 공간에서 별표로 표시되었다고 하자. 별표는 파란색 사각형과 녹색 원 중에서 하나에 속해야 한다. 어떻게 해야 하는가?

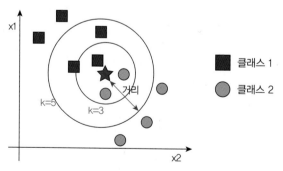

그림 3-15 kNN 알고리즘에서의 분류

가장 간단한 방법은 별표와 가장 가까운 이웃을 확인하는 것이다. 위의 영상에서는 가장 가까운 이웃은 파란색 사각형이다. 따라서 별표는 파란색 사각형 클래스로 분류된다. 이것이 바로

kNN 방법이다. 이 분류 방법은 가장 가까운 이웃에만 의존하기 때문에 최근접 이웃(Nearest Neighbour) 방법이라고 불린다. k의 값에 따라서 이웃의 범위는 더 넓어진다. 예를 들어서 k=3 이라면 근접한 3개의 이웃을 조사하여서 개수가 많은 쪽에 속하게 된다. 예를 들어서 위의 그림에서 k=3이라면 별표는 녹색 원으로 분류된다.

학습

이제 사이킷런에서 kNN 알고리즘을 불러와서 훈련 및 예측을 시켜보자.

```
from sklearn.neighbors import KNeighborsClassifier

knn = KNeighborsClassifier(n_neighbors=6)
knn.fit(X_train, y_train)
```

sklearn 라이브러리에서 KNeighborsClassifer 클래스를 가져와서 'knn'이라는 객체를 생성하였다. n_neighbors=6으로 설정한다. n_neighbors는 분류에 사용되는 이웃의 개수이다. 학습을 수행하는 함수 이름은 fit()이다. 훈련 데이터는 X_train이고, 레이블은 y_train이다.

예측 및 평가

학습이 완료되면 우리가 아껴 두었던 테스트 데이터를 이용하여서, 예측을 하고 모델의 성능을 평가해보자. 예측하는 함수 이름은 predict()이다. 테스트 데이터는 X_test에 저장되어 있다.

```
y_pred = knn.predict(X_test)

from sklearn import metrics
scores = metrics.accuracy_score(y_test, y_pred)
```

```
0.9666666666666667
```

우리는 테스트 데이터 X_test에 대해서도 정확한 레이블 y_test을 알고 있기 때문에, 모델이 예측한 y_pred와 비교하면 정확도를 측정할 수 있다. 사이킷런에는 정확도를 계산하는 함수 accuracy_score()가 제공된다. 97% 정도면 상당히 우수한 정확도라고 할 수 있다. 정확도는 위의 코드를 실행할 때마다 조금씩 달라질 수 있다. 머신러닝 알고리즘은 난수를 많이 사용하기 때문이다. 훈련 데이터와 테스트 데이터를 분할할 때도 난수를 사용한다.

예측해보자.

완전히 새로운 데이터를 가지고 예측을 해보자.

```
classes = {0:'setosa',1:'versicolor',2:'virginica'}

# 전혀 보지 못한 새로운 데이터를 제시해보자.
x_new = [[3,4,5,2],
         [5,4,2,2]]

y_predict = knn.predict(x_new)

print(classes[y_predict[0]])
print(classes[y_predict[1]])

versicolor
setosa
```

우리는 생물학자가 아니라서 위의 예측값이 맞는지 알 길은 없지만, 실제 데이터에 대하여 97% 정도로 올바른 답변을 하였으니 어느 정도 믿을 수 있다.

5. 필기체 숫자 이미지를 분류해보자.

머닝러닝에서 아주 많이 사용되는 데이터가 하나 더 있다. 바로 미국의 MNIST가 배포하는 필기체 숫자 이미지이다. 우리는 sklearn을 사용하여 필기체 숫자 이미지를 인식하는 프로그램을 작성해보자.

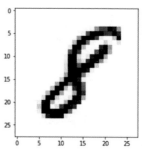

그림 3-16 MNIST 데이터

원래의 MNIST 데이터 세트에서 각 숫자들은 28×28의 2차원 이미지로 표현된다. 각 숫자 이미지는 784개의 픽셀로 이루어진다. 우리는 이 MNIST 데이터의 간략화된 버전을 가지고 실습해보자. sklearn 라이브러리 안에는 간략한 버전이 저장되어 있다. 이 간략화된 버전에서 각 숫자들은 8×8의 이미지(총 64개의 픽셀)로 표현된다. 시작하기 전에 가상공간 deep에 판다스와 맵플롯립을 설치한다.

```
(base) C:\Users\kim> activate deep
(deep) C:\Users\kim> pip install pandas
(deep) C:\Users\kim> pip install matplotlib
```

데이터 세트 읽어들이기

datasets.load_digits()을 호출하여서 MNIST 안에 저장된 간략화된 데이터 세트를 불러온다. 맵플롯립을 이용하여 첫 번째 이미지를 화면에 출력해본다.

```
import matplotlib.pyplot as plt
from sklearn import datasets, metrics
from sklearn.model_selection import train_test_split

digits = datasets.load_digits()
plt.imshow(digits.images[0], cmap=plt.cm.gray_r, interpolation='nearest')
```

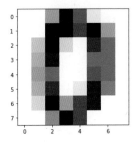

다음으로 해주어야 할 작업이 있다. digits.images에는 이미지들이 2차원 배열로 저장되어 있다. 이것을 우리는 1차원 배열로 바꾸어야 한다. 이것을 보통 평탄화(flatten)시킨다고 한다. 평탄화를 시켜야 하는 이유는, 일반적인 머신러닝 알고리즘은 특징들을 2차원으로 받지 않고 1차원으로만 받기 때문이다. 따라서 우리는 (8, 8) 형상의 배열을 (64,) 형상의 배열로 변경하여야 한다. 전체 데이터 세트가 (n_samples, 8, 8) 형상에서 (n_samples, 64)가 된다. 여기서 n_samples은 이미지의 총 개수이고 64는 한 이미지가 가지고 있는 픽셀의 총 개수이다.

```
n_samples = len(digits.images)
data = digits.images.reshape((n_samples, -1))
```

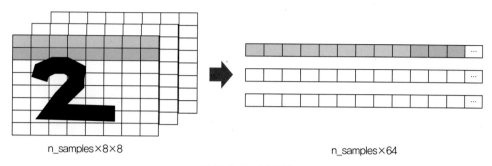

n_samples×8×8 n_samples×64

그림 3-17 평탄화

우리는 넘파이의 reshape() 함수를 사용하여 (n_samples, 8, 8) 배열을 (n_samples, 64)로 변경한다. reshape()의 인수가 −1이면 데이터의 개수만큼의 차원이 만들어진다.

훈련 데이터와 테스트 데이터

평탄화된 데이터를 훈련 데이터와 테스트 데이터로 분할한다. 분할 비율은 80:20으로 한다.

```
X_train, X_test, y_train, y_test = train_test_split(
    data, digits.target, test_size=0.2)
```

모델

다른 머신러닝 모델을 사용할 수도 있지만, 이전 절에 나왔던 kNN 분류기를 다시 사용한다.

```
from sklearn.neighbors import KNeighborsClassifier

knn = KNeighborsClassifier(n_neighbors=6)
```

학습

fit() 함수를 이용하여 훈련시킨다.

```
knn.fit(X_train, y_train)
```

예측 및 평가

테스트 데이터를 이용하여서 예측해보고 이것을 정답과 비교해서 정확도를 계산한다.

```
# 테스트 데이터로 예측해본다.
y_pred = knn.predict(X_test)

# 정확도를 계산한다.
scores = metrics.accuracy_score(y_test, y_pred)
print(scores)
```

```
0.9532814238042269
```

정확도는 약 95% 정도로 나온다. 테스트 데이터 중에서 11번째 이미지를 출력해보고 무엇으로 예측하였는지를 출력해보자.

```
# 이미지를 출력하기 위하여 평탄화된 이미지를 다시 8×8 형상으로 만든다.
plt.imshow(X_test[10].reshape(8,8), cmap=plt.cm.gray_r, interpolation='nearest')
y_pred = knn.predict([X_test[10]])       # 입력은 항상 2차원 행렬이어야 한다.
print(y_pred)
```

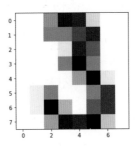

[3]

이때 주의할 점은 이미지가 하나뿐이라도 반드시 2차원 배열로 만들어서 머신러닝으로 보내야 한다.

전체 소스

전체 소스는 다음과 같다.

```python
import matplotlib.pyplot as plt

from sklearn import datasets, metrics
from sklearn.model_selection import train_test_split

digits = datasets.load_digits()
plt.imshow(digits.images[0], cmap=plt.cm.gray_r, interpolation='nearest')


n_samples = len(digits.images)
data = digits.images.reshape((n_samples, -1))

from sklearn.neighbors import KNeighborsClassifier

knn = KNeighborsClassifier(n_neighbors=6)

X_train, X_test, y_train, y_test = train_test_split(
    data, digits.target, test_size=0.2)

knn.fit(X_train, y_train)

y_pred = knn.predict(X_test)

scores = metrics.accuracy_score(y_test, y_pred)
print(scores)

plt.imshow(X_test[10].reshape(8,8), cmap=plt.cm.gray_r, interpolation='nearest')
y_pred = knn.predict([X_test[10]])
print(y_pred)
```

6. 머신러닝 알고리즘의 성능평가

머신러닝 시스템이 구축되면 시스템의 성능을 측정하는 것이 필요하다. 머신러닝에는 여러 가지 알고리즘(kNN, SVM, 결정 트리, 신경망 등)을 사용할 수 있고, 어떤 알고리즘을 사용할지를 결정하려면 알고리즘의 성능을 비교해봐야 한다.

정확도

성능을 평가하는 기준은 몇 가지가 있다. 가장 많이 사용되는 것이 앞 절에서 사용한 정확도(accuarcy)이다. 정확도는 다음과 같이 정의된다.

$$정확도(accuarcy) = \frac{올바르게 \; 분류한 \; 샘플 \; 수}{전체 \; 샘플 \; 수}$$

정확도는 가장 많이 사용되지만, 절대적인 것은 아니다. 가장 문제가 되는 상황은 하나의 클래스가 다른 클래스에 비하여 항상 월등하게 많은 경우이다. 예를 들어서 100명의 사람이 있는데, 이 중에서 90명은 남자(레이블 0)이고 10명만 여자(레이블 1)인 경우, 무조건 0으로 예측하는 머신러닝 시스템도 정확도는 90%가 된다.

혼동행렬

혼동행렬은 학습된 머신러닝 시스템이 예측을 하면서 얼마나 혼동하고 있는지를 나타내는 행렬이다. 예를 들어서 이진 분류에서 혼동행렬은 다음과 같이 정의된다. 긍정(positive), 부정(negative)라는 용어를 사용한다.

이진 분류에서 긍정과 부정은 상황에 따라서 달라진다. 사진을 보고 고양이인지 아닌지를 판단하는 상황이라면 입력 사진이 고양이면 긍정이고, 고양이가 아니면 부정으로 생각하면 된다. 의료 시스템이라면 긍정이면 환자이고 부정이면 정상인으로 생각하면 된다.

- 긍정을 긍정으로 올바르게 예측하면 TP(True Positive)라고 한다. 앞에 True가 붙으면 예측과 실제가 같다는 의미이다.
- 긍정을 부정으로 잘못 예측하면 FN(False Nagative)라고 한다. 앞에 False가 붙으면 예측과 실제가 틀리다는 의미이다.
- 부정을 긍정으로 잘못 예측하면 FP(False Positive)라고 한다.
- 부정을 부정으로 올바르게 예측하면 TN(True Nagative)라고 한다.

일반적으로 우리가 검출하고 싶은 것에 긍정(Positive) 레이블을 할당한다. 예를 들어서 암을 검진하는 시스템에서는 암이면 긍정이고, 정상이면 부정이다. 민감도와 특이도는 다음과 같이 정의된다.

$$\text{민감도} = \frac{TP}{TP + FN}, \qquad \text{특이도} = \frac{TN}{TN + FP}$$

민감도(sensitivity)는 질병이 있는 사람을 환자라고 올바르게 진단하는 비율이고, 특이도는 환자가 아닌 사람을 환자가 아니라고 올바르게 진단하는 비율이다. 민감도와 특이도를 성능 척도로 사용할 수도 있다.

혼동행렬을 출력해보자.

필기체 숫자를 입력하는 프로그램에서 혼동 행렬을 출력해보자.

```python
import matplotlib.pyplot as plt

from sklearn import datasets, metrics
from sklearn.model_selection import train_test_split

digits = datasets.load_digits()
n_samples = len(digits.images)
data = digits.images.reshape((n_samples, -1))

from sklearn.neighbors import KNeighborsClassifier
knn = KNeighborsClassifier(n_neighbors=6)

X_train, X_test, y_train, y_test = train_test_split(
    data, digits.target, test_size=0.2)

knn.fit(X_train, y_train)
y_pred = knn.predict(X_test)

disp = metrics.plot_confusion_matrix(knn, X_test, y_test)
plt.show()
```

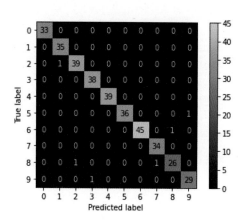

결과를 보면 클래스 0에 속하는 샘플 33은 모두 올바르게 분류하고 있음을 알 수 있다. 클래스 2는 총 40개인데 1개는 잘못 분류하였고 나머지 39개는 올바르게 분류하고 있다. 전체 데이터를 훈련 데이터와 테스트 데이터로 분류할 때 난수를 사용하기 때문에 위의 결과는 실행할 때마다 다르게 나올 수 있다.

분류 리포트

사이킷런에서는 분류 리포트를 생성하는 기능이 있다. 대표적인 성능 척도들을 계산해준다. 다음과 같은 문장을 앞의 프로그램에 추가한다.

```
print(f"{metrics.classification_report(y_test, y_pred)}\n")
```

	precision	recall	f1-score	support
0	1.00	1.00	1.00	28
1	0.95	1.00	0.97	39
2	1.00	1.00	1.00	33
3	0.95	1.00	0.97	36
4	1.00	1.00	1.00	35
5	1.00	1.00	1.00	35
6	1.00	1.00	1.00	45
7	1.00	1.00	1.00	40
8	0.97	0.93	0.95	40
9	1.00	0.93	0.96	29
accuracy			0.99	360
macro avg	0.99	0.99	0.99	360
weighted avg	0.99	0.99	0.99	360

7. 머신러닝의 용도

머신러닝은 어디에 이용되는가?

머신러닝은 어디에 주로 이용될까? 머신러닝은 문제에서 나타날 수 있는 경우의 수가 너무 많아서 명시적 알고리즘을 설계하고 프로그래밍하는 것이 어렵거나 불가능한 경우에 주로 사용된다. 예를 들어서 바둑과 같은 복잡한 경기에서 모든 경우를 찾아서 if-else와 같은 문장으로는 정확하게 처리하는 것은 거의 불가능하다. 스팸 이메일을 자동으로 걸러내는 작업에도 많은 경우가 있기 때문에, 이것을 정확하게 프로그래밍하는 것은 상당히 힘들다. 또 자율 주행 자동차를 생각해보자. 자율 주행 자동차 앞에 나타날 수 있는 물체는 아주 많다(사람, 자전거, 돌, 다른 자동차, …). 이러한 모든 물체에 대하여 if-else 구조를 사용하여 처리하는 프로그램을 만든다는 것은 현실적으로 불가능하다. 이런 경우에 머신러닝이 필요하다.

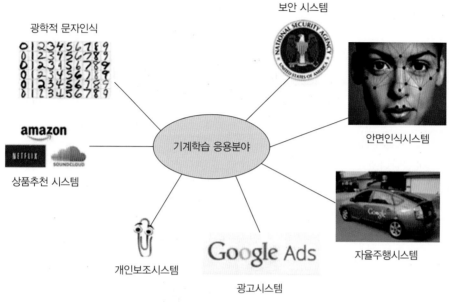

그림 3-18 머신러닝의 응용 분야

이들 분야들의 특징을 보면, 복잡한 데이터들이 있고, 이들 데이터에 기반하여 결정을 내려야 하는 분야이다. 예를 들어서 영상 인식에서는 많은 이미지 데이터들이 있다. 머신러닝은 빅데이터(big data)와 아주 밀접한 관계가 있다. 학습을 시키려면 많은 데이터가 필수적이기 때문이다. 최근 빅데이터가 부상하면서 다음과 같은 영역에서 문제를 해결하는 데 머신러닝이 특히 중요해졌다.

- 영상 인식, 음성 인식처럼 프로그램으로 작성하기에는 규칙과 공식이 너무 복잡할 때
- 보안 시스템에서 침입을 탐지하거나 신용 카드 거래 기록에서 사기를 감지하는 경우처럼 작업 규칙이 지속적으로 바뀌는 상황일 때
- 주식 거래나 에너지 수요 예측, 쇼핑 추세 예측의 경우처럼 데이터 특징이 계속 바뀌고 프로그램을 계속해서 변경해야 하는 상황일 때
- 전자 메일 메시지가 스팸인지 아닌지 여부
- 신용 카드 거래가 허위인지 여부를 판별하는 시스템
- 구매자가 클릭할 확률이 가장 높은 광고가 무엇인지를 알아내는 시스템

- 이미지 인식 시스템
- 넷플릭스에서 비디오 추천 시스템
- 이미지 탐색 시스템
- 자율 주행자동차
- 텍스트 자동 인식 시스템

프로그래머로서 머신러닝의 실용적인 가치

프로그래머 입장에서 머신러닝의 실용적인 가치는 무엇일까? 구글에 의하면 3가지를 할 수 있다고 한다.

첫 번째는 프로그래밍 시간을 줄일 수 있다는 점이다. 예를 들어서 맞춤법 오류를 수정하는 프로그램을 개발한다고 하자. 물론 전통적인 프로그래밍 방법으로도 가능할 것이다. 규칙을 많이 만들어서 맞춤법을 검사하는 프로그램을 작성할 수 있다. 하지만 신뢰성 있게 만들려면 상당한 시간이 필요할 것이다. 다른 방법으로는 머신러닝을 사용할 수 있다. 많은 훈련 샘플만 있다면 이것을 머신러닝으로 학습시켜서 빠른 시간 안에 신뢰성 있는 프로그램을 완성할 수 있다.

두 번째로 맞춤형 제품을 쉽게 개발할 수 있다. 즉 제품을 어떤 그룹의 사람들에게 맞춰서 만들 수 있다. 예를 들어서 여러분이 한국어 맞춤법 수정 프로그램을 완성하여서 가지고 있다고 하자. 이것을 영어 버전으로 변경하려면 상당한 노력과 시간이 필요할 것이다. 또 제품이 성공적이어서 30개국 언어 버전으로 확장하려고 한다. 이것을 각 언어마다 새로 작성하려면 수년 이상의 엄청난 시간이 필요하다. 하지만 여러분도 예상할 수 있듯이, 머신러닝을 사용한다면 다른 언어 버전을 만드는 것은 너무나도 쉽다. 훈련 샘플만 있으면 된다. 머신 러닝 시스템이 훈련 샘플에서 어떤 패턴을 발견할 것이다.

Germany

Italy

Japan

Netherland

세 번째로 머신러닝은 프로그래머로 시도할 알고리즘이 떠오르지 않는 문제들을 해결할 수도 있다. 예를 들어서 컴퓨터가 사람의 얼굴을 인식하는 프로그램을 작성하고 싶다고 하자. 인간은 사람들의 얼굴을 쉽게 인식하고 친구들이 하는 말을 이해할 수 있지만 이런 일은 무의식적으로 하는 것이기 때문에 이것을 컴퓨터 알고리즘으로 만들려면 정말 힘들다. 보통 이런 문제를 작성하려면 컴퓨터 시각 분야의 수많은 지식과 경험이 필요하다. 하지만 이런 작업은 머신러닝이 아주 잘 할 수 있는 분야이다. 머신러닝 알고리즘에게 수많은 샘플 예제만 보여주기만 하면 문제가 해결된다. 편리하지 않은가?

참고사항 데이터 라벨링

머신러닝에서는 데이터를 이용하여서 시스템을 학습시킨다. 따라서 많은 데이터가 필요하고 또 데이터에 레이블(label)이 붙어 있어야 한다. 예를 들어서 머신러닝 시스템이 강아지와 고양이를 구별하게 학습시키려면 수천 장의 사진들이 필요하고 이들은 모두 강아지와 고양이로 구분되어 있어야 한다. 즉 사진에 레이블이 붙어 있어야 한다. 이들 구분 작업은 사람이 해줘야 한다. 첨단 인공지능을 만들려면 사람의 손길이 필요하다. 물론 학습이 완료

될 때까지만 충분한 데이터를 제공해 주면 그 후에는 머신러닝이 스스로 강아지와 고양이 사진을 구별해 낼 것이다. 이렇게 데이터에 라벨을 붙이는 작업을 데이터 라벨링(data labeling, data annotation)이라고 한다. 따라서 요즘은 "데이터 라벨러"라고 하는 새로운 직업이 생겨나고 있다고 한다. 이 직업은 여가 시간에 사진이나 비디오에 라벨을 붙이는 것으로 21세기의 '인형 눈알 붙이기' 부업에 비유되기도 한다.

데이터 라벨링은 머신러닝에 필수적이다. 데이터에 올바른 레이블이 붙어 있어야 만이 지도 학습이 가능하기 때문이다. 성능이 우수한 머신러닝 시스템을 만들려면 잘 정리된 데이터가 필수적이다. 이것이 데이터를 '21세기 원유'라 부르는 이유이다. 그리고 많은 수의 데이터가 필요하다. 즉 잘 정리된 빅데이터(big data)가 필요하다. "구글 번역"이나 "파파고"와 같은 기계 번역에서도 사람의 손길은 반드시 필요하다. 예전의 기계 번역은 한글 단어를 영어 단어로 번역하는 것이었다. 따라서 한국어와 일본어처럼 문장 구조가 비슷한 언어의 번역은 가능했지만 문장 구조가 다른 언어로 번역하는 것은 거의 불가능하였다. 현재는 사람이 번역한 '말뭉치(corpus)'의 쌍으로 머신러닝을 학습시킨다. 말뭉치는 컴퓨터가 처리할 수 있는 형태로 정리된 언어 데이터이다. 10개 정도의 단어(어절)로 구성된 하나의 문장이 하나의 말뭉치가 된다. 한글 말뭉치와 이를 사람이 번역한 영어 말뭉치를 '입력'과 '출력'으로 묶어 머신러닝에 제공한다. 머신러닝은 이들 말뭉치들을 통하여 매끄러운 번역을 학습하게 된다. 기계 번역에 있어서도 사람의 손길이 반드시 필요하다.

요약

- 머신러닝(machine learning)은 인공지능의 한 분야로, 컴퓨터에 학습 기능을 부여하기 위한 연구 분야이다. 인공지능의 한 분야가 머신러닝이라고 할 수 있고 머신러닝 중에서 하나의 알고리즘이 딥러닝이라고 할 수 있다.

- 머신러닝은 문제에서 나타날 수 있는 경우의 수가 너무 많아서 명시적 알고리즘을 설계하고 프로그래밍 하는 것이 어렵거나 불가능한 경우에 주로 사용된다.

- 머신러닝은 "교사"의 존재 여부에 따라 크게 지도 학습과 비지도 학습으로 나누어진다. 또 강화 학습도 있다. 지도 학습은 "교사"에 의해 주어진 예제(샘플)와 정답(레이블)을 제공받는다. 비지도 학습은 외부에서 정답(레이블)이 주어지지 않고 학습 알고리즘이 스스로 입력에서 어떤 구조를 발견하는 학습이다.

- 지도 학습은 크게 회귀와 분류로 나눌 수 있다. 회귀는 주어진 입력-출력 쌍을 학습한 후에 새로운 입력값이 들어왔을 때, 합리적인 출력값을 예측하는 것이다. 분류(classification)는 입력을 두 개 이상의 유형으로 분할하는 것이다. 학습 시에는 교사가 있어서 입력의 올바른 유형을 알려준다.

- 비지도 학습은 "교사" 없이 컴퓨터가 스스로 입력들을 분류하는 것을 의미한다. 비지도 학습에서는 데이터들의 상관도를 분석하여 유사한 데이터들을 모으게 된다.

- 강화 학습에서는 컴퓨터가 어떤 행동을 취할 때마다 외부에서 처벌이나 보상이 주어진다.

01 머신러닝은 어떤 분야에 적용하는 것이 좋을까? 예를 들어서 몇 개의 분야를 나열해보자. 어떤 공통적인 특징이 있는가?

02 인공지능, 머신러닝, 딥러닝의 관계는 어떻게 될까?

03 머신러닝의 역사를 정리해보자.

04 머신러닝은 "교사"의 존재 여부에 따라 크게 (   ) 학습과 (   ) 학습으로 나누어진다.

05 머신러닝에서 학습(훈련) 데이터와 테스트 데이터가 하는 역할은 무엇인가?

06 머신러닝에서 특징은 무엇을 의미하는가?

07 머신러닝은 크게 (   )와 (   )로 나눌 수 있다.

08 학습이 입력(x)과 출력(y)이 주어질 때, 입력에서 출력으로의 매핑 함수를 학습하는 것이라면 회귀에서는 x와 y의 형태가 어떻게 되는가?

09 분류에서는 x와 y의 형태가 어떻게 되는가?

10 실생활에서 사용되는 회귀와 분류의 예를 들어보자.

11 강화 학습에서는 무엇을 가지고 학습을 시키는가?

12 비지도 학습은 어떻게 "교사" 없이 입력들을 분류하는가?

13 한 온라인 신발가게에서 사용자에게 맞춤형 신발을 추천하는 머신러닝 모델을 만들려고 한다. 어떤 머신러닝 모델을 사용해야 하는가? 이것은 회귀인가? 분류인가?

14 주어진 이메일이 '스팸'인지 '스팸이 아닌지' 예측하기 위해 머신러닝 모델을 개발한다고 하자. 출력(y)이 가질 수 있는 레이블은 어떻게 될까?

15 1장의 티처블 머신으로 "호랑이"와 "사자" 이미지를 분류해보자.

16 티처블 머신의 "Audio Project"와 "Pose Project"를 수행해보라. 어떤 데이터가 필요한가?

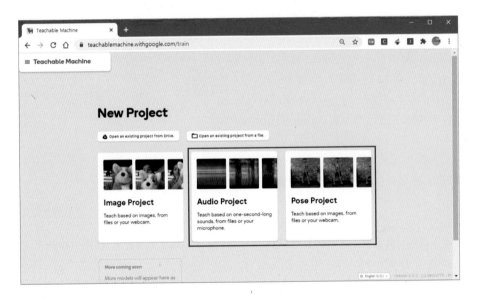

17 그림판으로 8×8 크기의 숫자 이미지를 그려서 본문의 파이썬 프로그램으로 인식해보자.

04

선형 회귀

선형 회귀도 간단한 방법이지만 연속적인 값을 예측할 때는 써야하는 머신러닝 기법입니다. 강화 학습에서도 사용될 수 있습니다.

학습목표

- 회귀의 개념을 이해한다.
- 경사 하강법을 이해한다.
- 과잉 적합과 과소 적합을 이해한다.
- 파이썬과 sklearn을 이용하여 회귀를 구현해본다.

04 | 선형 회귀

1. 선형 회귀

지도 학습에는 회귀(regression)와 분류(classification)가 있다. 전자는 연속적인 값을 예측하고 후자는 입력을 어떤 카테고리 중의 하나로 예측한다. 예를 들어, 주택의 면적을 입력받아서 주택 가격을 예측하는 것은 회귀 문제이며, 주어진 이미지가 고양이인지 강아지인지를 판별하는 것은 분류 문제이다.

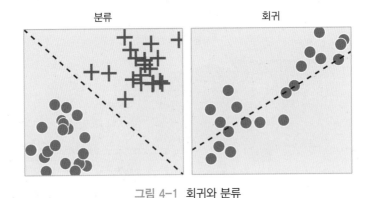

그림 4-1 회귀와 분류

여기서는 회귀 문제를 자세히 살펴보면서 머신러닝에 대한 많은 개념과 용어들에 익숙해지자. 회귀란 일반적으로 데이터들을 2차원 공간에 찍은 후에 이들 데이터들을 가장 잘 설명하는 직선이나 곡선을 찾는 문제라고 할 수 있다. 즉 y = f(x)에서 출력 y가 실수이고 입력 x도 실수일 때 함수 f(x)를 예측하는 것이 회귀이다. 예를 들어서 출력이 "가격", "학점", "온도", "무게", "시간"이 될 수 있다. 회귀 기법은 주식 가격 예측, 온도 변화, 전력 수요 변동 등의 연속적인 값을 예측하는데 사용된다.

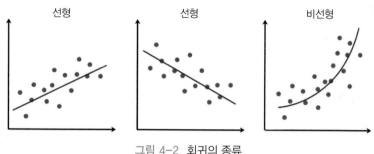

그림 4-2 회귀의 종류

선형 모델을 사용하여 회귀 문제를 풀면 이것을 선형 회귀(linear regression)이라고 한다. 전통적인 선형 회귀(linear regression)는 "머신러닝"으로 생각하기에는 너무 단순하고 단순히 "통계"적 방법이라고 생각하는 사람들도 있다. 하지만 회귀 문제도 y = f(x)에서 입력(x)에 대응되는 실수(y)들이 주어지고 함수 f()를 학습하는 것이므로 일종의 머신러닝 문제로 생각할 수 있다.

선형 회귀를 사용할 수 있는 예는 다음과 같다.

- 부모의 키와 자녀의 키의 관계
- 면적에 따른 주택의 가격
- 연령에 따른 실업율 예측
- 공부 시간과 학점과의 관계
- CPU 속도와 프로그램 실행 시간 예측

선형 회귀 소개

직선의 방정식은 다음과 같다.

$$f(x) = mx + b$$

여기서 m은 직선의 기울기이고 b는 절편이다. 기본적으로 선형 회귀는 입력 데이터를 가장 잘 설명하는 직선의 기울기와 절편을 찾는 문제이다. 우리가 제어할 수 있는 값은 기울기(m)와 절편 (b)이다. 머신러닝에서는 기울기 대신에 가중치(weight)라는 용어를 사용한다. 마찬가지로 절편 대신에 바이어스(bias)라고 한다. 따라서 다음과 같은 식으로 변경하자. 여기서 w는 가중치이고 b는 바이어스이다.

$$f(x) = wx + b$$

가중치와 바이어스의 값에 따라 여러 개의 직선이 있을 수 있다. 기본적으로 선형 회귀 알고리즘은 데이터 요소에 여러 직선을 맞추어 본 후에 가장 오류를 작게 발생시키는 직선을 반환한다.

하나의 예로 키와 몸무게 사이의 관계를 선형 회귀로 조사할 수 있다.

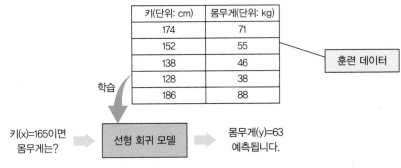

그림 4-3 선형 회귀의 예제

우리는 위의 표에 들어 있는 데이터를 이용하여 선형 회귀 시스템을 학습시킨 후에 어떤 사람의 키를 입력했을 때, 그 사람의 몸무게를 예측할 수 있는 시스템을 만들 수 있다. 물론 예측이 정확하려면 훈련 데이터가 아주 많아야 할 것이다.

선형 회귀의 종류

• 단순 선형 회귀: 단순 선형 회귀는 독립 변수(x)가 하나인 선형 회귀이다. w와 b가 알고리즘이 "학습"하려고 시도하는 매개 변수이다. x와 y는 학습 데이터를 나타내고 f(x)는 우리의 예측을 나타낸다.

$$f(x) = wx + b$$

• 다중 선형 회귀: 다중 선형 방정식은 다음과 같다. w_1, w_2, w_3 는 계수 또는 가중치를 나타내며 모델이 학습하려고 하는 매개 변수이다.

$$f(x, y, z) = w_0 + w_1 x + w_2 y + w_3 z$$

변수 x, y, z는 각 정보의 속성을 나타낸다. 예를 들어서 매출액 예측의 경우, 이러한 속성에는 라디오, TV, 신문에 대한 회사의 광고 지출이 포함될 수 있다.

$$매출 = w_0 + w_1 \times 인터넷\,광고 + w_2 \times 신문광고 + w_3 \times TV광고$$

선형 회귀의 원리

선형 회귀를 간단하게 설명하기 위하여 다음과 같은 간단한 데이터를 생각하자.

x	y
1	2
2	5
3	6

여기서 x는 특징 데이터이고 y는 예측해야 하는 값이다. 위의 데이터를 그래프로 그려보자.

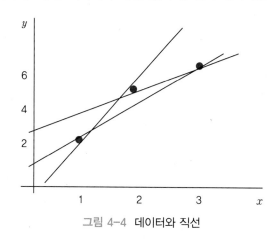

그림 4-4 데이터와 직선

선형 회귀에서는 x와 y 간의 관계가 선형 관계라고 가정한다. 따라서 문제는 위의 데이터에 잘 맞는 직선을 찾는 것이다. 위의 그래프에 3개의 직선이 그려져 있는데 선형 회귀에서는 이중에서 학습 데이터와 가장 잘 맞는 하나의 직선을 선택하게 된다. 직선은 다음과 같이 기울기와 절편으로 나타낼 수 있다.

$$f(x) = wx + b$$

이제 문제는 어떤 직선이 우리가 제공한 데이터와 가장 잘 맞느냐이다. 이것은 실제 데이터와 직선 간의 간격을 보면 알 수 있다.

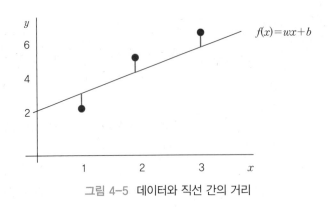

그림 4-5 데이터와 직선 간의 거리

간격이 적을수록 직선이 데이터와 잘 맞는다고 할 수 있다. 간격들은 음수일 수도 있으니 다음과 같이 간격의 제곱을 하는 것이 좋을 것이다. 간격의 제곱을 모두 합한 값을 손실 함수(loss function) 또는 비용 함수(cost function)라고 한다. 훈련 데이터 세트를 $(x_1, y_1), (x_2, y_2),$ (x_3, y_3) 이라고 하면 손실은 다음과 같이 나타낼 수 있다.

$$Loss = \frac{1}{3}((f(x_1) - y_1)^2 + (f(x_2) - y_2)^2 + (f(x_3) - y_3)^2)$$

위의 손실 함수를 좀 더 일반적인 수식으로 바꾸면 다음과 같이 될 것이다.

$$Loss(w, b) = \frac{1}{n}\sum_{i=1}^{n}(f(x_i) - y_i)^2 = \frac{1}{n}\sum_{i=1}^{n}((wx_i + b) - y_i)^2$$

여기서 n은 훈련 데이터의 개수이다. 여기서 손실 함수는 w와 b의 함수로 표현할 수 있다. 학습이라고 하는 것이 바로 위의 손실 함수 값을 최소로 하는 w와 b를 찾는 것이다. 이것을 argmin이라는 표기법으로 적으면 다음과 같이 된다.

$$\underset{w,\, b}{\operatorname{argmin}} Loss(w, b)$$

위의 표기법을 해석해보면 Loss() 함수를 최소로 하는 w와 b를 계산한다는 의미이다.

학습과 손실

머신러닝에서 모델을 학습시킨다는 것은 단순히 말하자면 훈련 데이터로부터 손실을 최소화하는 가중치(w)와 바이어스 값(b)을 학습(결정)하는 것이다.

손실(loss)은 잘못된 예측에 대한 벌점이라 할 수 있다. 즉, 손실은 특정 샘플에서 모델의 예측이 얼마나 잘못되었는지를 나타내는 숫자이다. 모델의 예측이 완벽하면 손실은 0이고 그렇지 않으면 손실은 0보다 커진다. 모델 학습의 목표는 모든 샘플에서 평균적으로 가장 작은 손실을 갖는 가중치와 바이어스를 찾는 것이다. 예를 들어 그림 4-6에서 왼쪽은 손실이 큰 가중치이고 오른쪽은 손실이 작은 가중치이다.

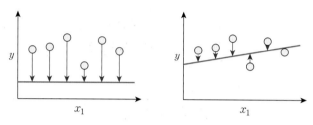

그림 4-6　왼쪽은 오른쪽보다 손실이 크다.

자 이제 위의 손실 함수를 최소화하는 w와 b의 값만 계산하면 된다. 어떻게 하면 좋을까? 다음 절에서 살펴보자.

2. 선형 회귀에서 손실 함수 최소화 방법

일반적인 머신러닝 알고리즘은 손실 함수의 값이 최소화되는 방향을 찾아서 매개 변수인 W와 b를 변경하는 작업을 반복하게 된다. 손실 함수가 0이 되거나 0에 가까운 값이 되면 학습이 종료된다. 손실 함수의 값이 작아지는 방향을 어떻게 알 수 있을까? 변수가 하나인 선형 회귀는 쉽게 분석적인 방법으로 직선을 찾을 수 있지만, 변수가 여러 개가 되면 회귀에서도 일반적인 방법을 사용해야 한다.

분석적인 방법

독립 변수와 종속 변수가 각각 하나인 선형 회귀에서 손실 함수의 형태는 2차 함수로 단순하기 때문에 분석적인 방법으로도 최소값을 계산할 수 있다. 통계학에서는 최소제곱법이라는 방법으로 가장 오차가 작은 직선의 기울기와 절편을 계산할 수 있다.

$$w = \frac{\sum_{i=1}^{n}(x_i - \bar{x})(y_i - \bar{y})}{\sum_{i=1}^{n}(x_i - \bar{x})^2}, \quad b = \bar{y} - w\bar{x}$$

하지만 만약 다중 선형 회귀처럼 독립 변수가 하나가 아니고 여러 개인 경우라면, 분석적인 방법은 상당히 복잡해진다. 따라서 이때는 경사 하강법과 같은 일반적인 최적화 방법을 사용하는 것이 효율적이다. 경사 하강법은 손실 함수가 어떤 형태이라도, 또 매개 변수가 아무리 많아도 적용할 수 있는 일반적인 방법이다. 또 데이터가 추가되면, 분석적인 방법에서는 전체를 다시 계산하여야 한다. 경사 하강법에서는 추가적인 데이터만 처리하여 점진적인 학습이 가능하다.

경사 하강법(gradient descent method)

경사 하강법은 현재 위치에서의 경사(기울기)를 이용하여 방향을 잡는 방법이다. 아래의 그래프는 가중치를 변경했을 때, 손실 함수의 값을 그린 것이다. 가중치를 손실이 줄어드는 방향으로 움직일 수 있으면 좋을 것이다. 방향을 잡기 위해서 현재 위치에서 손실 함수의 기울기를 계산해볼 수 있다. 기울기는 손실 함수의 1차 미분값이다. 제곱 손실처럼 간단한 손실 함수의 기울기는 계산하기 쉽다.

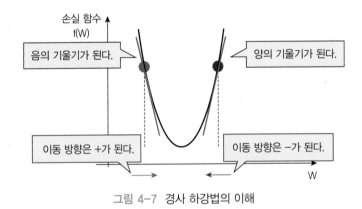

그림 4-7 경사 하강법의 이해

현재 위치에서 기울기가 양수로 계산되었다면, 가중치를 증가했을 때 손실이 높아진다는 것을 의미한다. 현재 위치에서 기울기가 음수로 계산되었다면, 가중치를 증가했을 때 손실이 높아진다는 것을 의미한다. 따라서 손실 함수를 줄이기 위해서는 현재의 위치에서 손실 함수의 기울기를 계산하여서 기울기의 반대 방향으로 이동하면 된다.

수학 복습 기울기

위와 같은 그래프에서 기울기를 계산해보면 $\frac{\Delta y}{\Delta x} = \frac{3-1}{4-0} = \frac{2}{4} = 1/2$ 이 된다.

$\Delta x, \Delta y$ 를 무한히 작게 하면 현재 위치에서의 1차 미분값이 된다.

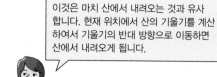

이것은 마치 산에서 내려오는 것과 유사합니다. 현재 위치에서 산의 기울기를 계산하여서 기울기의 반대 방향으로 이동하면 산에서 내려오게 됩니다.

우리는 반복적인 접근방식을 사용한다. 어떤 지점에서 손실 함수의 기울기를 계산한다. 기울기의 반대 방향으로 매개 변수를 업데이트한다. 즉 기울기가 음수이면 매개 변수는 증가시키고, 반대로 기울기가 양수이면 매개 변수는 감소시킨다. 매개 변수가 업데이트되면 새로운 손실값을 얻을 수 있다. 손실 함수를 다시 계산하고 기울기도 다시 계산한다. 이것을 반복한다. 이렇게 기울기의 반대 방향으로 가다 보면 최저값을 찾을 수 있다.

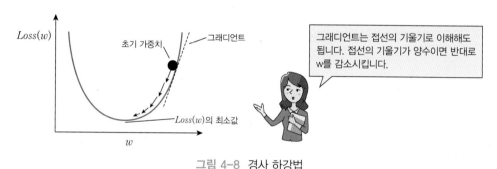

그림 4-8 경사 하강법

그래디언트는 접선의 기울기로 이해해도 됩니다. 접선의 기울기가 양수이면 반대로 w를 감소시킵니다.

그러면 기울기의 반대 방향으로 한 번에 얼마씩 이동해야 할까? 그건 학습률에 따라 달라진다. 학습률(learning rate)은 한 번에 매개 변수를 변경하는 비율이다. 학습률이 아주 작으면 작은 보폭으로 여러 번 이동하는 것이다. 따라서 계산을 여러 번 해야 최저값에 도달할 수 있다. 반면에 학습률이 크면 더 큰 보폭으로 이동하게 되고 최소값을 지나쳐서 더 멀리 갈 수도 있다. 최악의 경우에는 손실이 더 커질 수도 있다. 이것을 발산이라고 한다. 높은 차원의 모델에서는 흔히 발산이 발생한다. 이런 경우가 발생하면 학습률을 줄여야 한다.

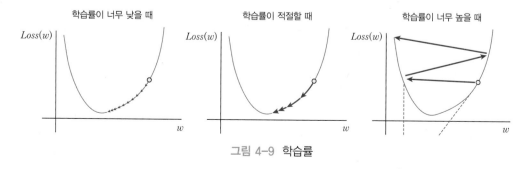

그림 4-9 학습률

정리해보자. 경사 하강법은 한 지점에서 출발해 최저값에 닿길 바라며 점점 이동해 가는 방법이다. 그런데 출발점이 중요하다. 왜 그럴까? 만약 손실 함수가 커다란 그릇처럼 생긴 볼록 함수라면 이 그릇의 어디서 출발하여도 적당한 보폭으로 경사를 따라가면 결국 그릇 바닥에 이르게 된다. 하지만 머신러닝 문제에서 손실 함수는 볼록 함수가 아닐 때가 많다. 실제로는 계란판처럼 생긴 경우가 많다. 즉 지역 최소값(local minima)이 여러 개 있을 수 있다. 그래서 초기값이 중요하다.

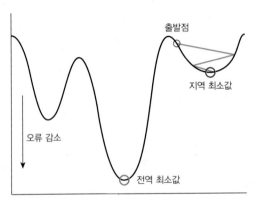

그림 4-10 지역 최소값과 전역 최소값

선형 회귀에서 경사 하강법

선형 회귀에서의 손실 함수는 다음과 같다. 손실이란 모든 데이터 포인트의 손실을 제곱하여 합한 후에 평균낸 값이다.

$$Loss(w, b) = \frac{1}{n}\sum_{i=1}^{n}(f(x_i)-y_i)^2 = \frac{1}{n}\sum_{i=1}^{n}((wx_i+b)-y_i)^2$$

여기서 $f(x_i)$는 모델이 예측한 값이고 y_i는 실제값이다.

(1) 처음에는 w와 b를 모두 0으로 설정한다. 그리고 학습률을 0.01이라고 하자. 학습률은 한 번에 기울기를 변경하는 양이다.

(2) 손실 함수를 w에 대하여 편미분하면 다음과 같은 식을 얻을 수 있다.

$$\frac{\partial Loss(w, b)}{\partial w} = \frac{1}{n}\sum_{i=1}^{n}2((wx_i+b)-y_i)(x_i) = \frac{2}{n}\sum_{i=1}^{n}x_i((wx_i+b)-y_i)$$

(3) 마찬가지로 손실 함수를 b에 대하여 미분하면 다음과 같은 식을 얻을 수 있다.

$$\frac{\partial Loss(w, b)}{\partial b} = \frac{2}{n}\sum_{i=1}^{n}((wx_i+b)-y_i)(1) = \frac{2}{n}\sum_{i=1}^{n}((wx_i+b)-y_i)$$

(4) 우리는 w와 b를 다음과 같이 업데이트한다.

$$w = w - 0.01 * \frac{\partial Loss}{\partial w}$$

$$b = b - 0.01 * \frac{\partial Loss}{\partial b}$$

우리는 과정 (2)~(4)를 손실 함수의 값이 아주 작아질 때까지 반복한다.

3. 선형 회귀 파이썬 구현 #1

선형 회귀에서 경사 하강법은 비교적 간단하게 구현할 수 있다. 우리는 파이썬으로 구현해보자. 넘파이를 사용하면 배열의 해당 요소끼리 계산이 되어서 아주 간편하다. 자세한 내용은 주석을 참조하자.

```python
import numpy as np
import matplotlib.pyplot as plt

X = np.array([0.0, 1.0, 2.0])
y = np.array([3.0, 3.5, 5.5])


w = 0          # 기울기
b = 0          # 절편


lrate = 0.01   # 학습률
epochs = 1000  # 반복 횟수


n = float(len(X)) # 입력 데이터의 개수


# 경사 하강법
for i in range(epochs):
    y_pred = w*X + b                    # 선형 회귀 예측값
    dw = (2/n) * sum(X * (y_pred-y))    # 넘파이 배열간의 산술 계산은 요소별로 적용
    db = (2/n) * sum(y_pred-y)          # sum()은 모든 요소들의 합을 계산하는 내장 함수
    w = w - lrate * dw                  # 기울기 수정
    b = b - lrate * db                  # 절편 수정

# 기울기와 절편을 출력한다.
print (w, b)
```

```
# 예측값을 만든다.
y_pred = w*X + b

# 입력 데이터를 그래프 상에 찍는다.
plt.scatter(X, y)

# 예측값은 선그래프로 그린다.
plt.plot([min(X), max(X)], [min(y_pred), max(y_pred)], color='red')
plt.show()
```

1.2532418085611319 2.745502230882486

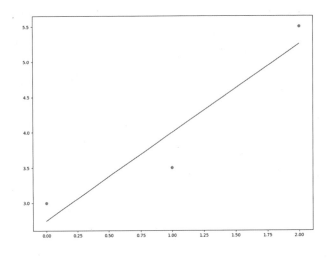

4. 선형 회귀 파이썬 구현 #2

이번 절에서는 아나콘다에 포함되어 있는 사이킷런 라이브러리를 사용하여 회귀 함수를 구현하는 방법을 살펴본다. 가장 먼저 해야 할 작업은 사이킷런 라이브러리를 포함시키는 일이다. 이어서 선형 관계를 가지는 데이터를 생성한다.

```
import matplotlib.pylab as plt
from sklearn import linear_model

# 선형 회귀 모델을 생성한다.
reg = linear_model.LinearRegression()
```

```
# 데이터는 파이썬의 리스트로 만들어도 되고 아니면 넘파이의 배열로 만들어도 됨
X = [[0], [1], [2]]        # 반드시 2차원으로 만들어야 함
y = [3, 3.5, 5.5]          # y = x + 3

# 학습을 시킨다.
reg.fit(X, y)
```

학습 데이터는 반드시 2차원 배열이어야 한다(한 열만 있어도 반드시 2차원 배열 형태로 만들어야 한다). 따라서 리스트의 리스트를 만들어서 다음과 같은 2차원 배열을 생성한다. 목적값은 1차원 배열이면 된다.

reg 객체의 fit() 함수를 호출하면 학습이 수행된다. 대부분의 머신러닝 알고리즘에서 fit() 함수라는 이름이 사용된다. 학습이 완료된 후에 직선의 기울기와 y-절편을 출력해보자.

```
>>> reg.coef_              # 직선의 기울기
array([1.25])
>>> reg.intercept_         # 직선의 y-절편
2.7500000000000004
>>> reg.score(X, y)
0.8928571428571429
```

선형 회귀 분석을 적용하려면 다음과 같이 fit() 함수에 X와 y를 전달한다. score() 함수는 회귀 분석이 얼마나 잘 데이터에 맞추었는지를 반환한다. 어느 정도 완벽한 데이터를 사용했으므로 1.0에 가까울 것이다.

선형 회귀를 그래프로 그려보자.

이제 새로운 값 5를 넣어서 얼마로 예측하는지를 살펴보자. 학습이 끝난 후에 테스트할 때는 predict() 함수를 사용한다. 이때도 2차원 리스트 형태로 데이터를 전달하여야 한다. 머신러닝에서 입력은 항상 2차원 배열이라는 것을 기억하자.

```
>>> reg.predict([[5]])
array([8.])
```

이것을 그래프로 그려보자.

```
# 학습 데이터와 y 값을 산포도로 그린다.
plt.scatter(X, y, color='black')

# 학습 데이터를 입력으로 하여 예측값을 계산한다.
y_pred = reg.predict(X)

# 학습 데이터와 예측값으로 선그래프로 그린다.
# 계산된 기울기와 y 절편을 가지는 직선이 그려진다.
plt.plot(X, y_pred, color='blue', linewidth=3)
plt.show()
```

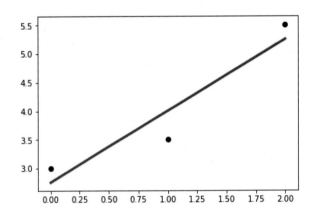

인간의 키와 몸무게는 어느 정도 비례할 것으로 예상된다. 아래와 같은 데이터가 있을 때, 선형 회귀를 이용하여 학습시키고 키가 165cm일 때의 예측값을 얻어보자. 파이썬으로 구현하여 본다.

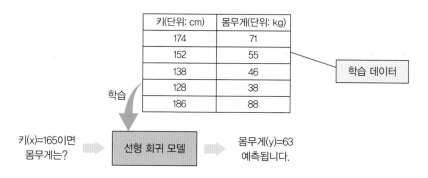

```python
import matplotlib.pylab as plt
from sklearn import linear_model

reg = linear_model.LinearRegression()

X = [[174], [152], [138], [128], [186]]
y = [71, 55, 46, 38, 88]

reg.fit(X, y)                       # 학습

print(reg.predict([[165]]))

# 학습 데이터와 y 값을 산포도로 그린다.
plt.scatter(X, y, color='black')

# 학습 데이터를 입력으로 하여 예측값을 계산한다.
y_pred = reg.predict(X)

# 학습 데이터와 예측값으로 선그래프로 그린다.
# 계산된 기울기와 y 절편을 가지는 직선이 그려진다.
plt.plot(X, y_pred, color='blue', linewidth=3)
plt.show()
```

[67.30998637]

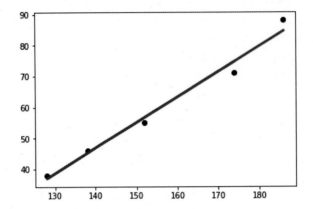

5. 과잉 적합 vs 과소 적합

머신러닝에서 흔히 볼 수 있는 가능성은 과잉 적합(overfitting)이다. 과잉 적합이란 학습하는 데이터에서는 성능이 뛰어나지만 새로운 데이터(일반화)에 대해서는 성능이 잘 나오지 않는 모델을 생성하는 것이다. 과잉 적합이 나오는 이유는 모델이 훈련 데이터에 섞인 잡음까지 학습하기 때문이다.

다른 가능성은 과소 적합(underfitting)이다. 과소 적합이란 훈련 데이터에서도 성능이 좋지 않은 경우이다. 이 경우에는 모델 자체가 적합지 않은 경우가 많다. 더 나은 모델을 찾아야 한다.

과잉 적합과 과소 적합을 설명하기 위하여 사이킷런 예제를 이용하자. 코사인 곡선에 고의적으로 잡음을 추가하여 데이터를 생성하였다. 이 데이터를 다양한 차수의 다항식을 이용하여 근사하였다.

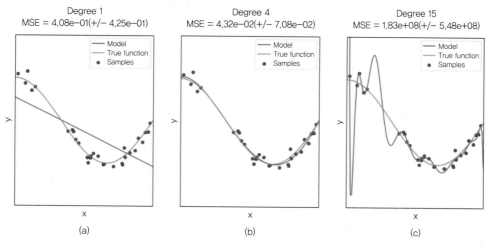

그림 4-11 회귀에서 과잉 적합의 예(출처: 사이킷런 홈페이지)

그림 4-11 (a)는 직선(차수 1차)을 사용하는 선형 회귀를 이용하여 데이터를 훈련시킨 것이다. 이때는 훈련 데이터도 올바르게 학습되지 않는다. 이것이 과소적합이다. (b)는 4차 다항식을 이용하여 데이터를 훈련시켰다. 차수 4를 가지는 다항식은 좋은 균형을 이루고 있다. 훈련 데이터도 비교적 잘 학습하고 있고 새로운 데이터에 대해서도 잘 일반화될 것이다. (c)는 15차 다항식을 이용하여 훈련시킨 것이다. 모든 훈련 데이터를 완벽하게 학습하지만 매우 심하게 과잉적합하고 있다. 우리가 고의적으로 추가한 잡음도 학습해버렸다. 일반화가 되지 않아서, 우리가 새로운 데이터를 제시한다면, 아마도 잘못된 출력이 나올 것이다.

실제적인 예제를 다루어보자. sklearn 라이브러리에는 당뇨병 환자들의 데이터가 기본적으로 포함되어 있다. 훈련 데이터에는 환자들의 나이, 혈압, BMI 등의 정보가 있으며, 레이블에는 환자의 혈당치가 저장되어 있다. 우리는 환자의 특징 중에서 BMI를 선택하여, BMI하고 혈당치와의 관계를 선형 회귀로 분석해보자. 관련이 있을까? 상당히 궁금하다.

```python
import matplotlib.pylab as plt
import numpy as np
from sklearn.linear_model import LinearRegression
from sklearn import datasets

# 당뇨병 데이터 세트를 적재한다.
diabetes_X, diabetes_y = datasets.load_diabetes(return_X_y=True)
```

데이터 세트의 형태를 출력해보자. 442×10 형태임을 알 수 있다.

```python
>>> diabetes_X.data.shape
(442, 10)
```

특징(10개)

	age	sex	bmi	bp	s1	s2	s3	s4	s5	s6		혈당
데이터 개수 (442)	...											...

```python
# 하나의 특징(BMI)만 추려내서 2차원 배열로 만든다. BMI 특징의 인덱스가 2이다.
diabetes_X_new = diabetes_X[:, np.newaxis, 2]
```

여기서 np.newaxis는 넘파이 배열에 새로운 차원을 만들 때 사용한다. 만약 위의 문장이 diabetes_X[:, 2]와 같다면 diabetes_X_new는 1차원 배열이 되어버린다. 따라서 새로운 차원을 하나 넣어서 2차원 배열로 유지시킨다. IPython 인터프리터에서 확인해보자. 머신러닝에서 훈련 데이터는 항상 2차원이어야 한다.

90%의 데이터를 학습하는데 사용하고 나머지 10%는 테스트에 사용한다.

```
# 훈련 데이터와 테스트 데이터를 분리한다.
from sklearn.model_selection import train_test_split
X_train, X_test, y_train, y_test = train_test_split(diabetes_X_new, diabetes_y,
        test_size=0.1, random_state=0)

# 선형 회귀 모델로 학습을 수행한다.
regr = linear_model.LinearRegression()
regr.fit(X_train, y_train)
```

학습이 끝난 후에 선형 회귀 모델을 사용하여 예측을 하여보자. 이때 아껴두었던 테스트 데이터를 사용한다.

```
# 테스트 데이터로 예측해보자.
y_pred = model.predict(X_test)
```

결과를 그래프로 그려서 비교해보자.

```
# 실제 데이터와 예측 데이터를 비교해보자.
plt.plot(y_test, y_pred, '.')
```

X_test와 y_test를 점으로 찍고 X_test와 y_pred를 직선으로 그려보자.

```
plt.scatter(X_test, y_test,  color='black')
plt.plot(X_test, y_pred, color='blue', linewidth=3)
plt.show()
```

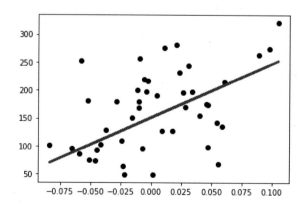

BMI와 혈당치 사이에는 상당한 관련이 있음을 알 수 있다.

면적에 따른 집값 예측

사용자가 아파트 면적을 입력하면 아파트의 가격이 출력되는 시스템을 만들어보자. 아파트 면적과 가격은 모두 실수이므로 머신러닝의 방법 중에서 선형 회귀를 사용하여야 한다. 예를 들어 다음과 같이 데이터가 수집되었다고 하면 다음과 같은 직선으로 새로운 데이터에 대하여 예측할 수 있다.

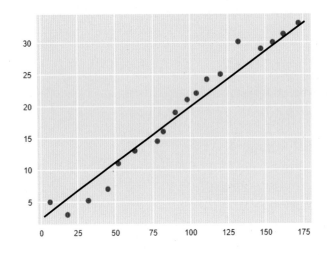

선형 회귀 방법과 sklearn 라이브러리를 이용하여 사용자가 아파트 면적을 입력하면 아파트의 가격을 알려주는 프로그램을 개발해보자.

요약

SUMMARY

- 지도 학습에는 회귀(regression)와 분류(classification)가 있었다. 전자는 연속적인 값을 예측하고 후자는 입력을 어떤 카테고리 중의 하나로 예측한다.

- 선형 회귀는 입력 데이터를 가장 잘 설명하는 직선의 기울기와 절편값을 찾는 문제이다.

- 손실 함수(loss function)란 실제 데이터와 직선 간의 차이를 제곱한 값이다.

- 회귀란 손실 함수를 최소로 하는 직선의 기울기와 절편값을 계산하는 것이다.

- 손실 함수의 값이 작아지는 방향을 알려면 일반적으로 경사 하강법(gradient descent method)과 같은 방법을 많이 사용한다. 경사 하강법이란 현재 위치의 기울기를 구하여, 기울기의 반대 방향으로 매개 변수들을 업데이트하는 방법이다.

- 아나콘다에 포함되어 있는 Scikit-Learn 라이브러리를 사용하여 회귀 함수를 구현할 수 있다.

연습문제

01 선형 회귀는 주로 독립 변수와 종속 변수 간에 선형적인 관계가 성립할 때 많이 사용된다. 다음 중에서
    선형 회귀로 예측하기 어려운 문제는 어떤 문제인가?
    (a) 온도와 출생률
    (b) 공부 시간과 성적
    (c) 체중과 달리기 기록

02 다음의 2개의 데이터 세트 중 MSE(평균 제곱 오차)가 더 높은 것은 무엇인가?

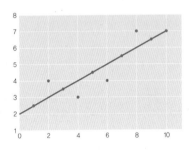 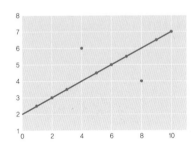

03 대량의 데이터 세트에서 경사 하강법을 수행할 때 배치 크기는 어느 정도로 하여야 할까?

04 본문의 참고 박스에서 이야기한대로 독립 변수와 종속 변수가 각각 하나인 선형 회귀에서 손실 함수의
    형태는 2차 함수로 단순하기 때문에 분석적인 방법으로도 최소값을 계산할 수 있다.

$$W = \frac{\sum_{i=1}^{n}(x_i - \bar{x})(y_i - \bar{y})}{\sum_{i=1}^{n}(x_i - \bar{x})^2}, \quad b = \bar{y} - W\bar{x}$$

위의 수식 계산을 파이썬 프로그램으로 구현해보자. 경사 하강법과 비교해보자. 차이가 있는가?
이렇게 분석적인 방법으로 계산할 수 있는데, 어떠한 경우에 경사 하강법을 사용하는가?

05 다음 표는 어떤 회사의 연도별 매출 실적을 정리한 표이다.

x(연도)	2015	2016	2017	2018	2019
y(억원)	12	19	28	37	46

(a) 선형 회귀로 분석하여 직선의 방정식 y = mx+b를 찾아보자. 본문의 프로그램을 이용해도 좋다.

(b) 선형 회귀를 이용하여 2020년의 매출을 예측해보자.

06 다음 표는 출생연도와 기대 수명을 정리한 표이다.

x(연도)	1930	1940	1950	1960	1970	1980	1990	2010	2016
y(기대 수명)	59	62	70	69	71	74	75	76	78

(a) 선형 회귀로 분석하여 직선의 방정식 y = mx+b를 찾아보자. 본문의 프로그램을 이용해도 좋다.

(b) 1962년생의 기대 수명은 얼마인가?

07 우리는 간단한 실습으로 선형 회귀에 대한 개념을 잡아보자. 학생들의 시험 공부 시간과 성적은 어느 정도 비례할 것으로 예측된다. 시험 공부 시간을 x라고 하고 성적을 y로 나타내자. x와 y 사이의 관계를 설명하는 직선을 찾아보자.

학생 아이디	시험 공부 시간(x_i)	성적(y_i)
1	30	90
2	35	95
3	20	70
4	15	40
5	3	10
합	103	305
평균	20.60	61.00

퍼셉트론

퍼셉트론은 아주 오래된 모델이지만, 이해하기 쉽고, 많은 사람들에게 영감을 준, 전설적인 모델입니다. 우리는 즐겁게 신경망을 시작해봅시다. 시작이 중요합니다.

학습목표

- 신경망에 대하여 이해한다.
- 신경망의 초기 모델인 퍼셉트론을 이해한다.
- 퍼셉트론의 작동원리를 이해한다.
- 퍼셉트론 학습 알고리즘을 이해한다.
- 퍼셉트론의 한계점을 인식한다.

05 | 퍼셉트론

1. 신경망이란?

최근에 많은 인기를 끌고 있는 딥러닝(deep learning)의 시작은 1950년대부터 연구되어 온 인공 신경망(artificial neural network: ANN)이다. 인공 신경망은 생물학적인 신경망에서 영감을 받아서 만들어진 컴퓨팅 구조이다. "스스로 생각하는 기계"는 항상 인간의 꿈이었고 1950년대에 사람들은 인간의 두뇌를 본떠서 기계로 만들려고 시도하였다.

인간의 두뇌는 뉴런(neuron, 신경세포)으로 이루어져 있다. 그림 5-1과 같이 뉴런은 수상돌기(dendrite)를 통하여 주위의 뉴런들로부터 신경 자극을 받아서 세포체(cell body)에서 어떤 처리를 한 후에 축삭돌기(axon)를 통하여 다른 세포들로 출력을 내보낸다고 한다.

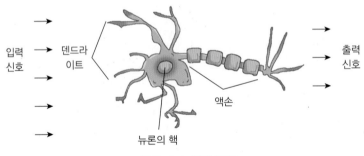

입력
신호

덴드라
이트

출력
신호

액손

뉴론의 핵

그림 5-1 뉴런의 구조

인공 신경망은 유닛(unit), 또는 노드(node)라고 하는 소자들을 모아서 만든다. 이들 소자는 생물학적 뉴런을 느슨하게 모델링한 것이다. 뉴런들은 시냅스(synapse)로 서로 연결되어 있는데 인공 신경망에서도 유닛들은 다른 유닛들과 연결되어 있고, 연결선을 통하여 신호들을 수신한다. 이어서 입력 신호들의 총합에 어떤 함수를 적용하여 출력을 만들어 내고, 이 출력은 다른 유닛들로 전달된다. 그림 5-2는 하나의 인공 신경망을 나타낸 것이다.

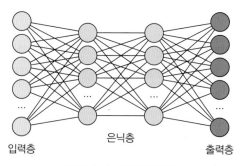

그림 5-2 인공 신경망

하나의 유닛은 아주 단순한 계산만을 하고 속도도 느리지만, 수백만 개를 모아 놓으면 아주 복잡한 작업을 할 수 있다. 현재 우리가 사용하고 있는 컴퓨터는 하나의 강력한 CPU로 되어 있지만, 인공 신경망은 이와는 아주 다르게 아주 간단한 CPU들을 많이 연결하여서, 복잡한 작업을 하려는 시도이다.

	기존의 컴퓨터	인간의 두뇌
처리소자의 개수	10^8개의 트랜지스터	10^{10}개의 뉴런
처리소자의 속도	10^{12}Hz	10^2Hz
학습기능	없음	있음
계산 스타일	중앙집중식, 순차적인 처리	분산 병렬 처리
	INPUTS / * + − AND OR IF GOTO 1 2 3 OUTPUTS A B	

인공 신경망의 원래 목표는 인간 두뇌와 동일한 방식으로 복잡한 문제를 해결하는 것이었다. 하지만 시간이 지남에 따라, 생물학적인 두뇌를 그대로 흉내 내기보다는, 간단한 소자를 많이 연결하여 복잡한 문제를 해결하는 쪽으로 초점이 이동하였다. 따라서 우리는 뉴런이라는 용어보다는 "유닛(unit)", "노드(node)"라는 용어를 많이 사용할 것이다. 또 지금부터 인공 신경망을 그냥 "신경망"으로 부르기로 하자. 딥러닝의 바탕이 되는 하드웨어가 바로 신경망이다. 우리가 알다시피 신경망은 컴퓨터 시각, 음성 인식, 기계 번역, 소셜 네트워크 필터링, 비디오 게임, 의학 진단 등의 다양한 작업에 사용되고 있다.

신경망의 장점

신경망은 기존의 컴퓨터에 비하여 몇 가지의 장점이 있다. 첫 번째는 학습이 가능하다는 점이다. 데이터만 주어지면 신경망은 샘플 예제로부터 배울 수 있다. 두 번째는 몇 개의 소자가 오동작하더라도 전체적으로는 큰 문제가 발생하지 않는다는 점이다.

그림 5-3 학습하는 컴퓨터

신경망이 학습이 가능하다면 이것은 아주 큰 장점이 된다. 신경망은 샘플 예제로부터 작업을 수행하는 방법을 스스로 배울 수 있다. 따라서 인간이 명시적인 프로그램을 작성할 필요가 없다. 예를 들어 강아지 이미지와 고양이 이미지를 식별하는 작업을 생각해보자. 인간은 쉽게 이미지를 인식하지만 인간도 인식의 메커니즘을 정확히 모르기 때문에 인식 알고리즘을 명시적으로 만드는 것은 아주 어려운 일이다. 하지만 이미지마다 "dog" 또는 "cat"으로 레이블을 지정하여 샘플을 만들고 이들 샘플들을 신경망에 제공한다면, 신경망은 이미지를 식별하는 방법을 스스로 배울 수 있다. 신경망은 사전 지식없이 학습 샘플로부터 특성을 식별하여 자동으로 이미지를 식별할 수 있는 것이다.

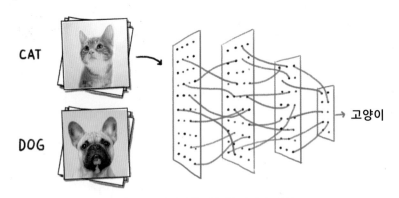

그림 5-4 신경망을 이용한 이미지 인식

2. 퍼셉트론

퍼셉트론(perceptron)은 1957년에 로젠블라트(Frank Rosenblatt)가 고안한 인공 신경망이다. 퍼셉트론은 고대의 화석과도 같은 모델이지만, 많은 사람에게 영감을 주고 흥미를 불러일으킨 신경망 모델이라고 할 수 있다. 우리는 이 장에서 퍼셉트론을 학습하고 퍼셉트론을 이용하여 간단한 문제를 풀어볼 것이다. 또 무엇이 퍼셉트론의 문제였는지도 살펴보자. 우리는 퍼셉트론을 학습하면서 신경망에 대하여 많은 부분을 이해할 수 있고 아이디어를 얻을 수 있다.

현대적인 신경망은 많은 수의 유닛(뉴런)들을 사용하지만, 퍼셉트론은 다음과 같이 하나의 유닛만을 사용하는 모델이다. 퍼셉트론은 여러 개의 입력을 받아서 하나의 신호를 출력하는 장치이다. 우리는 다음과 같이 입력이 2개이고 출력이 하나인 구조를 생각한다. 그림 5-5에서 회색 사각형이 하나의 뉴런을 모델링한 유닛이다. 유닛은 입력 신호의 총합을 계산하는 부분(노란색 원)과 여기에 활성화 함수(녹색 사각형)를 적용시키는 부분으로 구성되어 있다.

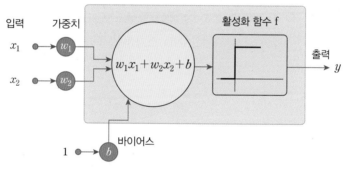

그림 5-5 퍼셉트론에서의 뉴런의 모델

위의 유닛 구조는 생물학적 뉴런을 모델링한 것이다. 뉴런은 다른 뉴런들로부터 신호를 받아서 합한 후에 여기에 비선형 함수를 적용하여 출력을 계산한다. 일반적으로 신호는 실수(real number)이다. 뉴런과 뉴런을 연결하는 연결선의 길이에 따라서 전달되는 신호의 양이 달라진다. 이것을 "연결선이 가중치(weight)를 가지고 있다."고 한다. 가중치가 높으면 전달되는 신호의 강도가 높아지고 가중치가 낮으면 신호의 강도가 약해진다. 뉴런은 신호 총합이 특정한 임계값을 넘을 경우에만 출력 신호가 발생하는데, 이 임계값을 바이어스(bias, 편향)라고 한다. 가중치와 바이어스는 모두 음수가 될 수 있다.

그림 5-5에서 x_1 과 x_2 는 입력 신호이고 w_1, w_2 는 가중치(weight)이다. b 는 바이어스이다. y 는 출력 신호를 의미한다. 입력 신호가 유닛에 보내질 때는 가중치가 곱해진다. 먼저 입력 신호에

가중치들이 곱해지고 바이어스 값이 더해져서 $x_1w_1 + x_2w_2 + b$가 계산된다. 이 값이 0보다 크면, 유닛은 활성화되어서 출력이 1이 된다. 이 값이 0보다 작으면 유닛의 출력은 0이 된다. 입력 총합을 받아서 유닛의 출력을 계산하는 함수를 활성화 함수(activation function)라고 한다. 설명한 내용을 수식으로 표현하면 다음과 같다.

$$ y = \begin{cases} 1 & if(w_1x_1 + w_2x + b > 0) \\ 0 & \text{otherwise} \end{cases} $$

연결선에는 가중치가 붙어 있는데, 인간의 기억에서 가장 중요한 역할을 하는 것이 바로 가중치이다. 학습이 진행되면 가중치의 값이 변경되고 결국은 가중치에 학습의 결과가 저장된다. 가중치는 특정한 입력 신호가 출력 신호에 얼마나 영향을 주는가를 결정한다. 가중치가 크면 특정 입력 신호가 출력 신호에 영향을 많이 준다.

퍼셉트론은 논리 연산을 학습할 수 있을까?

퍼셉트론은 간단한 개념을 학습할 수 있을까? 예를 들어서 AND 연산과 같은 간단한 논리적인 개념을 학습할 수 있을까? 앞의 퍼셉트론이 AND 소자처럼 동작하려면 w_1, w_2, b는 어떤 값이어야 할까?

표 5-1 논리적인 AND 연산

x_1	x_2	y
0	0	0
1	0	0
0	1	0
1	1	1

즉 위의 표와 동일하게 동작되는 w_1, w_2, b의 값을 구해보자. 이것이 바로 신경망에서의 학습이다. 신경망에서 학습이라고 하면 입력과 출력이 결정된 상태에서 가중치와 바이어스 값을 구하는 것이다. 어떤 값으로 설정하여야 위의 표와 동일하게 동작하는 퍼셉트론이 될 것인가?

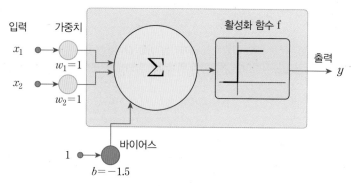

입력　가중치　　　　　　　　활성화 함수 f

x_1　$w_1=1$

x_2　$w_2=1$

Σ

출력　y

바이어스

1　$b=-1.5$

그림 5-6　논리 연산을 하는 퍼셉트론

예를 들면 (w_1, w_2, b)가 (1, 1, -1.5)이라면 어떤 출력이 생성될까? 다음의 표를 보자.

표 5-2　퍼셉트론 출력 계산

x_1	x_2	$w_1x_1 + w_2x_2$	b	y
0	0	1*0+1*0=0	-1.5	0
1	0	1*1+1*0=1	-1.5	0
0	1	1*0+1*1=1	-1.5	0
1	1	1*1+1*1=2	-1.5	1

(w_1, w_2, b)을 (1, 1, -1.5)와 같이 설정하면 x_1 과 x_2 가 모두 1일 때만 입력 신호의 합이 0보다 크게 되어서 출력 신호가 1이 된다. 나머지 조건에서는 입력 신호의 합이 0보다 작게 되어서 출력은 0이 된다. 즉 퍼셉트론은 표 5-1과 같이 AND 소자처럼 동작한다. 만약 학습 과정을 통하여 가중치와 바이어스가 (1, 1, -1.5)로 결정되었다면 퍼셉트론은 AND 연산을 학습한 것이다. (w_1, w_2, b)가 (0.5, 0.5, -0.7)이나 (0.5, 0.5, -0.8)일 때도 AND 소자의 조건을 만족한다. AND 소자의 조건을 만족하는 매개변수 조합은 무수히 많다.

그런데 생각해보자. 여기서는 우리가 직접 조건을 만족하는 가중치와 바이어스를 찾았다. 이렇게 하면 안 된다. 머신러닝이라면 컴퓨터가 자동으로 매개변수의 값을 찾을 수 있어야 한다. 우리는 어떻게 퍼셉트론이 스스로 진리표를 만족하는 (w_1, w_2, b)을 찾을 수 있는 지를 이번 장 후반부에 설명한다. 먼저 간단하게 퍼셉트론을 코드로 구현해보자.

활성화 함수

퍼셉트론에서 활성화 함수 f()는 다음과 같은 계단(스텝) 함수이다.

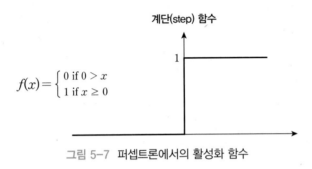

$$f(x) = \begin{cases} 0 \text{ if } 0 > x \\ 1 \text{ if } x \geq 0 \end{cases}$$

계단(step) 함수

그림 5-7 퍼셉트론에서의 활성화 함수

퍼셉트론 구현 #1(순수 파이썬 사용)

논리 연산 AND처럼 동작하는 퍼셉트론을 파이썬으로 구현해보자. x1과 x2를 인수로 받는 perceptron()이라는 함수를 작성한다.

```
epsilon = 0.0000001

def perceptron(x1, x2):
    w1, w2, b = 1.0, 1.0, -1.5
    sum = x1*w1+x2*w2+b
    if sum > epsilon :              # 부동소수점 오차를 방지하기 위하여
        return 1
    else :
        return 0
```

가중치 w1, w2와 b는 (1.0, 1.0, -1.5)로 초기화된다. 가중치를 곱한 입력의 총합이 0보다 크면 1을 반환하고 그렇지 않으면 0을 반환한다. 다음과 같이 호출하여서 AND 소자와 같은지 확인해보자.

```
print(perceptron(0, 0))                          0
print(perceptron(1, 0))                          0
print(perceptron(0, 1))                          0
print(perceptron(1, 1))                          1
```

실행 결과를 보면 올바르게 동작하는 것을 확인할 수 있다. 하지만 이 구현은 입력이 많아지면 번거롭게 된다. 우리는 넘파이를 이용하여 이 구현을 업그레이드해보자.

NOTE **바이어스와 임계값**

생물학적인 뉴런에서는 입력 총합이 어떤 임계값을 넘어야 뉴런이 활성화된다고 하여서 뉴런의 수식을 다음과 같이 표기하기도 한다.

$$y = \begin{cases} 1 & \text{if}(w_1x_1 + w_2x_2 > \theta) \\ 0 & \text{otherwise} \end{cases}$$

여기서 θ는 임계값이다. 하지만 계산과정에서 불편함을 야기한다. 따라서 연구자들은 임계값 대신에 바이어스 (bias, 편향)를 도입하였다. 바이어스 b는 −θ로 정의된다. 따라서 바이어스를 사용하면 퍼셉트론의 식을 다음과 같이 바꿔서 작성할 수 있다.

$$y = \begin{cases} 1 & \text{if}(w_1x_1 + w_2x_2 + b > 0) \\ 0 & \text{otherwise} \end{cases}$$

이 두 개의 식은 기호만 다를 뿐 본질적으로 동일하다. 하지만 바이어스를 정의하면, 임계값을 입력이 항상 1인 연결선의 가중치로 생각할 수 있어서 편리하다.

참고사항 **바이어스(편향)의 역할**

바이어스의 역할은 무엇일까? 바이어스는 가중치와는 하는 일이 다르다. 가중치는 입력 신호가 출력에 미치는 중요도를 조절하는 역할을 한다. 즉 각 입력신호가 얼마나 중요한가를 결정한다. 하지만 바이어스는 뉴런이 얼마나 쉽게 활성화되느냐를 결정하는 변수이다. 즉 b가 −0.01과 같이 작은 값이라면 입력 신호에 가중치를 곱한 총합이 0.01만 넘으면 활성화된다. 반대로 바이어스가 −10.0이라면 입력 총합이 10.0을 넘어야 뉴런이 활성화된다. 입력 신호가 모두 0이어도 바이어스 때문에 출력이 0이 아닐 수 있다. 즉 뉴런의 출력을 어느 한쪽에 치우치게 하는 역할을 한다.

퍼셉트론 구현 #2(넘파이 사용)

수식 $x_1w_1 + x_2w_2 + b$을 자세히 살펴보자. 어딘가 익숙한 수식이 아닌가? $x=(x_1, x_2)$ $w=(w_1, w_2)$를 벡터로 생각하면, 위의 수식은 벡터들의 내적에 b를 더한 형태가 된다. 즉 위의 수식을 벡터로 표시하면 다음과 같다.

$$y = \begin{cases} 1 & \text{if}(w \cdot x + b > 0) \\ 0 & \text{otherwise} \end{cases}$$

여기서 x는 입력을 나타내는 벡터이고 w는 가중치를 나타내는 실수 벡터이다. $x \cdot w$은 벡터 사이의 내적 $\sum_{i=1}^{m} w_i x_i$ 을 나타낸다. 여기서 m은 퍼셉트론 입력의 개수로서 현재는 2이다.

딥러닝에서는 벡터와 행렬을 이용하여서 입력과 가중치를 표현한다. 퍼셉트론은 아주 간단한 모델이기 때문에 벡터를 안 써도 상관없지만, 차후 등장하는 딥러닝 모델들은 반드시 벡터나 행렬을 사용해야 한다. 파이썬에서 벡터와 행렬 연산을 효율적으로 계산하는 라이브러리는 넘파이이다. 넘파이를 사용하여 퍼셉트론을 다시 구현하여 보자.

```python
import numpy as np
epsilon = 0.0000001

def perceptron(x1, x2):
    X = np.array([x1, x2])
    W = np.array([1.0, 1.0])
    B = -1.5
    sum = np.dot(W, X)+B
    if sum > epsilon :
        return 1
    else :
        return 0

print(perceptron(0, 0))
print(perceptron(1, 0))
print(perceptron(0, 1))
print(perceptron(1, 1))
```

넘파이 배열끼리 곱하면 각 원소끼리 곱해진다. 따라서 W=[1.0, 1.0]이고 X=[0, 1]인 상태에서 np.dot()으로 계산하면 1.0*0+1.0*1 = 1.0이 되고 여기에 B를 더하면 sum = -0.5가 된다. 따라서 퍼셉트론의 출력은 0이 된다.

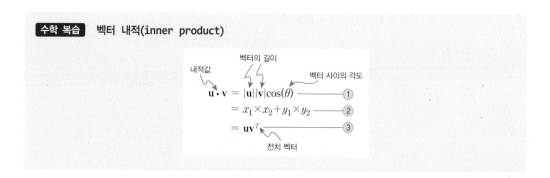

수학 복습 벡터 내적(inner product)

$$\mathbf{u} \cdot \mathbf{v} = |\mathbf{u}||\mathbf{v}|\cos(\theta) \quad ①$$
$$= x_1 \times x_2 + y_1 \times y_2 \quad ②$$
$$= \mathbf{u}\mathbf{v}^T \quad ③$$

3. 퍼셉트론 학습 알고리즘

앞에서는 우리가 적당히 가중치 값을 선택하여서 논리적인 AND 문제를 해결하였다. 하지만 이런 식으로 인간이 가중치를 선택하는 것은 학습이 아니다. 학습이라고 부르려면 신경망이 스스로 가중치를 자동으로 찾아내는 알고리즘이 필요하다. 퍼셉트론에서도 학습 알고리즘이 존재한다.

우리는 일반적인 퍼셉트론을 가정하자. 즉 입력이 n개이고 출력은 하나인 다음과 같은 시스템을 가정한다.

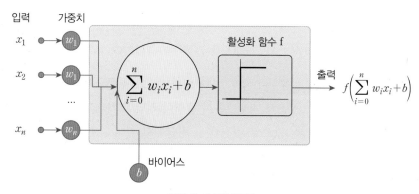

그림 5-8 퍼셉트론

학습을 시키려면 훈련 데이터 세트가 있어야 한다. 훈련 데이터 세트는 $(x^1, d^1), \cdots, (x^m, d^m)$ 로서 m개의 샘플로 이루어져 있다고 가정하자. x^k는 k번째 훈련 샘플 벡터이고 d^k는 k번째 샘플 정답이다. x_i^k은 k번째 샘플의 i번째 특징(feature)이다. $w(t)$는 시간 t에서의 가중치 벡터이다. 입력이 n개인 퍼셉트론의 출력은 다음 식으로 계산된다.

$$y^k(t) = f(\boldsymbol{w}(t) \cdot \boldsymbol{x}^k + b)$$
$$= f(w_1(t)x_1^k + w_2(t)x_2^k + \cdots w_n(t)x_n^k + b)$$

여기서 바이어스 b를 가중치 w_0로 간주하면 다음과 같이 다시 쓸 수 있다.

$$y^k(t) = f(\boldsymbol{w}(t) \cdot \boldsymbol{x}^k)$$
$$= f(w_0(t) \cdot 1 + w_1(t)x_1^k + w_2(t)x_2^k + \cdots w_n(t)x_n^k)$$

퍼셉트론 학습 알고리즘은 다음과 같다.

input: 학습 데이터 $(x^1, d^1), \cdots, (x^m, d^m)$

① 모든 w들과 바이어스 b를 0 또는 작은 난수로 초기화한다.
② while (가중치가 변경되지 않을 때까지 반복)
③   for 각 학습 데이터 x^k와 정답 d^k
④ $y^k(t) = f(\boldsymbol{w}(t) \cdot \boldsymbol{x}^k)$
⑤   모든 가중치 w_i에 대하여 $w_i(t+1) = w_i(t) + \eta \cdot (d^k - y^k(t)) \cdot x_i^k$

여기서 η는 학습률(0.0에서 1.0 사이의 값)이다. 알고리즘은 훈련 데이터를 여러 번 반복하면서 가중치를 조정한다. 목표는 모든 훈련 데이터를 올바르게 식별하는 것이다. 만약 학습을 진행했는데 가중치가 전혀 변경되지 않았다면 우리는 올바른 가중치를 얻은 것이므로 중지하면 된다.

학습 알고리즘에서 중요한 문장은 ⑤이다.

$$w_i(t+1) = w_i(t) + \eta \cdot (d^k - y^k(t)) \cdot x_i^k$$

여기서 d^k는 샘플의 정답으로 1 또는 0이다. 만약 퍼셉트론의 출력이 정답이면, 즉 $d^k = y^k(t)$이면 가중치가 변경되지 않는다. 만약 퍼셉트론의 출력이 정답이 아니라면, 정답에서 실제 출력을 빼고 여기에 입력 신호를 곱한 값으로 변경한다. 정답에서 실제 출력을 빼는 것은 오차를 계산하는 것이다. 즉 오차를 이용하여 학습시킨다. 그런데 왜 이렇게 할까? 입력 신호를 곱하는 이유는 무엇인가? 입력이 0이라면 가중치를 변경해보아야 전혀 소용이 없다. 따라서 입력 신호를 곱해주는 것은 합리적이다.

• 퍼셉트론이 1을 0으로 잘못 식별했다고 하자. 가중치의 변화량은 $\eta * (1-0) * x_i^k$가 된다. 따라서 가중치는 증가된다. 가중치가 증가되면 출력도 증가되어서 출력이 0에서 1이 될 가능성이 있다.

• 반대로 0을 1로 잘못 식별했다고 하자. 가중치의 변화량은 $\eta * (0-1) * x_i^k$가 된다. 따라서 가중치는 줄어든다. 가중치가 줄어들면 출력도 감소되어서 출력이 1에서 0이 될 가능성이 있다.

따라서 오차를 이용하여 가중치를 변경하는 위의 알고리즘은 지극히 합리적이다.

퍼셉트론 학습 알고리즘 구현하기

앞의 학습 알고리즘을 AND 문제를 학습하는데 실제로 적용해보자. 바이어스는 가중치 w_0 라고 가정한다.

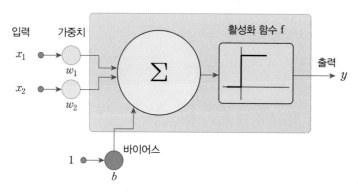

그림 5-9 퍼셉트론

우리는 퍼셉트론 학습 알고리즘을 파이썬으로 구현하여서 중간 단계의 값들을 출력해보자. 값들이 어떻게 변경될까?

```python
import numpy as np

epsilon = 0.0000001      # 부동소수점 오차 방지

def step_func(t):        # 퍼셉트론의 활성화 함수
    if t > epsilon: return 1
    else: return 0

X = np.array([           # 훈련 데이터 세트
    [0, 0, 1],           # 맨 끝의 1은 바이어스를 위한 입력 신호 1이다.
    [0, 1, 1],           # 맨 끝의 1은 바이어스를 위한 입력 신호 1이다.
    [1, 0, 1],           # 맨 끝의 1은 바이어스를 위한 입력 신호 1이다.
    [1, 1, 1]            # 맨 끝의 1은 바이어스를 위한 입력 신호 1이다.
])

y = np.array([0, 0, 0, 1])      # 정답을 저장하는 넘파이 행렬
W = np.zeros(len(X[0]))         # 가중치를 저장하는 넘파이 행렬

def perceptron_fit(X, Y, epochs=10):    # 퍼셉트론 학습 알고리즘 구현
    global W
    eta = 0.2                           # 학습률
```

```
    for t in range(epochs):
        print("epoch=", t, "=====================")
        for i in range(len(X)):
            predict = step_func(np.dot(X[i], W))
            error = Y[i] - predict            # 오차 계산
            W += eta * error * X[i]           # 가중치 업데이트
            print("현재 처리 입력=",X[i],"정답=",Y[i],"출력=",predict,"변경된 가중치=", W)
        print("==============================")

def perceptron_predict(X, Y):            # 예측
    global W
    for x in X:
        print(x[0], x[1], "->", step_func(np.dot(x, W)))

perceptron_fit(X, y, 6)
perceptron_predict(X, y)
```

```
epoch= 0 =====================
현재 처리 입력= [0 0 1] 정답= 0 출력= 0 변경된 가중치= [0. 0. 0.]
현재 처리 입력= [0 1 1] 정답= 0 출력= 0 변경된 가중치= [0. 0. 0.]
현재 처리 입력= [1 0 1] 정답= 0 출력= 0 변경된 가중치= [0. 0. 0.]
현재 처리 입력= [1 1 1] 정답= 1 출력= 0 변경된 가중치= [0.2 0.2 0.2]
==============================
epoch= 1 =====================
현재 처리 입력= [0 0 1] 정답= 0 출력= 1 변경된 가중치= [0.2 0.2 0. ]
현재 처리 입력= [0 1 1] 정답= 0 출력= 1 변경된 가중치= [ 0.2 0.  -0.2]
현재 처리 입력= [1 0 1] 정답= 0 출력= 0 변경된 가중치= [ 0.2 0.  -0.2]
현재 처리 입력= [1 1 1] 정답= 1 출력= 0 변경된 가중치= [0.4 0.2 0. ]
==============================
epoch= 2 =====================
현재 처리 입력= [0 0 1] 정답= 0 출력= 0 변경된 가중치= [0.4 0.2 0. ]
현재 처리 입력= [0 1 1] 정답= 0 출력= 1 변경된 가중치= [ 0.4 0.  -0.2]
현재 처리 입력= [1 0 1] 정답= 0 출력= 1 변경된 가중치= [ 0.2 0.  -0.4]
현재 처리 입력= [1 1 1] 정답= 1 출력= 0 변경된 가중치= [ 0.4 0.2 -0.2]
==============================
epoch= 3 =====================
현재 처리 입력= [0 0 1] 정답= 0 출력= 0 변경된 가중치= [ 0.4 0.2 -0.2]
현재 처리 입력= [0 1 1] 정답= 0 출력= 0 변경된 가중치= [ 0.4 0.2 -0.2]
현재 처리 입력= [1 0 1] 정답= 0 출력= 1 변경된 가중치= [ 0.2 0.2 -0.4]
현재 처리 입력= [1 1 1] 정답= 1 출력= 0 변경된 가중치= [ 0.4 0.4 -0.2]
==============================
epoch= 4 =====================
현재 처리 입력= [0 0 1] 정답= 0 출력= 0 변경된 가중치= [ 0.4 0.4 -0.2]
현재 처리 입력= [0 1 1] 정답= 0 출력= 1 변경된 가중치= [ 0.4 0.2 -0.4]
현재 처리 입력= [1 0 1] 정답= 0 출력= 0 변경된 가중치= [ 0.4 0.2 -0.4]
현재 처리 입력= [1 1 1] 정답= 1 출력= 1 변경된 가중치= [ 0.4 0.2 -0.4]
==============================
```

```
epoch= 5 =====================
현재 처리 입력= [0 0 1] 정답= 0 출력= 0 변경된 가중치= [ 0.4  0.2 -0.4]
현재 처리 입력= [0 1 1] 정답= 0 출력= 0 변경된 가중치= [ 0.4  0.2 -0.4]
현재 처리 입력= [1 0 1] 정답= 0 출력= 0 변경된 가중치= [ 0.4  0.2 -0.4]
현재 처리 입력= [1 1 1] 정답= 1 출력= 1 변경된 가중치= [ 0.4  0.2 -0.4]
=================================
0 0 -> 0
0 1 -> 0
1 0 -> 0
1 1 -> 1
```

가중치 w_1 과 w_2 은 각각 0.4와 0.2가 되었고 바이어스 w_0 는 -0.4가 되었다. 바이어스는 가중치 배열의 맨 마지막 원소이다. 학습을 계속하여도 가중치와 바이어스 값은 변경되지 않는다. 또한 모든 훈련 데이터 세트에 대하여 올바른 답을 주고 있다. 따라서 퍼셉트론 학습 알고리즘에 의하여 올바르게 학습이 되었다고 할 수 있다.

도전문제

이번에는 퍼셉트론을 이용하여 OR 연산을 학습시켜보자.

sklearn으로 퍼셉트론 실습하기

sklearn 라이브러리에는 퍼셉트론이 클래스로 구현되어 있다. 이것을 이용하여 퍼셉트론을 실습해보자. 주석을 참조한다.

```python
from sklearn.linear_model import Perceptron

# 논리적 AND 연산 샘플과 정답이다.
X = [[0,0],[0,1],[1,0],[1,1]]          # 항상 2차원 배열이어야 한다.
y = [0, 0, 0, 1]

# 퍼셉트론을 생성한다. tol는 종료 조건이다. random_state는 난수의 시드이다.
clf = Perceptron(tol=1e-3, random_state=0)

# 학습을 수행한다.
clf.fit(X, y)

# 테스트를 수행한다.
print(clf.predict(X))


[0 0 0 1]
```

사이킷런은 데이터를 생성하는 많은 함수를 가지고 있는데 그중 하나가 make_blobs()이다. 이 함수는 중심점을 기준으로 뭉쳐있는 데이터를 생성한다. 우리는 클러스터의 개수를 전달할 수 있다. 가상 데이터를 생성하고 이 데이터를 퍼셉트론으로 분류한다. 그리고 매플롯립을 사용하여서 판단 경계선도 그려보자. 주석을 참조한다. 좀 어려운 넘파이 함수는 인터넷으로 조사해보자.

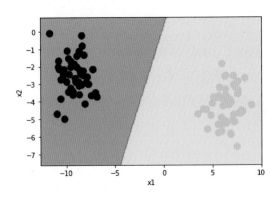

```
from matplotlib import pyplot as plt
from sklearn.datasets import make_blobs
from sklearn.linear_model import Perceptron
import numpy as np

# 퍼셉트론을 생성한다. tol는 종료 조건이다. random_state는 난수의 시드이다.
clf = Perceptron(tol=1e-3, random_state=0)

# 뭉쳐진 데이터를 만든다. 샘플의 개수는 총 100개, 클러스터의 개수는 2개이다.
X, y = make_blobs(n_samples=100, centers=2)
clf.fit(X, y)

from sklearn.metrics import accuracy_score
print(accuracy_score(clf.predict(X), y))

# 데이터를 그래프 위에 표시한다.
plt.scatter(X[:, 0], X[:, 1], c=y, s=100)
plt.xlabel("x1")
plt.ylabel("x2")

# 데이터에서 최소 좌표와 최대 좌표를 계산한다.
x_min, x_max = X[:, 0].min() - 1, X[:, 0].max() + 1
y_min, y_max = X[:, 1].min() - 1, X[:, 1].max() + 1
```

```
# 0.1 간격으로 메쉬 그리드 좌표를 만든다.
xx, yy = np.meshgrid(np.arange(x_min, x_max, 0.1), np.arange(y_min, y_max, 0.1))

# 메쉬 그리드 데이터에 대하여 예측을 한다.
Z = clf.predict(np.c_[xx.ravel(), yy.ravel()]).reshape(xx.shape)

# 컨투어를 그린다.
plt.contourf(xx, yy, Z, alpha=0.4)
plt.show()
```

meshgrid()는 다음과 같은 메쉬 그리드 좌표를 생성하는 함수이다. 우리는 메쉬 그리드로 촘촘한 데이터를 생성하고 그 위에 퍼셉트론이 반환하는 값을 서로 다른 색상으로 표시하려고 한다.

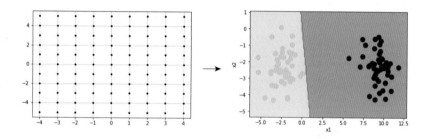

여기서 np.c_()는 2개의 넘파이 배열을 옆으로 이어붙이는 함수이다. np.hstack()을 사용하여도 된다. np.ravel()은 다차원 배열을 1차원 배열로 평탄화하는 함수이다. 이것은 xx에서 x 좌표를 꺼내고, yy에서 y 좌표를 꺼낸 후에, 이것을 (x, y) 형태로 한 쌍씩 묶어서 predict()를 호출하기 위해서이다. predict()가 반환하는 0과 1의 값은 reshape()을 이용하여 xx의 형상과 일치시킨다. 일치해야만이 contourf()를 호출할 수 있다.

contourf() 함수는 메쉬 그리드 위에서 어떤 값을 표시하는 함수이다. Z에는 높이 정보가 저장되어야 한다. 우리의 경우에는 0 아니면 1이다. Z의 형상은 meshgrid()가 반환한 형상과 동일해야 한다. 위의 프로그램은 실행할 때마다 결과가 달라진다.

도전문제

위의 프로그램에서 중간 단계의 넘파이 배열을 출력해보면서 위의 코드를 이해해보자. 스파이더로 디버깅하면서 넘파이 배열을 관찰하여도 좋다.

4. 퍼셉트론의 한계점

XOR 연산 학습

논리적인 XOR 연산을 퍼셉트론에 학습시켜보자. XOR 연산은 2개의 입력이 같으면 0이 되고 2개의 입력이 서로 다르면 0이 되는 논리적인 연산이다.

표 5-3 논리적인 XOR 연산

x_1	x_2	y
0	0	0
1	0	1
0	1	1
1	1	0

앞의 퍼셉트론 학습 프로그램에서 훈련 데이터 세트를 XOR로 변경시켜서 실행시켜보자.

```
...
# XOR 연산 학습 데이터 세트
X = np.array([              # 훈련 데이터 세트
    [0, 0, 1],              # 맨 끝의 1은 바이어스를 위한 입력 신호 1이다.
    [0, 1, 1],              # 맨 끝의 1은 바이어스를 위한 입력 신호 1이다.
    [1, 0, 1],              # 맨 끝의 1은 바이어스를 위한 입력 신호 1이다.
    [1, 1, 1]               # 맨 끝의 1은 바이어스를 위한 입력 신호 1이다.
])

y = np.array([0, 1, 1, 0])
...
```

실행결과

```
...
0 0 -> 1
0 1 -> 1
1 0 -> 0
1 1 -> 0
```

에포크 횟수를 10000으로 설정하여도 여전히 오류가 나오고 있는 것을 볼 수 있다. 왜 퍼셉트론은 AND나 OR 연산은 학습할 수 있는데 XOR 연산은 학습할 수 없을까?

선형 분류 가능 문제

패턴 인식 측면에서 보면 퍼셉트론은 직선을 이용하여 입력 패턴을 분류하는 선형 분류자 (linear classifier)의 일종이라고 말할 수 있다.

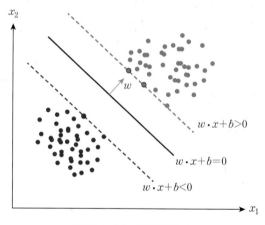

그림 5-10 선형 분류자

퍼셉트론에서 w_1, w_2, b는 특징 공간에서 직선 $w_1 x_1 + w_2 x_2 + b = 0$에 대응된다. 직선의 오른쪽에 있는 입력들은 1이 되고 직선의 왼쪽에 위치한 입력들은 전부 0으로 분류된다. 특징 공간에서 직선을 그어서 입력 패턴들을 분류할 수 있으면 선형 분리 가능한 문제(linear separable problems)라고 한다. AND나 OR 연산은 모두 선형 분리 가능한 문제에 속한다.

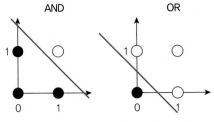

그림 5-11 선형 분리 가능한 문제

하지만 XOR와 같은 문제는 하나의 직선을 그려서 분리가 불가능하다.

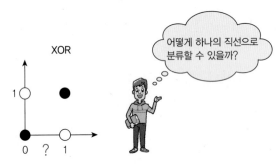

그림 5-12 선형 분리 불가능한 문제

다층 퍼셉트론으로 XOR 문제를 해결

XOR 연산은 하나의 직선으로는 올바르게 분류할 수 없다. 하지만 2개의 직선을 사용하면 어떨까? 2개의 직선을 사용한다면 XOR 입력을 분류할 수 있다.

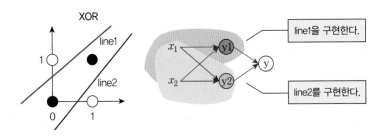

그림 5-13 다층을 사용하는 퍼셉트론

2개의 직선을 사용하려면 유닛 하나로는 안 된다. 그림 5-13에서 우리는 3개의 유닛 y1, y2, y를 사용한다. 유닛 y1은 빨간색 판단 경계선을 구현한다. 유닛 y2는 파란색 판단 경계선을 구현한다. 유닛 y는 이 두 유닛의 결과를 모아서 XOR 입력을 분류한다.

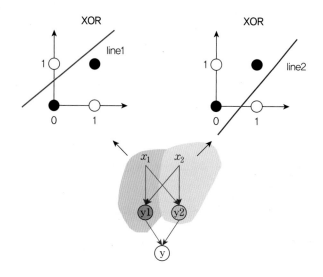

이와 같이 퍼셉트론에서 입력층과 출력층 사이에 은닉층을 두면 XOR 문제를 해결할 수 있다. 이것을 다층 퍼셉트론(multilayer perceptron)이라고 한다. 만약 아래와 같은 구조의 다층 퍼셉트론을 만든다면 XOR 연산을 구현할 수 있다.

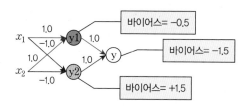

그림 5-14 다층 퍼셉트론에서 XOR 문제 해결

위의 다층 퍼셉트론에 XOR 입력을 넣고 계산해보면 다음과 같이 된다. 자세한 계산은 연습 문제에서 시도해보자.

x_1	x_2	y1	y2	y	XOR 출력
0	0	0	1	0	0
1	0	1	1	1	1
0	1	1	1	1	1
1	1	1	0	0	0

다층 퍼셉트론에서는 입력층에서 은닉층으로 신호가 전달되고, 이어서 은닉층에서 출력층으로 신호가 전달된다. 이것은 마치 전기가 공급되는 것과 아주 유사하다. 입력층에 전기가 연결되

면 선을 따라서 순차적으로 전기가 공급되는 것을 연상하면 된다. 레이어(층)를 여러 개를 만들면 단일 퍼셉트론으로는 하지 못했던 다양한 작업을 할 수 있다. 다층 퍼셉트론은 다음 장에서 자세히 살펴보자.

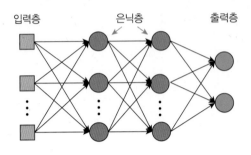

입력층   은닉층   출력층

참고사항

위의 신경망은 모두 3층이지만 가중치를 가지는 층은 실제로 2층이다. 즉 0층과 1층 사이, 1층과 2층 사이에만 가중치가 있다. 따라서 어떤 사람들은 2층 퍼셉트론이라고 하고 3층 퍼셉트론이라고 하는 사람도 있다.

참고사항

따라서 위와 같이 가중치와 바이어스를 잡으면 XOR 연산이 구현된다. 하지만 Minsky와 Papert는 다층 퍼셉트론을 학습시키는 알고리즘을 찾기가 아주 어려울 것이라고 예언하였다. 예언에 맞았을까? 그렇지 않다. 1980년대 중반에 Rumelhart와 Hinton 등은 다층 퍼셉트론을 위한 학습 알고리즘을 재발견하게 된다. 이것이 바로 아주 유명한 "역전파 알고리즘"(back propagation)이다.

이것이 바로
역전파 알고리즘이
실렸던 책입니다!

퍼셉트론은 AND 연산이나 OR 연산만 학습할 수 있는 것은 아니다. 좀 더 흥미로운 과제를 수행해보자. 대학생들의 신장과 체중을 받아서 성별을 출력하는 퍼셉트론을 만들어보자. 즉 입력과 출력은 다음과 같다.

- x1 = 학생의 신장
- x2 = 학생의 체중
- y = 성별(남자/여자)

다음의 그래프에 찍힌 점이 학습을 위한 샘플 데이터라고 하자.

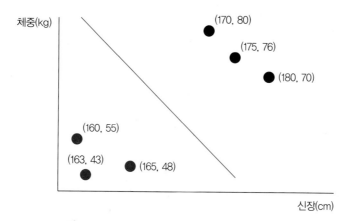

그림 5-15 신장과 체중으로 남녀를 구분하는 문제

어떤 가중치와 바이어스 값이 위의 데이터를 남자 또는 여자로 올바르게 분류할 수 있을까? 앞의 프로그램을 수행시켜서 가중치와 바이어스가 어떻게 결정되는지를 관찰해보자.

요약

- 딥러닝(deep learning)의 시작은 1950년대부터 연구되어 온 인공 신경망(artificial neural network: ANN)이다.

- 신경망의 가장 큰 장점은 학습이 가능하다는 점이다. 데이터만 주어지면 신경망은 예제로부터 배울 수 있다.

- 뉴런은 다른 뉴런들로부터 신호를 받아서 모두 합한 후에 비선형 함수를 적용하여 출력을 계산한다. 연결선은 가중치를 가지고 있고 이 가중치에 학습의 결과가 저장된다.

- 입력을 받아서 뉴런을 활성화시키는 함수를 활성화 함수(activation function)라고 한다.

- 퍼셉트론은 하나의 뉴런만을 사용한다. 다수의 입력을 받아서 하나의 신호를 출력하는 장치이다.

- 퍼셉트론은 AND나 OR 같은 논리적인 연산을 학습할 수 있었지만 XOR 연산은 학습할 수 없었다. 선형 분리 가능한 문제만 학습할 수 있었다.

01 본문의 퍼셉트론 프로그램을 수행하면서 각 학습 단계마다 가중치와 출력을 자세히 출력해보자.

02 신경망에서는 다양한 활성화 함수가 사용된다. 퍼셉트론에서 사용한 활성화 함수는 무엇인가?

03 다음 중에서 퍼셉트론이 분리하지 못하는 입력은 무엇인가?

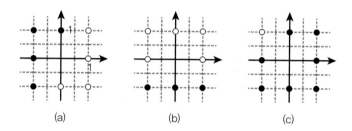

(a)   (b)   (c)

04 아래의 퍼셉트론에서 입력이 (0, 0)일 때, 출력은 무엇인가? 손으로 직접 계산해보자. 바이어스를 -0.5로 변경하면 어떻게 되는가?

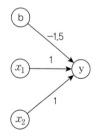

05 (a) 다음 표와 같이 입력 데이터를 분류하는 퍼셉트론을 손으로 만들어보자. 가중치들과 바이어스 값을 수동으로 찾아보자. 퍼셉트론은 아래의 샘플을 올바르게 분류할 수 있을까? 그 이유는 무엇인가?

훈련 샘플	x_1	x_2	출력
A	0	1	0
B	1	0	0
C	1	2	1
D	2	1	1

(b) 위의 샘플을 이용하여서 퍼셉트론 학습 알고리즘이 어떻게 진행되는지를 보여라. 학습률은 1.0으로 하고 가중치와 바이어스의 초기값은 $w_1=0$, $w_2=0$, $b=-1.0$이다. 각 단계에서 가중치와 바이어스 값을 표시하여야 한다.

06 퍼셉트론은 XOR 입력에 대해서는 올바른 값을 출력할 수 없다. 하지만 은닉층을 추가하면 XOR도 처리할 수 있다. XOR를 처리할 수 있는, 은닉층을 가지는 신경망을 하나만 손으로 만들어보자. 어떤 가중치와 바이어스 값을 가지면 되는가?

07 m개의 입력을 가지는 OR 함수도 퍼셉트론으로 구현할 수 있을까? 그 이유를 말하라.

08 다음과 같은 2차원 데이터를 두 개의 클래스로 분류하는 문제를 하나의 퍼셉트론으로 구현할 수 있을까? 본문의 퍼셉트론 코드를 이용하여 실험해보자.

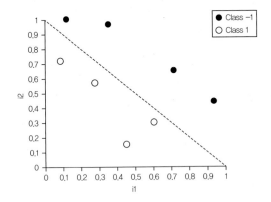

09 우리는 앞장에서 아이리스 데이터를 분류해 본 바 있다. 퍼셉트론으로 이것을 시도해보자. 다음의 코드를 참조한다.

```python
import numpy as np
from sklearn.datasets import load_iris
from sklearn.linear_model import Perceptron

iris = load_iris()
X = iris.data[:, (0, 1)]          # 꽃의 너비와 높이만을 입력으로 한다.
y = (iris.target == 0).astype(np.int)   # 출력은 "Iris Setosa인가 아닌가" 이다.

percep = Perceptron(random_state=32)
percep.fit(X, y)
percep.score(X, y)
```

06

MLP(다층 퍼셉트론)

MLP는
신경망에서 아주 중요한
위치를 차지하고 있습니다.
여러 가지 개념들을
확실하게 이해하고
넘어가세요!

학습목표

● MLP의 작동 원리를 이해한다.
● 경사 하강법을 이해한다.
● 역전파 알고리즘을 이해한다.
● 넘파이만으로 MLP를 구현해본다.

06 | MLP(다층 퍼셉트론)

1. MLP(다층 퍼셉트론)

우리가 앞장에서 살펴본 퍼셉트론은 간단한 XOR 문제도 올바르게 학습할 수 없었다. 우리는 여기에서 포기해야 할까? 원인은 무엇이었을까? 가장 큰 원인은 퍼셉트론의 구조가 너무 간단하다는 점이다. 인간의 두뇌에는 수백만 개의 뉴런들이 서로 협동하여 복잡한 인지 문제들을 해결한다. 하지만 퍼셉트론은 단 하나의 뉴런만을 사용하고 있고, 하나의 레이어(층)로만 구성되어 있다. 신경망의 구조를 좀 더 복잡하게 하고 뉴런의 개수를 증가시키면 어려운 문제도 해결할 수 있지 않을까?

구체적으로 다음과 같이 입력층과 출력층 사이에 은닉층(hidden layer)을 가지고 있는 신경망을 생각할 수 있다. 아래와 같은 구조의 신경망을 다층 퍼셉트론(multilayer perceptron: MLP)이라고 부른다.

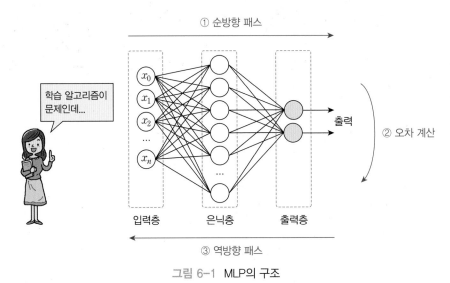

그림 6-1 MLP의 구조

MLP에는 입력층, 은닉층, 출력층이 있다. 입력이 주어지면 입력을 순방향으로 전파시켜서 출력을 계산한다. 이 과정을 순방향 패스 ①라고 한다. 이어서 신경망의 출력과 정답 간의 오차를 계산하는 과정 ②가 있다. 이어서 오차를 줄이는 방향으로 신경망의 가중치와 바이어스 값을 변경한다. 이 과정을 역방향 패스 ③이라고 한다. 역방향 패스라고 하는 이유는, 오차가 출력층에서 입력층으로, 즉 역방향으로 흘러가기 때문이다.

하지만 문제는 학습 알고리즘이었다. 퍼셉트론에는 확실한 학습 알고리즘이 있었다. 은닉층이 존재하는 MLP를 어떻게 학습시킬 것인가? 1970년대와 1980년에는 동시다발적으로 MLP에 사용할 수 있는 학습 알고리즘이 몇몇 연구자들에 의하여 독립적으로 발견되었다. 이 학습 알고리즘을 역전파 알고리즘(back-propagation)이라고 한다. 이 알고리즘으로 인하여 1980년대에 신경망에 대한 관심이 되살아났다. 역전파 알고리즘은 지금까지도 딥러닝의 근간이 되고 있다. 역전파 알고리즘이란 신경망의 출력과 정답과의 차이, 즉 오차를 역방향으로 전파시키면서, 오차를 줄이는 방향으로 가중치와 바이어스를 변경하는 알고리즘이다. 이 과정에 사용되는 핵심적인 수학 알고리즘은 경사 하강법이다.

2. 활성화 함수

MLP에서는 뉴런의 활성화 함수도 변경되었다. 활성화 함수(activation function)은 입력의 총합을 받아서 출력값을 계산하는 함수이다. 활성화라고 부르는 이유는 입력의 총합이 일정한 임계값을 넘으면 뉴런이 활성화되기 때문이다. 퍼셉트론에서는 계단 함수(step function)를 활성화 함수로 사용하였지만, MLP에서는 다양한 비선형 함수들을 활성화 함수로 사용한다.

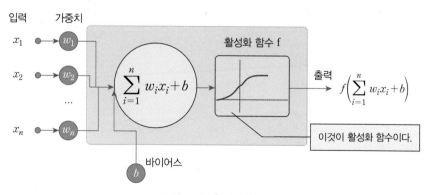

그림 6-2 활성화 함수

일반적으로 많이 사용되는 활성화 함수들은 다음과 같다.

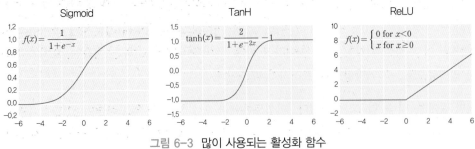

그림 6-3 많이 사용되는 활성화 함수

위의 그래프를 보면 쉽게 알 수 있지만 전부 비선형 함수들이다. 왜 그럴까? 선형 함수를 활성화 함수로 사용하여 다층 신경망을 만드는 것은 아무런 쓸모가 없다. 여러 개의 선형 함수를 결합해도 결국은 선형 함수 하나와 같다는 것이 수학적으로 증명되어 있기 때문이다. 예를 들어서 f(x) = kx와 같은 선형 함수를 활성화 함수로 사용한다고 하자. 이 함수로 3층 신경망을 만들었다고 하면 y(x) = f(f(f(x)))가 될 것이다. f(x)는 kx이므로 이것을 대입하면 y(x) = k*k*k*x가 된다. 곱셈을 3번이나 계산하지만, 이것은 하나의 층으로도 가능하다. 즉 y(x) = mx 에서 $m = k^3$인 경우와 같다. 따라서 은닉층을 아무리 많이 두어도 활성화 함수로 선형 함수를 사용하면 성능이 전혀 향상되지 않는 것이다. 따라서 MLP의 성능을 개선하기 위해서는 반드시 비선형 함수를 사용하여야 한다.

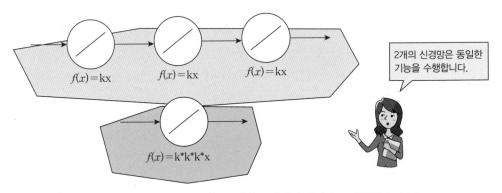

그림 6-4 선형 레이어는 아무리 많아도 하나의 레이어로 대치될 수 있다.

수학 복습 선형 함수

수학적으로 선형(linear)이라고 하는 것은 y=ax+b (a,b는 상수, a≠0)와 같이 x의 함수 y가 x의 일차식으로 표시할 수 있다는 것이다. 선형 함수에서 입력이 2배가 되면 출력도 2배로 증가한다. 선형 함수를 그래프로 그리면 직선이 된다.

계단 함수(step function)

계단 함수는 입력 신호의 총합이 0을 넘으면 1을 출력하고, 그렇지 않으면 0을 출력하는 함수이다.

$$f(x) = \begin{cases} 1 & x > 0 \\ 0 & x \le 0 \end{cases}$$

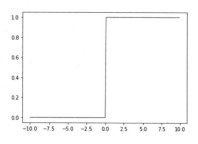

시그모이드 함수(sigmoid function)

1980년대부터 사용돼온 전통적인 활성화 함수이다. 시그모이드는 다음과 같이 S자와 같은 형태를 가진다.

$$f(x) = \frac{1}{1 + e^{-x}}$$

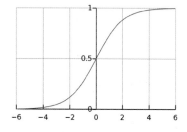

시그모이드 함수와 계단 함수는 무엇이 다를까? 계단 함수는 x=0에서 급격하게 변화한다. 따라서 미분이 불가능하다. 반면에 시그모이드 함수는 매끄럽게 변화하기 때문에 어디서나 미분이 가능하다. 미분이 가능해야만 기울기를 이용하는 "경사하강법"이라는 최적화 기법을 적용할 수 있다. 또 계단 함수에서의 출력은 0과 1뿐이지만 시그모이드는 0.0에서 1.0까지의 연속적인 실수 출력을 제공한다. 따라서 좀 더 정밀한 출력이 가능하다. 출력을 확률로도 사용할 수 있다.

ReLU 함수(Rectifed Linear Unit function)

ReLU 함수는 최근에 가장 인기 있는 활성화 함수이다. ReLU 함수는 입력이 0을 넘으면 그대로 출력하고, 입력이 0보다 적으면 출력은 0이 된다.

$$f(x) = \begin{cases} x & x > 0 \\ 0 & x \le 0 \end{cases}$$

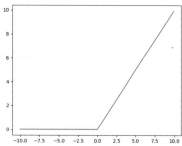

ReLU 함수는 미분도 간단하고, 심층 신경망에서 나타나는 그래디언트 감쇠가 일어나지 않아서 아주 많이 사용된다.

tanh 함수

tanh() 함수는 넘파이에서 제공하고 있다. 따라서 별도의 함수 작성은 필요하지 않다. tanh() 함수는 시그모이드 함수와 아주 비슷하지만 출력값이 −1에서 1까지이다.

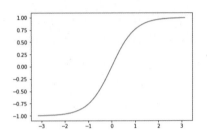

$$f(x) = \frac{e^x - e^{-x}}{e^x + e^{-x}} = \frac{2}{1 + e^{-2x}} - 1$$

tanh 함수는 순환 신경망에서 많이 사용된다.

활성화 함수 구현

파이썬을 이용하여 각종 활성화 함수를 구현해보자. 맵플롯립을 이용하여 그래프로 그려본다. 계단함수에 대한 코드는 주어진다.

(1) 계단 함수

```
def step(x):
    if x > 0.000001:    return 1      # 부동 소수점 오차 방지
    else:               return 0
```

위의 구현은 단순하고 이해하기 쉽지만 문제가 있다. 인수로는 실수만 가능하다. 즉 넘파이 배열을 불가능하다. step(np.array([2.0, 3.0]))와 같이 호출할 수 없다. 따라서 넘파이 배열이 가능하도록 다음과 같이 수정하는 것이 좋다.

```
def step(x):
    result = x > 0.000001       # True 또는 False
    return result.astype(np.int)   # 정수로 반환
```

np.arrange() 함수를 이용하여서 정수 데이터를 생성하고, 이 데이터를 계단 함수로 보내서 결과를 가지고 그래프를 그리면 다음과 같다.

```
import numpy as np
import matplotlib.pyplot as plt

x = np.arange(-10.0, 10.0, 0.1)
y = step(x)
plt.plot(x, y)
plt.show()
```

(2) 시그모이드 함수: 함수를 그리는 코드를 작성해본다.

(3) tanh 함수: 함수를 그리는 코드를 작성해본다.

(4) ReLU 함수: 함수를 그리는 코드를 작성해본다.

(2) 시그모이드 함수

```python
import numpy as np
import matplotlib.pyplot as plt

def sigmoid(x):
    return 1.0 / (1.0 + np.exp(-x))

x = np.arange(-10.0, 10.0, 0.1)
y = sigmoid(x)
plt.plot(x, y)
plt.show()
```

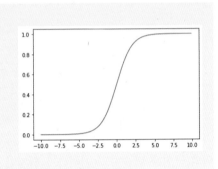

(3) tanh 함수

```python
import numpy as np
import matplotlib.pyplot as plt

x = np.linspace(-np.pi, np.pi, 60)
y = np.tanh(x)
plt.plot(x, y)
plt.show()
```

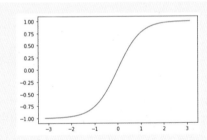

(4) ReLU 함수

```python
import numpy as np
import matplotlib.pyplot as plt

def relu(x):
    return np.maximum(x, 0)

x = np.arange(-10.0, 10.0, 0.1)
y = relu(x)
plt.plot(x, y)
plt.show()
```

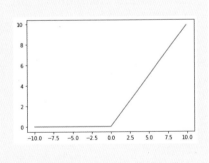

위의 코드에서는 넘파이의 maximum() 함수를 사용하였다. maximum() 함수는 두 수 중에서 큰 수를 반환하는 함수이다. 넘파이 함수이므로 배열의 각 원소에 개별적으로 적용된다.

3. MLP의 순방향 패스

MLP에서는 순방향 패스, 오차 계산, 역방향 패스가 있다. 이제부터 하나씩 살펴보자. 순방향 패스란 입력 신호가 입력층 유닛에 가해지고 이들 입력 신호가 은닉층을 통하여 출력층으로 전파되는 과정을 의미한다.

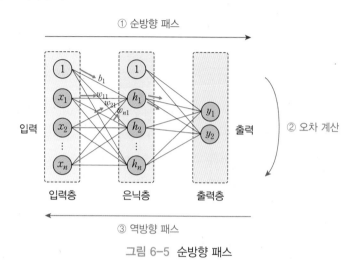

그림 6-5 순방향 패스

입력층은 입력 기능을 담당하는 유닛 $\{x_1, x_2, \cdots, x_n\}$ 들로 구성된다. 제일 먼저, 입력 샘플에 의하여 입력층의 값이 결정된다(사실 입력층에는 아무런 일을 하지 않는다, 단지 입력값만을 전달한다). 입력층의 값은 연결선을 통하여 은닉층의 유닛 $\{h_1, h_2, \cdots, h_k\}$ 로 전달된다. 이때 가중치가 곱해지고 바이어스 값이 더해진다. 입력의 총합에 활성화 함수가 적용되어서 은닉층 유닛의 출력이 결정된다. 다시 은닉층의 출력이 출력층의 입력이 되어서 출력층 $\{y_1, y_2\}$ 의 출력이 계산된다. 은닉층의 첫 번째 유닛에 대해서만 수식을 작성하면 다음과 같다.

$$h_1 = f(w_{11}x_1 + w_{21}x_2 + \cdots + w_{n1}x_n + b_1)$$

여기서 f()는 시그모이드 함수와 같은 활성화 함수라고 가정한다. 위의 그림에는 은닉층의 h_1 유닛에 대해서만 녹색 화살표로 표시되었지만 이러한 계산이 은닉층과 출력층의 모든 유닛에 대하여 이루어진다.

손으로 계산해보자.

아주 간단한 신경망을 만들어서 순방향 계산을 손으로 해보자. 퍼셉트론에 은닉층 유닛 2개만을 추가한 구조이다.

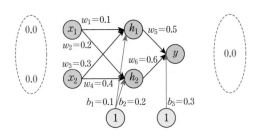

이 MLP에 훈련 샘플 및 정답, 초기 가중치들이 위와 같이 주어졌다고 가정하자. 이번 절에서는 XOR 문제의 첫 번째 훈련 샘플만을 처리할 것이다. 즉 우리는 입력 0.0과 0.0이 주어지면 신경망이 0.0을 출력하도록 학습시킬 것이다.

먼저 위의 가중치 및 바이어스와 입력을 고려하여 신경망이 현재 예측하는 내용을 살펴보자. 각 은닉층 유닛에 대한 총입력을 파악하고 활성화 함수(여기서는 시그모이드 함수 사용)를 사용하여 은닉층 유닛에 대한 출력을 계산한 후에 이것을 출력층 유닛으로 전파한다.

은닉층 유닛 h_1에 대한 총입력 z_1을 계산하는 방법은 다음과 같다.

$$z_1 = w_1 * x_1 + w_3 * x_2 + b_1 = 0.1 * 0.0 + 0.3 * 0.0 + 0.1 = 0.1$$

총입력을 시그모이드 함수에 통과시키면 다음과 같은 출력을 얻는다.

$$a_1 = \frac{1}{1 + e^{-z_1}} = \frac{1}{1 + e^{-0.1}} = 0.524979$$

동일한 과정을 은닉층 유닛 h_2에 대하여도 수행하면 다음을 얻을 수 있다.

$$a_2 = 0.549834$$

이번에는 은닉층 유닛의 출력을 입력으로 사용하여 출력층 유닛에 대해 이 과정을 반복한다. 다음은 출력층 유닛 y에 대한 출력이다.

$$z_y = w_5 * a_1 + w_6 * a_2 + b_3$$
$$= 0.5 * 0.524979 + 0.6 * 0.549834 + 0.3 = 0.892389$$
$$a_y = \frac{1}{1 + e^{-z_y}} = \frac{1}{1 + e^{-0.892389}} = 0.709383$$

정답은 0이지만 신경망의 출력은 0.71 정도이다. 오차가 상당함을 알 수 있다.

행렬로 표기해보자.

앞의 신경망을 행렬로 나타낼 수 있을까?

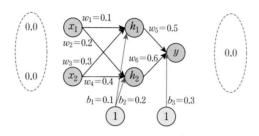

은닉층 유닛들의 입력 총합은 다음과 같은 수식으로 표시할 수 있다. 여기서 유닛 h_1 의 총입력을 z_1 로 나타낸다.

$$z_1 = w_1 * x_1 + w_3 * x_2 + b_1$$
$$z_2 = w_2 * x_1 + w_4 * x_2 + b_2$$

모든 유닛에 대하여 위와 같은 수식을 사용하는 것은 상당히 번거롭다(입력이 784개라고 생각해보자). 이것을 행렬을 이용하여 표시하면 다음과 같다.

$$Z_1 = XW_1 + B_1$$

여기서 각 행렬은 다음과 같다. 유닛의 입력과 출력을 행벡터로 쓰자.

$$X = [x_1 \quad x_2], \ B_1 = [b_1 \quad b_2], \ Z_1 = [z_1 \quad z_2]$$
$$W_1 = \begin{bmatrix} w_1 & w_2 \\ w_3 & w_4 \end{bmatrix}$$

곱셈이 올바르게 되는지도 반드시 확인해보자.

$$Z_1 = [z_1 \ z_2] = XW_1 + B_1 = [x_1 \ x_2] \begin{bmatrix} w_1 & w_2 \\ w_3 & w_4 \end{bmatrix} + [b_1 \ b_2]$$

이제 총입력에 활성화 함수를 적용해보자.

$$A_1 = [a_1 \ a_2] = f(Z_1) = [f(z_1) \ f(z_2)]$$

은닉층에서 출력층으로 가는 과정을 행렬 수식으로 표현하면 다음과 같다.

$$W_2 = \begin{bmatrix} w_5 \\ w_6 \end{bmatrix}$$

$$Z_2 = A_1 W_2 + B_2 = \begin{bmatrix} a_1 & a_2 \end{bmatrix} \begin{bmatrix} w_5 \\ w_6 \end{bmatrix} + \begin{bmatrix} b_3 \end{bmatrix}$$

$$A_2 = [y] = f(Z_2)$$

행렬 A_2가 신경망의 출력이 된다. 수학적인 행렬은 넘파이의 배열로 나타낼 수 있다.

수학 복습 **행렬의 곱셈**

행렬의 곱셈은 다음과 같다. 첫 번째 행렬의 행과 두 번째 행렬의 열이 곱해져서 결과 행렬의 한 요소가 된다. 행과 열은 내적 계산과 동일하게 곱해진다.

행렬의 곱셈에서 항상 주의할 점은 첫 번째 행렬의 열의 개수와 두 번째 행렬의 행의 개수가 일치해야 한다는 점이다.

수학 복습 **WX+B 또는 XW+B?**

입력 행렬과 가중치 행렬을 나타내는 방법은 책마다 조금씩 달라진다. 입력들이 행 벡터 형태로 행렬 X에 쌓여 있다고 생각하면 XW+B와 같은 형태가 된다. 반대로 입력들이 열 벡터 형식으로 행렬 X에 쌓여 있다고 생각하면 WX+B가 된다. 또 W와 X의 형태에 따라서 WX^T로 표기해야 되는 경우도 있다. 본 책에서는 XW+B의 형태를 사용한다.

$$XW+B = \begin{bmatrix} x_1 & x_2 \end{bmatrix} \begin{bmatrix} w_1 & w_2 \\ w_3 & w_4 \end{bmatrix} + \begin{bmatrix} b_1 & b_2 \end{bmatrix}$$

$$WX+B = \begin{bmatrix} w_1 & w_3 \\ w_2 & w_4 \end{bmatrix} \begin{bmatrix} x_1 \\ x_2 \end{bmatrix} + \begin{bmatrix} b_1 \\ b_2 \end{bmatrix}$$

앞에서 설명한 순방향 전파를 파이썬으로 코딩해보자. 넘파이를 이용하여 행렬을 표현한다.

```python
import numpy as np

# 시그모이드 함수
def actf(x):
    return 1/(1+np.exp(-x))

# 시그모이드 함수의 미분치
def actf_deriv(x):
    return x*(1-x)

# 입력유닛의 개수, 은닉유닛의 개수, 출력유닛의 개수
inputs, hiddens, outputs = 2, 2, 1
learning_rate=0.2

# 훈련 샘플과 정답
X = np.array([[0, 0], [0, 1], [1, 0], [1, 1]])
T = np.array([[0], [1], [1], [0]])

W1 = np.array([[0.10, 0.20],
               [0.30, 0.40]])
W2 = np.array([[0.50], [0.60]])
B1 = np.array([0.1, 0.2])
B2 = np.array([0.3])

# 순방향 전파 계산
def predict(x):
    layer0 = x                      # 입력을 layer0에 대입한다.
    Z1 = np.dot(layer0, W1)+B1      # 행렬의 곱을 계산한다.
    layer1 = actf(Z1)               # 활성화 함수를 적용한다.
    Z2 = np.dot(layer1, W2)+B2      # 행렬의 곱을 계산한다.
    layer2 = actf(Z2)               # 활성화 함수를 적용한다.
    return layer0, layer1, layer2

def test():
    for x, y in zip(X, T):
        x = np.reshape(x, (1, -1))  # x를 2차원 행렬로 만든다. 입력은 2차원이어야 한다.
        layer0, layer1, layer2 = predict(x)
        print(x, y, layer2)
test()
```

```
[[0 0]]  [1]  [[0.70938314]]
[[0 1]]  [0]  [[0.72844306]]
[[1 0]]  [0]  [[0.71791234]]
[[1 1]]  [1]  [[0.73598705]]
```

현재는 전혀 학습이 이루어지지 않은 상황이므로 출력이 전혀 XOR 같지 않다.

(1) 필요한 라이브러리를 포함시킨다.

```
import numpy as np
```

(2) 활성화 함수를 작성한다.

```
# 시그모이드 함수
def actf(x):
    return 1/(1+np.exp(-x))

# 시그모이드 함수의 미분치
def actf_deriv(x):
        return x*(1-x)
```

(3) 각종 변수와 훈련 예제의 입력과 출력을 넘파이 배열로 작성한다.

```
# 입력유닛의 개수, 은닉유닛의 개수, 출력유닛의 개수
inputs, hiddens, outputs = 2, 2, 1
learning_rate=0.2

# 훈련 예제 입력과 출력
X = np.array([[0, 0], [0, 1], [1, 0], [1, 1]])
Y = np.array([[1], [0], [0], [1]])
```

(4) 가중치를 초기화 한다.

가중치는 0에서 1 사이의 실수로 초기화하여야 한다. 우리는 본문에서 소개된 값들로 초기화
하자.

```
W1 = np.array([[0.10, 0.20], [0.30, 0.40]])
W2 = np.array([[0.50],[0.60]])
B1 = np.array([0.1, 0.2])
B2 = np.array([0.3])
```

(5) 순방향 계산을 수행한다.

함수 predict()는 하나의 예제를 받아서 순방향으로 전파시키서 최종 출력을 얻는다. 행렬 계산을 사용한다. 앞절을 참조한다.

```
# 순방향 전파 계산
def predict(x):
        layer0 = x                      # 입력을 layer0에 대입한다.
        Z1 = np.dot(layer0, W1)+B1      # 행렬의 곱을 계산한다.
        layer1 = actf(Z1)              # 활성화 함수를 적용한다.
        Z2 = np.dot(layer1, W2)+B2      # 행렬의 곱을 계산한다.
        layer2 = actf(Z2)              # 활성화 함수를 적용한다.
        return layer0, layer1, layer2
```

넘파이에서 행렬 곱셈을 하려면 np.dot() 또는 np.multiply()를 사용하면 된다. B1과 B2는 브로드캐스트 기능을 사용하여 행렬에 더해진다.

4. 손실함수 계산

MLP에서 입력이 주어지면 출력을 계산하는 것은 비교적 쉽다. 문제는 학습 알고리즘이다. 만약 출력값이 올바르지 않을 때 어떻게 가중치를 변경하여야 할까? 신경망에서 학습을 시킬 때는 실제 출력과 원하는 출력 사이의 오차를 이용한다. 오차를 줄이는 방향으로 가중치를 변경하는 것이다. 이것을 위하여 오차를 계산하는 함수를 정의해야 한다. 이것을 손실함수(loss function)라고 한다. 손실함수의 개념은 회귀 알고리즘에서도 등장한 바 있다.

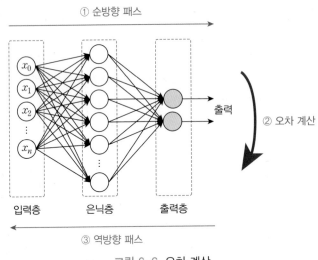

그림 6-6 오차 계산

가중치==다이얼

혹시 독자 여러분들은 예전에 아날로그 라디오의 주파수(튜너)를 맞춘 경험이 있는지 모르겠다. 라디오의 주파수를 올바르게 설정하려면, 스피커에서 나는 소리를 들으면서 주파수 다이얼을 좌우로 돌린다. 신경망에서도 오차를 관찰하면서 오차를 줄이는 방향으로 가중치를 조절한다고 상상하자. 가중치는 라디오의 주파수 다이얼에 해당한다.

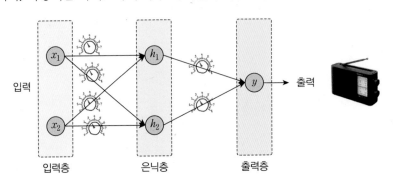

손실함수란?

초등학생들이 수학 과목을 공부하고 있다고 하자. 학습이 잘되고 있는지는 어떻게 판단하면 좋을까? 선생님은 학생에게 문제를 내고, 학생의 답변을 정답과 비교하여 학습의 성과를 판단할 것이다. 신경망에서도 학습의 성과를 나타내는 지표가 있어야 한다. 이것을 손실함수(loss function)이라고 한다. 정답과 신경망의 출력 사이의 오차가 손실함수의 값이 된다. 신경망의 출력과 정답이 많이 다르면 손실함수의 값이 커진다.

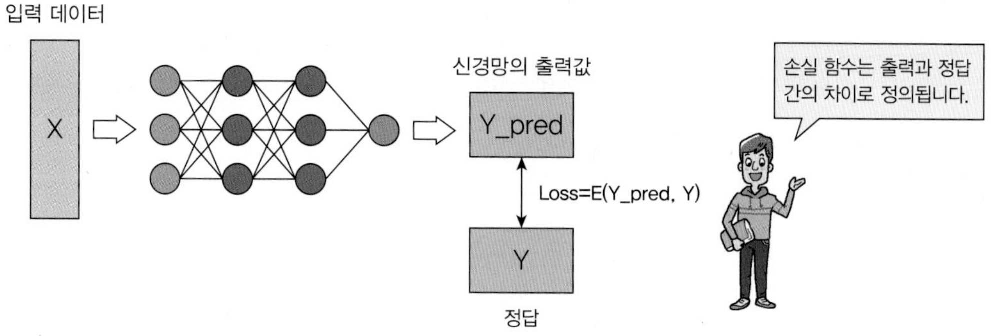

그림 6-7 손실함수의 정의

손실함수는 여러 가지 종류가 있다. 전통적인 신경망에서는 평균 제곱 오차(MSE: Mean Squared Error)가 많이 사용되었지만, 최근에는 교차 엔트로피 함수가 가장 인기가 있다. 교차 엔트로피 함수는 7장에서 살펴보자.

평균 제곱 오차(MSE)

평균 제곱 오차는 다음과 같은 수식으로 정의된다. 일단 샘플을 하나씩 처리한다고 가정한다. 즉 샘플 하나를 처리한 후에 오차를 계산하고 가중치를 변경한다.

$$E(w) = \frac{1}{2}\sum_i (y_i - t_i)^2$$

여기서 y_i는 출력층 유닛 i의 값이고 t_i는 정답이다.

예를 들어서 MNIST 필기체 숫자를 인식하기 위하여 다음과 같이 MLP를 구성하였다고 하자. 필기체 숫자는 0부터 9까지로 인식될 수 있으므로 출력층 유닛은 10개가 된다.

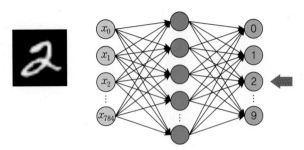

그림 6-8 MNIST 숫자 이미지를 분류하는 신경망

예를 들어서 신경망에 숫자 "2"의 이미지가 주어지고 신경망의 출력이 다음과 같이 나왔다고 하자.

```
y = np.array([ 0.0, 0.0, 0.8, 0.1, 0.0, 0.0, 0.0, 0.1, 0.0, 0.0 ])
```

위의 배열은 신경망의 출력층에서의 값을 나타낸 것으로 각 원소들은 입력 이미지가 숫자 '0', '1', '2', …일 때의 값이다. 정답 target은 정답만 1이고 나머지는 전부 0이다.

```
target = np.array([ 0.0, 0.0, 1.0, 0.0, 0.0, 0.0, 0.0, 0.0, 0.0, 0.0 ])
```

이제 평균 제곱 오차를 계산해보자. 넘파이를 사용하면 다음과 같이 계산할 수 있다.

```
def MSE(target, y):
    return 0.5 * np.sum((y-target)**2)
```

여기서 y와 target는 넘파이 배열이다. 이 함수를 사용하여 출력과 정답이 유사한 경우에, 평균 제곱 오차를 계산해보자. 정답과 출력이 유사한 경우에는 작은 값이 계산되는 것을 알 수 있다.

```
>>> MSE(target, y)
0.029999999999999992
```

만약 다음과 같이 y가 정답하고 상당히 다른 경우라면 상당히 큰 값이 나오는 것을 알 수 있다.

```
>>> y = np.array([ 0.9, 0.0, 0.1, 0.0, 0.0, 0.0, 0.0, 0.0, 0.0, 0.0 ] )
>>> MSE(target, y)
0.81
```

정확도를 지표로 삼지 않는 이유

우리는 출력의 정확도를 지표로 삼으면 안 된다. 왜냐하면 정확도를 미분하면 거의 대부분의 위치에서 미분값이 0이 되어서 우리에게 어떤 정보도 주지 않는다. 따라서 가중치를 변경할 수가 없다. 예를 들어서 필기체 인식 문제에서 정확도가 20%라고 하자. 우리가 가중치를 조금 변경하더라도 정확도는 거의 변화가 없거나 갑자기 30%로 증가될 수 있다. 이러한 불연속적인 값은 미분이 불가능하므로 학습이 이루어지지 않는다. 반면에 우리의 손실함수 MSE는 가중치를 조금 변경했을 때, 0.8에서 0.78로 감소할 수 있다. 즉 연속적인 값을 주기 때문에 이것을 바탕으로 가중치를 미세 조정할 수 있는 것이다.

5. 경사 하강법

경사 하강법은 4장 선형 회귀에서도 다룬 바 있다. 하지만 아주 중요하기 때문에 다시 한 번 복습하자. 역전파 알고리즘은 신경망 학습 문제를 최적화 문제(optimization)로 접근한다. 최적화 문제란 어떤 함수를 최소로 만들거나 최대로 만드는 값을 찾는 문제이다. 우리는 손실함수 값을 최소로 하는 가중치를 찾으면 된다. 만약 손실함수 값이 0이 되었다면 입력을 완벽하게 분류한 것이다. 따라서 학습이란 손실함수를 최소로 만드는 가중치를 찾는 작업으로 정의된다. 이것은 다음과 같이 수식으로 표현할 수 있다. 여기서 argmin은 E(W)를 최소로 만드는 W를 찾는다는 의미이다.

$$W^* = \underset{W}{\operatorname{argmin}} E(W)$$

예를 들어서, 손실함수의 가상적인 평면이 다음과 같다고 하자. 2개의 가중치 w_1, w_2 를 가정한다. 우리는 손실함수의 값을 가장 적게 하는 w_1, w_2 을 찾으면 된다.

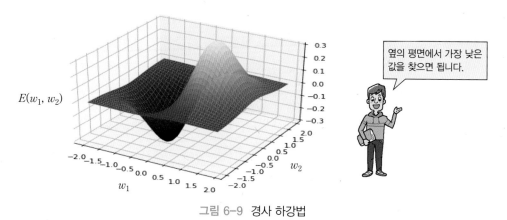

옆의 평면에서 가장 낮은 값을 찾으면 됩니다.

그림 6-9 경사 하강법

어떻게 손실 함수의 최저점을 찾을 수 있을까?

경사 하강법의 재소개

오차값을 최소화하는 가중치를 찾는 데 일반적으로 사용되는 알고리즘 중의 하나가 경사 하강법(gradient-descent method)이다. 경사 강하법은 함수의 1차 미분값(그래디언트)을 사용하는 반복적인 최적화 알고리즘이다. 미분은 다음과 같이 정의된다.

$$f'(x) = \lim_{h \to 0} \frac{f(x+h) - f(x)}{h}$$

그림 6-10 미분의 정의

손실함수의 미분값은 가중치를 아주 조금 변경시켰을 때 손실함수가 어떻게 변하는지를 말해준다. 만약 이 미분값이 양수라면 가중치를 증가시켰을 때, 손실함수가 증가한다는 의미이고, 반대로 미분값이 음수이면 가중치를 증가시켰을 때, 손실함수값이 감소한다는 의미이다. 만약 미분값이 0이면 가중치를 어느 쪽으로 움직여도 손실함수의 값은 줄어들지 않는다.

그렇다면 손실함수의 값을 감소시키려면 미분값을 어떻게 이용하면 좋은가? 당연히 미분값이 음수이면 가중치는 증가시켜야 하고 반대로 미분값이 양수이면 가중치는 감소시켜야 한다. 즉 손실함수를 감소시키려면 미분값 부호와 반대 방향으로 가중치를 변경해야 한다. 청개구리처럼 반대로 가야 한다.

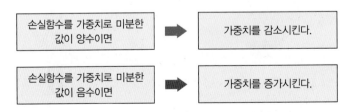

> **NOTE**   왜 해석적인 방법은 안 되는가?
>
> 왜 우리가 중학교 때 학습하였던 손실함수의 미분값을 0으로 놓아서 최소점을 구하는 방법은 사용되지 않는
> 가? 만약 가중치가 1개 또는 2개만 있다면 손실함수가 2차 함수가 되어서 가능할 수도 있다. 하지만 실제로 사
> 용되는 신경망에는 수만 개에 이르는 아주 많은 가중치(변수)들이 있을 수 있고, 비선형 활성화 함수도 중간에
> 끼어 있어서, 손실함수의 값을 최소로 하는 가중치를 해석적인 방법으로 찾는 것은 거의 불가능하다. 또 해석
> 적인 방법은, 중간에 값이 하나만 변경되어도 "역행렬 계산"과 같은 작업을 다시 해야 한다. 즉 점진적 개선이
> 불가능하다.

그래디언트

구체적인 예를 보자. 가중치 w에 대한 손실함수를 계산해보니 다음과 같은 곡선으로 나왔다
고 하자 (4장의 그림과 동일한 그림이다). 현재는 우리는 검정색 원으로 표시된 곳에 있다. 오차
를 줄이려면 왼쪽과 오른쪽에서 어떤 방향으로 가야 할까?

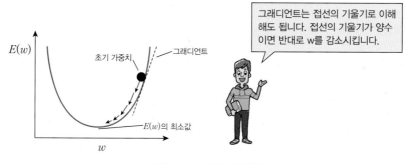

그림 6-11 경사 하강법

현재 위치에서 $\frac{\partial E(w)}{\partial w}$ 을 계산한 후에 이 값이 양수이면 가중치를 감소시키고 이 값이 음수로
계산되면 가중치를 증가시키면 된다. 즉 1차 미분값의 반대 방향으로 가면 된다. 편미분 기호
를 사용하는 이유는 손실함수 안에 변수(가중치)가 여러 개 있기 때문이다.

예를 들어서 현재 위치에서 $\frac{\partial E(w)}{\partial w}$ 가 10이 나왔다면 이것은 w를 증가시켰을 때 손실함수는
10만큼 증가한다는 것을 나타낸다. 이런 경우에는 w를 감소시켜야 손실함수가 감소할 것이다.
만약 $\frac{\partial E(w)}{\partial w}$ 가 −10으로 나왔다면, 이것은 w를 증가시켰을 때 손실함수가 감소한다는 의미
이므로 우리는 w를 증가시켜야 한다. 즉 우리는 미분값의 반대 방향으로 가면 된다. 손실함수
가 신경망처럼 다중 변수 함수일 때, 1차 미분값은 벡터가 되는데 이것을 그래디언트(gradient)
라고 한다.

$$\nabla E = \left(\frac{\partial E}{\partial w_1}, \frac{\partial E}{\partial w_2}, \cdots, \frac{\partial E}{\partial w_n} \right)$$

수학 복습　**그래디언트**

그래디언트(gradient)란 함수의 1차 미분값이다. 변수가 하나 있는 함수의 미분값은 스칼라값이지만 다중 변수 함수의 미분값은 벡터가 된다. 이것이 그래디언트이다. 그래디언트의 각 요소는 함수를 특정 변수로 편미분한 값이다. 예를 들어서 $f(x, y) = 3x^2 + 2y^2$ 의 그래디언트는 다음과 같이 계산할 수 있다.

$$\nabla f = \left(\frac{\partial f}{\partial x}, \frac{\partial f}{\partial y} \right) = (6x, 4y)$$

경사 하강법 실습

2차 함수에 대하여 경사 하강법을 적용해보자. 그래디언트가 계산되면 그래디언트를 계산하여서 그래디언트와 반대 방향으로 가면 함수의 값이 낮아진다. 구체적인 예를 들어보자. $y = (x-3)^2 + 10$와 같은 2차 함수가 손실함수라고 가정하자. 이 함수의 그래디언트를 계산하면 y' = 2x-6가 된다. 변수가 하나 뿐이어서 그래디언트가 스칼라 값이 되었다.

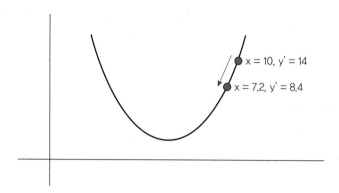

그림 6-12 그래디언트의 계산

우리가 x=10 위치에 있다고 하자. 현재 손실함수의 값은 (10-3)^2+10=59이다. x=10에서 그래디언트를 계산하면 y'= 2x-6 = 2*10-6=14가 된다. 그래디언트와 반대 방향으로 가면, 함수의 최소값을 찾을 수 있다. 예를 들어서 이 값의 음수를 취하고 여기에 학습률(0.2라고 하자)을 곱하면 0.2*(-14) = -2.8이 된다. 이 -2.8을 x에 더하면 x=7.2가 된다. 손실함수의 값은 59에서 27.64로 감소하였다. 이 과정을 되풀이하면 손실함수의 최소값을 찾을 수 있다.

손실함수가 위와 같이 변수 1개의 2차 함수 형태라면 우리는 손실함수의 미분값을 0으로 놓아서 최소값의 위치를 분석적인 방법으로 바로 구할 수 있다. 하지만 일반적인 신경망의 손실함수에서는 변수의 개수가 10000개를 넘을 수도 있고 활성화 함수가 비선형인 관계로 쉽게 분석적인 방법을 사용할 수 없다. 2차 함수에 대한 경사 하강법을 파이썬으로 구현해보자.

도전문제

x=7.2에서는 y의 값을 감소시키려면 어떤 방향으로 움직여야 할까? 구체적으로 그래디언트를 계산하여 움직이는 방향을 결정해보자. 최저점에 도달할 때까지 경사 하강법을 적용해보자.

경사 하강법을 사용하여 함수 $y = (x-3)^2 + 10$ 의 최소값을 찾는 파이썬 프로그램을 작성해보자.

```python
x = 10
learning_rate = 0.2
precision = 0.00001
max_iterations = 100

# 손실함수를 람다식으로 정의한다.
loss_func = lambda x: (x-3)**2 + 10

# 그래디언트를 람다식으로 정의한다. 손실함수의 1차 미분값이다.
gradient = lambda x: 2*x-6

# 그래디언트 강하법
for i in range(max_iterations):
    x = x - learning_rate * gradient(x)
    print("손실함수값(", x, ")=", loss_func(x))

print("최소값 = ", x)
```

실행결과

```
손실함수값( 7.199999999999999 )= 27.639999999999993
손실함수값( 5.52 )= 16.350399999999997
손실함수값( 4.512 )= 12.286143999999998
손실함수값( 3.9071999999999996 )= 10.82301184
손실함수값( 3.54432 )= 10.2962842624
...
손실함수값( 3.0000000000000004 )= 10.0
최소값 = 3.0000000000000004
```

도전문제

(1) 프로그램에서 반복 횟수를 증가시켜서 최소값 x=3.0을 찾는지를 확인해보자.
(2) 학습률 0.2를 여러 가지 값으로 변경시키면서 실험해보자.

2차원 그래디언트 시각화

이번에는 손실함수가 $f(x, y) = x^2 + y^2$ 라고 가정하자. $f(x, y) = x^2 + y^2$ 의 그래프를 그려보면 다음과 같다.

```python
from mpl_toolkits.mplot3d import axes3d
import matplotlib.pyplot as plt
import numpy as np

x = np.arange(-5, 5, 0.5)
y = np.arange(-5, 5, 0.5)
X, Y = np.meshgrid(x, y)    # 참고 박스
Z = X**2 +Y**2             # 넘파이 연산

fig = plt.figure(figsize=(6,6))
ax = fig.add_subplot(111, projection='3d')

# 3차원 그래프를 그린다.
ax.plot_surface(X, Y, Z)
plt.show()
```

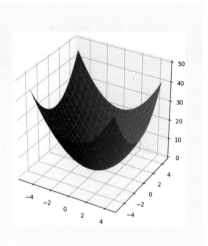

우리는 $f(x, y) = x^2 + y^2$ 의 그래디언트를 계산할 수 있다.

$$\nabla f = \left(\frac{\partial f}{\partial x}, \frac{\partial f}{\partial y} \right) = (2x, 2y)$$

그래디언트를 계산하고 그래디언트에 -1을 곱하여(즉 그래디언트의 역방향) 화살표로 그려보면 다음과 같다.

```python
import matplotlib.pyplot as plt
import numpy as np

x = np.arange(-5,5,0.5)
y = np.arange(-5,5,0.5)
X, Y = np.meshgrid(x,y)
U = -2*X
V = -2*Y

plt.figure()
Q = plt.quiver(X, Y, U, V, units='width')
plt.show()
```

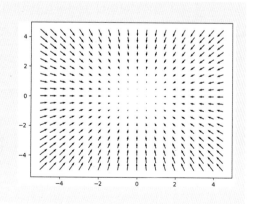

화살표의 방향이 최저값을 향하고 있음을 알 수 있다. 어떤 위치에서든지 그래디언트의 역방향으로 가면 최저값에 도달할 수 있음을 알 수 있다.

NOTE np.meshgrid(x, y)

meshgrid의 목적은 x값 배열과 y값 배열로부터 직사각형 격자를 만드는 것이다. 예를 들어, x와 y 방향으로 0과 4 사이의 각 정수 값에 점이 있는 그리드를 만들려면(즉 직사각형 격자를 만들려면) 다음과 같은 코드를 사용한다.

```
xvalues = np.array([0, 1, 2, 3, 4]);
yvalues = np.array([0, 1, 2, 3, 4]);
xx, yy = np.meshgrid(xvalues, yvalues)
plt.plot(xx, yy, marker='.', color='k', linestyle='none')
```

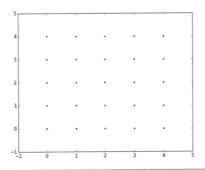

---

6. 역전파 학습 알고리즘

학습 알고리즘

우리는 앞에서 그래디언트의 역방향으로 내려가면 손실함수의 최저점을 찾을 수 있음을 알았다. 일단 신경망의 어떤 가중치 위치에서 그래디언트를 계산할 수 있다고 가정하자. 우리는 다음과 같은 수식을 이용하여 반복적으로 가중치를 변경할 것이다.

$$w(t+1) = w(t) - \eta \frac{\partial E}{\partial w}$$

여기서 현재의 가중치를 w(t)라고 하고 변경 후 가중치를 w(t+1)이라고 하였다. 여기서 η은 학습률로서 0에서 1 사이의 값이다. 학습률은 1번의 학습에서 학습하는 양을 나타낸다.

경사 하강법을 사용하여 가중치를 변경하는 학습 알고리즘을 정리해보면 다음과 같다.

① 가중치와 바이어스를 0부터 1 사이의 난수로 초기화한다.
② 수렴할 때까지 모든 가중치에 대하여 다음을 반복한다.
③ 　　　손실함수 E의 그래디언트 $\partial E/\partial w$ 을 계산한다.
④ 　　　$w(t+1) = w(t) - \eta \dfrac{\partial E}{\partial w}$

아래의 그림에서 보자. 우리는 출발지에서 그래디언트 $\partial E/\partial w$ 을 계산한다. 이어서 그래디언트의 역방향으로 내려간다.

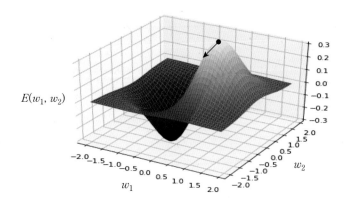

위의 과정을 수렴할 때까지 되풀이하면 손실함수의 최저점을 찾을 수 있다.

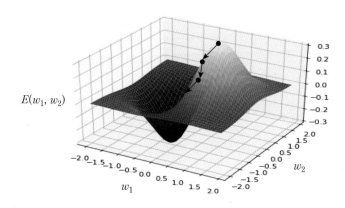

무식한 경사 하강법

우리는 아주 무식한 방법으로 경사 하강법을 구현할 수도 있다.

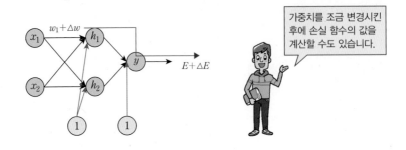

역전파 알고리즘은 모든 가중치에 대하여 다음과 같은 연산을 반복하는 기법이다.

$$w(t+1) = w(t) - \eta \frac{\partial E}{\partial w}$$

여기서 중요한 것은 $\partial E / \partial w$ 를 계산하는 일이다. 우리는 특정 가중치를 변경하였을 때, 오차가 얼마나 변하는지를 그 변화율 $\partial E / \partial w$ 을 계산하고자 한다. 우리는 모든 가중치 위치에서 가중치를 앞뒤로 조금씩 변경시키면서 손실함수를 계산하여서 $\partial E / \partial w$ 을 계산할 수도 있다.

w_1 부터 시작해보자. 우리는 w_1 에 작은 값 Δw 을 더한 후에 손실함수 $E(w_1 + \Delta w)$ 을 계산한다. 또 w_1 에 작은 값 Δw 을 뺀 후에 $E(w_1 - \Delta w)$ 을 계산한다. Δw 를 더하는 것이 손실을 낮추는지, 아니면 Δw 를 빼는 것이 손실을 낮추는지를 알 수 있다면 문제는 이미 해결된 것이다. 즉 손실이 낮아지는 쪽으로 가중치를 변경하면 된다. w_1 이 종료되었다면 다음 가중치 w_2 에 대하여 동일한 방법을 적용한다.

이 방법에서는 우리는 경사 하강법이 무엇인지를 체감할 수 있다. 하지만 이 방법에서는 가중치의 개수만큼 손실함수가 중복 계산되어서 계산 시간이 아주 많이 걸린다. 따라서 좀 더 효율적인 알고리즘이 필요하다!

역전파 알고리즘*

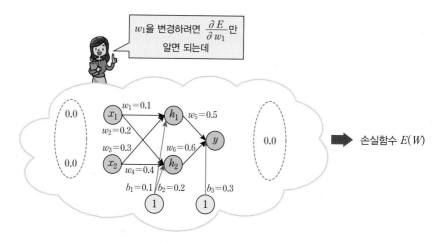

역전파 알고리즘에서는 출력층에서 손실함수를 1번만 계산한 후에 이것을 신경망으로 역전파하여 모든 위치에서의 $\partial E / \partial w$ 을 계산할 수 있다. 이 과정에서 체인룰이 사용된다.

> **수학 복습** **체인룰**
>
> 역전파에서 핵심적인 수학 공식은 체인룰(chain rule)이다. 체인룰은 연쇄법칙이라고 번역되며 다음과 같다. 만약 $y=f(u)$이고 $u=g(x)$이고 두 함수 모두 미분가능하다면 다음과 같은 수식이 성립한다.
>
> $$\frac{dy}{dx} = \frac{dy}{du}\frac{du}{dx}$$

일반적으로 유닛 i와 유닛 j를 연결하는 가중치 w_{ij} 를 변경하였을 때, 오차가 얼마나 변하는지를 그 변화율 $\partial E / \partial w_{ij}$ 을 계산해보자. 손실함수로 평균 제곱 오차를 사용한다고 가정하자. $\partial E / \partial w_{ij}$ 은 체인룰에 의하여 다음과 같이 쓸 수 있다.

$$\frac{\partial E}{\partial w_{ij}} = \underset{①}{\frac{\partial E}{\partial out_j}} \underset{②}{\frac{\partial out_j}{\partial net_j}} \underset{③}{\frac{\partial net_j}{\partial w_{ij}}}$$

출력층 유닛 j

---

* 조금 복잡한 절이다. 처음 읽을 때는 건너뛰어도 좋다.

여기서 net_j는 유닛 j가 받는 입력 총합$(\sum w_k x_k + b)$을 나타낸다. out_j는 유닛 j에서 입력의 합이 활성화 함수 f를 통과하여서 나오는 출력값$(f(\sum w_k x_k + b))$이다. $\partial E/\partial w_{ij}$을 계산하는 수식은 유닛 j가 출력층의 유닛인지, 은닉층의 유닛인지에 따라서 달라진다.

(1) 유닛 j가 출력층에 있는 유닛인 경우

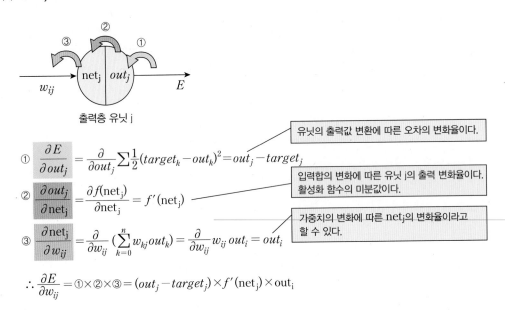

출력층 유닛 j

> 유닛의 출력값 변환에 따른 오차의 변화율이다.

① $\dfrac{\partial E}{\partial out_j} = \dfrac{\partial}{\partial out_j}\sum \dfrac{1}{2}(target_k - out_k)^2 = out_j - target_j$

> 입력합의 변화에 따른 유닛 j의 출력 변화율이다. 활성화 함수의 미분값이다.

② $\dfrac{\partial out_j}{\partial net_j} = \dfrac{\partial f(net_j)}{\partial net_j} = f'(net_j)$

> 가중치의 변화에 따른 net_j의 변화율이라고 할 수 있다.

③ $\dfrac{\partial net_j}{\partial w_{ij}} = \dfrac{\partial}{\partial w_{ij}}(\sum_{k=0}^{n} w_{kj} out_k) = \dfrac{\partial}{\partial w_{ij}} w_{ij} out_i = out_i$

$$\therefore \dfrac{\partial E}{\partial w_{ij}} = ① \times ② \times ③ = (out_j - target_j) \times f'(net_j) \times out_i$$

(2) 유닛 j가 중간층에 있는 유닛인 경우

은닉층에 있는 유닛에서도 그래디언트는 다음과 같이 계산된다. 이전과 동일한 그림이다.

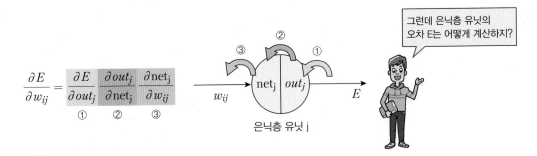

$$\dfrac{\partial E}{\partial w_{ij}} = \underbrace{\dfrac{\partial E}{\partial out_j}}_{①} \underbrace{\dfrac{\partial out_j}{\partial net_j}}_{②} \underbrace{\dfrac{\partial net_j}{\partial w_{ij}}}_{③}$$

은닉층 유닛 j

> 그런데 은닉층 유닛의 오차 E는 어떻게 계산하지?

그런데, ①, ②, ③ 중에서 ①이 문제이다. 출력층 유닛의 경우에는 출력값에서 목표값을 빼면 오차가 되지만 유닛 j가 은닉층에 있는 유닛이라면 오차값은 어떻게 알 수 있을까? 이럴 때는 출력 유닛의 오차를 역방향으로 전파하여서 은닉층의 오차를 계산하여야 한다. 은닉층의 유닛 j와 연결된 출력층의 유닛 집합을 L이라고 하자. 체인룰을 이용하여 우리는 다음과 같이 쓸 수 있다. 여러 유닛으로부터 영향을 받는 유닛을 위한 체인룰이라고 생각할 수 있다.

$$\frac{\partial E}{\partial out_j} = \sum_{k \in L} (\frac{\partial E}{\partial out_k} \frac{\partial out_k}{\partial net_k} \frac{\partial net_k}{\partial out_j}) = \sum_{k \in L} (\frac{\partial E}{\partial out_k} \frac{\partial out_k}{\partial net_k} w_{jk})$$

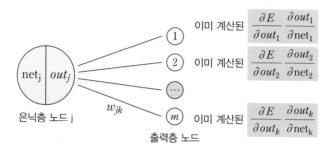

출력층 유닛의 $\frac{\partial E}{\partial out_k} \frac{\partial out_k}{\partial net_k}$ 은 이미 (1)에서 계산한 바 있다(확인해보자). 따라서 우리는 이 값에 w_{jk} 를 곱하고 모두 합치면 은닉층 유닛에서 $\partial E/\partial out_j$ 을 계산할 수 있고 이 값을 이용하여 $\partial E/\partial w_{ij}$ 을 계산하여 가중치를 변경할 수 있다. $\frac{\partial E}{\partial out_k} \frac{\partial out_k}{\partial net_k}$ 은 여러 문헌에서 δ_k (델타)라는 이름으로 불리는 값이다. 즉 유닛 k에서의 "오차"라고 생각해도 된다. 이 델타가 신경망을 통하여 역전파된다.

(3) 역전파 알고리즘 정리

결론적으로 $\partial E/\partial w_{ij}$ 은 δ_j 에 유닛의 출력값을 곱하면 구할 수 있다. δ_j 은 신경망의 레이어에 따라서 다음과 같이 구분하여서 계산할 수 있다.

$$\frac{\partial E}{\partial w_{ij}} = \delta_j out_i \qquad 여기서 \quad \delta_j = \begin{cases} (out_j - t_j)f'(net_j) & j가 \ 출력층 \ 유닛이면 \\ \left(\sum_k w_{jk}\delta_k\right)f'(net_j) & j가 \ 은닉층 \ 유닛이면 \end{cases}$$

여기서 f()는 유닛의 활성화 함수이다.

7. 역전파 알고리즘을 손으로 계산해보자.*

간단한 실제 신경망에서 손으로 계산해보자. 우리는 많은 것을 알 수 있다.

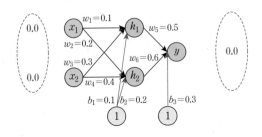

순방향 패스

사실 이 신경망은 앞에서 다룬 바 있다. 우리는 순방향 패스를 이미 계산하였다. 다음은 출력층 유닛 y에 대한 출력이다.

$$\text{net}_y = w_5 * out_{h1} + w_6 * out_{h2} + b_3$$
$$= 0.5*0.524979 + 0.6*0.549834 + 0.3 = 0.89239$$
$$out_y = \frac{1}{1+e^{-\text{net}_y}} = \frac{1}{1+e^{-0.89239}} = 0.709383$$

총 오차 계산

제곱 오차 함수를 사용하여 출력 유닛의 오차를 계산하여 총 오차 E를 얻을 수 있다. 예를 들어 유닛 y에 대한 목표 출력은 0.0이지만 신경망 출력은 0.70이므로 오차는 다음과 같다.

$$E = \frac{1}{2}(target_y - out_y)^2 = \frac{1}{2}(0.00 - 0.709383)^2 = 0.251612$$

역방향 패스(출력층 → 은닉층)

우리의 목표는 신경망의 각 가중치를 업데이트하여 실제 출력이 목표 출력에 가까워지도록 하여 신경망 전체의 오차를 최소화하는 것이다. 많은 가중치 중에서 w_5을 생각해보자. 우리는 w_5의 변경이 총 오차에 얼마나 영향을 주는 지를 알아야 한다. 즉 이것은 $\partial E/\partial w_5$을 구하는 것이다. 체인룰을 적용하면 다음과 같다.

---

* 조금 복잡한 절이다. 처음 읽을 때는 건너뛰어도 좋다.

$$\frac{\partial E}{\partial w_5} = \frac{\partial E}{\partial out_y}\frac{\partial out_y}{\partial \text{net}_y}\frac{\partial \text{net}_y}{\partial w_5}$$

이것을 다시 그림으로 그려보면 다음과 같다.

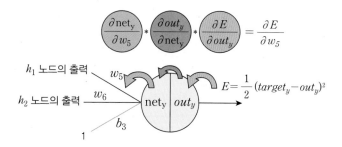

$\partial E/\partial w_5$ 식의 각 부분을 별도로 계산해보자.

① $\partial E/\partial out_y$ 은 유닛 y의 출력에 의하여 총 오차가 얼마나 변하는지를 나타낸다.

$E = \frac{1}{2}(target_y - out_y)^2$ 이다.

위의 식을 out_y 으로 미분하면 다음과 같다.

$$\frac{\partial E}{\partial out_y} = 2 * \frac{1}{2}(target_y - out_y)^{2-1} * (-1) = (out_y - target_y)$$
$$= (0.709383 - 0.00) = 0.709383$$

② $\partial out_y/\partial \text{net}_y$ 은 유닛 y의 출력 out_y 이 총입력값 net_y 에 의하여 어떻게 영향을 받는지이다. $out_y = f(net_y)$ 이고 시그모이드 함수의 미분은 $out_y*(1-out_y)$ 이므로 다음과 같이 계산할 수 있다.

$$\frac{\partial out_y}{\partial \text{net}_y} = f'(out_y) = out_y*(1-out_y) = 0.709383*(1-0.709383) = 0.206158$$

③ $\partial \text{net}_y/\partial w_5$ 은 w_5 에 의하여 총입력 net_y 이 어떻게 변하느냐이다.

$$net_y = w_5 * out_{h1} + w_6 * out_{h2} + b_3 * 1$$
$$\frac{\partial net_y}{\partial w_5} = 1 * out_{h1} + 0 + 0 = 0.524979$$

①, ②, ③을 모두 모으면 다음과 같다.

④ $\dfrac{\partial E}{\partial w_5} = \dfrac{\partial E}{\partial out_y}\dfrac{\partial out_y}{\partial \mathrm{net}_y}\dfrac{\partial \mathrm{net}_y}{\partial w_5}$

$= 0.709383 * 0.206158 * 0.524979 = 0.076775$

오류를 줄이기 위해 이 값에 학습률을 곱하여 현재의 가중치에 뺀다.

$$w_5(t+1) = w_5(t) + \eta * \dfrac{\partial E}{\partial w_5} = 0.5 - 0.2 * 0.076775 = 0.484645$$

우리는 새로운 가중치 w_6 를 얻기 위해 동일한 과정을 반복한다.

$$w_6(t+1) = 0.583918$$

바이어스 b_3 에 대하여 위의 과정을 반복하면 새로운 값을 얻을 수 있다.

$$b_3(t+1) = 0.270750$$

실제로 이들 업데이트는 모든 노드에 대한 새로운 가중치를 얻은 후에 한 번에 이루어진다. 즉 입력층과 은닉층 사이의 가중치를 계산할 때는 업데이트된 가중치가 아닌 원래 가중치를 사용한다.

역방향 패스(은닉층 → 입력층)

다음으로, 우리는 은닉층과 입력층을 연결하는 가중치 w_1, w_2, w_3, w_4 에 대하여 동일한 과정을 되풀이한다. 대표적으로 w_1 을 살펴보자. 우리가 계산하여야 할 값은 다음과 같다.

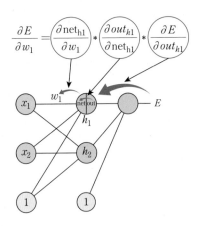

① $\partial E / \partial out_{h1}$ 부터 계산해보자. $\partial E / \partial out_{h1}$ 은 다음과 같이 풀어쓸 수 있다. 역시 체인룰 이다.

$$\frac{\partial E}{\partial out_{h1}} = \overbrace{\frac{\partial E}{\partial out_y} \frac{out_y}{\partial \mathrm{net}_y}} \frac{\partial \mathrm{net}_y}{\partial out_{h1}}$$

위의 식 중에서 $\frac{\partial E}{\partial out_y} \frac{\partial out_y}{\partial \mathrm{net}_y}$ 은 이미 우리가 앞에서 계산한 값이다(앞절의 ④ 참고). 이 부분이 중요하다. 앞에서 계산한 값을 이용해야만 효율적으로 기울기를 계산할 수 있다. 또 $\frac{\partial \mathrm{net}_y}{\partial out_y}$ 은 w_5 과 같다. 왜냐하면 $\mathrm{net}_y = w_5 * out_{h1} + w_6 * out_{h2} + b_3 * 1$ 이므로 이것을 미분 하면 $\frac{\partial \mathrm{net}_y}{\partial out_{h1}} = w_5 = 0.50$ 이기 때문이다.

이 결과들을 모두 합하면 다음과 같다.

$$\frac{\partial E}{\partial out_{h1}} = \frac{\partial E}{\partial out_y} * \frac{\partial out_y}{\partial \mathrm{net}_y} * \frac{\partial \mathrm{net}_y}{\partial out_{h1}} = 0.146224 * 0.50 = 0.073122$$

② $\frac{\partial out_{h1}}{\partial \mathrm{net}_{h1}}$ 을 계산해보자.

$$\frac{\partial out_{h1}}{\partial \mathrm{net}_{h1}} = out_{h1} * (1 - out_{h1}) = 0.524979 * (1 - 0.524979) = 0.249376$$

③ $\frac{\partial \mathrm{net}_{h1}}{\partial w_1}$ 을 계산해보자.

$$\frac{\partial \mathrm{net}_{h1}}{\partial w_1} = \frac{\partial(w_1 * x_1 + w_2 * x_2 + b_1 * 1)}{\partial w_1} = x_1$$

자 이제 이것들을 모두 모으자(①+②+③).

$$\frac{\partial E}{\partial w_1} = \frac{\partial E}{\partial out_{h1}} \frac{\partial out_{h1}}{\partial \mathrm{net}_{h1}} \frac{\partial \mathrm{net}_{h1}}{\partial w_1} = 0.073122 \times 0.249376 \times 0 = 0$$

이제 가중치 w_1 에 대한 업데이트 식을 작성할 수 있다.

$$w_1(t+1) = w_1(t) + \eta * \frac{\partial E}{\partial w_1} = 0.10 - 0.2 * 0.0 = 0.10$$

가중치 w_2, w_3 에 대하여 위의 과정을 반복하면 다음과 같은 값을 얻을 수 있다.

$$w_2(t+1) = 0.2, \ w_3(t+1) = 0.3, \ w_4(t+1) = 0.4$$

입력값이 0이어서 가중치는 변경되지 않았다(이점은 퍼셉트론과 유사하다. 입력이 0이면 가중치를 아무리 바꿔도 무슨 소용인가?). 이런 경우에는 바이어스가 큰 역할을 한다(이래서 바이어스는 반드시 있어야 한다). 바이어스 b_1, b_2 에 대하여 위의 과정을 반복하면 다음과 같은 새로운 값을 얻을 수 있다.

$$b_1(t+1)=0.096352, \quad b_2(t+1)=0.195656$$

바이어스는 기존 값 0보다 높아지게 된다. 따라서 다음 번에는 유닛의 출력을 더 낮게 만들 것이다. 현재 우리가 원하는 출력값은 0이기 때문이다.

손실함수 평가

시작할 때 신경망의 오차는 0.251612였다.

$$E= \frac{1}{2}(target-out_y)^2= \frac{1}{2}(0.00-0.709383)^2=0.251612$$

모든 가중치를 업데이트한 후에 신경망의 전체 오차를 다시 계산해보자. 첫 번째 역전파 후 총오차를 다시 계산해보면 0.244687로 감소한다.

$$E= \frac{1}{2}(target-out_y)^2= \frac{1}{2}(0.00-0.699553)^2=0.244687$$

이것은 별로 많아 보이지 않지만, 이 과정을 10,000번 반복하면 오차가 0.000016으로 떨어진다.

$$E= \frac{1}{2}(target-out_y)^2= \frac{1}{2}(0.00-0.005770)^2=0.000016$$

여기서는 하나의 학습 샘플을 반복하여 10,000번 학습시킨다고 가정하였다.

8. 넘파이만을 이용한 MLP 구현*

행렬을 이용하면 한 번에 여러 개의 예제를 학습하는 것이 가능하다. 하지만 이럴 경우, 초심자의 경우, 큰 혼란에 빠지게 된다. 따라서 이번 장에서는 샘플을 하나씩 학습시키는 것만 구현하자. 다음 장에서 미니 배치와 학습률 등의 개념을 좀 더 자세하게 학습하도록 하자. 이 코드의 앞부분은 순방향 전파에서 설명한 바 있다.

---

* 이번 프로그램은 상당히 복잡하다. 만약 케라스로만 신경망을 프로그래밍할 독자는 이번 실습은 건너뛰어도 좋다.

(1) 순방향 전파에 대한 설명은 6.3절을 참조한다.

```python
import numpy as np

# 시그모이드 함수
def actf(x):
    return 1/(1+np.exp(-x))

# 시그모이드 함수의 미분치
def actf_deriv(x):
        return x*(1-x)

# 입력유닛의 개수, 은닉유닛의 개수, 출력유닛의 개수
inputs, hiddens, outputs = 2, 2, 1
learning_rate=0.2

# 훈련 샘플과 정답
X = np.array([[0, 0], [0, 1], [1, 0], [1, 1]])
T = np.array([[1], [0], [0], [1]])

W1 = np.array([[0.10,0.20], [0.30,0.40]])
W2 = np.array([[0.50],[0.60]])
B1 = np.array([0.1, 0.2])
B2 = np.array([0.3])

# 순방향 전파 계산
def predict(x):
        layer0 = x                    # 입력을 layer0에 대입한다.
        Z1 = np.dot(layer0, W1)+B1    # 행렬의 곱을 계산한다.
        layer1 = actf(Z1)             # 활성화 함수를 적용한다.
        Z2 = np.dot(layer1, W2)+B2    # 행렬의 곱을 계산한다.
        layer2 = actf(Z2)             # 활성화 함수를 적용한다.
        return layer0, layer1, layer2
```

(2) 오차 역전파를 수행한다.

함수 fit()는 샘플을 하나씩 꺼내서 순방향으로 전파시켜서 출력을 얻는 후에 손실함수를 계산하고 이것을 역방향으로 전파시키면서 각 유닛의 델타를 계산한다. 역시 행렬 계산을 사용한다. 앞 절을 참조한다.

```
# 역방향 전파 계산
def fit():
    global W1, W2, B1, B2                    # 우리는 외부에 정의된 변수를 변경해야 한다.
    for i in range(90000):                   # 9만번 반복한다.
        for x, y in zip(X, T):               # 학습 샘플을 하나씩 꺼낸다.
            x = np.reshape(x, (1, -1))        # 2차원 행렬로 만든다. ①
            y = np.reshape(y, (1, -1))        # 2차원 행렬로 만든다.

            layer0, layer1, layer2 = predict(x)               # 순방향 계산
            layer2_error = layer2-y                           # 오차 계산
            layer2_delta = layer2_error*actf_deriv(layer2)    # 출력층의 델타 계산
            layer1_error = np.dot(layer2_delta, W2.T)         # 은닉층의 오차 계산 ②
            layer1_delta = layer1_error*actf_deriv(layer1)    # 은닉층의 델타 계산 ③

            W2 += -learning_rate*np.dot(layer1.T, layer2_delta) # ④
            W1 += -learning_rate*np.dot(layer0.T, layer1_delta) #
            B2 += -learning_rate*np.sum(layer2_delta, axis=0) # ⑤
            B1 += -learning_rate*np.sum(layer1_delta, axis=0) #
```

① 상당히 설명해야 할 사항이 많다. 행렬 x에 reshape() 함수를 적용하여서 1×2 행렬로 만들어야 한다. reshape()에서 -1을 전달하면 데이터의 개수만큼의 크기가 만들어진다.

```
x = np.reshape(x, (1, -1))    # 2차원 행렬로 만든다. [0, 0]->[[0, 0]]
```

reshape() 호출 전에, x는 [0, 0]과 같은 1차원 행렬이다. reshape() 호출이 끝나면 [[0, 0]]과 같은 2차원 행렬이 된다. 왜 2차원 배열로 만들어야 할까? 2차원 배열로 되어 있어야 행렬의 전치가 가능하기 때문이다. 1차원 행렬에서는 전치의 개념이 없다. 전치 연산이 되어야 학습이 가능하다.

② 출력층의 델타로부터 은닉층의 오차를 계산할 때는 W2 행렬의 전치 행렬 W2.T를 사용하여야 한다. 왜냐하면 입력과 출력이 바뀌었기 때문이다.

```
layer1_error = np.dot(layer2_delta, W2.T)      # 은닉층의 오차 계산
```

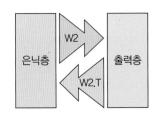

③ 은닉층의 오차에다가 은닉층의 출력을 곱할 때는 행렬의 곱셈이 아니다. 단순히 행렬의 각 요소끼리 곱하면 된다. 이것을 하마다드 곱셈(hamadard product)이라고 한다.

```
layer1_delta = layer1_error*actf_deriv(layer1)   # 은닉층의 델타 계산
```

하마다드 곱셈은 ⊙ 기호를 사용하며, 간단한 예는 다음과 같다.

$$\begin{bmatrix} a_1 & a_2 \\ a_3 & a_4 \end{bmatrix} \odot \begin{bmatrix} b_1 & b_2 \\ b_3 & b_4 \end{bmatrix} = \begin{bmatrix} a_1 \cdot b_1 & a_2 \cdot b_2 \\ a_3 \cdot b_3 & a_4 \cdot b_4 \end{bmatrix}$$

넘파이에서는 곱셈 기호 *를 사용하면 하마다드 곱셈이 된다.

④ 손실함수를 가중치로 미분한 값을 계산할 때는 행렬 곱셈을 사용한다. 현재 층의 출력값의 전치 행렬에 다음 층의 델타를 행렬 곱셈하면 된다.

```
W2 += -learning_rate*np.dot(layer1.T, layer2_delta)     # 델타에 출력값을 곱한다
```

은닉층과 출력층을 연결하는 가중치의 그래디언트를 행렬로 계산해보자. 이때는 행렬의 곱셈이 적용된다.

$$\frac{\partial E}{\partial W_2} = \frac{\partial E}{\partial Z_2} * \frac{\partial Z_2}{\partial W_2} = (A_1)^T \times \frac{\partial E}{\partial Z_2} = \begin{bmatrix} a_1 \\ a_2 \end{bmatrix} \times [(y-t) * y * (1-y)]$$

여기서 $Z_2 = A_1 W_2 + B_2$ 이므로 $\partial Z_2 / \partial W_2 = A_1$ 이 된다. 하지만 방향이 역방향이므로 곱셈의 방향이 바뀌고, 행렬 A_1 의 전치를 곱해주어야 한다. 모든 행렬 계산을 풀었을 때, 신경망의 의미에 맞아야 한다.

⑤ 바이어스는 항상 입력이 1이라고 생각하면 된다. 따라서 델타 행렬에 전부 1인 입력을 곱해주어도 되고 아니면 다음과 같이 단순히 델타 행렬의 열 합계를 계산하여도 된다.

```
B1 += -learning_rate*np.sum(layer1_delta, axis=0)      # 바이어스의 입력은 1로 가정
```

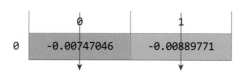

(3) 학습이 종료된 이후에 테스트하는 함수를 작성한다.

```
def test():
    for x, y in zip(X, T):
        x = np.reshape(x, (1, -1))          # 하나의 샘플을 꺼내서 2차원 행렬로 만든다.
        layer0, layer1, layer2 = predict(x)
        print(x, y, layer2)                 # 출력층의 값을 출력해본다.
```

(4) 학습 함수와 테스트 함수를 순차적으로 호출한다.

```
fit()
test()
```

```
[[0 0]] [1] [[0.99196032]]
[[0 1]] [0] [[0.00835708]]
[[1 0]] [0] [[0.00836107]]
[[1 1]] [1] [[0.98974873]]
```

이 프로그램이 수행되면서 변수들이 어떻게 변경되는지를 관찰하려면 스파이더의 변수 창을
사용하는 것도 좋다. 스파이터는 변수가 넘파이 변수인 경우 다음과 같이 아주 직관적으로 행
렬을 보여준다.

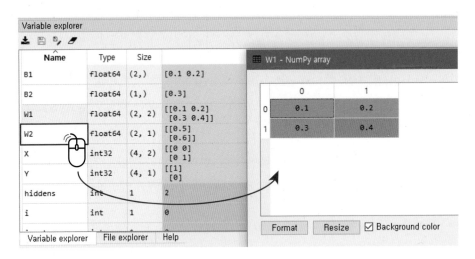

행렬에서 행과 열을 바꾼 행렬을 행렬 A의 전치 행렬이라 하고 A^T 로 나타낸다. 예를 들어서 다음과 같다.

$$\begin{bmatrix} 1 & 2 & 3 & 4 \\ 5 & 6 & 7 & 8 \\ 9 & 10 & 11 & 12 \end{bmatrix} = \begin{bmatrix} 1 & 5 & 9 \\ 2 & 6 & 10 \\ 3 & 7 & 11 \\ 4 & 8 & 12 \end{bmatrix}^T$$

도전문제

(1) 위의 프로그램을 수행시키면서 각 단계에서 layer0, layer1, layer2의 값을 출력해보자. 스파이더의 "variable explorer"를 이용한다.

(2) 위의 프로그램을 수행시키면서 각 단계에서 W1, W2, B1, B2의 값을 출력해보자. 스파이더의 "variable explorer"를 이용한다.

(3) XOR 뿐만 아니라 OR, AND 연산도 학습시켜본다.

(4) 학습률을 약간씩 변경하면서 학습이 어떻게 달라지는 지를 관찰한다.

(5) 학습 예제를 랜덤하게 선택하여서(즉 순차적이 아니라) 학습시킬 수 있는가?

(6) 가중치를 -1.0에서 1.0 사이의 난수로 초기화하여 실행해보자. 아래의 코드를 참조한다.

```
W1 = 2*np.random.random((inputs, hiddens))-1
W2 = 2*np.random.random((hiddens, outputs))-1
B1 = np.zeros(hiddens)
B2 = np.zeros(outputs)
```

9. 구글의 플레이그라운드를 이용한 실습

많은 사람들이 딥러닝을 학습하고 싶어하지만 수학적 모델과 공식에 압도되는 경우가 많다. 이 때 어려운 수학없이 신경망의 아이디어를 파악하는 데 도움이 되는 멋진 도구가 있다. 바로 구글의 텐서 플로우 플레이그라운드이다. 사이트(https://playground.tensorflow.org)에 접속해보자. 텐서 플로우 플레이그라운드는 자바 스크립트로 작성된 웹 애플리케이션으로 웹 브라우저에서 실행된다. 이 사이트에서는 사용자가 딥러닝 모델을 구성하고 여러 가지 매개 변수를 조정하면서 실험할 수 있는 기능을 제공한다.

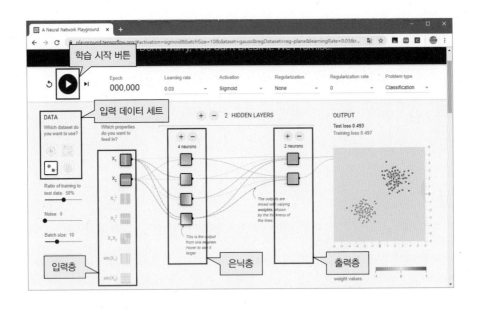

여기서는 신경망의 핵심적인 아이디어를 이해할 수 있도록 텐서플로우 플레이그라운드를 사용하는 방법을 살펴보자. 일단은 아주 간단한 예제부터 시작하자. 다음과 같이 선형 분리 가능한 입력 데이터가 있다. 이것을 다음과 같이 직선을 그어서 분류하는 문제를 학습시켜보자.

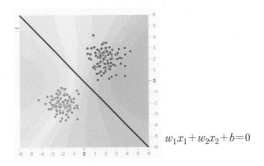

$$w_1x_1+w_2x_2+b=0$$

우리는 직선의 방정식이 $w_1x_1+w_2x_2+b=0$ 이고 여기서 b는 선의 위치를 결정하는 임계값이고 는 직선을 기울기를 결정함을 이미 알고 있다. 현재 입력은 2차원 공간에서 점들의 좌표이며 x 좌표가 첫 번째 입력이고 y 좌표가 두 번째 입력이 된다. 점들의 색상은 점들을 분류하는 레이블이다. 우리는 점들을 2개의 카테고리로 나누게 된다. 학습을 통하여 입력을 분류하는 기준이 되는 직선을 얻을 수 있다.

에포크

웹 사이트의 상단 부분은 에포크, 학습률, 활성화 함수, 정규화 방법, 문제 유형을 선택할 수 있다. 에포크는 준비된 학습 샘플을 한번 반복하는 것이다. 학습 예제 세트에 대해 학습을 실시할 때마다 아래에서 볼 수 있듯이 에포크 수는 증가한다.

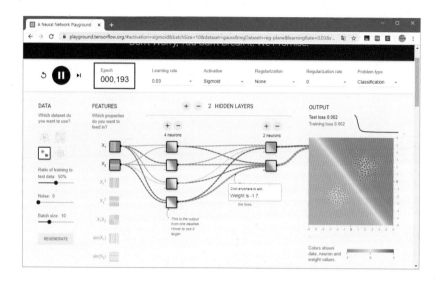

학습률

학습률은 학습 속도를 결정한다. 우리는 적절한 학습률을 선택해야 한다.

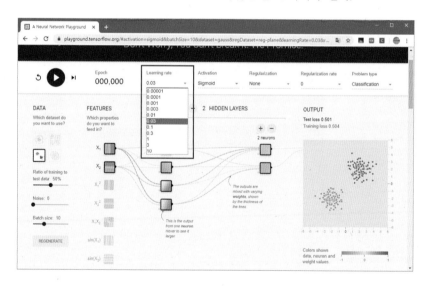

활성화 함수 선택

유닛의 활성화 함수는 해당 유닛의 출력을 생성하는 함수를 정의한다. 우리가 학습한대로 퍼셉트론에서는 계단 함수이지만 MLP에서는 시그모이드 함수이다. 최근에는 다양한 활성화 함수들이 사용되고 있다.

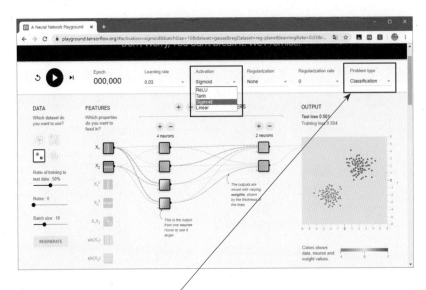

문제 유형

문제 유형에서 우리는 분류, 회귀 중에서 하나를 선택할 수 있다. 분류에는 4가지 유형이 있으며 회귀에는 2가지 유형의 문제가 있다.

- 분류 문제

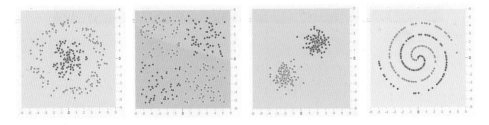

- 회귀 문제

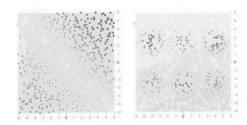

훈련 데이터와 테스트 데이터의 비율

우리는 전체 데이터 중에서 몇 퍼센트를 테스트 데이터로 사용할 것인지를 결정할 수 있다. 50%가 기본 설정이다. 만약 이 비율을 10%로 변경하면 훈련 데이터의 개수가 적어지는 것을 볼 수 있다.

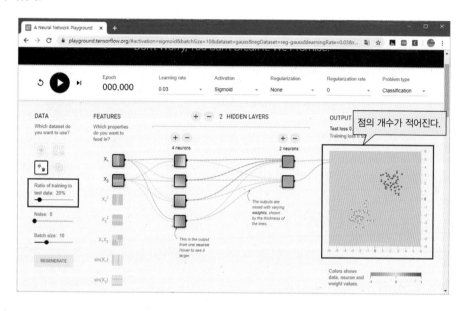

입력 특징 선택

이제 특징을 선택해보자. 여기서는 x1과 x2를 사용한다. x1은 데이터 세트에 있는 점들의 x좌표 값이고 x2는 점들의 y좌표 값이다.

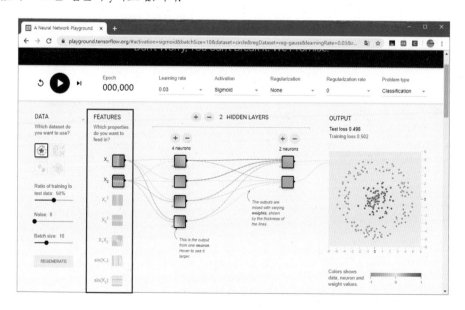

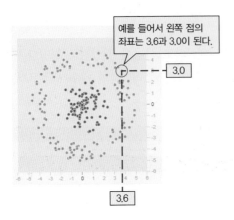

예를 들어서 왼쪽 점의
좌표는 3.6과 3.0이 된다.

3.0

3.6

은닉층 추가하기

은닉층을 쉽게 추가할 수 있다. 우리가 최대가 추가할 수 있는 은닉층의 개수는 6이다. 은닉층을 추가하려면 + 부호를 클릭한다. 반대로 줄이려면 - 부호를 클릭한다. 또한 은닉층 하나 당 최대 8개의 뉴런을 추가하거나 삭제할 수 있다.

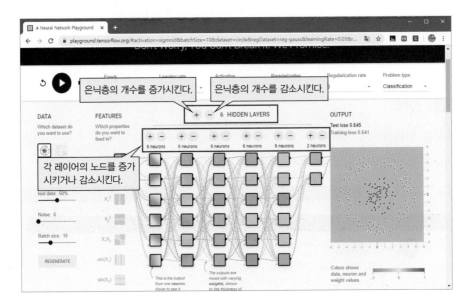

은닉층의 개수를 증가시킨다.

은닉층의 개수를 감소시킨다.

각 레이어의 노드를 증가시키거나 감소시킨다.

학습 시작

▶을 눌러서 학습을 시작해보자. 화살표 버튼을 누르면 에포크가 1씩 증가하는 신경망 학습이 시작 되고 역전파가 신경망 학습에 사용된다. 전체 학습을 새로 해야 하는 경우에는 새로 고침 버튼을 클릭한다. 앞에서 학습한 역전파 알고리즘을 이용하여 가중치와 바이어스가 학습된다. 가중치의 값을 커서를 연결선에 가져가면 볼 수 있다. 양수와 음수가 색상을 달리하여 표시된다. 파란색은 양수의 가중치를 나타내고 주황색은 음수의 가중치를 나타낸다. 가중치가 높으면 직선의 두께가 두꺼워진다.

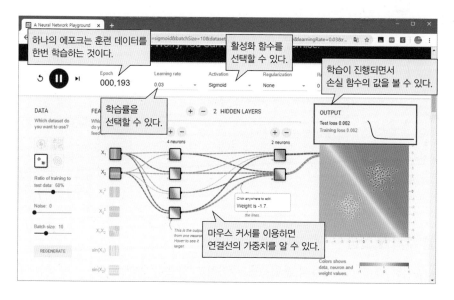

학습이 어느 정도 완료되면 학습된 판단 경계선을 볼 수 있다.

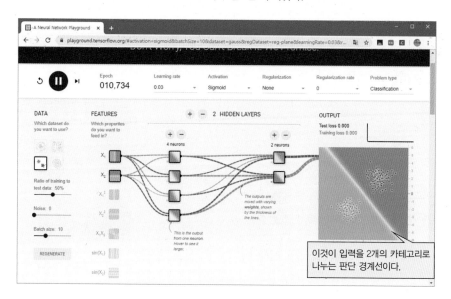

은닉층 없이 분류 실습

이번에는 선형 분리가 되지 않는 입력 데이터 세트를 이용하여서 은닉층을 사용하지 않고 입력을 분류해보자. 아무리 학습 에포크가 증가하여도 정확히 학습이 완료되지 않음을 알 수 있다.

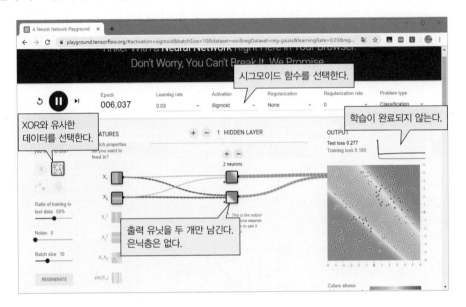

은닉층을 추가한 실습

이번에는 동일한 데이터에 대하여 은닉층을 추가하고 학습을 진행해보자. 이번에는 훨씬 부드러운 판단 경계선을 가지는 것을 알 수 있다.

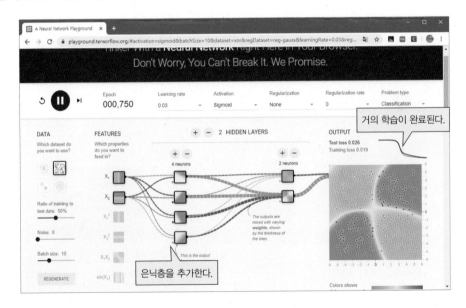

- 입력층과 출력층 사이에 은닉층(hidden layer)을 가지고 있는 신경망을 다층 퍼셉트론(multilayer perceptron: MLP)이라고 부른다.

- MLP를 학습시키기 위하여 역전파 알고리즘(back-propagation)이 재발견되었다. 이 알고리즘이 지금까지도 신경망 학습 알고리즘의 근간이 되고 있다.

- 역전파 알고리즘은 입력이 주어지면 순방향으로 계산하여 출력을 계산한 후에 실제 출력과 우리가 원하는 출력 간의 오차를 계산한다. 이 오차를 역방향으로 전파하면서 오차를 줄이는 방향으로 가중치와 바이어스를 변경한다.

- MLP의 입력과 출력, 가중치, 바이어스는 모두 행렬을 이용하여 표현될 수 있다. 행렬은 넘파이의 배열을 이용하여 구현할 수 있다.

- 역전파 알고리즘은 오차를 줄이기 위하여 경사 하강법을 사용한다. 경사 하강법이란 오차 함수의 1차 미분값을 계산하여서 이 미분값의 반대 방향으로 움직이는 방법이다. 1차 미분값을 그래디언트라고 한다.

- 역전파 알고리즘을 도출할 때는 미분의 체인룰을 이용한다. 체인룰이란 합성함수의 미분은 합성함수를 구성하는 각 함수의 미분의 곱으로 나타낼 수 있다는 것이다. MLP에서는 입력층의 출력이 은닉층의 입력이 되고 또 은닉층의 출력이 출력층의 입력이 되므로 필연적으로 합성함수들이 많이 만들어진다. 즉, $y = f(u)$, $u = g(x)$를 합성하여 얻은 합성 함수 $y = f(g(x))$가 신경망에서는 나타나게 된다. 이 합성함수를 미분하는 방법이 체인룰이다.

- MLP에서는 다양한 활성화 함수를 사용한다. 많이 사용되는 함수에는 "sigmoid", "tanh", "ReLU" 등이 있다.

연습문제

01 신경망에서는 다양한 활성화 함수가 사용된다. 어떤 활성화 함수들이 사용되는가? 각 활성화 함수들의 특징은 무엇인가?

02 본문에서 오차함수가 $y = x^2 - 6x + 4$ 일 때 경사 하강법을 사용하여 오차함수 y의 최저값을 계산하는 절차를 설명한 바 있다. 이것을 다음과 같이 그래프로 그릴 수 있는가? 맵플롯립을 사용해보자. 학습률을 변화시키면서 점을 그려보자. 어떻게 점들이 그려지는가? 학습률을 아주 크거나 작게 설정해서 점들을 그려보자.

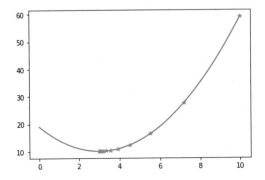

03 구글의 플레이그라운드를 사용하여 다음과 같은 MLP를 생성한다. 활성화 함수를 "linear"로 설정하였을 때, 입력을 올바르게 분류하는가? 활성화 함수를 "ReLU"로 변경하면 어떻게 되는가? 활성화 함수가 "Sigmoid"와 "ReLU"일 때도 성능을 비교해보자.

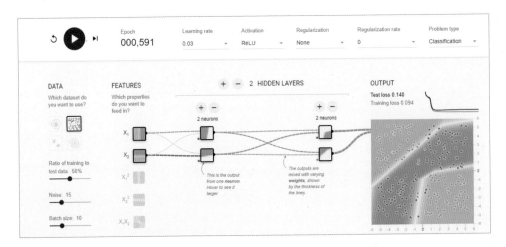

04 어떤 경우에는 구체적으로 계산을 해보는 것이 이해하는 데 도움이 된다. 다음과 같이 2개의 입력과 하나의 출력을 가지는 MLP에서 원하는 출력값이 0이라고 할 때, 각 뉴런의 출력값과 오차를 계산해보자. 활성화 함수는 계산을 간단히 하기 위하여 ReLU 함수라고 가정한다. 순방향 패스와 오차값만을 계산해보자.

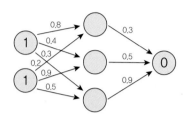

05 4번의 신경망에서 오차가 역전파되는 과정을 한 단계만 계산해보자. 활성화 함수는 계산을 간단히 하기 위하여 ReLU 함수라고 가정한다.

06 본문의 MLP 파이썬 프로그램을 참조하여 4번의 신경망을 구현해보자. 활성화 함수는 ReLU 함수라고 가정한다.

07 본문의 MLP 파이썬 프로그램에서 다양한 활성화 함수를 사용하여서 학습이 어떻게 달라지는 지를 살펴보자. ReLU 함수와 Tanh 함수를 사용해보자.

08 본문의 MLP 파이썬 프로그램에서 XOR를 학습시킬 때, 가중치가 어떻게 변화하는지를 조사해보자. 즉 한 문장씩 실행하면서 가중치를 추적해보자. 또 바이어스 값은 어떻게 변경되는가?

09 우리는 앞장에서 퍼셉트론을 이용하여 아이리스 데이터를 분류해 본 바 있다. MLP을 사용하여 이것을 다시 시도해보자. 다음의 코드를 참조한다. sklearn이 제공하는 MLP를 사용해도 좋다.

```python
import numpy as np
from sklearn.datasets import load_iris
from sklearn.linear_model import Perceptron

iris = load_iris()
X = iris.data[:, (0, 1)]          # 꽃의 너비와 높이만을 입력으로 한다.
y = (iris.target == 0).astype(np.int)   # 출력은 "Iris Setosa인가 아닌가" 이다.

percep = Perceptron(random_state=32)
percep.fit(X, y)
```

MLP와 케라스 라이브러리

MLP의 중요한
개념들을 이해해봅시다.
또 케라스 라이브러리의
기본적인 사용법을
공부해봅니다.

학습목표

- 미니 배치의 개념을 이해한다.
- 학습률의 개념을 이해한다.
- 케라스 라이브러리로 MLP를 구현해본다.
- 케라스 라이브러리를 살펴본다.
- 하이퍼 매개변수에 대하여 살펴본다.

07 | MLP와 케라스 라이브러리

1. 미니 배치

이제부터 신경망에서 중요한 개념들을 이번 장과 다음 장에서 하나씩 차례대로 살펴보고자 한다. 우리가 MLP에서 제일 먼저 생각해볼 문제는 "몇 개의 샘플을 처리한 후에 가중치를 변경할 것인가"이다. 우리가 앞장에서 다루어본 XOR 예제에서는 4개의 훈련 샘플만을 사용한다. 하지만 일반적으로는 훈련 샘플의 개수는 아주 많다. 유명한 훈련 데이터 중 하나인 MNIST 필기체 데이터에도 60000개의 훈련 샘플이 있다.

> 60000개의 훈련 샘플과 10000개의 테스트 샘플이 저장되어 있습니다.

우리는 몇 개의 샘플을 처리한 후에 가중치를 변경할 것인가? 크게 2가지의 방법이 있다. 첫 번째 방법은 하나의 샘플을 처리한 후에 바로 가중치를 변경하는 방법이다. 이것을 온라인 학습(online learning) 또는 확률적 경사 하강법(Stochastic Gradient Descent: SGD)이라고 한다. 또 하나의 방법은 풀 배치 학습(full batch learning)이다. 풀 배치 학습에서는 모든 샘플을 모두 처리한 후에, 모델의 가중치를 변경하는 방법이다.

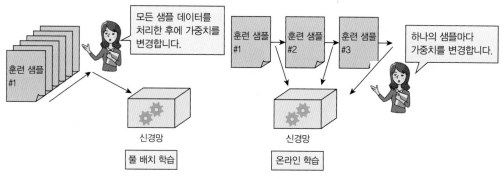

그림 7-1 배치 학습과 온라인 학습

풀 배치 학습

모든 훈련 샘플을 처리한 후에 가중치를 변경하는 방법이다. XOR 문제 같으면 4개의 샘플에 대한 그래디언트를 전부 계산한 후에 평균을 구한 후에 이것을 이용해서 경사 하강법을 적용한다. 이것이 풀배치 경사 하강법이다. 예를 들어서 훈련 샘플이 1000개가 있으면, 1000개의 샘플 전체에 대하여, 그래디언트를 모두 계산한 후에, 평균값을 계산한다. 평균을 구해야 만이, 샘플의 개수와 관계없이 항상 일관된 값을 얻을 수 있다. 평균을 구하지 않으면 샘플이 10개인 경우와 샘플이 1000개인 경우는 그래디언트의 규모가 달라지게 될 것이다. 하지만 만약 훈련 샘플이 아주 많다면 전체 샘플을 학습시키고 평균을 구하는 일은 만만치 않을 것이다. 예를 들어서 10000개만 되어도 상당한 시간이 걸리게 된다.

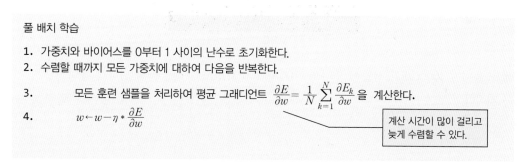

풀 배치 학습

1. 가중치와 바이어스를 0부터 1 사이의 난수로 초기화한다.
2. 수렴할 때까지 모든 가중치에 대하여 다음을 반복한다.
3.   모든 훈련 샘플을 처리하여 평균 그래디언트 $\frac{\partial E}{\partial w} = \frac{1}{N} \sum_{k=1}^{N} \frac{\partial E_k}{\partial w}$ 을 계산한다.
4. $w \leftarrow w - \eta * \frac{\partial E}{\partial w}$

계산 시간이 많이 걸리고 늦게 수렴할 수 있다.

온라인 학습(확률적 경사 하강법)

온라인 학습은 확률적 경사 하강법(SGD: Stochastic Gradient Descent)이라고도 한다. 이 방법은 훈련 샘플 중에서 무작위로 하나를 골라서 학습을 수행하는 방식이다.

확률적 경사 하강법

1. 가중치와 바이어스를 0부터 1 사이의 난수로 초기화한다.
2. 수렴할 때까지 모든 가중치에 대하여 다음을 반복한다.
3.   훈련 샘플 중에서 무작위로 i번째 샘플을 선택한다.
4.   그래디언트 $\frac{\partial E}{\partial w}$ 을 계산한다.

계산하기 쉽지만 샘플에 따라서 우왕좌왕하기 쉽다.

5. $w \leftarrow w - \eta * \frac{\partial E}{\partial w}$

미니 배치 학습

온라인 학습과 풀 배치 학습의 중간에 있는 방법이 미니 배치(mini batch)이다. 이 방법에서는 훈련 샘플을 작은 배치들로 분리시킨 후에, 하나의 배치가 끝날 때마다 학습을 수행하는 방법이다. 즉 다음과 같은 수식이 성립한다.

$$1 \langle \text{ size(미니 배치) } \langle \text{ size(훈련 샘플)}$$

예를 들어서 10000개의 샘플이 있다면 여기서 100개 정도의 샘플을 랜덤하게 뽑아서 학습하는 것이다.

미니 배치 경사 하강법

1. 가중치와 바이어스를 0부터 1 사이의 난수로 초기화한다.
2. 수렴할 때까지 모든 가중치에 대하여 다음을 반복한다.
3.   훈련 샘플 중에서 무작위로 B개의 샘플을 선택한다.
4.   그래디언트 $\frac{\partial E}{\partial w} = \frac{1}{B} \sum_{k=1}^{B} \frac{\partial E_k}{\partial w}$ 을 계산한다.
5. $w \leftarrow w - \eta * \frac{\partial E}{\partial w}$

전체 훈련 샘플을 전부 처리한 후에 모델의 매개변수를 업데이트하면, 너무 시간이 오래 걸릴 수 있다. 또 전체 샘플이 너무 커서 메모리에 들어가지 않을 수도 있다. 반대로 하나의 샘플마다 모델의 매개변수를 업데이트하면 잡음에 취약해질 수 있다. 계산 시간도 많이 걸린다. 따라서 미니 배치는 온라인 학습의 장점인 "빠른 모델 업데이트와 메모리 효율성"과 풀 배치 학습의 장점인 "정확한 모델 업데이트와 계산 효율성"의 적절한 타협점으로 보인다.

각 방법들의 비교

풀 배치 방법과 미니 배치 방법을 그림으로 비교하면 다음과 같다.

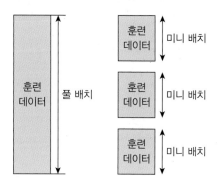

확률적 경사 하강법은 가중치가 특정한 샘플에 의하여 크게 좌우되는 경향을 보인다. 즉 하나의 잘못된 샘플 때문에 가중치가 엉뚱한 방향으로 갈 수도 있다. 이에 비하여, 미니 배치는 비교적 안정되게 수렴한다. 여러 개를 모아서 평균 그래디언트를 계산하여 이것으로 가중치를 변경하기 때문이다.

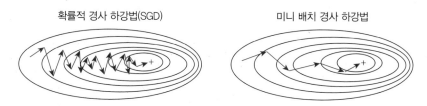

MNIST 데이터는 텐서플로우 안에 내장된 숫자 필기체 이미지 데이터이다. 약 60000개의 이미지가 저장되어 있다. MNIST 데이터에서 12개의 샘플을 무작위로 뽑는 코드를 만들어보자.

```python
import numpy as np
import tensorflow as tf

# 데이터를 학습 데이터와 테스트 데이터로 나눈다.
(x_train, y_train), (x_test, y_test) = tf.keras.datasets.mnist.load_data()

data_size = x_train.shape[0]
batch_size = 12          # 배치 크기

selected = np.random.choice(data_size, batch_size)
print(selected)
x_batch = x_train[selected]
y_batch = y_train[selected]
```

```
[58298   3085 27743 33570 35343 47286 18267 25804   4632 10890 44164 18822]
```

np.random.choice()는 배열 중에서 정해진 범위에서 정수를 랜덤하게 꺼낸다. 예를 들어서 np.random.choice(60000, 12)은 [0, 60000] 범위에서 12개의 정수를 꺼낸다. 이것을 인덱스로 사용하여서 학습 데이터와 정답 레이블에서 12개를 꺼낼 수 있다.

미니 배치를 사용한다면 오차를 계산하는 함수를 어떻게 변경하여야 할까?

```python
def MSE(t, y):
    size = y.shape[0]
    return 0.5 * np.sum((y-t)**2) / size
```

위의 코드와 같이 넘파이 배열의 shape 속성에서 배치의 크기를 알아낸 후에, 오차의 총합을 배치의 크기로 나누어서 평균값을 얻으면 된다.

2. 행렬로 미니 배치 구현하기*

앞장에서 우리는 XOR 연산을 학습할 수 있는, 간단한 신경망을 파이썬으로 구현해보았다.

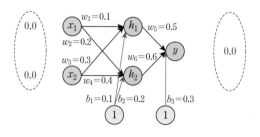

여기서는 순수 파이썬과 넘파이만을 이용하여 미니 배치를 구현해보자. 미니 배치를 구현하려면 여러 개의 훈련 샘플을 처리한 후에 가중치들을 변경해야 한다.

한 번에 여러 개의 샘플을 처리할 수 있을까?

우리는 이제까지 한 번에 하나의 샘플만을 처리하였다. 그런데, 신경망에서 입력 총합을 계산하는, 아래의 행렬 수식을 자세히 보자. 아래쪽의 비어 있는 부분에 다른 샘플을 붙이면 어떻게 될까? 여러 개의 샘플을 병렬로 같이 처리할 수 있지 않을까?

$$\begin{bmatrix} x_1 & x_2 \\ & \end{bmatrix}\begin{bmatrix} w_1 & w_2 \\ w_3 & w_4 \end{bmatrix}+[b_1 \quad b_2]$$

여기에 다른 예제를 붙이면 어떨까?

$$Z_1 = X \times W + B = \begin{bmatrix} x_1^{(1)} & x_2^{(1)} \\ x_1^{(2)} & x_2^{(2)} \\ x_1^{(3)} & x_2^{(3)} \\ x_1^{(4)} & x_2^{(4)} \end{bmatrix}\begin{bmatrix} w_1 & w_2 \\ w_3 & w_4 \end{bmatrix}+[b_1 \quad b_2]$$

Z_1 은 은닉층 유닛이 받는 입력의 총합을 나타내는 행렬이다(보통 Z가 Σ 기호와 비슷하여서 이렇게 쓰는 것 같다). 여기서 $x_1^{(1)}$, $x_2^{(1)}$ 은 첫 번째 훈련 샘플의 x_1, x_2 를 나타낸다. 행렬 Z_1 에 활성화 함수를 적용하면 은닉층 유닛의 출력값이 된다. 활성화된 값이라는 의미로 행렬 A로 나타낸다.

---

* 조금 복잡한 내용입니다. 처음 읽을 때는 건너뛰어도 좋습니다.

$$A_1 = f(Z_1) = \begin{bmatrix} f(z_1^{(1)}) & f(z_2^{(1)}) \\ f(z_1^{(2)}) & f(z_2^{(2)}) \\ f(z_1^{(3)}) & f(z_2^{(3)}) \\ f(z_1^{(4)}) & f(z_2^{(4)}) \end{bmatrix}$$

출력층 유닛이 받는 입력 총합을 계산해보자. 역시 각 샘플별로 출력이 행렬에 쌓이는 것을 알 수 있다.

$$Z_2 = A_1 \times W_2 + B_2 = \begin{bmatrix} h_1^{(1)} & h_2^{(1)} \\ h_1^{(2)} & h_2^{(2)} \\ h_1^{(3)} & h_2^{(3)} \\ h_1^{(4)} & h_2^{(4)} \end{bmatrix} \times \begin{bmatrix} w_5 \\ w_6 \end{bmatrix} + [b_3] = \begin{bmatrix} z_y^{(1)} \\ z_y^{(2)} \\ z_y^{(3)} \\ z_y^{(4)} \end{bmatrix}$$

여기에 출력층의 활성화 함수를 적용하면 출력층 유닛의 출력이 된다.

$$Y = f(Z_2) = \begin{bmatrix} f(z_y^{(1)}) \\ f(z_y^{(2)}) \\ f(z_y^{(3)}) \\ f(z_y^{(4)}) \end{bmatrix} = \begin{bmatrix} y^{(1)} \\ y^{(2)} \\ y^{(3)} \\ y^{(4)} \end{bmatrix}$$

여러 샘플을 동시에 입력하여도 각각 계산되어서 행렬에 쌓이는 것을 알 수 있다. 실제로 신경 망의 학습에서는 하나의 샘플이 아닌 몇 개의 샘플을 모아서 같이 처리한다. 이것은 배치 학습 이라고 한다고 하였다. 행렬은 넘파이 배열로 나타낼 수 있고, 따라서 넘파이를 사용하면 여러 개의 샘플을 동시에 학습시키는 것도 가능하다.

여러 개의 샘플을 동시에 처리할 때, 오차는 어떻게 역전파될까?

우리가 궁금한 것은 여러 개의 샘플이 동시에 학습될 때 오차는 어떻게 역전파되느냐이다. 예를 들어서 $\partial E / \partial W_2$ 를 계산해보자. 체인룰에 의하여 다음과 같이 분해된다.

$$\frac{\partial E}{\partial W_2} = \underset{①}{\frac{\partial E}{\partial Y}} * \underset{②}{\frac{\partial Y}{\partial Z_2}} * \underset{③}{\frac{\partial Z_2}{\partial W_2}}$$

① $\partial E / \partial Y$ 를 계산해보자. 손실 함수로는 MSE를 사용하였다고 가정하자. 다음과 같이 예제 별로 오차가 계산된다. $t^{(1)}$ 은 첫 번째 예제의 정답 레이블이고 $y^{(1)}$ 은 첫 번째 예제의 실제 출력이다. 행렬 T는 레이블을 나타내고 행렬 Y는 실제 출력을 나타낸다.

$$\frac{\partial E}{\partial Y} = -(T-Y) = -\begin{bmatrix} t^{(1)}-y^{(1)} \\ t^{(2)}-y^{(2)} \\ t^{(3)}-y^{(3)} \\ t^{(4)}-y^{(4)} \end{bmatrix} = \begin{bmatrix} y^{(1)}-t^{(1)} \\ y^{(2)}-t^{(2)} \\ y^{(3)}-t^{(3)} \\ y^{(4)}-t^{(4)} \end{bmatrix}$$

② 출력층에서 출력을 입력으로 미분한 값 $\partial Y/\partial Z_2$ 을 계산해보자. 출력층의 활성화 함수를 시그모이드라고 가정한다면 다음과 같이 계산할 수 있다. $\odot$ 연산은 하마다드 연산이다. 배열 요소별로 곱해진다.

$$\frac{\partial Y}{\partial Z_2} = Y \odot (1-Y) = \begin{bmatrix} y^{(1)} * \left(1-y^{(1)}\right) \\ y^{(2)} * \left(1-y^{(2)}\right) \\ y^{(3)} * \left(1-y^{(3)}\right) \\ y^{(4)} * \left(1-y^{(4)}\right) \end{bmatrix}$$

③ $\partial E/\partial Z_2$ 를 계산해보자. 체인룰에 의하여 다음과 같이 계산할 수 있다. 역시 $\odot$ 연산을 사용한다. 신경망에서 연결선에 의하여 한 곳으로 모이거나 분배되는 것이 아니라면 $\odot$ 연산을 사용한다.

$$\frac{\partial E}{\partial Z_2} = \frac{\partial E}{\partial Y} \odot \frac{\partial Y}{\partial Z_2} = \begin{bmatrix} y^{(1)}-t^{(1)} \\ y^{(2)}-t^{(2)} \\ y^{(3)}-t^{(3)} \\ y^{(4)}-t^{(4)} \end{bmatrix} \odot \begin{bmatrix} y^{(1)} * \left(1-y^{(1)}\right) \\ y^{(2)} * \left(1-y^{(2)}\right) \\ y^{(3)} * \left(1-y^{(3)}\right) \\ y^{(4)} * \left(1-y^{(4)}\right) \end{bmatrix} = \begin{bmatrix} \left(y^{(1)}-t^{(1)}\right) * y^{(1)} * \left(1-y^{(1)}\right) \\ \left(y^{(2)}-t^{(2)}\right) * y^{(2)} * \left(1-y^{(2)}\right) \\ \left(y^{(3)}-t^{(3)}\right) * y^{(3)} * \left(1-y^{(3)}\right) \\ \left(y^{(4)}-t^{(4)}\right) * y^{(4)} * \left(1-y^{(4)}\right) \end{bmatrix}$$

④ 이제 은닉층과 출력층을 연결하는 가중치의 그래디언트 $\partial E/\partial W_2$ 를 계산해보자. 이때는 행렬의 곱셈이 적용된다.

$$\frac{\partial E}{\partial W_2} = \frac{\partial Z_2}{\partial W_2} \times \frac{\partial E}{\partial Z_2} = (A_1)^T \times \frac{\partial E}{\partial Z_2} = \begin{bmatrix} a_1^{(1)} & a_1^{(2)} & a_1^{(3)} & a_1^{(4)} \\ a_2^{(1)} & a_2^{(2)} & a_2^{(3)} & a_2^{(4)} \end{bmatrix} \times \begin{bmatrix} \left(y^{(1)}-t^{(1)}\right) * y^{(1)} * \left(1-y^{(1)}\right) \\ \left(y^{(2)}-t^{(2)}\right) * y^{(2)} * \left(1-y^{(2)}\right) \\ \left(y^{(3)}-t^{(3)}\right) * y^{(3)} * \left(1-y^{(3)}\right) \\ \left(y^{(4)}-t^{(4)}\right) * y^{(4)} * \left(1-y^{(4)}\right) \end{bmatrix}$$

여기서 $Z_2 = A_1 W_2 + B_2$ 이므로 $\partial Z_2/\partial W_2 = A_1$ 이 된다. 전파 방향이 역방향이므로 행렬 A_1 의 전치 행렬을 곱해주어야 한다. 위의 식을 풀어서 W_2 에 들어 있는 가중치 w_5 에 대한 그래디언트를 정리해보면 모든 샘플의 그래디언트들이 합쳐지는 것을 알 수 있다. 안심해도 된다.

$$\frac{\partial E}{\partial w_5} = \boxed{a_1^{(1)} * \left(t^{(1)} - y^{(1)}\right) * y^{(1)} * \left(1 - y^{(1)}\right)} + \boxed{a_1^{(2)} * \left(t^{(2)} - y^{(2)}\right) * y^{(2)} * \left(1 - y^{(2)}\right)} +$$

첫 번째 샘플의 그래디언트 · 두 번째 샘플의 그래디언트

$$\boxed{a_1^{(3)} * \left(t^{(3)} - y^{(3)}\right) * y^{(3)} * \left(1 - y^{(3)}\right)} + \boxed{a_1^{(4)} * \left(t^{(4)} - y^{(4)}\right) * y^{(4)} * \left(1 - y^{(4)}\right)}$$

세 번째 샘플의 그래디언트 · 네 번째 샘플의 그래디언트

샘플이 4개이므로 4로 나누어서 평균 그래디언트를 계산하고, 여기에 학습률을 곱하여 w_5를 변경한다.

$$w_5(t+1) = w_5(t) - \eta * \frac{1}{4} * \frac{\partial E}{\partial w_5}$$

미니 배치의 구현

우리는 6장의 MLP 신경망 소스에서 한 번에 4개의 훈련 샘플을 동시에 처리하는 부분을 추가해보자. XOR 연산은 훈련 샘플이 4개뿐이어서, 미니 배치가 풀 배치와 마찬가지가 되었다. 앞장의 소스에서 변경된 부분만 설명하도록 하자.

```python
import numpy as np

# 시그모이드 함수
def actf(x):
    return 1/(1+np.exp(-x))

# 시그모이드 함수의 미분치
def actf_deriv(x):
        return x*(1-x)

# 입력유닛의 개수, 은닉유닛의 개수, 출력유닛의 개수
inputs, hiddens, outputs = 2, 2, 1
learning_rate = 0.5

# 훈련 입력과 출력
X = np.array([[0, 0], [0, 1], [1, 0], [1, 1]])
T = np.array([[0], [1], [1], [0]])

# 가중치를 -1.0에서 1.0 사이의 난수로 초기화한다.
W1 = 2*np.random.random((inputs, hiddens))-1
W2 = 2*np.random.random((hiddens, outputs))-1
B1 = np.zeros(hiddens)
B2 = np.zeros(outputs)
```

```
# 순방향 전파 계산
def predict(x):
        layer0 = x                      # 입력을 layer0에 대입한다.
        Z1 = np.dot(layer0, W1)+B1       # 행렬의 곱을 계산한다.
        layer1 = actf(Z1)               # 활성화 함수를 적용한다.
        Z2 = np.dot(layer1, W2)+B2       # 행렬의 곱을 계산한다.
        layer2 = actf(Z2)               # 활성화 함수를 적용한다.
        return layer0, layer1, layer2

# 역방향 전파 계산
def fit():
    global W1, W2, B1, B2
    for i in range(60000):
            layer0, layer1, layer2 = predict(X)
            layer2_error = layer2-T

            layer2_delta = layer2_error*actf_deriv(layer2)
            layer1_error = np.dot(layer2_delta, W2.T)
            layer1_delta = layer1_error*actf_deriv(layer1)

            W2 += -learning_rate*np.dot(layer1.T, layer2_delta)/4.0
            W1 += -learning_rate*np.dot(layer0.T, layer1_delta)/4.0
            B2 += -learning_rate*np.sum(layer2_delta, axis=0)/4.0
            B1 += -learning_rate*np.sum(layer1_delta, axis=0)/4.0

def test():
    for x, y in zip(X, T):
        x = np.reshape(x, (1, -1))          # 하나여도 2차원 형태이어야 한다.
        layer0, layer1, layer2 = predict(x)
        print(x, y, layer2)

fit()
test()
```

```
[[0 0]] [0] [[0.0124954]]
[[0 1]] [1] [[0.98683933]]
[[1 0]] [1] [[0.9869228]]
[[1 1]] [0] [[0.01616628]]
```

소스 설명

① 가중치를 작은 난수로, 바이어스는 0으로 초기화한다.

```
# 가중치를 -1.0에서 1.0 사이의 난수로 초기화한다.
W1 = 2*np.random.random((inputs, hiddens))-1
```

```
W2 = 2*np.random.random((hiddens, outputs))-1
B1 = np.zeros(hiddens)
B2 = np.zeros(outputs)
```

② 훈련 샘플 전체를 행렬로 만들어서 한 번에 처리하였다.

```
for i in range(60000):
        layer0, layer1, layer2 = predict(X)
```

③ 그래디언트를 계산한 후에 배치 안에 포함된 샘플의 개수인 4로 나누어주었다.

```
W2 += -learning_rate*np.dot(layer1.T, layer2_delta)/4.0
W1 += -learning_rate*np.dot(layer0.T, layer1_delta)/4.0
B2 += -learning_rate*np.sum(layer2_delta, axis=0)/4.0
B1 += -learning_rate*np.sum(layer1_delta, axis=0)/4.0
```

④ 바이어스에 대한 수식은 도출하지 않았지만 바이어스는 모든 예제의 델타를 합쳐야 한다(바이어스는 입력이 항상 1인 연결선의 가중치라고 이해하면 된다). 따라서 `np.sum()`을 호출하고 `axis=0`으로 하여서 열 방향으로 모든 델타를 합쳤다.

3. 학습률

다음으로 살펴볼 개념은 학습률(learning rate)이다. 신경망의 학습에서 학습률은 아주 중요하다. 많은 연구자들은 학습률이 모델의 성능에 심대한 영향을 끼치지만 설정하기가 아주 어렵다는 것을 발견하였다. 학습률이란 한 번에 가중치를 얼마나 변경할 것인가를 나타낸다. 학습률이 높아야 좋을 거 같지만 결코 그렇지 않다. 초등학생에게 하루에 보통 학생의 10배씩 공부를 시킨다고 해서 학습의 효과가 높아질까?

(1) 학습률이 너무 높다면 오버슈팅이 일어나고 불안정해지면 발산할 수 있다.

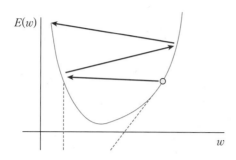

(2) 학습률이 너무 낮다면 아주 느리게 학습이 이루어지며, 그만큼 수렴되는 시간도 늦어진다. 또 지역최소화에 빠질 위험도 높아진다.

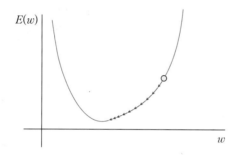

(3) 적당한 학습률은 부드럽게 수렴하며, 지역최소화를 피할 수 있다.

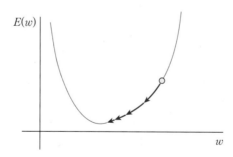

모멘텀

모멘텀(momentum)은 학습 속도를 가속시킬 목적으로 사용한다. 우리말로 번역하면 운동량이다. 우리는 언덕에서 굴러 내려오는 돌은 운동량을 가지고 있음을 알고 있다. 이것이 바로 모멘텀 효과이다. 또 모멘텀은 지역 최소값을 넘어서 전역 최소값을 찾는데 도움이 된다. 아래 그림을 참조하자.

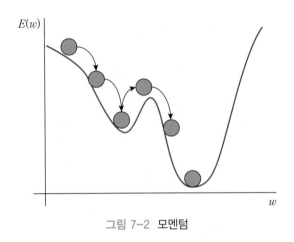

$$E(w)$$

$$w$$

그림 7-2 모멘텀

모멘텀을 도입하면 가중치 변경 수식은 다음과 같이 수정된다.

$$W_{t+1} = W_t - \eta \frac{\partial E}{\partial W} + momentum^* W_t$$

적절한 학습률 설정하기

그렇다면 어떻게 학습률을 설정하면 좋을까? 가장 좋은 방법은 손실 함수의 모양에 따라서 적응적으로 학습률을 변경하는 것이다. 즉 학습률을 고정시키지 말고, 현재 그래디언트 값이나 가중치의 크기, 학습의 정도 등을 고려하여서 적응형 학습률로 하는 것이다. 현재 많이 사용되는 적응적 학습률 방법은 다음과 같다.

- Adagrad: Adagrad는 가변 학습률을 사용하는 방법으로 SGD 방법을 개량한 최적화 방법이다. 주된 방법은 학습률 감쇠(learning rate decay)이다. Adagrad는 학습률을 이전 단계의 기울기들을 누적한 값에 반비례하여서 설정한다. 또 학습률을 유닛 별로 다르게 설정한다. 따라서 이전 그래디언트값이 큰 유닛의 학습률은 그래디언트의 크기에 비례하여 빠르게 감소하고, 이전 그래디언트값이 작은 유닛의 학습률은 비교적 느리게 감소한다. 따라서 매개변수 공간에서 더 완만한 경사를 따라서 학습이 진행된다.

$$W_{t+1} = W_t - \eta \frac{1}{\sqrt{G_t + \epsilon}} \frac{\partial E}{\partial W}$$

여기서 G_t는 이전 그래디언트 제곱값의 합이다. 일반적으로 Adagrad의 매개변수를 기본값으로 두도록 권장된다. 기본 학습률 값 0.01은 대부분의 경우, 잘 작동하는 것으로 나타났다. Adagrad는 학습의 회수가 많아지면 학습률 감쇠가 너무 커져서 학습이 전혀 되지 않을 수 있다.

- RMSprop: RMSprop은 Adagrad에 대한 수정판이다. Geoffy Hinton이 Coursea 강의 과정에서 제안했다. Adadelta와 유사하지만 한 가지 차이점이 있다. 그래디언트 누적 대신에 지수 가중 이동 평균을 사용한다. Adagrad의 학습률은 이전 그래디언트 제곱 값에 따라 감소하는데, 최소값에 도달하기 전에 학습률이 너무 작아질 수 있다. RMSprop은 지수 가중 평균을 사용하기 때문에 아주 오래 전의 그래디언트들은 학습률의 변경에서 빠지게 된다. RMSprop은 심층 신경망을 위한 효과적인 최적화 알고리즘으로 증명되었다. 따라서 기본 최적화 방법으로 사용된다.

$$v(t) = \rho v(t-1) + (1-\rho) * \left[\frac{\partial E}{\partial W}\right]^2 \qquad \cdots 그래디언트\ 제곱의\ 지수\ 평균$$

$$W_{t+1} = W_t - \eta \frac{1}{\sqrt{v_t + \epsilon}} \frac{\partial E}{\partial W}$$

- Adam: Adam은 Adaptive Moment Estimation의 약자이다. Adam은 기본적으로 (RMSprop + 모멘텀)이다. Adam 알고리즘의 경로 찾기는 본질적으로 모멘텀(운동량)과 마찰을 동시에 가지고 있는 공의 경로 찾기와 같다. Adam은 손실 함수 표면에서 평평한 경로를 선호하며, 큰 기울기를 따라 이동할 때 학습 속도를 늦춘다. Adam은 현재 가장 인기 있는 최적화 알고리즘 중 하나이다. 그 이유는 스마트 학습률 어닐링과 모멘텀 변경을 모두 제공하기 때문이다.

아래 그림은 논문에서 여러 가지 적응적 학습률 방법을 비교한 것이다.

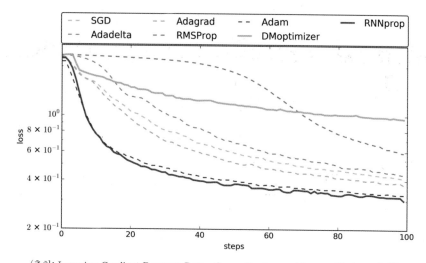

(출처: Learning Gradient Descent: Better Generalization and Longer Horizons 논문)

구글의 텐서플로우 플레이그라운드(https://playground.tensorflow.org)를 이용하여 배치크기, 학습률 등을 변경하면서 성능에 어떻게 영향을 주는지를 살펴보자.

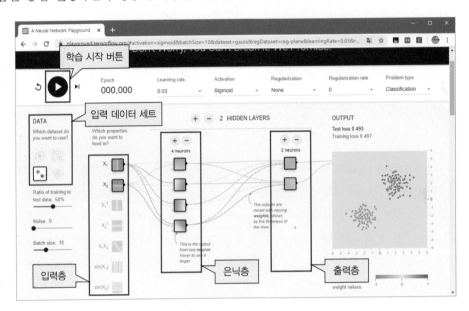

(1) 학습률을 변경하면서 분류 작업이 어떻게 영향받는지를 살펴보자.

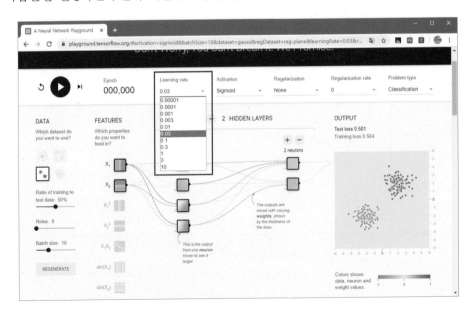

(2) 활성화 함수를 변경하면서 분류 성능이 어떻게 바뀌는지 관찰해보자.

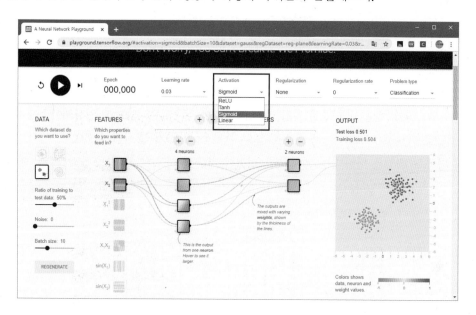

(3) 배치크기를 변경해본다.

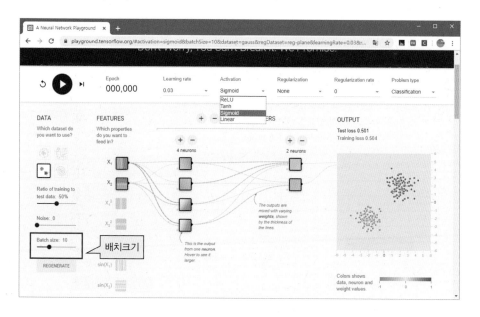

4. 케라스(Keras) 시작하기

텐서플로우와 케라스

텐서플로우(TensorFlow)는 딥러닝 프레임워크의 일종이다. 텐서플로우는 내부적으로 C/C++로 구현되어 있고 파이썬을 비롯하여 여러 가지 언어에서 접근할 수 있도록 인터페이스를 제공한다. 텐서플로우(TensorFlow)은 텐서(Tensor)와 플로우(Flow)가 합쳐진 용어이다. 텐서는 물리학에서 다차원 배열을 나타내는 용어이다. 텐서의 차원을 다르게 하면, 스칼라, 벡터, 행렬, 텐서를 모두 나타낼 수 있다.

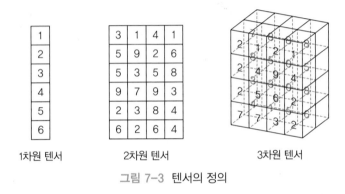

그림 7-3 텐서의 정의

플로우는 "데이터 플로우"(data flow)를 의미한다. 텐서플로우에는 연산을 나타내는 유닛가 있고 이들 유닛 사이로 텐서들이 흘러다닌다고 생각하면 된다.

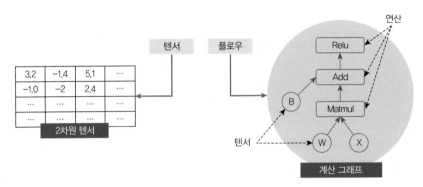

그림 7-4 텐서플로우의 개념

구글의 텐서플로우는 다음과 같은 계층 구조로 되어 있다.

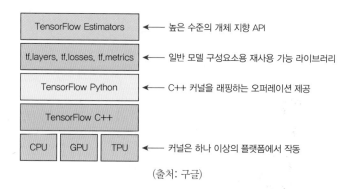

（출처: 구글）

우리는 계산 그래프를 이용하여서 심층 신경망을 만들어서 실행할 수 있다. 하지만 텐서플로우로 신경망을 구성하려면 변수 및 자리 표시자(placeholders)를 여러 개 생성하여서 서로 연결하여야 한다. 따라서 상당히 복잡한 코드가 필요하다. 텐서플로우는 기본적으로 저수준 API이기 때문이다. 우리는 텐서플로우 위에서 고수준 API를 제공하는 케라스 라이브러리를 사용해 보자.

케라스

이제 케라스(keras)에 대하여 설명할 때가 되었다. 이제까지 우리는 파이썬과 넘파이만을 이용하여 신경망을 구현하였지만, 이제부터는 상당히 복잡한 신경망들이 등장하기 때문에 케라스 라이브러리를 사용할 것이다. 케라스는 파이썬으로 작성되었으며, 고수준 딥러닝 API이다. 케라스에서는 여러 가지 백엔드를 선택할 수 있지만, 아무래도 가장 많이 선택되는 백엔드는 텐서플로우이다. 텐서플로우를 설치하면 케라스가 자동 설치된다.

케라스는 빠른 실험을 가능하게 하는 데 중점을 두고 개발되었다. 케라스의 특징은 다음과 같다.

- 쉽고 빠른 프로토타이핑이 가능하다.
- 피드포워드 신경망, 컨볼루션 신경망과 순환 신경망은 물론, 여러 가지의 조합도 지원한다.
- CPU 및 GPU에서 원활하게 실행된다.

캐라스는 업계와 학계에서 모두 폭넓게 사용되고 있다고 한다. 케라스의 강력한 라이벌인 파이토치(Pytorch)는 주로 연구자들이 선호하는 것으로 알려져 있다.

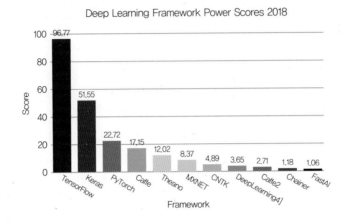

케라스로 신경망을 작성하는 절차

케라스의 핵심 데이터 구조는 모델(model)이며 이것은 레이어를 구성하는 방법을 나타낸다. 가장 간단한 모델 유형은 Sequential 선형 스택 모델이다. Sequential 모델은 레이어를 선형으로 쌓을 수 있는 신경망 모델이다. Sequential 모델을 사용하면, 신경망을 레고 조립하듯이 만들 수 있다.

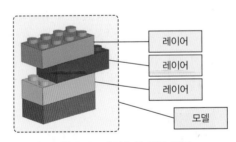

그림 7-5 케라스의 기본 개념

케라스를 사용하여 신경망을 만들고 사용하는 기본적인 절차는 다음과 같다. 우리는 앞으로 한동안 Sequential 선형 스택 모델만을 사용할 예정이다.

① 입력 데이터와 정답 레이블을 준비한다. 이들은 모두 넘파이 배열이나 파이썬 리스트 형식으로 준비하면 된다.

② Sequential 모델을 생성한다.

```
model = tf.keras.models.Sequential()
```

③ Sequential 모델에 add() 함수를 이용하여 필요한 레이어를 추가한다. 예를 들어서 완전 연결된 레이어를 추가하려면 다음과 같이 호출한다.

```
model.add(tf.keras.layers.Dense(units=2, input_shape=(2,), activation='sigmoid'))
```

④ compile() 함수를 호출하여서 Sequential 모델을 컴파일한다.

```
model.compile(loss='mse', optimizer=keras.optimizers.SGD(lr=0.3))
```

⑤ fit()를 호출하여서 학습을 수행한다.

```
model.fit(X, y, batch_size=1, epochs=10000)
```

⑥ predict()를 호출하여서 모델을 테스트한다.

```
print( model.predict(X) )
```

XOR를 학습하는 MLP를 작성

XOR 연산을 학습할 수 있는 케라스 모델을 생성하고 훈련시켜보자.

(1) 제일 먼저 해야 할 일은 필요한 라이브러리를 포함시키는 것이다.

```
import numpy as np
import tensorflow as tf
```

(2) 우리는 순방향으로만 전파되는 신경망을 만들면 된다. 이것은 Sequential 모델로 가능하다.

```
model = tf.keras.models.Sequential()
```

(3) 모델에 레이어를 쌓으려면 add() 함수를 사용한다.

```
model.add(tf.keras.layers.Dense(units=2, input_shape=(2,), activation='sigmoid')) #①
model.add(tf.keras.layers.Dense(units=1,  activation='sigmoid')) #②
```

Dense 클래스는 완전연결된 레이어를 생성하는 객체이다. ①에서 units 매개변수는 유닛의 개수이다. activation은 활성화 함수이다. 여기서는 시그모이드 활성화 함수를 지정하였다. input_shape은 입력의 형상이다. (2,)은 튜플로서 입력이 2개임을 나타낸다. 그냥 (2) 하면 튜플이 안 만들어진다. 반드시 ,를 추가하여야 한다. ②에서 유닛 하나로 되어 있는 레이어를 추가한다. 활성화 함수는 역시 시그모이드이다.

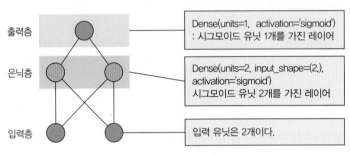

그림 7-6 케라스에서의 레이어

(4) 케라스의 모델이 완성되면 compile() 함수를 이용하여 학습 과정을 구성한다.

```
model.compile(loss='mean_squared_error', optimizer=keras.optimizers.SGD(lr=0.3))
```

매개변수 loss는 손실 함수를 지정한다. 현재는 평균 제곱 오차(mean_squared_error)로 설정되어 있다. 평균 제곱 오차는 실제 출력과 목표 출력 사이의 오차를 제곱한 후에 모든 출력 유닛에 대하여 평균을 낸 값이다. 케라스에서는 사용자가 필요한 경우 최적화 방법을 조정할 수 있다. 케라스의 주요 철학 중 하나는 사용자가 필요한 작업에 대해서는 완전한 제어권을 가질 수 있도록 하는 것이라고 한다. 우리는 최적화 방법으로 확률적 경사 하강법을 사용한다. 확률적 경사 하강법 SGD 객체를 생성하여 옵티마이저(optimizer)로 지정하였다. 위 문장에서는 학습률(lr)을 0.3으로 지정하였다.

(5) summary()를 호출하면 이제까지 구축된 모델을 보여준다.

```
model.summary()

Model: "sequential"
_____
Layer (type)                 Output Shape              Param #
=================================================================
dense (Dense)                (None, 2)                 6
_____
```

```
dense_1 (Dense)                 (None, 1)                      3
=================================================================
Total params: 9
Trainable params: 9
Non-trainable params: 0
_____
```

(6) 케라스 모델이 만들어지면 학습을 진행할 수 있다. 학습은 fit() 함수를 호출하면 된다. 우리는 X와 y를 논리적인 XOR로 하여 본다. 즉 다음과 같은 입력값과 출력값을 사용하여 학습한다.

훈련 데이터는 반드시 2차원 행렬로 하여야 한다. 훈련 데이터를 1차원 행렬로 하면 배치 처리가 되지 않고, 학습 과정에서 필요한 행렬의 전치도 불가능하다. 여기서 X과 y는 넘파이 배열이다. X에는 훈련 데이터가 들어 있고 y에는 정답 레이블이 저장되어 있다.

```
X = np.array([[0, 0],[0, 1],[1, 0],[1, 1]])
y = np.array([[0], [1], [1], [0]])
```

신경망의 학습은 fit() 함수를 호출한다.

```
model.fit(X, y, batch_size=1, epochs=10000)
```

epochs는 반복하는 세대의 개수이다. batch_size을 1로 설정하는 것은 배치 크기가 1이라는 것을 의미한다. 즉 한 샘플마다 가중치가 변경된다는 것을 의미한다.

(7) 학습이 끝나면 예측값은 다음과 같이 predict()로 테스트할 수 있다.

```
print( model.predict(X) )
```

실행 결과는 다음과 같다.

```
...
Epoch 10000/10000
4/4 [==============================] - 0s 748us/sample - loss: 9.7796e-04
[[0.02736092]
 [0.9704443 ]
 [0.9701309 ]
 [0.03734875]]
```

XOR와 아주 똑같지는 않지만, 상당히 유사한 값이 나오는 것을 볼 수 있다. 지금도 XOR는 쉽지 않은 문제이다.

5. 케라스를 사용하는 3가지 방법

케라스는 크게 3가지의 방법으로 모델을 생성할 수 있다. 우리는 방법 (1)을 13장까지 사용하다가 14장에서 방법 (2)를 사용할 것이다. 방법 (3)은 이 책에서 다루지 않는다. 자세한 내용은 https://keras.io/ko을 참조한다.

(1) Sequential 모델을 만들고 모델에 필요한 레이어를 추가하는 방법이다. 앞에서 설명한 방법도 이 방법에 속한다. add()를 사용하여서 모델에 점진적으로 레이어를 추가한다.

```
model = Sequential()

model.add(Dense(units=2, input_shape=(2,), activation='sigmoid'))
model.add(Dense(units=1,  activation='sigmoid'))
```

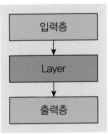

Sequential

(2) 함수형 API를 사용하는 방법

레이어와 레이어를 변수로 연결하는 방법이다. 우리 마음대로 변수를 연결할 수 있는 장점이 있다. 중간에서 은닉층의 값을 추출할 수도 있다.

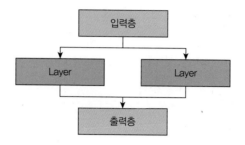

동일한 신경망을 함수형 API를 이용하여 모델만 다시 작성해보자.

```
inputs = Input(shape=(2,))                    # 입력층
x = Dense(2, activation="sigmoid")(inputs)    # 은닉층 ①
prediction = Dense(1, activation="sigmoid")(x) # 출력층

model = Model(inputs=inputs, outputs=prediction)
```

문장 ①은 얼핏 보면 이해 안 되는 문장일 수 있다. 이 문장은 layers.Dense(2, activation= "sigmoid")가 반환하는 객체를 호출하겠다는 의미이다. 다음과 같은 2개의 문장을 하나로 축약했다고 생각하면 된다.

```
tmp = Dense(2, activation="sigmoid")
x = tmp(inputs)
```

함수형 API를 사용하게 되면, 우리가 원하는 방식으로 객체들을 연결하여 사용할 수 있다. 예를 들어서 앞의 그림과 같이 레이어가 다중 입력이나 다중 출력을 가지도록 연결할 수도 있다. 이 책의 후반부에 가면 복잡한 딥러닝 모델들이 등장한다. 그때 함수형 API를 이용하여 케라스를 사용해보자.

(3) Model 클래스 상속하기

Model 클래스를 상속받아서 우리 나름대로의 클래스를 정의하는 방법이다.

```
tf.keras.Model

    def __init__():
              ...
    def call():
              ...
```

역시 동일한 신경망 모델을 이 방법으로 다시 작성해보면 다음과 같다.

```python
class SimpleMLP(Model):

    def __init__(self, num_classes):        # 생성자 작성
        super(SimpleMLP, self).__init__(name='mlp')
        self.num_classes = num_classes

        self.dense1 = Dense(32, activation='sigmoid')
        self.dense2 = Dense(num_classes, activation='sigmoid')

    def call(self, inputs):                  # 순방향 호출을 구현한다.
        x = self.dense1(inputs)
        return self.dense2(x)

model = SimpleMLP()
model.compile(...)
model.fit(...)
```

6. 케라스를 이용한 MNIST 숫자 인식

이제 우리가 학습하고 있는 신경망은 너무 복잡해져서 기본 파이썬으로만 구현하기에는 너무 힘들다. 우리는 케라스를 이용하여 MLP를 만들고 숫자 이미지를 받아서 숫자를 인식하도록 훈련시켜보자.

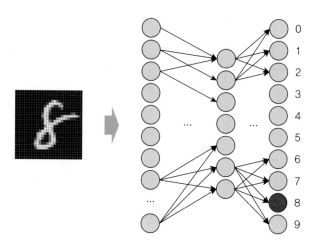

이 신경망의 입력은 필기체 숫자 이미지이다. 많은 수의 필기체 이미지로 신경망을 학습한다. 학습이 종료된 후에, 신경망에 이미지(28×28픽셀)가 주어지면 신경망은 이 이미지가 어떤 숫자 인지를 출력한다(10개의 부류). 예를 들어서 위의 그림처럼 숫자 "8" 이미지가 주어지면 출력층 에서 8에 해당하는 유닛이 1이 되고 나머지 유닛은 모두 0이 된다. 이 예제는 머신러닝 분야에 서 유명한 예제라서, 딥러닝의 'Hello World!' 예제라고 불린다. 우리는 이 예제를 케라스로 프 로그래밍하면서 자세히 살펴보자.

MNIST 필기체 숫자 데이터 세트

이 데이터 세트는 1980년대에 미국의 국립표준 연구소(NIST)에서 수집한 데이터 세트으로 6만 개의 훈련 이미지와 1만개의 테스트 이미지로 이루어져 있다.

그림 7-7 MNIST 데이터

가장 높은 오류율은 12%이며 이는 전처리 없이 간단한 선형 분류기를 사용하여 달성된 것이다. 가장 좋은 오류률은 2018년, 버지니아 대학교에서 3개의 신경망의 결과를 취합하여 얻어진 0.18%이다.

숫자 데이터 가져오기

데이터부터 가져오자. MNIST 데이터는 케라스 안에 넘파이 배열 형태로 내장되어 있다.

```python
import matplotlib.pyplot as plt
import tensorflow as tf

(train_images, train_labels), (test_images, test_labels)
        = tf.keras.datasets.mnist.load_data()
```

load_data()는 훈련 데이터와 테스트 데이터를 반환한다. 이들을 넘파이 배열인 train_images, train_labels, test_images, test_images에 저장한다. train_images가 모델이 학습해야 하는 훈련 데이터이다. train_labels에는 0에서 9까지의 정답 레이블들이 넘파이 숫자 배열 형태로 저장되어 있다.

훈련 데이터의 넘파이 배열 형태를 출력해보자.

```python
>>> train_images.shape
(60000, 28, 28)

>>> train_label
array([5, 0, 4, ..., 5, 6, 8], dtype=uint8)

>>> test_images.shape
(10000, 28, 28)
```

이미지는 다음과 같이 출력해볼 수 있다. train_images[0]이므로 첫 번째 훈련 이미지이다.

```python
plt.imshow(train_images[0], cmap="Greys")
```

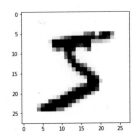

신경망 모델 구축하기

케라스 모델은 레이어를 쌓아서 만들어진다.

```
model = tf.keras.models.Sequential()

model.add(tf.keras.layers.Dense(512, activation='relu', input_shape=(784,)))
model.add(tf.keras.layers.Dense(10, activation='sigmoid'))
```

먼저 Sequential 모델을 생성한다. 이어서 은닉층을 위한 Dense 레이어를 추가한다. Dense 레이어는 모든 유닛들이 서로 연결된 밀집 레이어를 의미한다. 은닉층 Dense 레이어를 생성할 때 input_shape 매개변수가 (784,)로 설정된다. 은닉층에서 input_shape을 지정하면 입력 레이어는 따로 만들 필요가 없다. 즉 이 Dense 레이어에 입력으로 28*28=784개가 연결된다는 것을 의미한다. 활성화 함수는 ReLU 함수로 지정한다.

이어서 출력층을 위한 Dense 레이어를 추가한다. 출력층에는 10개의 유닛이 있고 각 유닛이 하나의 숫자를 의미한다. 이때 활성화 함수는 시그모이드 함수로 지정한다. 원칙은 소프트맥스라고 하는 함수를 사용하는 것이 더 좋지만, 소프트맥스는 다음 장에서 자세히 설명될 예정이다.

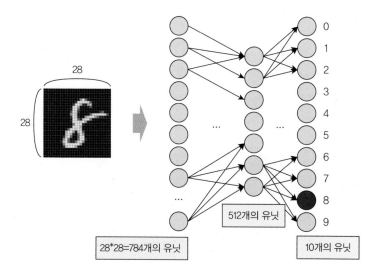

모델이 완성되면 옵티마이저와 손실함수, 지표 등을 정의하는 컴파일 단계가 필요하다.

```
model.compile(optimizer='rmsprop',
              loss='mse',
              metrics=['accuracy'])
```

- 손실함수(loss function): 신경망의 출력과 정답 간의 오차를 계산하는 함수
- 옵티마이저(optimizer): 손실 함수를 기반으로 신경망의 파라미터를 최적화하는 알고리즘
- 지표(metric): 훈련과 테스트 과정에서 사용되는 척도

현재 옵티마이저는 "rmsprop"으로 지정되었고 손실함수는 평균 제곱 오차로 지정하고 있다. 지표는 정확도로 설정하였다. 옵티마이저나 손실함수는 객체로 지정할 수도 있고, 문자열로 지정하여도 된다. 자세한 사항은 다음 장에서 다루어진다.

데이터 전처리

훈련을 시작하기 전에 데이터를 신경망의 입력과 맞추는 작업이 필요하다. 현재 훈련 데이터는 0에서 255 사이의 값을 가진 2차원 배열 형태로 되어 있다. 하지만 신경망에서는 0에서 1 사이의 값만을 받을 수 있고, 또 현재의 신경망은 1차원 배열 형태만 받을 수 있다. 우리가 나중에 학습할 컨벌루션 신경망은 2차원 입력을 처리할 수 있다. 하지만 현재의 신경망은 1차원만 가능하다. 즉 2차원 정보는 활용하지 않는다.

따라서 (60000, 28, 28)의 넘파이 형상을 (60000, 784)로 바꾸어 주어야 한다. reshape()을 사용하면 넘파이 배열의 형태를 우리가 원하는 대로 바꿀 수 있다.

```
train_images = train_images.reshape((60000, 784))
train_images = train_images.astype('float32') / 255.0

test_images = test_images.reshape((10000, 784))
test_images = test_images.astype('float32') / 255.0
```

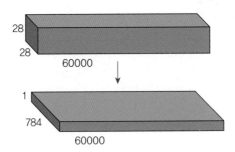

reshape()을 이용하여서 2차원 이미지를 1차원 배열로 평탄화하였다. 또 0에서 255 사이의 값을 가지는 픽셀 값들을 0.0에서 1.0 사이의 실수값으로 변환하였다. 신경망은 0에서 1 사이의 값을 입력으로 받는 것이 바람직하기 때문이다(정규화라고 하며 8장에서 학습한다).

이번에는 정답 레이블의 형태를 변경하여야 한다. 현재의 정답 레이블은 [5, 0, 4, ...,]과 같이 정수 형태로 되어 있다. 하지만 출력층 유닛의 값들은 [[0, 0, 0, 0, 0, 1, 0, 0, 0, 0], [1, 0, 0, 0, 0, 0, 0, 0, 0, 0], [0, 0, 0, 0, 1, 0, 0, 0, 0, 0], ...]과 같은 형태로 되어 있어야 한다. 왜냐하면 출력층 10개의 유닛이 숫자 하나씩을 담당하고 있기 때문이다.

이것은 상당히 많이 나오는 작업이라 전용 함수 to_categorical()이 있다.

```
train_labels = tf.keras.utils.to_categorical(train_labels)
test_labels = tf.keras.utils.to_categorical(test_labels)
```

어떤 형태인지 한번 출력해보자.

```
>>> train_labels[0]
array([0., 0., 0., 0., 0., 1., 0., 0., 0., 0.], dtype=float32)
```

학습

이제 학습을 위한 모든 준비가 완료되었다. 케라스에서 학습을 시키려면 fit()를 호출한다.

```
model.fit(train_images, train_labels, epochs=5, batch_size=128)

Epoch 1/5
469/469 [==============================] - 2s 3ms/step - loss: 0.0158 - accuracy:
0.9168
...
Epoch 5/5
469/469 [==============================] - 2s 3ms/step - loss: 0.0027 - accuracy:
0.9867
```

학습이 진행되면서, loss(손실함수값)과 accuracy(정확도)가 출력된다. 위의 프로그램을 실행하여 보면 5번의 에포크만에 약 98.6% 정도의 정확도가 얻어지는 것을 알 수 있다.

이어서 테스트셋에서도 잘되는지 알아보자. 테스트셋은 신경망이 학습 단계에서는 보지 못했던 입력 데이터이다.

```
test_loss, test_acc = model.evaluate(test_images, test_labels)
print('테스트 정확도:', test_acc)
```

```
313/313 [==============================] - 0s 892us/step - loss: 0.0039 -
accuracy: 0.9788
테스트 정확도: 0.9787999987602234
```

테스트 정확도도 약 97.8%로 나왔다. 나쁘지 않다. 그러나 훈련 데이터 세트보다는 낮다. 이것을 보통 과잉 적합이라고 한다. 과잉 적합이란 훈련 데이터 세트에 너무 집중 훈련되어서 새로운 데이터 세트에서 정확도가 낮아지는 현상이다. 이 정도의 과잉 적합은 그다지 심각한 것은 아니다. 8장에서 이것을 어떻게 해결하는지 살펴본다.

그래프 그리기

딥러닝에서는 흔히 에포크마다 손실함수나 정확도를 그래프로 그려보고 싶은 경우가 많다. 우리는 fit()가 반환하는 값을 이용하여 그래프를 그릴 수 있다.

```
history = model.fit(train_images, train_labels, epochs=5, batch_size=128)
loss = history.history['loss']              ─────────  손실함수 값
acc = history.history['accuracy']           ─────────  정확도
epochs = range(1, len(loss)+1)

plt.plot(epochs, loss, 'b', label='Training Loss')
plt.plot(epochs, acc, 'r', label='Accuracy')
plt.xlabel('epochs')
plt.ylabel('loss/acc')
plt.show()
```

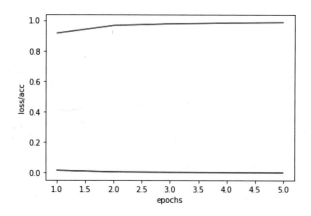

테스트하기

정확도가 98%에 육박한다. 사실일까? 우리가 필기체 숫자를 하나 만들어서 테스트해보자. 윈도우의 그림판을 이용하여서 숫자 2를 그리고 "test.png"라는 이름으로 저장한다. 어떤 크기라도 상관없다. 여러분들이 인터넷에서 다운로드하여도 된다.

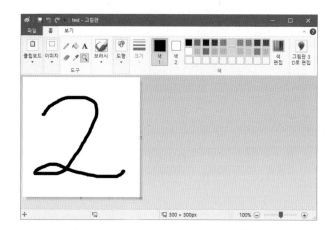

이미지 파일은 OpenCV로 전처리하였다. OpenCV는 "pip install opencv-python" 명령어로 설치한다. 이미지의 크기를 28×28로 만들고, 그레이스케일 이미지로 변환하였으며, 255에서 픽셀값을 빼서 이미지를 반전시켰고, 또 픽셀값을 255.0으로 나누어서 0.0과 1.0 사이의 값을 가지도록 하였다.

```
import cv2 as cv

image = cv.imread('test.png', cv.IMREAD_GRAYSCALE)
image = cv.resize(image, (28, 28))
image = image.astype('float32')
image = image.reshape(1, 784)
image = 255-image
image /= 255.0

plt.imshow(image.reshape(28, 28),cmap='Greys')
plt.show()
```

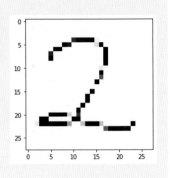

우리가 학습시킨 모델의 predict() 함수를 호출하여서 예측값을 얻는다. 입력 이미지는 하나이므로 배치 크기는 1이고, 입력 행렬의 차원은 1×784이어야 한다. 이것은 "배치크기×픽셀의 개수"로 생각하자. 따라서 reshape(1, 784)을 호출해준다. 또 출력층 10개의 유닛 중에서 가장 큰 값을 가지는 유닛 번호를 argmax() 함수로 얻는다.

```
pred = model.predict(image.reshape(1, 784), batch_size=1)
print("추정된 숫자=", pred.argmax())
```

추정된 숫자= 2

도전문제

(1) 은닉층 유닛의 개수는 성능에 어떻게 영향을 끼치는가? 은닉층 유닛의 개수를 변경하면서 정확도가 어떻게 변하는지를 관찰해보자.

(2) 배치 크기를 변경하면서 학습의 정확도가 어떻게 변하는지를 관찰해보자.

(3) 은닉층의 활성화 함수를 relu에서 시그모이드 함수로 변경해보자. 학습의 정확도가 어떻게 변하는지를 관찰해보자.

7. 케라스의 입력 데이터

입력 데이터 유형

케라스 모델은 3가지 유형의 입력을 허용한다.

- 넘파이 배열: 데이터가 메모리에 적재될 수 있다면 좋은 선택이다.
- TensorFlow Dataset 객체: 크기가 커서, 메모리에 한 번에 적재될 수 없는 경우에 디스크 또는 분산 파일 시스템에서 스트리밍될 수 있다.
- 파이썬 제너레이터: 예를 들어서 keras.utils.Sequence 클래스는 하드 디스크에 위치한 파일을 읽어서 순차적으로 케라스 모델로 공급할 수 있다. 차후에 설명된다.

텐서

케라스에서는 신경망의 입력을 텐서(tensor)라고 생각한다. 텐서는 다차원 넘파이 배열이다. 2차원 배열이 행렬(matrix)이고, 3차원 이상의 배열은 전통적으로 물리학에서 텐서라고 불려왔다. 신경망에서는 3차원 이상의 배열도 많이 등장한다. 특히 2차원 영상을 처리하는 컨벌루션 신경망에서는 기본적으로 입력이 4차원 이상이 되어야 한다.

케라스를 비롯한 대부분의 머신 러닝 시스템은 텐서를 기본 데이터 구조로 생각한다. 텐서는 데이터(실수)를 저장하는 컨테이너라고 생각하면 된다. 텐서에서는 배열의 차원을 축(axis)이라고 부른다. 예를 들어서 3차원 배열에는 축이 3개가 있다. 축이라는 용어를 사용하는 이유는 벡터의 차원과 구별하기 위해서이다.

예를 들어서 3차원 텐서는 다음과 같이 생성할 수 있다.

```
>>> import numpy as np
x = np.array(
  [[[0, 1, 2, 3, 4],
    [5, 6, 7, 8, 9]],
   [[10, 11, 12, 13, 14],
    [15, 16, 17, 18, 19]],
   [[20, 21, 22, 23, 24],
    [25, 26, 27, 28, 29]],])
>>> x.ndim
3
>>> x.shape
(3, 2, 5)
```

3차원 텐서는 다음과 같이 그릴 수 있다.

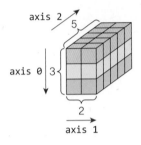

텐서의 속성

텐서에는 3개의 중요한 속성이 있다.

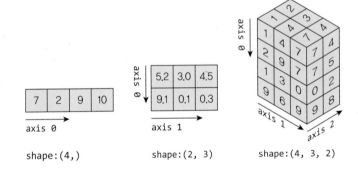

- 텐서의 차원(축의 개수): 텐서에 존재하는 축의 개수이다. 랭크(rank)라고도 한다. 3차원 텐서에는 3개의 축이 있다. ndim 속성으로 알 수 있다.
- 형상(shape): 텐서의 각 축으로 얼마나 데이터가 있는지를 파이썬의 튜플로 나타낸 것이다.
- 데이터 타입(data type): 텐서 요소의 자료형. dtype 속성으로 알 수 있다.

훈련 데이터의 형상

이번 장에서도 이야기하였지만, 일반적으로 딥러닝은 한 번에 모든 데이터를 처리하지 않는다. 데이터를 작은 크기의 배치로 나누어서 처리하는 것이 일반적이다. 따라서 훈련 데이터를 나타내는 텐서의 첫 번째 축은 배치의 크기이다. 즉 배치에 속하는 샘플의 개수이다. 예를 들어서 오른쪽과 같은 훈련 데이터는

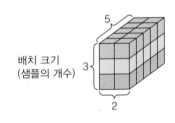

배치의 크기가 3이고 한 번에 3개의 샘플을 처리한 후에 가중치를 변경한다는 의미가 된다.

케라스 함수를 호출할 때, batch_size로 배치 크기를 지정할 수 있지만 우리가 데이터를 쪼

개야 하는 경우도 있다. 이럴 때는 넘파이 배열을 슬라이스로 쪼개주면 된다. 예를 들어서 MNIST 훈련 데이터에서 256 크기의 첫 번째 배치를 만드는 문장은 다음과 같다.

```
batch1 = train_images[:256]
```

많이 사용되는 훈련 데이터의 형상

- 벡터 데이터: (배치 크기, 특징수)의 형상을 가진다. 예를 들어서 한 아파트에 대한 정보가 (아파트의 면적, 아파트의 가격, 아파트의 위치)로 구성된다면, 아파트 10000개의 데이터는 (10000, 3) 형상을 가지는 2차원 넘파이 텐서에 저장될 것이다.

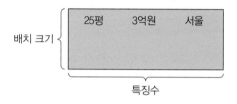

- 이미지 데이터: (배치 크기, 이미지 높이, 이미지 너비, 채널수) 형상의 4차원 넘파이 텐서에 저장된다.

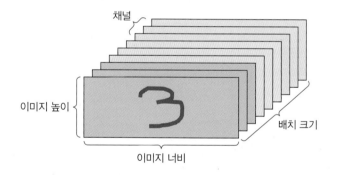

- 시계열 데이터: (배치 크기, 타입 스텝, 특징수) 형상의 3차원 넘파이 텐서에 저장된다. 예를 들어서 하루 중 1시간 단위의 최고 기온과 최저 기온에 저장되고, 365일간의 데이터가 있다면, (365, 24, 2) 형상의 텐서에 저장될 것이다.

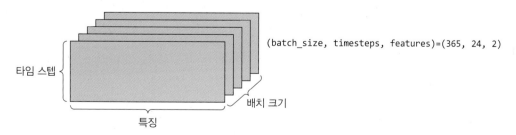

- 동영상 데이터: (배치 크기, 프레임수, 이미지 높이, 이미지 너비, 채널수) 형상의 5차원 넘파이 텐서에 저장된다.

8. 케라스의 클래스들

케라스로 신경망을 구축할 때는 다음과 같은 요소들이 필요하다.

- 모델: 하나의 신경망을 나타낸다.
- 레이어: 신경망에서 하나의 층이다.
- 입력 데이터: 텐서플로우 텐서 형식이다.
- 손실 함수: 신경망의 출력과 정답 레이블 간의 차이를 측정하는 함수이다.
- 옵티마이저: 학습을 수행하는 최적화 알고리즘이다. 학습률과 모멘텀을 동적으로 변경한다.

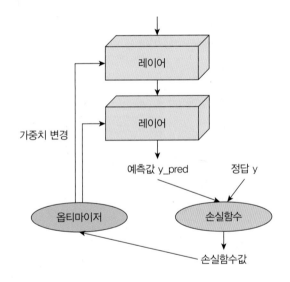

케라스에는 이런 요소들을 구현한 여러 가지 클래스들이 있다. 이번 절에서는 이들 클래스들 중에서 많이 사용되는 클래스만 살펴보자.

Sequential 모델

Sequential 모델은 피드포워드 신경망을 구현하는 가장 기초적인 모델이다. 피드포워드 신경망이란 입력 신호가 한 방향으로만 전달되는 신경망이다. 다음과 같은 메소드를 가진다.

- compile(optimizer, loss=None, metrics=None): 훈련을 위해서 모델을 구성하는 메소드
  - optimizer: 옵티마이저의 이름이나 옵티마이저 인스턴스
  - loss: 손실 함수 이름 또는 인스턴스
  - metrics: 훈련 혹은 테스트 과정에서 평가할 성능 측정 항목, 보통은 metrics=['accuracy']를 사용

- fit(x=None, y=None, batch_size=None, epochs=1, verbose=1): 훈련 메소드
  - x: 훈련 샘플을 저장하는 2차원 넘파일 배열
  - y: 정답 레이블을 저장하는 1차원 넘파이 배열
  - batch_size: 가중치를 업데이트할 때 처리하는 샘플의 수
  - epochs: x와 y 데이터 세트를 몇 번 반복하는냐이다.

- evaluate(x=None, y=None): 테스트 모드에서 모델의 손실 함수 값과 측정 항목 값을 반환
- predict(x, batch_size=None): 입력 샘플에 대한 예측값을 생성
- add(layer): 레이어를 모델에 추가한다.

레이어

Sequential 모델에 추가할 수 있는 레이어들은 아주 많다. 우리는 앞으로 다양한 케라스 레이어들을 보게 될 것이다. 가장 기초적인 것들은 다음과 같다.

- Input(shape, batch_size, name): 입력을 받아서 케라스 텐서를 생성하는 객체
  - shape: 입력의 형상을 나타내는 정수 튜플이다. 예를 들어서 shape=(32,)는 입력이 32차원 벡터라는 것을 의미한다.
  - batch_size: 배치 크기

- Dense(units, activation=None, use_bias=True, input_shape): 유닛들이 전부 연결된 레이어이다.
  - units: 유닛의 개수
  - activation: 유닛의 활성화 함수
  - input_shape: Dense 레이어가 직접 입력을 받을 수도 있다. 여기에 입력의 형태를 지정한다.

- use_bias: 유닛에서 바이어스 사용 유무

- Embedding(input_dim, output_dim): 자연어 처리의 첫 단계에 사용되는 레이어, 단어 번호(정수)를 작은 크기의 실수 벡터로 바꾼다. 예를 들어서 [[4], [20]] -> [[0.25, 0.1], [0.6, -0.2]]와 같다. 자연어 처리에서 학습한다.

손실 함수

손실 함수는 모델을 컴파일하기 위해 꼭 필요한 2개의 인수 중 하나이다. 손실 함수는 객체로 지정할 수도 있고 아니면 문자열로 지정할 수도 있다. 문자열로 지정하는 것이 편리하다. 하지만 손실 함수에 어떤 값을 지정하고자 할 때는 객체 생성이 편리하다. 일단 4가지 정도만 알아두면 된다.

- MeanSquaredError: 정답 레이블과 예측값 사이의 평균 제곱 오차를 계산한다. 문자열로 지정할 때는 'mean_squared_error' 또는 'mse'라고 하면 된다. loss = mean(square(y_true - y_pred), axis=-1)와 같다.

```
>>> y_true = [[0., 1.], [0., 0.]]
>>> y_pred = [[1., 1.], [1., 0.]]
>>> mse = tf.keras.losses.MeanSquaredError()
>>> mse(y_true, y_pred).numpy()
0.5
```

- BinaryCrossentropy: 정답 레이블과 예측 레이블 간의 교차 엔트로피 손실을 계산한다. 문자열로 지정하려면 "binary_crossentropy"라고 하면 된다. 레이블 부류가 두 개뿐인 경우(예를 들어서 강아지, 강아지 아님)에 이 손실 함수를 사용한다. 각 샘플 예측값은 단일 부동 소수점 값이어야 한다. 교차 엔트로피 함수는 다음 장에서 자세히 살펴본다.

```
>>> y_true = [[0., 1.], [0., 0.]]
>>> y_pred = [[0.6, 0.4], [0.4, 0.6]]
>>> bce = tf.keras.losses.BinaryCrossentropy()
>>> bce(y_true, y_pred).numpy()
0.815
```

- CategoricalCrossentropy: 정답 레이블과 예측 레이블 간의 교차 엔트로피 손실을 계산한다. 문자열로 지정하려면 "categorical_crossentropy"라고 하면 된다. 여러 개의 레이블 부류 (예를 들어서 강아지, 고양이, 호랑이)가 있을 때 이 교차 엔트로피 손실 함수를 사용한다. 정답 레이블은 원-핫 인코딩으로 제공되어야 한다. 정답 레이블을 정수로 제공하려면 SparseCategoricalCrossentropyloss를 사용하면 된다.

```
>>> y_true = [[0, 1, 0], [0, 0, 1]]       # 원-핫 인코딩으로 부류를 나타낸다.
>>> y_pred = [[0.05, 0.95, 0], [0.1, 0.8, 0.1]]
>>> cce = tf.keras.losses.CategoricalCrossentropy()
>>> cce(y_true, y_pred).numpy()
1.177
```

- SparseCategoricalCrossentropy: 정답 레이블과 예측 레이블 간의 교차 엔트로피 손실을 계산한다. 문자열로 지정하려면 "sparse_categorical_crossentropy"라고 하면 된다. 여러 개의 레이블 부류가 있을 때(예를 들어서 강아지, 고양이, 호랑이), 이 교차 엔트로피 손실 함수를 사용한다. 정답 레이블은 정수로 제공되어야 한다. 원-핫 인코딩을 사용하여 정답 레이블을 제공하려면 CategoricalCrossentropy 손실을 사용하여야 한다.

```
>>> y_true = [1, 2]                        # 정수로 부류를 나타낸다. 0, 1, 2가 가능함
>>> y_pred = [[0.05, 0.95, 0], [0.1, 0.8, 0.1]]
>>> scce = tf.keras.losses.SparseCategoricalCrossentropy()
>>> scce(y_true, y_pred).numpy()
1.177
```

측정 항목

측정 항목은 모델의 성능을 평가하는데 사용되는 함수이다. 모델이 컴파일 될 때 metrics 매개변수를 통해 공급하여야 한다. 많이 사용되는 측정항목은 다음과 같다. 다음 장에서 자세히 살펴본다.

- Accuracy: 정확도이다. 예측값이 정답 레이블과 같은 횟수를 계산한다. 예를 들면 다음과 같다.

```
>>> m = tf.keras.metrics.Accuracy()
>>> m.update_state(    [[1], [2], [3], [4]],
...                    [[0], [2], [3], [4]])
>>> m.result().numpy()
0.75
```

- categorical_accuracy: 범주형 정확도이다. 신경망의 예측값이 원-핫 레이블과 일치하는 빈도를 계산한다.

```
>>> m = tf.keras.metrics.CategoricalAccuracy()
>>> m.update_state([[0,    0,    1], [0,    1,    0]],
...                 [[0.1, 0.9, 0.8], [0.05, 0.95,  0]])
>>> m.result().numpy()
0.5
```

이외에도 많은 측정 항목이 keras.io에 나와 있다.

옵티마이저

손실 함수를 미분하여서 가중치를 변경하는 객체이다. 문제가 되는 것은 어떻게 최적의 학습률과 모멘텀을 찾느냐이다. 일반적으로 그래디언트의 크기에 따라서 학습률을 다르게 하는 방법이 많이 사용된다.

- SGD: 확률적 경사 하강법(Stochastic Gradient Descent, SGD)은 고전적인 최적화 알고리즘이다. SGD는 개념 및 동작 측면에서 가장 간단한 알고리즘이다. 얕은 신경망에 적합한 옵티마이저이다. Nesterov 모멘텀을 지원한다. 문자열로 지정할 때는 'SGD'를 사용한다. 객체를 생성할 때, 학습률과 모멘텀을 지정할 수 있다.

  opt = tf.keras.optimizers.SGD(learning_rate=0.1, momentum=0.9)

- Adagrad: Adagrad는 가변 학습률을 사용하는 방법으로 SGD 방법을 진보된 최적화 방법이다. Adagrad의 매개변수를 기본값으로 두도록 권장된다. 기본 학습률 값 0.01은 대부분의 경우 잘 작동하는 것으로 나타났다.

- Adadelta: Adadelta는 모멘텀을 이용하여 감소하는 학습률 문제를 처리하는 Adagrad의 변형이다. 학습률이 더 안정적이다.

- RMSprop: RMSprop는 Adagrad에 대한 수정판이다. 다른 적응형 최적화 알고리즘과 마찬가지로 알고리즘의 하이퍼 매개변수를 기본 설정으로 두는 것이 권장된다.

- Adam: Adam은 기본적으로 (RMSprop + 모멘텀)이다. Adam은 현재 가장 인기있는 최적화 알고리즘 중 하나이다.

활성화 함수

케라스에서 사용할 수 있는 활성화 함수는 다음과 같다.

- sigmoid
- relu(Rectified Linear Unit)
- softmax
- tanh
- selu(Scaled Exponential Linear Unit)
- softplus

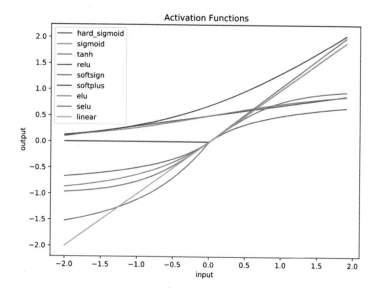

9. 하이퍼 매개변수

여기서 한 가지 의문이 생긴다. 학습률이나 은닉층을 몇 개로 할 것이며, 은닉층의 개수나 유닛의 개수는 누가 정하는 것일까? 어떻게 정해야 할까?

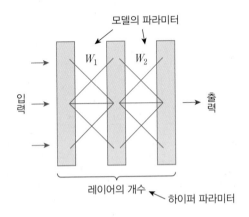

신경망에는 하이퍼 매개변수(hyper parameter)가 있다. 즉 신경망의 학습률이나 모멘텀의 가중치, 은닉층의 개수, 유닛의 개수, 미니 배치의 크기 등이 하이퍼 매개변수이다. 왜 매개변수가 아니고 하이퍼 매개변수인가? 신경망에 이미 매개변수(parameter)가 있기 때문이다. 즉 신경망의 가중치와 바이어스가 신경망의 매개변수이다. 신경망의 매개변수와 혼동하지 않게 하려고 하이퍼 매개변수라고 한다. 하이퍼 매개변수는 학습이 시작되기 전에 결정되어야 한다.

신경망에는 하이퍼 매개변수에는 다음과 같은 것들이 있다.

- 은닉층의 개수: 은닉층은 입력층과 출력층 사이의 레이어이다. 아주 간단한 법칙이 있다. 즉 테스트 세트의 오차가 더 이상 개선되지 않을 때까지 계속 레이어를 추가하면 된다.
- 유닛 개수: 은닉층의 유닛도 많은 것이 좋다. 뒤에 설명할 정규화 기술을 사용하면 유닛의 개수에 따라서 정확도가 증가한다. 반대로 너무 적은 유닛은 과소적합이 발생할 수 있다.
- 학습률(learning rate): 적응적 학습률이 좋다.
- 모멘텀(momentum): 모멘텀은 학습 도중에 진동을 방지하는 데 도움이 된다. 일반적인 선택은 0.5에서 0.9 사이이다.
- 미니 배치 크기: 배치 크기에 대한 기본값은 32정도이다. 64, 128, 256 등도 많이 사용된다.
- 에포크 수: 에포크 수는 전체 데이터 세트를 반복하는 횟수이다. 훈련 정확도가 증가하더라도 검증 정확도가 감소하기 시작할 때까지는 에포크 수를 늘리는 것이 좋다.

하이퍼 매개변수를 찾는 데 사용되는 방법

- 기본값 사용: 라이브러리 개발자가 설정한 기본값을 그대로 사용한다.
- 수동 검색: 사용자가 하이퍼 매개변수를 지정한다.
- 그리드 검색: 격자 형태로 하이퍼 매개변수를 변경하면서 성능을 측정하는 방법이다.
- 랜덤 검색: 랜덤으로 검색한다.

여기에서는 그리드 검색만을 살펴보자.

그리드 검색

각 하이퍼 매개변수에 대하여 몇 개의 값을 지정하면 이 중에서 가장 좋은 조합을 찾아주는 알고리즘이다. 이것은 sklearn 패키지에서 제공해주고 있기 때문에 손쉽게 사용할 수 있다. 다음과 같은 절차로 진행한다.

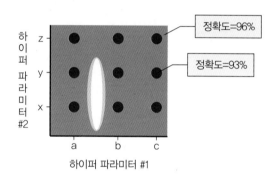

- n차원의 그리드를 정의한다. 각 차원은 하나의 하이퍼 매개변수를 의미한다. 예를 들어서 n = (learning_rate, dropout_rate, batch_size)와 같이 정의할 수 있다.
- 각 차원에 대하여 가능한 값들의 범위를 정의한다. 예를 들어서 batch_size = [8, 16, 32, 64, 128, 256, 512]이라 지정할 수 있다.
- 모든 가능한 조합에 대하여 신경망을 돌려본다. 그 중에서 가장 좋은 결과를 내는 조합을 선택한다. C1 = (0.2, 0.1, 32) -> 정확도 = 80%, C2 = (0.3, 0.2, 64) -> 정확도 = 93% 등

이 방법의 단점은 하이퍼 매개변수 후보가 많으면 시간이 매우 오래 걸린다는 점이다.

sklearn 패키지 사용하기

sklearn 패키지를 이용하여서 그리드 검색을 구현해보자. sklearn 패키지에는 그리드 검색을 수행해주는 GridSearchCV 클래스가 있다.

```
gs = GridSearchCV(
    estimator=model,
    param_grid=param_grid,
    n_jobs=-1
)
```

GridSearchCV()의 첫 번째 인수는 sklearn 패키지의 신경망 모델이다. 하지만 우리는 케라스를 사용한다. 어떻게 해야 할까? 케라스 신경망 모델은 KerasClassifier 또는 KerasRegressor 클래스로 감싸서 scikit-learn에서 사용할 수 있다. 이러한 래퍼를 사용하려면 케라스 순차 모델을 만들고 반환하는 함수를 정의한 다음, KerasClassifier 클래스를 생성하고, 이 함수를 build_fn 인수에 전달해야 한다.

```
def build_model():
    ...
    return network

model = KerasClassifier(build_fn = build_model, verbose=1)
```

GridSearchCV()의 두 번째 인수는 param_grid이다. param_grid 인수에 하이퍼 매개변수 딕셔너리를 제공해야 한다. 딕셔너리에는 평가할 하이퍼 매개변수 이름과 시도할 값들이 들어 있어야 한다.

```
param_grid = {
            'epochs':[1, 2, 3],
            'batch_size':[32, 64]
            }
```

기본적으로 그리드 검색은 하나의 스레드만 사용한다. GridSearchCV 생성자의 n_jobs 인수를 -1로 설정하면 시스템의 모든 코어를 사용한다.

그리드 검색 예제

앞에서 설명한 MNIST 데이터 세트에 대하여 그리드 검색을 하여보자. 많은 하이퍼 매개변수 중에서 "에포크 수"와 "배치 크기"에 대한 검색만 수행한다. 상당한 시간이 걸리므로, 검색을 시도하는 값은 몇 개 안된다.

```python
import numpy as np
import matplotlib.pyplot as plt
import tensorflow as tf
from sklearn.model_selection import GridSearchCV
from tensorflow.keras.wrappers.scikit_learn import KerasClassifier

# 데이터 세트 준비
(train_images, train_labels), (test_images, test_labels) = tf.keras.datasets.
mnist.load_data()

train_images = train_images.reshape((60000, 28 * 28))
train_images = train_images.astype('float32') / 255

test_images = test_images.reshape((10000, 28 * 28))
test_images = test_images.astype('float32') / 255

train_labels = tf.keras.utils.to_categorical(train_labels)
test_labels = tf.keras.utils.to_categorical(test_labels)

# 신경망 모델 구축
def build_model():
    network = tf.keras.models.Sequential()
    network = tf.keras.models.Sequential()
     network.add(tf.keras.layers.Dense(512, activation='relu', input_shape=(28 *
28,)))
    network.add(tf.keras.layers.Dense(10, activation='sigmoid'))

    network.compile(optimizer='rmsprop',
                loss='categorical_crossentropy',
                metrics=['accuracy'])
    return network

# 하이퍼 매개변수 딕셔너리
param_grid = {
                'epochs':[1, 2, 3],        # 에포크 수: 1, 2, 3
                'batch_size':[32, 64]      # 배치 크기: 32, 64
            }

# 케라스 모델을 sklearn에서 사용하도록 포장한다.
model = KerasClassifier(build_fn = build_model, verbose=1)
```

```
# 그리드 검색
gs = GridSearchCV(
    estimator=model,
    param_grid=param_grid,
    cv=3,
    n_jobs=-1
)

# 그리드 검색 결과 출력
grid_result = gs.fit(train_images, train_labels)
print(grid_result.best_score_)
print(grid_result.best_params_)
```

```
...
Epoch 3/3
938/938 [==============================] - 3s 4ms/step - loss: 0.0664 - accuracy:
0.9799
157/157 [==============================] - 0s 939us/step
0.968666672706604
{'batch_size': 64, 'epochs': 3}
```

그리드 검색 결과를 보면 가장 좋은 경우는 "'batch_size': 64, 'epochs': 3"이었고 그때 정확도는 약 97%였다.

요약

SUMMARY

- 풀 배치는 훈련 데이터 세트를 모두 처리한 후에 가중치를 변경하는 것이다. 안정적이지만 학습속도는 늦다. SGD는 훈련 데이터 세트 중에서 랜덤하게 하나를 뽑아서 처리하고 가중치를 변경하는 방법이다. 속도는 빠르지만 불안정하게 수렴할 수 있다. 중간 방법이 미니 배치이다. 미니 배치에서는 일정한 수의 샘플을 뽑아서 처리한 후에 가중치를 변경한다.

- 학습률은 중요한 하이퍼 매개변수이다. 학습률은 적응적 학습 방법이 많이 사용된다. 즉 현재 그래디언트 값이나 가중치의 값을 고려하여 학습률이 동적으로 결정된다. 많이 사용되는 알고리즘으로 RMSprop나 Adam이 있다.

- 케라스를 사용하면 쉽게 신경망 모델을 구축할 수 있다. 가장 간단한 방법은 Sequential 모델을 생성하고 여기에 필요한 레이어들을 추가하는 방법이다. 많이 사용되는 레이어에는 Dense 레이어가 있다. Dense 레이어는 레이어 안의 유닛들이 다른 레이어의 뉴론들과 전부 연결된 형태의 레이어이다.

- 하이퍼 매개변수란 신경망 모델의 가중치나 바이어스와는 다르게, 개발자가 모델에 대하여 임의로 결정하는 값이다. 은닉층의 수나 유닛의 수, 학습률 등이 여기에 속한다. 그리드 검색을 사용하여서 최적의 값을 검색할 수도 있다.

연습문제

01 풀 배치와 온라인 학습을 비교해보자. 각 방법의 장점은 무엇인가?

02 우리가 다루는 데이터의 크기가 아주 크다고 하자. 이 데이터를 사용하여 경사 하강법을 수행할 때는 배치 크기를 어떻게 하는 것이 좋을까?

03 미니 배치에서 배치 크기가 3이라고 하자. 2개의 입력을 가지고 있고, 은닉층의 유닛이 4개이고, 출력층의 유닛이 2개인 신경망을 행렬 표기법으로 나타내보자. 행렬 표기법에서는 미니 배치가 어떤 식으로 표시되는가?

04 신경망에서 하이퍼 매개변수란 무엇이고, 어떤 값들이 하이퍼 매개변수인가?

05 신경망에서 최적의 하이퍼 매개변수를 찾는 방법을 설명해보자.

06 학습률이 작으면 어떤 단점이 있는가? 반대로 큰 학습률의 문제점은 무엇인가? 학습률은 어떻게 결정하는 것이 좋을까?

07 구글의 플레이그라운드를 이용하여 높은 학습률이 모델에 어떠한 영향을 주는지 살펴보자.

08 케라스를 이용하여, 우리가 5장에서 학습한 초기 신경망인 퍼셉트론을 구현할 수 있을까?

09 케라스를 이용하여 은닉층이 2개인 MLP를 생성해보자. 은닉층이 2개인 MLP를 이용하여, MNIST 숫자들을 처리해본다. 은닉층이 하나일 때와 차이가 있는가?

10 본문에는 MNIST 데이터 세트를 분류하는 소스가 포함되어 있다. 이 소스에서 최적화 방법을 "Adam", "RMSprop", "Adadelta", "Adagrad"으로 변경하면서 성능을 측정하여 보자. MNIST 데이터 세트의 경우, 어떤 방법이 가장 좋은 성능을 보이는가?

11 케라스에서 유닛의 활성화 함수를 "linear"로 설정하면 선형 회귀도 구현할 수 있다. 기울기가 3인 직선을 만들고 여기에 노이즈를 추가하여 입력 데이터를 만들고 케라스 모델로 선형 회귀를 실행해보자.

```
X =np.linspace(0, 10, 100)
y =3.0*X+np.random.randn(X.shape)*0.3
```

12 주택 특징값을 받아서 주택 가격을 예측하는 모델을 구축해보자. 미국 보스턴 지역의 집값 데이터를 저장한 "Boston Housing" 데이터 세트를 사용해보자(예전 자료이다). 이 데이터 세트는 케라스에 포함되어 있다. 이 데이터 세트는 비교적 크기가 작으며 506개의 샘플을 가지고 있다. 이 데이터 세트에서는 14가지 특징을 사용한다. 유닛의 활성화 함수를 "ReLU"로 하여도 회귀가 가능하다.

```
from keras.datasets import boston_housing
(X_train, y_train), (X_test, y_test) = boston_housing.load_data()
```

13 Kaggle 사이트에 가보면 "pima-indians-diabetes.csv" 데이터 파일을 찾을 수 있다. 이 데이터 세트에는 Pima 인디언의 의료 기록과 각 환자가 5년 이내에 당뇨병 발병 여부가 저장되어 있다. 처음부터 8개의 특성만을 입력으로 하고, 인덱스 8에 저장된 값((1 : 당뇨병 양성, 0 : 당뇨병 음성)을 레이블로 한다. 이 데이터를 가지고 케라스의 MLP를 이용하여 학습시켜 보자.

```
dataset = loadtxt('pima-indians-diabetes.csv', delimiter=',')
X = dataset[:,0:8]
y = dataset[:,8]
```

14 사이킷런에서 기본으로 제공하는 데이터 중에 붓꽃 데이터 세트가 있다. 이 데이터 세트는 세 가지 붓꽃 종류(Iris setosa, Iris virginica, Iris versicolor)의 150개 샘플로 구성된다. 각 샘플에서 꽃받침 길이와 너비, 꽃잎의 길이와 너비의 4가지 특징이 측정되었다. 이 4가지 특징의 조합을 기반으로 로날드 피셔는 종을 서로 구별하는 선형 판별 모델을 개발했다. 우리는 알려진 붓꽃들을 대상으로 학습을 시킨 후에, 미지의 붓꽃에 대한 꽃받침 크기와 꽃잎 크기를 입력하여서 이것이 어떤 붓꽃인지를 예측할 것이다. 케라스로 구현된 MLP로 이것을 시도해보자. 다음의 코드를 참조한다.

```
iris = load_iris()
X = iris.data[:, (0, 1)]         # 꽃의 너비와 높이만을 입력으로 한다.
y = (iris.target == 0).astype(np.int)    # 출력은 "Iris Setosa인가 아닌가" 이다.
```

chapter

08

심층 신경망

최근의 딥러닝 붐을
일으킨 DNN 구조를 학습합니다.
하지만 DNN이 결코 갑자기 등장한
구조는 아니고, 앞의 MLP에서 많은
부분을 개량하고 분석하여서
나온 구조입니다.

학습목표

● 심층 신경망의 구조를 이해한다.

● 은닉층의 역할을 이해한다.

● 그래디언트 소실 문제를 이해한다.

● 새로 등장한 여러 가지 활성화 함수를 이해한다.

● 다양한 손실 함수를 이해한다.

08 | 심층 신경망

1. 심층 신경망

최근 인공지능에서 딥러닝(deep learning)의 인기는 하늘을 찌르고 있다. 딥러닝은 무엇일까? 딥러닝은 심층 신경망(DNN: Deep Neural Networks)에서 사용하는 학습 알고리즘이다. DNN은 6장에서 학습한 MLP(다층 퍼셉트론)에서 은닉층의 개수를 증가시킨 것이다. 즉 은닉층을 하나만 사용하는 것이 아니고 여러 개를 사용한다. 20~30개의 은닉층을 사용하는 모델도 흔하다. "딥(deep)"이라는 단어는 은닉층이 깊다는 것을 의미한다. 최근에 딥러닝은 컴퓨터 시각, 음성 인식, 자연어 처리, 소셜 네트워크 필터링, 기계 번역 등에 적용되어서 인간 전문가에 필적하는 결과를 얻고 있다.

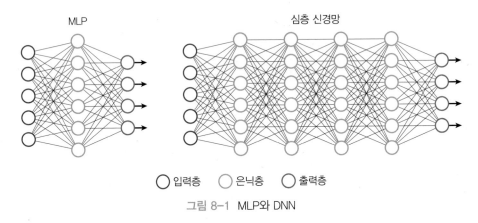

그림 8-1 MLP와 DNN

하지만 심층 신경망은 앞에서 살펴본 MLP와 크게 다르지 않다. 학습 알고리즘도 근본적으로 MLP와 동일하다. 그러면 왜 혁신적인 기술처럼 등장하였을까? 딥러닝은 MLP의 여러 가지 문제점을 효과적으로 해결하였기 때문이다. 예를 들어서 은닉층이 많아지면 출력층에서 계산된 그래디언트가 역전파되다가 값이 점점 작아져서 없어지는 문제점이 있었다. 이것을 그래디언트 소실(gradient vanishing) 문제라고 한다. 그래디언트가 사라지면 학습이 제대로 되지 않을 것이다.

또 심층 신경망에서 훈련 데이터가 충분하지 못하면, 과잉 적합(over fitting)이 될 가능성도 높아진다. 과잉 적합이란 훈련 데이터는 잘 분류하지만, 새로운 데이터가 들어오면 분류가 잘되지 않는 현상이다. 또 은닉층이 많아지면 계산 시간이 과다해지는 문제점이 있었다.

하지만 최근에는 이러한 문제점들을 하나씩 해결하고 드디어 2012년에는 Krizhevsky 등이 만든 딥러닝 시스템 AlexNet이 다른 머신러닝 방법들을 큰 차이로 물리치고 ImageNet 경진대회에서 우승한다. 많은 사람들이 2012년 ImageNet의 승리가 "딥러닝 혁명"의 시작이라고 평가한다. 객관적으로 딥러닝의 우수성을 입증하였기 때문이다.

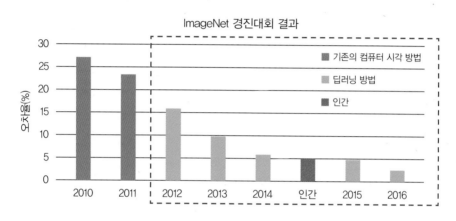

2012년 이전의 가장 좋은 알고리즘의 오차율이 23%였지만, AlexNet은 단숨에 오차율을 16%로 끌어내린다. 많은 사람이 깜짝 놀랐으며 대중의 냉대 속에 신경망을 버리지 않고 연구해왔던 연구자들에게는 정말 감격스러운 순간이었다. 현재는 딥러닝 방법이 발전을 거듭하여 2016년에는 오차율을 5% 이하로 끌어내렸다. 이 오차율은 인간보다도 좋은 인식률이다.

본격적으로 "딥러닝"이란 용어를 사용한 것은 2000년대 딥러닝의 중흥기를 이끌어가는 힌튼 등에 의해서이다(일설에 의하면 "신경망"이라는 단어를 사용하면 논문이나 연구 제안서 심사 때 무척 냉대를 받았기 때문이라고도 한다). DNN의 학습 속도는 상당히 느리고 계산 집약적이기 때문에 학습에 시간과 자원이 많이 소모되었다. 따라서 최근까지 DNN의 실제 구현은 은닉층을 최소로 사용하는 것이었고 신경망의 크기는, 사용 가능한 계산 리소스에 의해 제한되었다. 하지만 최근 GPU(Graphic Processor) 기술이 엄청나게 발전하면서 GPU가 제공하는 데이터 처리 기능을 딥러닝도 사용할 수 있게 되었다. 딥러닝 혁명에는 게임머들의 도움도 컸다. 아래의 그림은 인텔의 제온 CPU와 엔비디아의 테슬라 GPU의 성능을 비교한 것이다.

CPU와 GPU의 성능비교

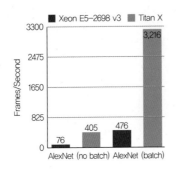
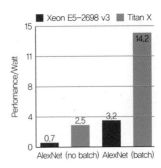

은닉층의 역할

딥러닝에서는 은닉층의 개수가 많다. 이러한 은닉층은 무슨 역할을 하고 있는 것일까?

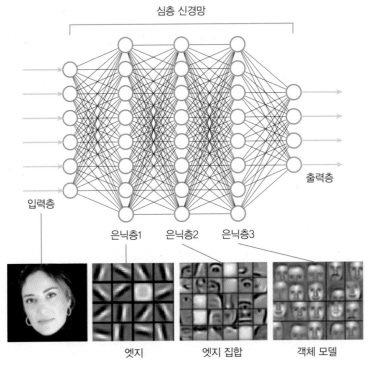

그림 8-2 은닉층의 역할(출처: 위키미디어)

예전의 MLP에서는 인간이 영상의 특징을 추출하여서 신경망에 제공하였다. 한 개의 은닉층으로는 충분한 특징을 추출할 수 없었기 때문이다. 하지만 DNN에서는 특징 추출 자체도 학습으로 수행할 수 있다. 여러 개의 은닉층 중에서 앞단은 경계선(에지)과 같은 저급 특징들을 추출하고 뒷단은 코너와 같은 고급 특징들을 추출한다고 한다.

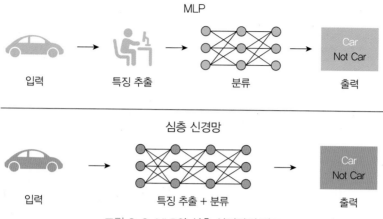

그림 8-3 MLP와 심층 신경망의 비교

지금부터 우리는 딥러닝 연구자들이 어떻게 전통적인 신경망을 발전시켰는지를 알아볼 것이다. 이장에서는 복잡한 알고리즘들이 많이 등장하여서 파이썬만 가지고서는 실습이 어렵다. 앞장에서 등장한 케라스를 이용하여 여러 가지 실험을 해보자.

2. 그래디언트 소실 문제

이제부터는 딥러닝이 기존 신경망의 문제들을 어떻게 해결하였는지를 하나씩 살펴보자. 첫 번째로 다룰 문제는 그래디언트 소실 문제(gradient vanishing problem)이다. 이 문제는 심층 신경망에서 그래디언트가 전달되다가 점점 0에 가까워지는 현상이다. 따라서 출력층에 멀리 떨어진 가중치들은 학습이 되지 않는다.

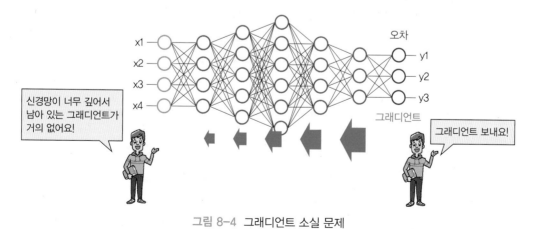

그림 8-4 그래디언트 소실 문제

이유는 무엇일까? 많은 연구자들이 분석해본 결과, 범인은 시그모이드 활성화 함수로 드러난다. 시그모이드 함수의 특성상, 아주 큰 양수나 음수가 들어오면 출력이 포화되어서 거의 0이 된다. 그래디언트는 접선의 기울기이므로, 약간 큰 양수나 약간 큰 음수가 시그모이드 함수에 들어오면 기울기가 거의 0이 된다는 의미이다. 노드의 그래디언트를 계산할 때마다 시그모이드 함수의 미분값도 곱해진다는 점을 기억하여야 한다. 따라서 그래디언트가 점점 작아지게 된다. 아래의 그림은 시그모이드 함수를 그린 것이다.

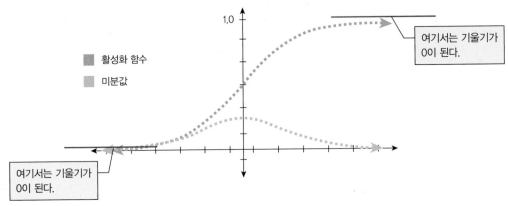

그림 8-5 시그모이드 함수와 그래디언트 소실

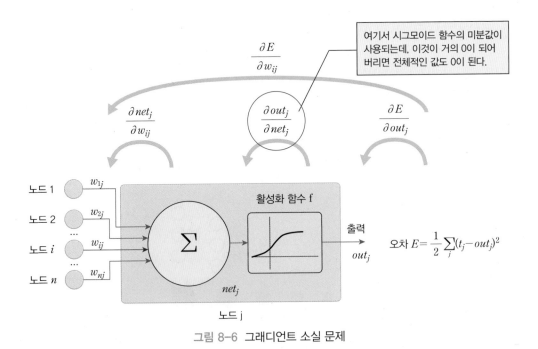

그림 8-6 그래디언트 소실 문제

간단하게 이렇게 생각하여도 된다. 시그모이드 함수의 미분값은 항상 0.0에서 1.0 사이이다.

1.0보다 작은 값이 여러 번 곱해지면 결국 0에 수렴하게 된다.

왜 이것이 문제가 될까? 얕은 신경망에서는 시그모이드 함수를 사용하여도 큰 문제가 되지 않는다. 하지만 은닉층이 많은 심층 신경망에서는 문제가 된다. 왜냐하면 그래디언트 값을 각 레이어로 역전파하여서 학습이 이루어지기 때문이다. 그래디언트가 너무 작아지면 학습이 효과적으로 수행되지 않는다. 즉 가중치와 바이어스 값들이 효과적으로 업데이트되지 못한다.

새로운 활성화 함수

앞에서 설명한 대로 그래디언트 소실 문제의 범인은 시그모이드 함수로 밝혀졌다. 딥러닝의 대가 힌튼은 "우리가 활성화 함수를 선택할 때 잘못한 것이 아닌가"라고 이야기한 바 있다.

그래디언트 소실 문제를 해결하기 위하여 심층 신경망에서는 활성화 함수로 ReLU 함수를 많이 사용한다. ReLU 함수는 다음과 같은 간단한 형태를 가지는 함수이다.

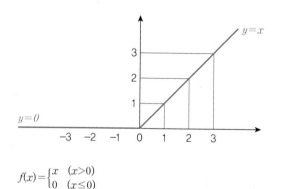

$$f(x) = \begin{cases} x & (x>0) \\ 0 & (x \le 0) \end{cases}$$

그림 8-7 ReLU 함수

$f(x) = \max(0, x)$라고도 정의할 수 있다. ReLU 함수의 가장 큰 장점은 계산이 간단하는 점이다. ReLU 함수는 입력 값을 0.0과 1.0 사이로 압축하지 않고 그대로 전달한다. 함수의 미분값은 0 아니면 1이다. 물론 입력값이 0일 때는 미분을 할 수 없지만, 이것은 별 문제가 되지 않는다. 또 엄청나게 빠르게 계산이 가능하다(시그모이드 함수와 비교해서 생각해보자). 가장 큰 장점은 그래디언트 소실 문제가 완화된다는 점이다. ReLU 함수의 미분값이 1이니 출력층의 오차가 감쇠되지 않고 그대로 역전파된다. 앞에서 언급하였던 2012년 ImageNet 경진대회에서도 우승한 팀도 활성화 함수로 시그모이드 함수 대신에 ReLU 함수를 사용하였다고 한다.

활성화 함수 실험

https://playground.tensorflow.org에 접속하면 구글이 제공하는 신경망 시뮬레이터가 있다. 이 시뮬레이터는 텐서플로우로 구현되어서 웹 상에서 제공된다. 우리는 이 시뮬레이터를 이용하여서 다양한 실험을 해볼 수 있다.

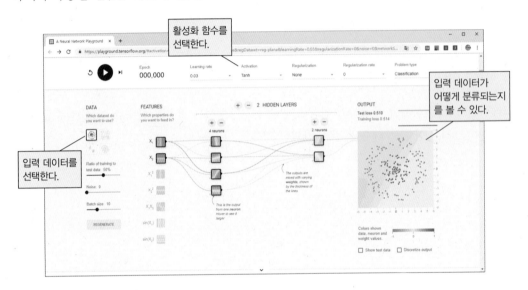

입력 데이터로서 위와 같은 것을 선택하자. 활성화 함수를 Sigmoid, tanh, ReLU, Linear로 변경하여 어떤 활성화 함수가 더 좋은 결과를 내는지를 살펴보자.

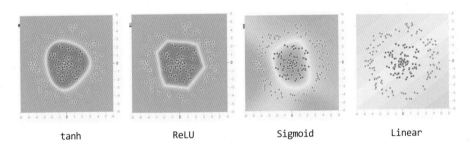

tanh   ReLU   Sigmoid   Linear

3. 손실 함수 선택 문제

평균 제곱 오차

손실 함수로는 이제까지는 평균 제곱 오차(Mean Squared Error: MSE)를 사용하였다. 정답 y 와 신경망의 예측값 $\hat{y}$ 의 차이를 제곱하여 평균낸 것이 평균 제곱 오차이다.

$$E = \frac{1}{m} \sum (y_i - \hat{y}_i)^2$$

위의 식에서 m은 출력 노드의 개수이다. 우리는 이 함수의 값을 최소화하는 것이 목표이다. 정답과 예측값의 차이가 커지면 MSE도 커지므로 충분히 사용할 수 있는 손실 함수이다. 회귀 문제일 때는 반드시 MSE를 손실 함수로 사용하여야 한다. 하지만 분류 문제를 위해서는 MSE보다는 더 성능이 좋은 손실 함수가 개발되어 있다. 바로 교차 엔트로피 함수이다. 심층 신경망에서는 출력층의 노드에 소프트맥스 함수를 사용하고, 손실 함수로 교차 엔트로피를 많이 사용하는 것이 대세이다. 교차 엔트로피 함수를 소개한 후에 이 2개의 손실 함수를 분류 문제에 대하여 비교해보자.

소프트맥스(softmax) 활성화 함수

지금까지 우리는 신경망의 모든 노드가 동일한 활성화 함수를 사용한다고 가정하였다. 하지만 최근의 신경망에서는 몇 가지 이유로 출력층에 소프트맥스(softmax) 함수를 많이 사용한다. 소프트맥스 함수는 다음과 같이 형태의 함수이다.

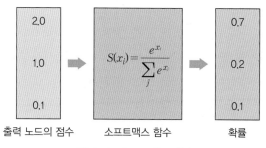

그림 8-8 소프트맥스 함수

소프트맥스 함수는 x값이 음수이더라도 e^x는 양수이다. 또 전체 값을 합하면 1.0이 되기 때문에 확률 값으로 사용할 수 있는 함수이다. 예를 들어서 S([2.0, 1.0, 0.1])=[0.7, 0.2, 0.1]이다. 모든 노드의 출력이 0인 경우에는 $e^0=1$이므로 만약 n개의 출력 노드가 있다면 1/n이 될 것이다.

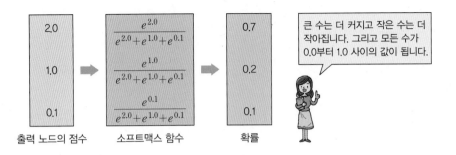

| 출력 노드의 점수 | 소프트맥스 함수 | 확률 |

큰 수는 더 커지고 작은 수는 더 작아집니다. 그리고 모든 수가 0.0부터 1.0 사이의 값이 됩니다.

"소프트맥스"라는 이름이 붙은 이유는 이것이 max 함수의 소프트한 버전이기 때문이다. max 함수의 출력은 전적으로 최대 입력값에 의하여 결정된다. 소프트맥스의 출력은 대부분 최대값에 의하여 결정되지만, 전적으로 그런 것은 아니다. 많은 머신러닝 함수가 softX라는 이름의 함수를 가지고 있다. 이것은 출력 X를 부드럽게 만든 것이라고 이해하면 된다.

교차 엔트로피 손실 함수

최근에는 교차 엔트로피(cross entropy)를 손실 함수로 많이 사용한다. 교차 엔트로피는 2개의 확률분포 간의 거리를 측정한 것이다. 교차 엔트로피는 2개의 확률 분포 p, q에 대해서 다음과 같이 정의된다.

$$H(p, q) = -\sum_x p(x)\log_n q(x)$$

신경망에서는 확률 분포 p가 목표 출력, 확률 분포 q가 실제 출력에 해당된다. 교차 엔트로피가 크면, 2개의 확률 분포가 많이 다른 것이다. 교차 엔트로피가 작으면 2개의 확률 분포가 거의 일치한다고 볼 수 있다. 따라서 교차 엔트로피를 손실 함수로 사용할 수 있다.

교차 엔트로피를 손실 함수로 사용하려면 목표 출력과 실제 출력의 확률 분포를 알아야 한다. 목표 출력의 확률 분포는 원-핫 인코딩(one-hot encoding)을 사용하면 자연스럽게 된다. 원-핫 인코딩에서는 하나만 1.0이고 나머지는 전부 0.0이기 때문이다. 실제 출력을 확률 분포로 만들기 위해서는 앞에서 설명한 소프트맥스 함수를 출력층의 활성화 함수로 사용하면 된다.

구체적인 수치를 가지고 교차 엔트로피를 계산해보자.

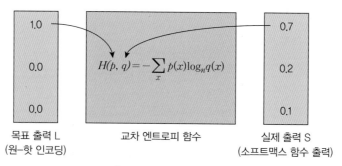

그림 8-9 교차 엔트로피 함수

$$H(p, q) = -\sum_x p(x)\log_n q(x)$$
$$= -(1.0 * \log 0.7 + 0.0 * \log 0.2 + 0.0 * \log 0.1)$$
$$= 0.154901$$

만약 목표 출력과 실제 출력이 완벽하게 일치한다면 얼마가 나올까?

$$H(p, q) = -\sum_x p(x)\log_n q(x)$$
$$= -(1.0 * \log 1.0 + 0.0 * \log 0.0 + 0.0 * \log 0.0)$$
$$= 0$$

따라서 H(p, q)를 손실 함수로 놓고 이것을 줄여가도 목표 출력과 실제 출력을 일치시킬 수 있다.

구체적인 예제를 통하여 교차 엔트로피를 계산해보자. 출력 노드가 3개 있는 신경망을 가정하자. 신경망의 출력은 앞에서 설명하였던 소프트맥스 함수를 이용하여 계산되었다. 또 목표 출력은 원-핫 인코딩을 사용하고 있다. 따라서 모든 값들을 확률로 가정할 수 있다.

입력 샘플	실제 출력			목표 출력		
샘플 #1	0.1	0.3	0.6	0	0	1
샘플 #2	0.2	0.6	0.2	0	1	0
샘플 #3	0.3	0.4	0.3	1	0	0

- ▷ 첫 번째 샘플에 대하여 교차 엔트로피를 계산해보자. $-(\log(0.1) * 0 + \log(0.3) * 0 + \log(0.6) * 1) = -(0 + 0 - 0.51) = 0.51$이 된다.
- ▷ 두 번째 샘플의 교차 엔트로피는 $-(\log(0.2) * 0 + \log(0.6) * 1 + \log(0.2) * 0) = -(0 - 0.51 + 0) = 0.51$이다.
- ▷ 세 번째 샘플의 교차 엔트로피는 $-(\log(0.3) * 1 + \log(0.4) * 0 + \log(0.3) * 0) = -(-1.2 + 0 + 0) = 1.20$이다.
- ▷ 따라서 3개 샘플의 평균 교차 엔트로피 오류는 $(0.51 + 0.51 + 1.20) / 3 = 0.74$가 된다.

위의 계산에서 알 수 있지만 목표 출력이 1이 아니면 모든 항은 0이 된다. 다시 말하면 교차 엔트로피는 목표 출력이 1이 아닌 다른 항들은 무시한다. 교차 엔트로피는 목표 값에 해당하는 실제 출력이 얼마나 목표값에 가까운지에만 관심이 있다.

평균 제곱 오차 vs 교차 엔트로피

자 이제부터 우리는 이진 분류 문제에 대하여 MSE(평균 제곱 오차)와 BCE(이진 교차 엔트로피) 손실 함수를 비교해볼 것이다. 정답을 y라고 하고, 신경망이 예측한 값을 $\hat{y}$ 라고 하자.

- 평균 제곱 오차: $E = \dfrac{1}{m} \sum (y_i - \hat{y}_i)^2$

- 이진 교차 엔트로피: $E = -\dfrac{1}{m} \sum [y_i \log_n(\hat{y}_i) + (1 - y_i) \log_n(1 - \hat{y}_i)]$

다음 페이지의 설명을 참조한다.

문제를 간단히 하기 위하여 출력 유닛이 하나인 경우만 생각하자(즉 dog 또는 no dog이다). MSE 오차와 BCE 수식은 다음과 같이 간단해진다.

- 평균 제곱 오차: $E = (y - \hat{y}_i)^2$

- 이진 교차 엔트로피: $E = -[y \log_n(\hat{y}) + (1 - y) \log_n(1 - \hat{y})]$

우리는 이진 분류 문제이므로, 정답은 0 아니면 1이다. 따라서 정답 y가 0일 때와 1일 때의 MSE 오차가 다음과 같이 된다.

- 평균 제곱 오차(MSE): $E = \hat{y}_i^2$ (정답이 0일 때)

    $E = (1 - \hat{y}_i)^2$ (정답이 1일 때)

이것을 그래프로 그리면 다음과 같을 것이다.

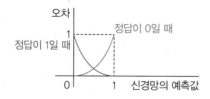

이번에는 BCE 오차를 정답 y가 0일 때와 1일 때 계산해보자.

- 이진 교차 엔트로피(BCE) 오차: $E = -\log_n(1 - \hat{y})$ (정답이 0일 때)

    $E = -\log_n(\hat{y})$ (정답이 1일 때)

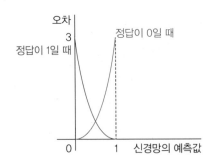

그래프를 보면 확실히 이진 교차 엔트로피 오차가 MSE보다 더 큼을 알 수 있다.

이번에는 구체적인 사례를 가지고 생각해보자. 정답이 y=0인데 신경망이 $\hat{y}=0.9$로 잘못 예측하였다고 하자. MSE 오차와 BCE 오차를 실제로 계산해보자.

- 평균 제곱 오차(MSE): $\qquad E_{MSE} = \hat{y}_i^2 = 0.81$
- 이진 교차 엔트로피(BCE) 오차: $E_{MSE} = -\log_n(1-0.9) = 2.3$

하지만 중요한 것은 미분값이다. 이번에는 오차를 $\hat{y}$로 미분해보자.

- 평균 제곱 오차(MSE): $\qquad \dfrac{\partial E_{MSE}}{\partial \hat{y}_i} = \dfrac{\partial(\hat{y}_i^2)}{\partial \hat{y}_i} = 2*\hat{y} = 2*0.9 = 1.8$

- 이진 교차 엔트로피(BCE) 오차: $\dfrac{\partial E_{BCE}}{\partial \hat{y}} = \dfrac{\partial(-\log_n(1-\hat{y}))}{\partial \hat{y}} = \dfrac{1}{(1-\hat{y})}(-1) = 10$

따라서 미분값은 더 심하게 차이가 난다. 이 미분값이 곱해져서 결국은 가중치를 변경하는데 사용된다. 따라서 이진 분류 문제에서는 교차 엔트로피 오차를 사용하는 것이 훨씬 유리하다.

4. 케라스에서의 손실 함수

케라스에서 어떤 손실 함수를 사용하여야 할까? 생각보다 상당히 헷갈린다. 이번 절에서는 케라스에서 제공되는 손실함수에 대하여 정확히 알아보자.

BinaryCrossentropy

이진 교차 엔트로피(BCE)는 이진 분류 문제를 해결하는 데 사용되는 손실 함수이다. 즉 우리가 분류해야 하는 부류가 두 가지뿐일 때 사용한다. 예를 들어 이미지를 "강아지", "강아지 아님"의 두 부류로 분류할 때 BinaryCrossentropy를 사용한다. 신용 카드 사기를 예측할 때는 "사기" 또는 "사기가 아님"이 될 것이다.

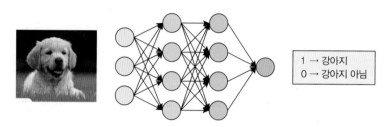

이진 교차 엔트로피는 예측값이 실제 레이블(0 또는 1)에서 얼마나 멀리 떨어져 있는지 측정한다. 이진 교차 엔트로피를 계산하는 공식은 다음과 같다.

$$BCE = -\frac{1}{n}\sum_{i=1}^{n}(y_i \log_n(\hat{y}_i) + (1-y_i)\log_n(1-\hat{y}_i))$$

여기서

- n: 샘플의 개수이다.
- y: 샘플의 실제 레이블, 0 또는 1만 가능하다.
- $\hat{y}$: 샘플의 예측값, 0에서 1 사이의 값, 신경망이 예측하는 값이다.

다음과 같은 데이터 세트가 있다고 가정해 보자.

실제 레이블 y	1	0	0	1
예측 값 ŷ	0.8	0.3	0.5	0.9

각 샘플의 BCE를 계산하면 다음과 같다.

$$\text{샘플 } 1: BCE1 = -(1 \cdot \log(0.8) + (1-1) \cdot \log(1-0.8))$$
$$\text{샘플 } 2: BCE2 = -(0 \cdot \log(0.3) + (1-0) \cdot \log(1-0.3))$$
$$\text{샘플 } 3: BCE3 = -(0 \cdot \log(0.5) + (1-0) \cdot \log(1-0.5))$$
$$\text{샘플 } 4: BCE4 = -(1 \cdot \log(0.9) + (1-1) \cdot \log(1-0.9))$$

위의 값의 평균을 계산하면 다음과 같다.

$$BCE = \frac{BCE1 + BCE2 + BCE3 + BCE4}{4} \approx 0.345$$

이진 교차 엔트로피는 예측된 부류와 실제 부류 간의 교차 엔트로피 손실을 계산한다. 기본적으로 reduction=sum_over_batch_size 연산이 사용된다. reduction이란 출력층의 각 유닛에서 계산된 값을 어떻게 합치느냐이다. reduction=sum_over_batch_size으로 지정하면, 손실값은 샘플당 손실을 모아서 배치의 수로 나누어서 평균낸 값이 된다.

```
y_true = [  [1],   [0],   [0],   [1]]
y_pred = [[0.8], [0.3], [0.5], [0.9]]
bce = tf.keras.losses.BinaryCrossentropy()
print(bce(y_true, y_pred).numpy())
```

```
0.3445814
```

CategoricalCrossentropy

우리가 분류해야 할 부류가 두 개 이상이라면(즉 다중 분류 문제라면) CategoricalCrossentropy을 사용한다. 정답 레이블은 원-핫 인코딩으로 제공한다. 예를 들어서 입력 이미지를 "강아지(1, 0, 0)", "고양이(0, 1, 0)", "호랑이(0, 0, 1)" 중의 하나로 분류할 때는 CategoricalCrossentropy을 사용한다.

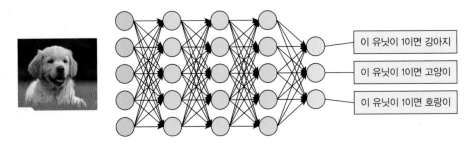

실제 코드로 살펴보면 다음과 같다.

```
y_true = [[0.0, 1.0, 0.0], [0.0, 0.0, 1.0], [1.0, 0.0, 0.0]] # 고양이, 호랑이, 강아지
y_pred = [[0.6, 0.3, 0.1], [0.3, 0.6, 0.1], [0.1, 0.7, 0.2]]
cce = tf.keras.losses.CategoricalCrossentropy ()
print(cce(y_true, y_pred).numpy ())
```

```
1.936381
```

SparseCategoricalCrossentropy

정답 레이블이 원-핫 인코딩이 아니고 정수로 주어지면 SparseCategoricalCrossentropy 를 사용해야 한다. 예를 들어서 정답 레이블이 0(강아지), 1(고양이), 2(호랑이)로 주어지면 SparseCategoricalCrossentropy를 사용한다.

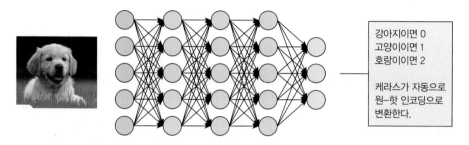

강아지이면 0
고양이이면 1
호랑이이면 2

케라스가 자동으로
원-핫 인코딩으로
변환한다.

앞과 동일한 코드를 작성해보면 다음과 같다.

```
y_true = [1, 2, 0]                          # 고양이, 호랑이, 강아지
y_pred = [[0.6, 0.3, 0.1], [0.3, 0.6, 0.1], [0.1, 0.7, 0.2]]
scce = tf.keras.losses.SparseCategoricalCrossentropy()
print(scce(y_true, y_pred).numpy())
```

1.936381

CategoricalCrossentropy와 SparseCategoricalCrossentropy은 근본적으로 같다. 정답 레이블이 정수로 주어지면 우리는 이것을 원-핫 인코딩으로 변환하여야 한다. SparseCategorical Crossentropy은 정답 레이블을 원-핫으로 바꾸지 않아도 손실 함수가 계산되도록 한 것이다. 즉 개발자의 편의성을 위하여 만들어진 손실 함수이다. 앞에서 살펴보았던 MNIST 필기체 숫자 이미지 인식 문제에서도 SparseCategoricalCrossentropy 손실 함수를 지정하면 정답 레이블을 원-핫으로 변경하지 않아도 된다.

MeanSquaredError

회귀 문제에서는 예측 값과 실제 값의 차이를 계산해야 한다. MeanSquaredError 클래스는 예측과 실제 값 사이의 평균 제곱 오차를 계산하는 데 사용할 수 있다.

```
y_true = [ 12 , 20 , 29 , 60 ]
y_pred = [ 14 , 18 , 27 , 55 ]
mse = tf.keras.losses.MeanSquaredError ()
print(mse(y_true, y_pred).numpy())
```

9

케라스에서 사용자 지정 손실 함수 만들기

때로는 좋은 손실이 없는 경우에는 사용자가 직접 구현해야 한다. 사용자 지정 손실 함수는 실제 값과 예측 값을 매개 변수로 사용하는 함수를 정의하여 만들 수 있다. 함수는 손실 배열을 반환해야 한다. 그런 다음 컴파일 단계에서 함수를 전달하면 된다. 예를 들어서 평균 제곱 오차를 계산하는 손실 함수는 다음과 같이 작성할 수 있다.

```
def  custom_loss_function (y_true, y_pred) :
    squared_difference = tf.square (y_true-y_pred)
    return tf.reduce_mean (squared_difference, axis = -1 )

model.compile (optimizer = 'adam' , loss = custom_loss_function)
```

5. 가중치 초기화 문제

가중치의 초기값도 성능에 많은 영향을 끼친다. 신경망의 초기에는 연구가 부족하여서 초기값을 0으로 주는 경우도 많았다. 하지만 조금만 생각해보면 가중치를 0으로 놓고 시작하는 것은 큰 문제가 됨을 알 수 있다. 출력층에서 계산된 오차는 가중치의 값에 비례하여 역전파된다 (가중치가 곱해져서 역전파된다). 따라서 모든 가중치가 0이면 오차 역전파가 제대로 되지 않는다. 6장의 델타를 계산하는 공식을 보자. 은닉층에서 가중치 w_{jk}가 0이라면 델타가 항상 0이다. 즉 오차의 역전파가 되지 않는다.

$$\delta_j = \begin{cases} (out_j - t_j)f'(net_j) & \text{j가 출력층 노드이면} \\ \left(\sum_k w_{jk}\delta_k\right)f'(net_j) & \text{j가 은닉층 노드이면} \end{cases}$$

가중치가 0이라면 델타가 전달되지 않는다.

가중치를 동일하게 주는 것도 문제가 된다. 가중치가 동일하면 역전파되는 오차가 동일하게 되고 따라서 모든 가중치가 동일하게 변경된다. 여러 개의 노드가 같은 일을 하게 된다. 따라서 가중치는 대칭적으로 주면 안 된다. 예를 들어서 다음과 같은 간단한 신경망에서 생각해보자.

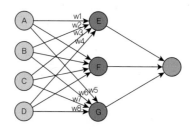

그림 8-10 가중치가 동일할 때의 문제점

가중치 w1, w2, w3, w4와 가중치 w5, w6, w7, w8이 모두 같은 값(예를 들어서 0.2)으로 설정되어 있다면, 노드 E와 노드 G는 완벽하게 동일한 일을 하게 된다. 이것을 방지하는 것을 "균형 깨뜨리기(breaking the symmetry)"라고 부르고 있다.

이상과 같은 이유로 가중치의 초기값은 난수로 결정되어야 한다. RBM(Restricted Boltzmann Machine)을 사용하여 각 층간에 가중치를 초기화하는 방법도 2006년도에 소개되었지만 후속 연구에서 가우시안 분포의 작은 난수를 사용하는 간단한 방법과의 차이는 거의 없는 것으로 밝혀졌다.

또 반대로 너무 큰 가중치는 그래디언트 폭발(exploding gradients)을 일으킨다고 한다. 이 경우에는 학습이 수렴하지 않고 발산하게 된다. 따라서 가중치는 적절한 작은 난수로 초기화하여야 한다. 여기서는 가장 많이 사용되는 방법만을 소개하기로 하자. 가중치 초기화 분야는 아직도 연구해야 할 것이 남아 있다고 한다.

가중치 초기화 방법

가중치를 초기화할 때는 Xavier의 방법과 He 방법이 많이 사용된다. 두 방법은 특정 유닛으로 들어오는 간선의 개수(fan_in)와 나가는 간선의 개수(fan_out)를 사용한다.

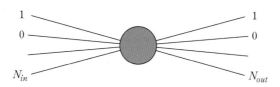

Xavier은 다음과 같은 분산을 가지는 정규 분포(가우시안 분포)에서 난수를 추출하는 것을 제안하였다.

$$var(w_i) = \frac{1}{N_{in}}$$

여기서 N_{in} 은 유닛으로 들어오는 간선의 개수이고 N_{out} 은 유닛에서 나가는 간선의 개수이다. 분산은 표준 편차의 제곱임을 명심하자. 넘파이에서 np.random.randn() 함수는 가우시안 분포에서 난수를 발생시키는 함수이다. $N_{in} \times N_{out}$ 크기의 배열에 평균이 0이고 분산이 $1/N_{in}$ 난수를 생성하려면 다음과 같은 문장을 사용하면 된다.

```
W = np.random.randn(N_in, N_out)*np.sqrt(1/N_in)
```

또는 다음과 같은 방법을 사용하기도 한다.

$$var(w_i) = \frac{2}{(N_{in} + N_{out})}$$

```
W = np.random.randn(N_in, N_out)*np.sqrt(2/(N_in+N_out))
```

케라스에서의 가중치 초기화 방법

케라스에서는 이니셜라이저를 이용하여 케라스 레이어의 초기 임의 가중치를 설정할 수 있다. 이니셜 라이저를 레이어에 전달하는 데 사용되는 키워드 인수는 레이어에 따라 다르다. 일반적으로 많이 사용되는 것은 kernel_initializer하고 bias_initializer이다.

```
from tensorflow.keras import layers
from tensorflow.keras import initializers

layer = layers.Dense(
    units=64,
    kernel_initializer=initializers.RandomNormal(stddev=0.01),    가중치 초기화
    bias_initializer=initializers.Zeros()
)        바이어스 초기화
```

모든 내장 이니셜라이저는 문자열 식별자를 통해 전달할 수도 있다.

```
layer = layers.Dense(
    units=64,
    kernel_initializer='random_normal',
    bias_initializer='zeros'
)
```

케라스에서 사용 가능한 이니셜라이저는 상당히 많다. 많이 사용되는 것은 다음과 같다.

- RandomNormal 클래스: 정규 분포로 텐서를 생성하는 이니셜라이저이다.

```
>>> initializer = tf.keras.initializers.RandomNormal(mean=0., stddev=1.)
>>> layer = tf.keras.layers.Dense(3, kernel_initializer=initializer)
```

- RandomUniform 클래스: 균일 분포로 텐서를 생성하는 이니셜라이저이다.

```
>>> initializer = tf.keras.initializers.RandomUniform(minval=0., maxval=1.)
>>> layer = tf.keras.layers.Dense(3, kernel_initializer=initializer)
```

자세한 사항은 케라스 홈페이지를 참조하자.

가중치에 대한 대단히 좋은 웹 사이트가 있다. https://www.deeplearning.ai/ai-notes/initialization/에 가보면 여러분들은 다양한 초기값을 가지고 오차가 얼마나 빨리 줄어드는지를 볼 수 있다.

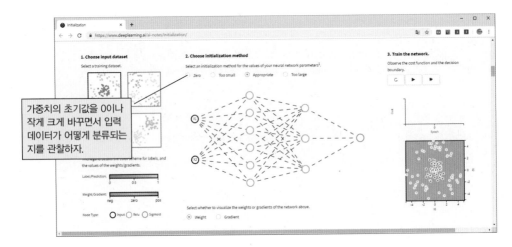

가중치의 초기값을 0이나 작게 크게 바꾸면서 입력 데이터가 어떻게 분류되는지를 관찰하자.

6. 범주형 데이터 처리

범주형 데이터 인코딩이란?

신경망은 숫자만 받을 수 있다. 문자열은 받을 수 없다. 하지만 입력 데이터 중에는 "male", "female"과 같이 성별을 나타내는 문자열이 포함된 것들이 아주 많다. 어떻게 해야 할까? 우리는 성별을 숫자로 바꾸어야 한다. 왜냐하면 학습에서는 모든 것이 숫자로 바뀌어야 하기 때문이다. "male", "female"과 같은 기호는 컴퓨터가 학습할 수 없다.

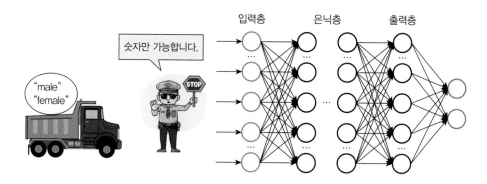

"male"과 "female"처럼 아주 간단한 경우에는 다음과 같은 파이썬 코드를 사용하여 "male"과 "female" 문자열을 숫자 1과 0으로 바꿀 수 있다.

```
for ix in train.index:
    if train.loc[ix, 'Sex']=="male":
        train.loc[ix, 'Sex']=1
    else:
        train.loc[ix, 'Sex']=0
```

하지만 데이터의 많은 특징이 범주형으로 되어 있다면 라이브러리 함수를 사용하는 것이 좋다.

일반적인 범주형 데이터 변환 방법

범주형(카테고리형) 변수는 값이 레이블 값을 취하는 변수이다. 예를 들어 색상을 나타내는 변수는 "red", "green ", "blue" 값을 가질 수 있다. 경우에 따라 범주형 데이터는 "first", "second", "third"와 같이 범주 간에 정렬된 관계를 가질 수 있다.

머신러닝 알고리즘과 딥러닝 신경망에서는 입력 및 출력 변수가 모두 숫자여야 한다. 이는 범주형 데이터를 사용하여 모델을 훈련 평가하기 전에 숫자로 인코딩해야 함을 의미한다. 범주형 변수를 인코딩하는 방법은 여러 가지가 있지만 가장 일반적인 3가지 방법은 다음과 같다.

- 정수 인코딩(Integer Encoding): 각 레이블이 정수로 매핑되는 경우이다.
- 원-핫 인코딩(One Hot Encoding): 각 레이블이 이진 벡터에 매핑되는 경우이다.
- 임베딩(Embedding): 범주의 분산된 표현이 학습되는 경우이다.

여기서는 첫 번째와 두 번째 방법만을 살펴보자. 세 번째 방법인 임베딩 방법은 자연어 처리에 많이 사용되기 때문에 12장에서 설명한다.

정수 인코딩

다음과 같은 데이터를 생각해보자.

Country	Age	Salary
Korea	38	7200
Japan	27	4800
China	30	3100

이 데이터 세트에서 첫 번째 열은 범주형 데이터이다. 우리는 sklearn 라이브러리가 제공하는 Label Encoder 클래스를 사용해보자. sklearn 라이브러리에서 LabelEncoder 클래스를 가져와서 데이터의 첫 번째 열을 맞추고 변환한 후에 기존 텍스트 데이터를 새 인코딩 데이터로 바꾸어보자.

```
import numpy as np
X = np.array([['Korea', 44, 7200],
       ['Japan', 27, 4800],
       ['China', 30, 6100]])
from sklearn.preprocessing import LabelEncoder
labelencoder = LabelEncoder()
X[:, 0] = labelencoder.fit_transform(X[:, 0])
print(X)

[['2' '44' '7200']
 ['1' '27' '4800']
 ['0' '30' '6100']]
```

데이터가 'X'라는 변수에 데이터 프레임 형태로 저장되어 있다고 가정했다. 이 코드를 실행한 후 X값을 확인하면 첫 번째 열의 문자열이 숫자로 대체된 것을 볼 수 있다.

정수 인코딩은 새로운 문제를 야기할 수 있다. 예를 들어, 정수값이 0, 1, 2로 나오는 경우, 신경망 모델이 이들 사이에 어떤 순서가 있다고 오해할 수 있다. 하지만 실제로는 어떤 순서 관계도 없다. 따라서 이 문제를 극복하려면 원-핫 인코딩을 사용한다.

원-핫 인코딩(sklearn 사용)

원-핫 인코딩은 단 하나의 값만 1이고 나머지는 모두 0인 인코딩을 의미한다. 원-핫 인코딩은 먼저 각 단어에 고유한 정수(인덱스)를 부여한다. 이후에 표현하고 싶은 단어의 인덱스 위치에 1을 부여하고, 다른 단어의 인덱스의 위치에는 0을 부여한다.

Country	Age	Salary
Korea	38	7200
Japan	27	4800
China	30	3100

Korea	Japan	China	Age	Salary
1	0	0	38	7200
0	1	0	27	4800
0	0	1	30	3100

우리는 sklearn 라이브러리의 OneHotEncoder 클래스를 호출하여, 원-핫 인코딩을 만들 수 있다.

```python
import numpy as np
X = np.array([['Korea', 44, 7200],
        ['Japan', 27, 4800],
        ['China', 30, 6100]])

from sklearn.preprocessing import OneHotEncoder
onehotencoder = OneHotEncoder()

# 원하는 열을 뽑아서 2차원 배열로 만들어서 전달하여야 한다.
XX = onehotencoder.fit_transform(X[:,0].reshape(-1,1)).toarray()
print(XX)

X = np.delete(X, [0], axis=1)          # 0번째 열 삭제
X = np.concatenate((XX, X), axis = 1)  # X와 XX를 붙인다.
print(X)

[[0. 0. 1.]
 [0. 1. 0.]
 [1. 0. 0.]]
[['0.0' '0.0' '1.0' '44' '7200']
 ['0.0' '1.0' '0.0' '27' '4800']
 ['1.0' '0.0' '0.0' '30' '6100']]
```

넘파이 배열에서 'Korea' 등이 저장된 0번째 열을 삭제하고 그곳에 원-핫 인코딩된 값을 붙였다. 이 과정에서 넘파이 배열 2개를 붙일 수 있는 concatenate() 함수를 사용하였다. 넘파이 배열에서 특정한 행이나 열을 삭제하고 넘파이 배열을 행이나 열방향으로 붙이는 코드는 상당히 많이 필요하다. 반드시 익혀두도록 하자.

원-핫 인코딩(케라스 사용)

원-핫 인코딩은 케라스의 to_categorical()을 호출해서도 만들 수 있다. 먼저 범주형 데이터를 정수 인코딩하여야 한다.

```
class_vector =[2, 6, 6, 1]

from tensorflow.keras.utils import to_categorical
output = to_categorical(class_vector, num_classes = 7, dtype ="int32")
print(output)
```

```
[[0 0 1 0 0 0 0]
 [0 0 0 0 0 0 1]
 [0 0 0 0 0 0 1]
 [0 1 0 0 0 0 0]]
```

7. 데이터 정규화

2개의 입력 x1과 x2를 가지고 있는 간단한 신경망을 가정하자. 특징값 x1은 0에서 10.0까지 움직이고, 또 하나의 특징값 x2는 0에서 1.0까지 움직인다고 하자. 신경망은 일련의 선형 조합과 비선형 활성화 함수를 통해 이러한 차이가 나는 입력을 결합하여 학습하게 되므로 각 입력과 관련된 매개 변수도 서로 다른 범위를 가지면서 학습된다. 따라서 이것은 특정 매개 변수의 그래디언트에 더 중점을 둔 다음과 같은 손실 함수 모양이 형성되고 아무래도 큰 범위의 입력값인 x1의 그래디언트가 매개변수 갱신을 주도하게 된다. 또 이런 경우에는 학습률을 잘 설정했다고 하더라도 발산하기 쉽다.

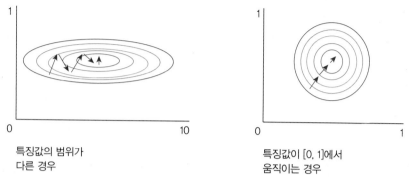

| 특징값의 범위가 | 특징값이 [0, 1]에서 |
| 다른 경우 | 움직이는 경우 |

그림 8-11 데이터 정규화의 영향

따라서 모든 입력을 정규화함으로써(즉 같은 범위의 값으로 만드는 것) 신경망이 각 입력 노드에 대한 최적의 매개 변수를 보다 빨리 습득할 수 있게 한다. 또 부동 소수점 숫자 정밀도와 관련된 문제를 피하기 위해, 입력 값이 대략 -1.0에서 1.0 범위에 있도록 하는 것이 좋다. 컴퓨터는 아주 크거나 아주 작은 숫자에 대해 수학 연산을 수행할 때 정확성을 잃을 수 있다. 또 입력이 양수만을 가지게 되면 학습이 느려진다. 따라서 학습을 시키기 전에 따라서 입력 데이터를 정규화하는 것이 좋다.

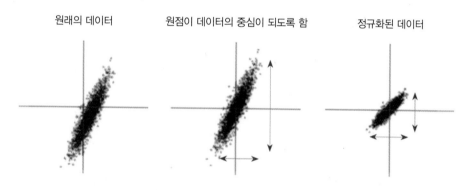

| 원래의 데이터 | 원점이 데이터의 중심이 되도록 함 | 정규화된 데이터 |

따라서 입력 데이터의 평균과 분산을 계산한 후에 이것을 이용하여 평균이 0이 되도록 하고 값의 범위를 -1.0에서 +1.0 사이로 제한하는 경우가 많다. 이것을 데이터 정규화(data normalization)라고 한다.

수치 데이터는 특징값 v에 대하여 x'= (x-평균) / 표준편차를 계산하여 정규화한다. 이 기법은 가우시안 정규화라고도 한다.

$$x_j' = \frac{x_j - \mu_j}{\sigma_j}$$

예를 들어 나이를 나타내는 특징 데이터 (30, 36, 52, 42)가 있다고 하자. 평균 = (30 + 36 + 52 + 42) / 4 = 160 / 4 = 40.0이다. 나이 특징의 표준 편차 = sqrt ((30-40) ^ 2 + (36-40) ^ 2 + (52-40) ^ 2 + (42-40) ^ 2) / 4) = sqrt ((100 + 16 + 144 + 4) / 4) = sqrt (66.0) = 8.12이다. 따라서 30세의 정규화 된 값 = (30 - 40.0) / 8.12 = -1.23이다.

예제

예를 들어서 사람의 나이, 성별, 연간 수입을 기준으로, 선호하는 자동차의 타입(세단 아니면 SUV)을 예측할 신경망을 만들고 싶다고 가정하자.

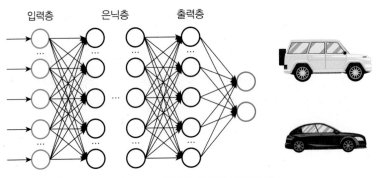

그림 8-12 데이터 인코딩 기법의 예

예를 들어서 다음과 같은 훈련 데이터가 있다고 하자.

```
[0]  30   male     3800   SUV
[1]  36   female   4200   SEDAN
[2]  52   male     4000   SUV
[3]  42   female   4400   SEDAN
```

신경망은 기본적으로 숫자 데이터만 처리하기 때문에 나이, 성별, 자동차 타입을 숫자 값으로 인코딩해야한다. 예를 들어, 성별을 나타낼 때는 남성을 -1.0으로, 여성을 1.0로 인코딩하는 것이다. 성별처럼 두 가지 가능한 값 중 하나를 취할 수 있는 이진 데이터는 (0, 1)을 사용하는 것보다. (-1, +1)을 사용하는 것이 낫다고 한다.

앞에서 이야기한 바와 같이 숫자 데이터도 크기가 상대적으로 유사하도록 크기를 정규화하는 것이 좋다. 신경망의 출력은 원-핫 인코딩(one-hot encoding)이라고 해서 여러 개의 노드 중에서 하나의 노드만 1이 나오고 다른 노드는 모두 0이 나오도록 인코딩하여야 한다. 위의 훈련 데이터에 대하여 정규화와 인코딩을 적용한 결과는 다음과 같다.

```
[0] -1.23   -1.0   -1.34   (1.0   0.0)
[1] -0.49    1.0    0.45   (0.0   1.0)
[2]  1.48   -1.0   -0.45   (1.0   0.0)
[3]  0.25    1.0    1.34   (0.0   1.0)
```

첫 번째 줄에서 30의 나이가 -1.23으로 정규화되었으며 3800만원의 연간 수입이 -1.34로 정규화되었다. 남성 = -1, 여성 = +1이 되도록 성별이 인코딩되었다. 자동차의 타입은 원-핫 인코딩을 사용하여 인코딩 되었다. 즉 SUV = (1 0), SEDAN = (0 1)가 된다. 자동차의 타입이 이 신경망의 출력이고 이것을 예측하고자 한다. 일반적으로 출력단은 소프트맥스 활성화 함수와 함께 원핫 인코딩을 사용한다. 예를 들어 자동차 타입의 경우, (1 0)은 SUV를, (0 1)은 SEDAN을 나타낸다. 만약 출력값이 (0.33 0.67)이라면, 첫 번째 값은 SUV의 확률로 해석될 수 있고 두 번째 값은 SEDAN의 확률로 해석될 수 있다.

sklearn의 데이터 정규화 방법

MinMaxScaler 클래스는 특징이 주어진 범위(예: 0과 1 사이)에 있도록 각 특징을 개별적으로 변환한다. 다음과 같은 넘파이 수식을 사용한다.

$$X\_std = (X - X.min(axis=0)) / (X.max(axis=0) - X.min(axis=0))$$
$$X\_scaled = X\_std * (max - min) + min$$

```python
from sklearn.preprocessing import MinMaxScaler
data = [[-1, 2], [-0.5, 6], [0, 10], [1, 18]]

scaler = MinMaxScaler()
scaler.fit(data)              # 최대값과 최소값을 알아낸다.
print(scaler.transform(data)) # 데이터를 변환한다.
```

```
[[0.   0.  ]
 [0.25 0.25]
 [0.5  0.5 ]
 [1.   1.  ]]
```

케라스의 데이터 정규화 방법

케라스에는 입력 데이터를 정규화시키는 레이어가 있다.

```
tf.keras.layers.experimental.preprocessing.Normalization(
    axis=-1, dtype=None, mean=None, variance=None, **kwargs
)
```

이 레이어는 입력을 평균이 0이고 표준 편차 1인 분포로 강제 변환한다. 데이터의 평균과 분산을 계산하고 런타임에 (input-mean) / sqrt (var)를 호출하여 이를 수행한다.

- axis: 정수로서 "유지"해야 하는 축을 나타낸다. 지정된 축은 정규화 통계를 계산할 때 합산되지 않는다.
- mean: 데이터 정규화 중에 사용할 평균 값이다.
- variance: 데이터 정규화 중에 사용할 분산 값이다.

데이터 정규화가 필요하면 Normalization 레이어를 중간에 넣으면 된다. 간단한 예제를 작성해서 수행해보자. adapt() 메소드를 데이터 세트에 대하여 호출해주면 케라스가 데이터를 분석하여 평균과 분산을 계산한다.

```
>>> adapt_data = np.array([[1.], [2.], [3.], [4.], [5.]], dtype=np.float32)
>>> input_data = np.array([[1.], [2.], [3.]], np.float32)
>>> layer = Normalization()
>>> layer.adapt(adapt_data)
>>> layer(input_data)
<tf.Tensor: shape=(3, 1), dtype=float32, numpy=
array([[-1.4142135 ],
       [-0.70710677],
       [ 0.        ]], dtype=float32)>
```

평균과 분산을 직접 전달할 수도 있다.

```
>>> input_data = np.array([[1.], [2.], [3.]], np.float32)
>>> layer = Normalization(mean=3., variance=2.)
>>> layer(input_data)
<tf.Tensor: shape=(3, 1), dtype=float32, numpy=
array([[-1.4142135 ],
       [-0.70710677],
       [ 0.        ]], dtype=float32)>
```

8. 과잉 적합과 과소 적합

과잉 적합(over fitting)은 지나치게 훈련 데이터에 특화돼 실제 적용 시 좋지 못한 결과가 나오는 것을 말한다. 훈련 데이터에 저장된 정보는 신호와 잡음의 두 가지 종류로 생각할 수 있다. 신호는 우리의 학습에 유용한 데이터로서 모델이 새 데이터에서 예측을 수행하는 데 도움이 되는 부분이다. 잡음은 랜덤한 변동이거나 모델이 예측하는 데 도움이 되지 않는, 부수적이고 정보가 없는 패턴이다.

과잉 적합은 신경망의 매개 변수가 많을 때 발생한다고 한다. 즉 은닉층의 개수가 많거나 뉴런의 개수가 너무 많으면 과잉 적합이 심해진다. 또 신경망 모델을 너무 오래 훈련하면 과잉 적합되기 시작하고, 테스트 세트에서 일반화되지 못하는 패턴을 훈련 세트에서 학습한다. 아래 그림에서 오른쪽이 과잉 적합된 상태이다.

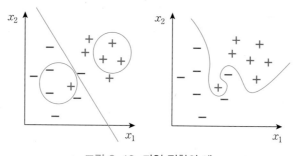

그림 8-13 과잉 적합의 예

과잉 적합은 훈련 데이터를 더 잘 분류하는데, 왜 좋지 않을까? 과잉 적합은 교과서의 예제만 완벽하게 푼 후에 시험에 도전하는 학생과 같다. 만약 시험에 교과서의 예제만 출제된다면 완벽한 답을 적을 수 있을 것이다. 하지만 내용을 조금만 바꾼 문제가 나오면 틀릴 수 있다. 따라서 중요한 것은 다양한 예제를 통하여 핵심적인 사항을 이해하고 어떤 문제가 나오더라도 풀 수 있도록 응용 능력을 키우는 것이다. 이것을 신경망에서는 일반화(generalization)라고 한다.

과잉 적합의 반대는 과소 적합(underfitting)이다. 과소 적합은 신경망 모델이 충분히 훈련되지 않는 것이다. 즉 신경망이 훈련 세트에서 적절한 패턴을 학습하지 못했다는 의미이다. 과소 적합은 신경망의 모델이 너무 단순하거나(즉 뉴런의 수가 너무 적거나 은닉층의 개수가 부족하거나), 규제가 너무 많거나, 충분히 오래 훈련하지 않았을 때 발생한다. 우리는 과잉 적합과 과소 적합 사이에서 균형을 잡아야 한다.

과잉 적합을 아는 방법

과잉 적합은 어떻게 알 수 있을까? 검증 데이터셋으로 알 수 있다. 신경망을 훈련 하면서 신경망이 보지 못한 검증 데이터셋으로 검증해보는 것이다. 훈련이 계속되어도 검증 데이터의 손실값이 감소하지 않는다면 과잉 적합이 발생한 것이다.

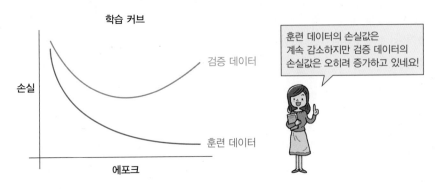

과잉 적합의 예

텐서플로우 홈페이지의 예를 가지고 설명해보자. 영화 리뷰를 분류하는 문제를 생각해보자. IMDB 사이트는 영화에 대한 리뷰가 올라가 있는 사이트이다. 2011년에 스탠포드 대학교에서는 이 리뷰 데이터를 사용하여 영화 리뷰가 긍정적인지 부정적인지를 학습하는 논문을 발표하였다. 이후로 이 데이터는 공공 데이터가 되어서 벤치마크 데이터로 활용되고 있다. 이 데이터에서는 리뷰에 대한 텍스트가 올라가 있고, 영화 리뷰가 긍정인 경우 레이블 1, 영화 리뷰가 부정적인 경우 레이블 0으로 표시되어 있다. 케라스 라이브러리를 사용하면 이 IMDB 영화 리뷰 데이터를 imdb.load_data() 함수를 통해 바로 다운로드 할 수 있다.

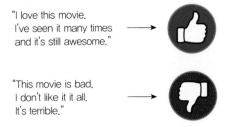

영화 리뷰를 입력하면 리뷰가 긍정적인지 부정적인지를 파악하는 신경망을 구현해보자. 영화 리뷰는 문자열로 되어 있다. 이 예제는 자연어 처리를 약간 알아야 하지만, 우선 간단하게 설명해보자. 영화 리뷰는 미리 전처리되어서 정수 시퀀스로 변환되어 있다. 각 정수는 어휘 사전에 있는 특정 단어를 의미한다. 예를 들어서 〈START〉 this film was just brilliant casting location scenery story direction everyone's really"와 같은 리뷰는 [1, 14, 22, 16, 43, 530, 973, 1622, 1385, 65, 458]와 같이 변환되어 있다. 리뷰를 다운로드해보자.

```
imdb = tf.keras.datasets.imdb

(train_data, train_labels), (test_data, test_labels) = imdb.load_data(num_
words=10000)
```

num_words은 몇 개의 단어를 사용할 것인지를 지정한다. 매개변수 num_words=10000은 훈련 데이터에서 가장 많이 등장하는 상위 10,000개의 단어를 선택한다. 아주 드물게 등장하는 단어는 제외한다. 훈련 데이터와 테스트 데이터가 각각 25000개씩 저장되어 있다. 훈련 세트와 테스트 세트의 클래스는 균형이 잡혀 있다. 즉 긍정적인 리뷰와 부정적인 리뷰의 개수가 동일하다.

현재 영화 리뷰는 정수 배열로 되어 있다. 예를 들어서 리뷰가 ['good', 'movie']라면 [3, 7]과 같이 되어 있다. 여기서 3은 단어사전에서 'good'의 인덱스이고 7은 'movie'의 인덱스이다. 신경망은 0과 1 사이의 실수만 받을 수 있다. 신경망에 주입하기 전에 이 정수 배열은 부동소수점수를 가지고 있는 텐서로 변환되어야 한다. 변환하는 방법에는 여러 가지 방법이 있지만, 과잉 적합을 발생시키기 위하여 원-핫 인코딩(one-hot encoding)을 사용하자. 원-핫 인코딩은 정수 배열을 0과 1로 이루어진 벡터로 변환하는 것이다. 예를 들어 배열 [3, 7]을 인덱스 3과 7만 1이고 나머지는 모두 0인 10,000차원 벡터로 변환하는 것이다.

원-핫 인코딩을 수행하는 함수가 one_hot_sequences()이다. 실제로는 멀티-핫 인코딩이 더 정확한 이름이다. 넘파이 배열의 [i][word_index] 번째에 1을 저장한다.

```
def one_hot_sequences(sequences, dimension=10000):
    results = numpy.zeros((len(sequences), dimension))
    for i, word_index in enumerate(sequences):
        results[i, word_index] = 1.
    return results
```

중요한 부분은 훈련할 때 테스트 데이터를 이용하여 검증을 한다는 점이다. fit()의 매개 변수 validation_data에 테스트 데이터를 전달한다.

```
history = model.fit(train_data,
                    train_labels,
                    epochs=20,
                    batch_size=512,
                    validation_data=(test_data, test_labels),
                    verbose=2)
```

학습이 종료되면 훈련 데이터의 손실값과 검증 데이터의 손실값을 그래프에 함께 출력해본다. 만약 훈련 데이터의 손실값은 계속 줄어드는데, 검증 데이터의 손실값은 오히려 증가한다면 너무 과잉 적합되고 있다는 증거이다.

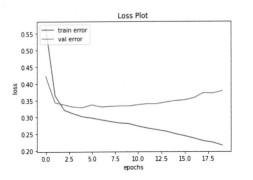

훈련 데이터의 손실값은 줄어들지만 검증 데이터의 손실값은 오히려 증가하네요!

전체 소스

```python
import numpy as numpy
import tensorflow as tf
import matplotlib.pyplot as plt

# 데이터 다운로드
(train_data, train_labels), (test_data, test_labels) = \
    tf.keras.datasets.imdb.load_data( num_words=1000)

# 원-핫 인코딩으로 변환하는 함수
def one_hot_sequences(sequences, dimension=1000):
    results = numpy.zeros((len(sequences), dimension))
    for i, word_index in enumerate(sequences):
        results[i, word_index] = 1.
    return results

train_data = one_hot_sequences(train_data)
test_data = one_hot_sequences(test_data)
```

```python
# 신경망 모델 구축
model = tf.keras.Sequential()
model.add(tf.keras.layers.Dense(16, activation='relu', input_shape=(1000,)))
model.add(tf.keras.layers.Dense(16, activation='relu'))
model.add(tf.keras.layers.Dense(1, activation='sigmoid'))

model.compile(loss='binary_crossentropy', optimizer='adam',
              metrics=['accuracy'])

# 신경망 훈련, 검증 데이터 전달
history = model.fit(train_data,
                    train_labels,
                    epochs=20,
                    batch_size=512,
                    validation_data=(test_data, test_labels),
                    verbose=2)
# 훈련 데이터의 손실값과 검증 데이터의 손실값을 그래프에 출력
history_dict = history.history
loss_values = history_dict['loss']            # 훈련 데이터 손실값
val_loss_values = history_dict['val_loss']    # 검증 데이터 손실값
acc = history_dict['accuracy']                # 정확도
epochs = range(1, len(acc) + 1)          # 에포크 수

plt.plot(history.history['loss'])
plt.plot(history.history['val_loss'])
plt.title('Loss Plot')
plt.ylabel('loss')
plt.xlabel('epochs')
plt.legend(['train error', 'val error'], loc='upper left')
plt.show()
```

9. 과잉 적합 방지 전략

과잉 적합을 처리하는 많은 방법들이 있다. 아마도 과잉 적합을 막는 가장 좋은 방법은, 많은 훈련 데이터를 사용하는 것이다. 훈련 데이터가 많아지면 일반화 성능이 더 좋아진다. 하지만 훈련 데이터를 많이 확보할 수 없는 경우가 있다. 이런 경우에는 적은 훈련 데이터를 늘리는 방법이 있다. 이것이 데이터 증대이다. 또 규제(regularization)와 같은 기법을 사용할 수도 있다. 신경망이 저장할 수 있는 정보의 양에 제약을 부과하는 방법이다. 신경망이 소수의 패턴만 기억할 수 있도록 하면 훈련 동안에 가장 중요한 패턴에 촛점을 맞출 것이다.

- 조기 종료: 검증 손실이 증가하면 훈련을 조기에 종료한다.
- 가중치 규제 방법: 가중치의 절대값을 제한한다.
- 데이터 증강 방법: 데이터를 많이 만든다.
- 드롭아웃 방법: 몇 개의 뉴런을 쉬게 한다.

각 방법에 대하여 간단히 살펴보자.

조기 종료

모델이 노이즈를 너무 열심히 학습하면 학습 중에 검증 손실이 증가하기 시작할 수 있다. 이를 방지하기 위해 검증 손실이 더 이상 감소하지 않는 것처럼 보일 때마다 훈련을 중단할 수 있다. 이런 식으로 훈련을 중단하는 것을 조기 종료(Early Stopping)라고 한다.

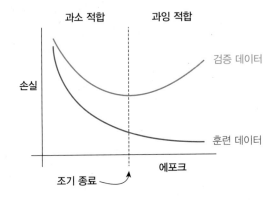

검증 손실이 다시 증가하기 시작하는 것을 감지하면 가중치를 최소값이 발생한 위치로 다시 재설정 할 수 있다. 이렇게 하면 모델이 계속해서 노이즈를 학습하고 데이터를 과적합하지 않게 된다.

가중치 규제 방법

연구자들은 복잡한 신경망 모델에서 가중치의 값이 너무 크면, 판단 경계선이 복잡해지고 과잉 적합이 일어난다는 사실을 발견하였다. 따라서 과잉 적합을 완화시키는 방법은 가중치가 작은 값을 가지도록 신경망의 복잡도에 제약을 가하는 것이다. 이렇게 하면 가중치 값의 분포를 좀 더 균일하게 만들어준다. 이 방법을 "가중치 규제(weight regularization)"라고 한다. 구체적으로 신경망의 손실 함수에 가중치가 커지면 불리하도록 비용을 추가한다. 가중치 규제에는 두 가지 형태가 있다.

- L2 규제는 가중치의 절대값에 비례하는 비용을 손실 함수에 추가하는 방법이다.

$$Loss = Cost + \lambda \sum |W|$$

- L2 규제는 가중치의 제곱에 비례하는 비용을 손실 함수에 추가하는 방법이다. 이것을 가중치 감쇠(weight decay)라고도 부른다.

$$Loss = Cost + \lambda \sum W^2$$

L1 규제는 가중치를 0으로 만드는 단점이 있다. L2 규제는 가중치를 완전히 0으로 만들지는 않는다. 따라서 L2 규제가 더 많이 사용된다.

앞 절의 IMDB 프로그램에 L2 가중치 규제를 추가해보자.

```
# 신경망 모델 구축
model = tf.keras.Sequential()
model.add(tf.keras.layers.Dense(16,
    kernel_regularizer=tf.keras.regularizers.l2(0.001),
    activation='relu', input_shape=(1000,)))
model.add(tf.keras.layers.Dense(16,
    kernel_regularizer=tf.keras.regularizers.l2(0.001),  activation='relu'))
model.add(tf.keras.layers.Dense(1, activation='sigmoid'))
```

l2(0.001)는 신경망의 전체 손실에 0.001 * weight**2만큼 더해진다는 의미이다. 이런 규제는 훈련할 때만 추가된다. 테스트 단계에서는 적용되지 않는다.

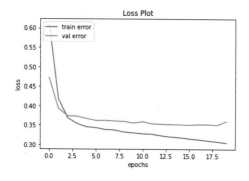

아직도 과잉 적합이지만 규제를 적용한 모델이 덜 과잉 적합됨을 알 수 있습니다.

드롭아웃

과적합은 은닉층의 노드가 너무 많아져도 발생한다. 과잉 적합을 막는 다른 방법으로, 드롭아웃(drop out)이 있다. 토론토 대학의 힌튼(Hinton)이 개발한 이 방법은 신경망에서 가장 효과적이고 널리 사용하는 규제 기법이다. 드롭아웃은 몇 개의 노드들을 학습 과정에서 랜덤하게 제외하는 것이다. 구체적으로 드롭아웃을 레이어에 적용하면, 훈련하는 동안 레이어의 출력을 랜덤하게 0으로 만든다.

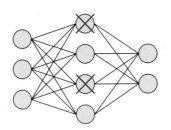

그림 8-14 드롭아웃

예를 들어서 훈련하는 동안, 어떤 입력 샘플에 대해 [0.1, 0.2, 0.9, 0.8, 1.1] 벡터를 출력하는 레이어가 있다고 가정하자. 드롭아웃을 적용하면 [0, 0.2, 0.9, 0, 1.1]과 같이 몇 개의 원소가 랜덤하게 0이 된다. 신경망 라이브러리에서는 드롭아웃 비율을 결정하는 매개변수가 있다. "드롭아웃 비율"은 전체 뉴런 중에서 0으로 되는 뉴런의 비율이다. 보통 0.2에서 0.5 사이를 사용한다.

왜 학습 과정에서 몇 개의 노드를 쉬게 하는 것이 과잉 적합을 막을 수 있을까? 드롭아웃은 학습시 전체 신경망 중 일부만을 사용하도록 하는 것이다. 학습 과정에서 몇 개의 노드들을 쉬게 하면 다른 노드가 그 역할을 대신할 것이다. 따라서 동일한 입력에 대하여 여러 노드가 중복하여서 특징을 학습하게 된다. 신경망 은닉층의 노드들은 어떤 특징을 뽑아내는 전문가들이라고 할 수 있다. 랜덤하게 노드들을 쉬게 해서 학습을 시키면 동일한 특징을 검출하는 전문가가 많이 생기게 되는 것이다.

드롭아웃도 훈련 단계에만 적용된다. 테스트 단계에서는 드롭아웃이 없다. 학습이 끝나고 예측을 할 때는 모든 노드(즉 전문가)를 총동원하여서 예측을 한다. 테스트 단계에서는 훈련 단계보다 더 많은 뉴런이 활성화되기 때문에 균형을 맞추기 위해 레이어의 출력 값을 드롭아웃 비율만큼 줄인다.

케라스에서는 Dropout 레이어를 이용해 신경망에 드롭아웃을 추가할 수 있다. Dropout 레이어는 바로 이전 레이어의 출력에 드롭아웃을 적용한다. IMDB 신경망에 두 개의 Dropout 층을 추가하여 과잉 적합이 얼마나 감소하는지 알아보자.

```
# 신경망 모델 구축
model = tf.keras.Sequential()
model.add(tf.keras.layers.Dense(16, activation='relu', input_shape=(10000,)))
model.add(tf.keras.layers.Dropout(0.5))
model.add(tf.keras.layers.Dense(16, activation='relu'))
model.add(tf.keras.layers.Dropout(0.5))
model.add(tf.keras.layers.Dense(1, activation='sigmoid'))
```

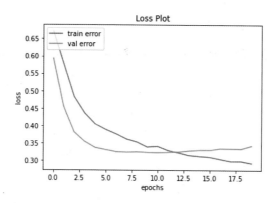

데이터 증강 방법

데이터 증강(data augmentation) 방법은 소량의 훈련 데이터에서 많은 훈련 데이터를 뽑아내는 방법이다. 예를 들어서 훈련 데이터가 이미지라고 하면, 이미지를 좌우로 확대한다거나 회전시켜서 변형된 이미지를 생성하여 이것을 새로운 훈련 데이터로 사용하는 방법이다. 특히 데이터 자체를 구하기 어려운 경우에 이 증강기술은 반드시 필요하다. 케라스에서도 지원한다. 이 방법은 10장 신경망을 이용한 영상 인식에서 자세히 살펴보자.

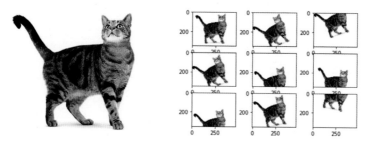

그림 8-15 데이터 증강 방법

https://playground.tensorflow.org에 접속하면 구글이 제공하는 신경망 시뮬레이터가 있다. 이 시뮬레이터는 텐서플로우로 구현되어서 웹상에서 제공된다. 우리는 이 시뮬레이터를 이용하여서 다양한 실험을 해볼 수 있다. 이번에는 규제항을 실험해보자.

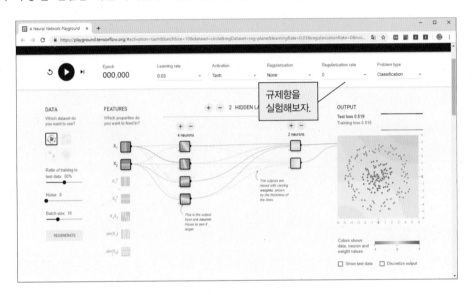

여러 가지 타입의 규제항을 지정하고 실행 결과에 어떤 영향을 끼치는지를 관찰한다.

10. 앙상블

앙상블(ensemble)은 여러 전문가를 동시에 훈련시키는 것과 같다. 이 방법은 동일한 딥러닝 신경망을 N개를 만드는 것이다. 각 신경망을 독립적으로 학습시킨 후에 마지막에 합치는 것이다.

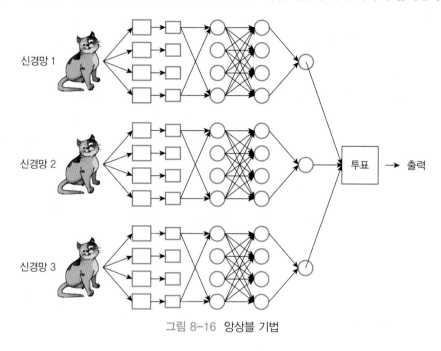

그림 8-16 앙상블 기법

일반적으로 앙상블은 약 2~5% 정도의 성능을 향상할 수 있다고 한다.

11. 예제: MNIST 필기체 숫자 인식

우리는 7장에서 MNIST 숫자를 MLP로 인식해본 경험이 있다. 동일한 데이터 세트에 대하여 이번에는 심층 신경망을 사용해보자. 얼마나 정확도가 증가할까?

숫자 데이터 가져오기

데이터부터 가져오자. Keras는 기본 제공 데이터로 MNIST 데이터를 가지고 있다. 앞장의 내용을 참조하여서 숫자 이미지들을 가져온다.

모델 구축하기

케라스 모델은 레이어를 쌓아서 만들어진다.

```
model = tf.keras.models.Sequential()
model.add(tf.keras.layers.Flatten(input_shape=(28,28)))
model.add(tf.keras.layers.Dense(512, activation='relu'))
model.add(tf.keras.layers.Dropout(0.2))
model.add(tf.keras.layers.Dense(10, activation='softmax'))
```

Flatten 레이어는 입력을 28*28에서 784*1로 만든다. Dense 레이어는 전체의 유닛이 연결된 밀집 레이어를 추가한다. 이때 활성화 함수는 ReLU로 지정한다. Dropout 레이어는 드롭아웃을 위한 레이어이다. 현재 0.2 비율로 유닛을 학습에서 제외한다. 또 출력을 위한 Dense 레이어를 추가한다. 이때 활성화 함수는 소프트맥스로 지정하고 있다.

학습시키기

모델이 완성되면 학습을 위하여 옵티마이저와 손실함수, 지표 등을 정의한다.

```
model.compile(optimizer='adam',
              loss='sparse_categorical_crossentropy',
              metrics=['accuracy'])
```

현재 옵티마이저는 "adam"으로 지정되었고 손실함수는 교차 엔트로피 함수로 지정하고 있다. 지표는 정확도로 설정하였다. ICLR 2015 학술대회에서 처음으로 발표된 "adam"은 학습 도중에 학습률을 적응적으로 변경시키는 최적화 알고리즘이다.

```
model.fit(x_train, y_train, epochs=5)
model.evaluate(x_test, y_test)
```

위의 프로그램을 실행하여 보면 5번의 에포크만에 약 98% 정도의 정확도가 얻어지는 것을 알 수 있다.

전체 소스

```python
import matplotlib.pyplot as plt
import tensorflow as tf

mnist = tf.keras.datasets.mnist

(x_train, y_train),(x_test, y_test) = mnist.load_data()
x_train, x_test = x_train / 255.0, x_test / 255.0

model = tf.keras.models.Sequential()
model.add(tf.keras.layers.Flatten(input_shape=(28,28)))
model.add(tf.keras.layers.Dense(512, activation='relu'))
model.add(tf.keras.layers.Dropout(0.2))
model.add(tf.keras.layers.Dense(10, activation='softmax'))

model.compile(optimizer='adam',
              loss='sparse_categorical_crossentropy',
              metrics=['accuracy'])

model.fit(x_train, y_train, epochs=5)
model.evaluate(x_test, y_test)
```

실행결과

```
Epoch 1/5
60000/60000 [=====================] - 7s 116us/sample - loss: 0.2205 - acc: 0.9348
Epoch 2/5
60000/60000 [=====================] - 7s 110us/sample - loss: 0.0969 - acc: 0.9700
Epoch 3/5
60000/60000 [=====================] - 7s 109us/sample - loss: 0.0678 - acc: 0.9785
Epoch 4/5
60000/60000 [=====================] - 6s 108us/sample - loss: 0.0529 - acc: 0.9834
Epoch 5/5
60000/60000 [=====================] - 7s 108us/sample - loss: 0.0428 - acc: 0.9859
10000/10000 [=====================] - 0s 43us/sample - loss: 0.0645 - acc: 0.9795
```

12. 예제: 패션 아이템 분류

이번 절에서는 텐서플로우 튜토리얼에 나오는 패션 아이템을 심층 신경망으로 분류하는 코드를 살펴보자. (https://www.tensorflow.org/tutorials/keras/basic_classification)

완전 연결 신경망 이용

우리는 케라스에서 기본적으로 제공하는 패션 MNIST 데이터셋을 사용한다. 10개의 범주(category)의 약 70,000개의 패션 관련 이미지(옷, 구두, 핸드백 등)가 제공된다. 해상도는 28×28이다.

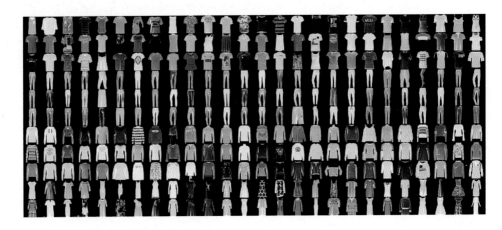

우리는 70,000개의 이미지 중에서 60,000개는 신경망을 훈련하는 데 이용하고 나머지 10,000개는 신경망의 성능을 테스트하고 평가하는데 사용할 것이다. 패션 MNIST 데이터셋은 텐서플로우에서 바로 포함시킬 수 있다.

```
import tensorflow as tf
from tensorflow import keras
import numpy as np
import matplotlib.pyplot as plt
from tensorflow.keras import datasets, layers, models

fashion_mnist = keras.datasets.fashion_mnist
(train_images, train_labels), (test_images, test_labels) = fashion_mnist.load_data()
```

우리는 load_data() 함수를 호출하여 4개의 넘파이 배열을 얻을 수 있다. train_images와

train_labels 배열은 모델의 훈련에 사용되는 데이터 셋이다. test_images와 test_labels 배열은 모델의 테스트에 사용되는 테스트 셋이다. 이미지는 28x28 크기이고 픽셀 값은 0과 255 사이의 값이다. 레이블(label)은 0에서 9까지의 정수로서 패션 아이템의 범주를 나타낸다.

레이블	범주
0	T-shirt/top
1	Trouser
2	Pullover
3	Dress
4	Coat
5	Sandal
6	Shirt
7	Sneaker
8	Bag
9	Ankle boot

입력 데이터를 화면에 이미지로 출력하여 보자. 이것은 pyplot를 이용하면 쉽게 할 수 있다.

```
plt.imshow(train_images[0])
```

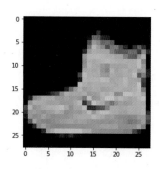

이미지의 픽셀값은 0에서 255 사이의 정수여서 이 상태로 직접 투입하면 안 된다. 반드시 0.0과 1.0 사이의 실수로 만드는 것이 중요하다. 이것을 앞에서 데이터의 정규화하고 하였다.

```
train_images = train_images / 255.0
test_images = test_images / 255.0
```

넘파이 배열에 대해서 어떤 산술 연산을 하면 배열 안의 모든 요소에 연산이 가해진다. 따라서 훈련에 사용할 데이터 세트와 테스트에 사용할 테스트 세트의 이미지 픽셀값들이 모두 0.0에서 1.0 사이가 되었다.

이제 신경망의 모델을 구축해보자. 모델의 각 레이어를 생성한 후에 모델에 추가해주면 된다. add() 함수를 호출하여서 모델에 계층을 추가하여도 되고 아니면 다음과 같이 레이어들을 파이썬 리스트에 넣어서 모델에 전달하여도 된다. 2가지 방법은 동일하다.

```
model = models.Sequential()
model.add(layers.Flatten(input_shape=(28, 28)))
model.add(layers.Dense(128, activation='relu'))
model.add(layers.Dense(10, activation='softmax'))
```

신경망의 첫 번째 레이어는 Flatten로 정의된다. 이 레이어가 하는 일은 28×28 크기의 2차원 배열을 784 크기의 1차원 배열로 변환하는 작업이다. 즉 이미지 안의 픽셀들을 눌러서 1차원으로 만든다. 이 계층에서는 데이터를 변환하기만 하기 때문에 가중치가 없다.

이후로 2개의 Dense 층이 연속되어 연결된다. 첫 번째 층은 완전 연결(fully-connected)된 계층으로 128개의 노드를 가진다. 첫 번째 층에 있는 노드의 활성화 함수는 ReLU이다. 두 번째 계층은 10개의 노드를 가지는 출력 계층이다. 이 층에서는 각 범주에 속하는 확률을 출력한다. 따라서 노드의 활성화 함수로 소프트맥스(softmax) 함수를 사용한다. 이 계층은 현재 이미지가 10개 범주 중 하나에 속할 확률을 출력한다.

신경망 모델이 완성되었으면 이제 모델을 컴파일할 차례이다. 모델을 컴파일하려면 몇 가지를 정의하여야 한다. 우선 손실 함수(Loss function)를 정의하여야 한다. 손실 함수는 모델의 오차를 계산한다. 뒤에 정의되는 옵티마이저는 이 손실 함수의 값을 최소화하기 위하여 노력할 것이다. 이어서 옵티마이저가 정의된다. 옵티마이저는 손실 함수를 최소화하기 위하여 사용하는 알고리즘이다. 우리가 잘 알다시피 확률적 그라디언트 하강법(SGD)도 여기에 속한다. 우리는 적응적 학습을 수행하는 Adam 알고리즘을 지정한다. 또 무엇을 가지고 모델의 성능을 측정할 지를 정의하여야 한다. 이것은 지표(Metrics)라고 불린다. 우리는 신경망이 올바르게 분류하는 이미지의 비율(정확도)을 사용할 것이다.

```
model.compile(optimizer='adam',
              loss='sparse_categorical_crossentropy',
              metrics=['accuracy'])
```

이제부터 신경망을 훈련해보자. 이것은 아주 간단하게 할 수 있다. 모델의 fit() 함수를 호출하면 된다.

```
model.fit(train_images, train_labels, epochs=5)
```

다음과 같은 출력이 생성된다.

```
...
Epoch 1/5
60000/60000 [==============================] - 4s 70us/sample - loss: 0.4988 -
accuracy: 0.8264
Epoch 2/5
60000/60000 [==============================] - 4s 68us/sample - loss: 0.3792 -
accuracy: 0.8629
Epoch 3/5
60000/60000 [==============================] - 4s 66us/sample - loss: 0.3394 -
accuracy: 0.8766
Epoch 4/5
60000/60000 [==============================] - 4s 66us/sample - loss: 0.3142 -
accuracy: 0.8859
Epoch 5/5
60000/60000 [==============================] - 4s 65us/sample - loss: 0.2977 -
accuracy: 0.8907
```

위의 실행결과에서 보면 정확도가 약 88%인 것을 알 수 있다. 이제 아껴두었던 테스트셋을 이용하여 모델의 성능을 측정하여 보자.

```
test_loss, test_acc = model.evaluate(test_images, test_labels)
print('정확도:', test_acc)
```

```
10000/10000 [============================] - 0s 32us/sample - loss: 0.3560 -
acc: 0.8701
정확도: 0.8701
```

13. 예제: 타이타닉 생존자 예측하기

이번 장에서 학습한 내용을 총정리하여보자. 우리는 타이타닉의 생존자를 예측하여 볼 것이다. 이것은 Kaggle 사이트에서 경진 대회로 하고 있는 이벤트이기도 하다. 이 과정에서 많은 내용을 복습할 수 있고, 우리가 복잡한 코드를 해석하고 작성할 수 있는지를 판단할 수 있다.

생존자를 예측해봅시다. 어떤 부류의 사람들의 생존률이 높았을까요? 우리는 어떤 속성을 이용하여 이것을 예측할 수 있을까요?

Second   Third   Crew

라이브러리 적재

이 절에서 우리는 'numpy', 'pandas', 'keras', 'matplotlib' 등을 사용할 것이다. 다음과 같은 코드로 미리 불러다 놓자.

```
import numpy as np
import matplotlib.pyplot as plt
import pandas as pd
import tensorflow as tf
```

학습 데이터 다운로드

타이타닉 데이터는 Kaggle 사이트(https://www.kaggle.com/c/titanic/data)에서 다운로드받자. 학습 데이터는 train.csv 파일에 있고 테스트 데이터는 test.csv에 있다. 판다스를 이용해서 CSV 파일을 읽는다. 분리자는 ','이다.

```
train = pd.read_csv("train.csv", sep=',')
test = pd.read_csv("test.csv", sep=',')
```

작업을 하기 전에는 항상 데이터가 어떻게 생겼는지 보는 것이 바람직하다.

```
>>> train.head()
    PassengerId  Survived  Pclass  ...     Fare Cabin  Embarked
0             1         0       3  ...   7.2500   NaN         S
1             2         1       1  ...  71.2833   C85         C
2             3         1       3  ...   7.9250   NaN         S
3             4         1       1  ...  53.1000  C123         S
4             5         0       3  ...   8.0500   NaN         S
```

자 이제부터는 우리의 학습에 사용할 속성(특징)에 대하여 생각해보자. 또 데이터 중에는 관측 값이 없는 데이터도 있기 때문에 이러한 데이터는 미리 제거하여야 한다. 데이터가 결손치를 가지고 있는지를 보려면 판다스 함수 중에서 isnull()을 사용한다. isnull()은 컬럼의 값이 하나라도 비어 있으면, 해당 데이터를 우리한데 반환한다. 이것을 sum()으로 처리하여서 개수를 세자.

```
>>> train.isnull().sum()
PassengerId      0
Survived         0
Pclass           0
Name             0
Sex              0
Age            177
SibSp            0
Parch            0
Ticket           0
Fare             0
Cabin          687
Embarked         2
```

"나이"라든지, "객실"과 같은 값은 상당히 빠져 있군요!

시각화

학습하기 전에 각 속성에 대한 생존률을 시각화해보는 것이 학습에 도움이 된다. seaborn을 사용하면 좀 더 쉽게 통계를 내어서 시각화할 수 있지만, 우리는 학습하지 않았으므로 그냥 'pandas'와 'matplotlib'만을 사용하자. 영화에서 보면 구명보트에 여성을 먼저 태운 것을 볼 수 있다. 따라서 먼저 성별에 따른 생존률을 시각화하여보자.

```
>>> df = train.groupby('Sex').mean()["Survived"]
>>> df.plot(kind='bar')
>>> plt.show()
```

여기서 판다스의 groupby 함수를 사용하여서 성별로 분류한 후에 생존률의 평균을 계산한다. 이후 "Survived" 컬럼만 남기고 나머지는 없앤다. 이것을 막대그래프로 그리면 된다.

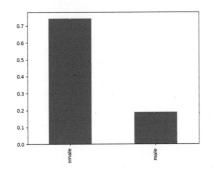

마찬가지로 "Pclass"에 대하여도 생존률 그래프를 그려보면 상당한 인과 관계가 있다는 것을 알 수 있다. 따라서 우리는 많은 특징 중에서 학습의 입력으로 "Sex"와 "Pclass"만을 고려하자.

학습 데이터 정제

학습 데이터에서 우리가 원하는 특징만을 남기고 필요 없는 컬럼들을 삭제하여야 한다. 판다스의 drop() 함수를 사용한다.

```
train.drop(['SibSp', 'Parch', 'Ticket', 'Embarked', 'Name',\
        'Cabin', 'PassengerId', 'Fare', 'Age'], inplace=True, axis=1)
```

여기서 inplace는 원래 데이터 프레임을 변경하라는 의미이다. axis=1은 축번호 1번(즉 컬럼)을 삭제하라는 의미이다. 또 결손치가 있는 데이터 행도 삭제하여야 한다.

```
train.dropna(inplace=True)
```

자, 이제 train을 출력하여보면 3개의 컬럼("Survived", "Sex", "Pclass")만 남아 있는 것을 알 수 있다.

```
>>> train.head()
   Survived  Pclass     Sex
0         0       3    male
1         1       1  female
2         1       3  female
3         1       1  female
4         0       3    male
```

또 하나의 중요한 문제가 있다. 우리는 성별을 숫자로 바꾸어야 한다. 왜냐하면 학습에서는 모든 것이 숫자로 바뀌어야 하기 때문이다. "male", "female"과 같은 기호는 컴퓨터가 학습할 수 없다. 우리는 다음과 같이 데이터 프레임의 모든 요소를 검사하여 "male"과 "female" 기호를 숫자 1과 0으로 바꾸자.

```
for ix in train.index:
    if train.loc[ix, 'Sex']=="male":
        train.loc[ix, 'Sex']=1
    else:
        train.loc[ix, 'Sex']=0
```

이제 학습에 필요한 목표출력을 만들어보자. 우리의 목표출력은 생존률로서 train.Survied로 추출할 수 있고, 이것은 2차원 배열이어서 np.ravel()을 이용하여 1차원 배열로 만들어야 한다. 또 학습 데이터에서 생존률을 이제 삭제하자.

```
target = np.ravel(train.Survived)
train.drop(['Survived'], inplace=True, axis=1)
train = train.astype(float)        # 최근 소스에서는 float 형태로 형변환하여야 한다.
```

케라스 모델 만들기

여기에서의 우리가 만드는 케라스 모델은 MNIST에서 사용하였던 모델과 아주 유사하다. 우선 "Sequential" 모델이다. 즉 순차적인 신경망 모델이라는 의미이다. 신경망에는 출력이 다시 입력으로 연결되는 순환 신경망도 있다. 우리의 모델은 순환 신경망이 아니다.

우리의 경우, 출력은 "생존", "생존하지 못함"으로 나오면 된다. 즉 이진 분류 문제이다. 따라서 시그모이드(sigmoid) 출력층을 사용하면 된다. 입력층과 출력층 사이에 2개의 은닉층을 두도록 하자. Relu 활성화 함수를 사용한다.

```
model = tf.keras.models.Sequential()

model.add(tf.keras.layers.Dense(16, activation='relu', input_shape=(2,)))
model.add(tf.keras.layers.Dense(8, activation='relu'))
model.add(tf.keras.layers.Dense(1, activation='sigmoid'))
```

이제 모델을 컴파일해보자. 우리는 이진 교차 엔트로피 손실 함수를 사용한다. 경사 하강법으로는 "adam" 방법을 사용한다. 평가기준은 정확도이다.

```
model.compile(loss='binary_crossentropy',
              optimizer='adam',
              metrics=['accuracy'])
```

이제 학습을 시켜보자.

```
model.fit(train, target, epochs=30, batch_size=1, verbose=1)
```

```
...
Epoch 29/30
891/891 [==============================] - 1s 753us/sample - loss: 0.4591 - acc:
0.7677
Epoch 30/30
891/891 [==============================] - 1s 753us/sample - loss: 0.4547 - acc:
0.7789
```

학습 데이터에서는 약 78% 정도의 정확도를 보여준다. 테스트 데이터로 검증하는 작업은 도전
문제로 하여 보자.

전체 소스

```
import numpy as np
import pandas as pd
import tensorflow as tf

# 데이터 세트를 읽어들인다.
train = pd.read_csv("train.csv", sep=',')
test = pd.read_csv("test.csv", sep=',')

# 필요없는 컬럼을 삭제한다.
train.drop(['SibSp', 'Parch', 'Ticket', 'Embarked', 'Name',\
        'Cabin', 'PassengerId', 'Fare', 'Age'], inplace=True, axis=1)

# 결손치가 있는 데이터 행은 삭제한다.
train.dropna(inplace=True)

# 기호를 수치로 변환한다.
for ix in train.index:
    if train.loc[ix, 'Sex']=="male":
        train.loc[ix, 'Sex']=1
    else:
```

```
        train.loc[ix, 'Sex']=0

# 2차원 배열을 1차원 배열로 평탄화한다.
target = np.ravel(train.Survived)

# 생존여부를 학습 데이터에서 삭제한다.
train.drop(['Survived'], inplace=True, axis=1)
train = train.astype(float)      # 최근 소스에서는 float 형태로 형변환하여야 한다.

# 케라스 모델을 생성한다.
model = tf.keras.models.Sequential()
model.add(tf.keras.layers.Dense(16, activation='relu', input_shape=(2,)))
model.add(tf.keras.layers.Dense(8, activation='relu'))
model.add(tf.keras.layers.Dense(1, activation='sigmoid'))

# 케라스 모델을 컴파일한다.
model.compile(loss='binary_crossentropy',
              optimizer='adam',
              metrics=['accuracy'])

# 케라스 모델을 학습시킨다.
model.fit(train, target, epochs=30, batch_size=1, verbose=1)
```

요약

- DNN(deep neural networks)에서 사용하는 학습 알고리즘이다. DNN은 MLP(다층 퍼셉트론)에서 은닉층의 개수를 증가시킨 것이다.

- 2012년에는 Krizhevsky 등이 만든 딥러닝 시스템 AlexNet이 다른 머신러닝 방법들을 큰 차이로 물리치고 ImageNet 경진대회에서 우승한다. 많은 사람들이 2012년 ImageNet의 승리가 "딥러닝 혁명"의 시작이라고 평가한다.

- 예전의 MLP에서는 인간이 영상의 특징을 추출하여서 신경망에 제공하였다. DNN에서는 특징 추출 자체도 학습으로 수행할 수 있다.

- 그래디언트 소실 문제란 은닉층이 신경망에 많이 추가되면 손실 함수의 그래디언트가 0에 가까워지고 따라서 학습이 되지 않는 현상이다. 시그모이드 함수가 범인이었다. 그래디언트 소실 문제를 해결하기 위하여 DNN에서는 활성화 함수로 ReLU 함수를 많이 사용한다.

- 최근의 신경망에서는 출력층에 소프트맥스(softmax) 함수를 많이 사용한다.

- 교차 엔트로피(cross entropy)를 손실 함수로 많이 사용한다. 교차 엔트로피는 2개의 확률분포 간의 거리를 측정한 것이다.

- 가중치의 초기값은 작은 난수로 결정되어야 한다. 가우시안 분포의 작은 난수를 사용하는 것이 좋다.

- 온라인 학습과 배치 학습의 중간에 있는 방법이 미니 배치(mini barch)이다. 이 방법에서는 훈련 데이터를 작은 배치들로 분리시켜서 하나의 배치가 끝날 때마다 학습을 수행하는 방법이다.

연습문제

01 심층 신경망에서 은닉층이 하는 역할은 무엇인가?

02 은닉층이 많아지면 출력층에서 계산된 그래디언트가 역전파되다가 값이 점점 작아져서 없어지는 문제점을 무엇이라고 하는가? 문제의 원인은 무엇이었는가?

03 최근에 큰 인기를 끌고 있는 활성화 함수는 무엇인가?

04 교차 엔트로피란 무엇인가? 교차 엔트로피를 손실 함수로 사용하려면 목표 출력과 실제 출력을 어떻게 만들어야 하는가?

05 심층 신경망에서 과잉 적합과 과소 적합이란 무엇이며 무엇이고 이것은 어떻게 방지할 수 있는가?

06 심층 신경망에서 초기 가중치는 어떻게 설정하는 것이 좋은가? 최악의 가중치는 무엇인가?

07 훈련 데이터를 작은 배치들로 분리시켜서 하나의 배치가 끝날 때마다 학습을 수행하는 방법을 뭣이라고 하는가?

08 심층 신경망에서 입력값은 어떤 구간에 있는 것이 좋은가? 이것을 무엇이라고 부르는가?

09 데이터 정규화란 무엇이며 왜 필요한가?

10 4개의 화소를 다음과 같이 분류하는 심층 신경망 프로그램을 작성해보자. 케라스 라이브러리를 사용한다.

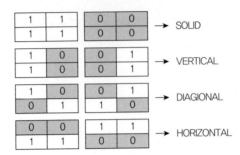

11 이번 장에는 패션 아이템을 심층 신경망으로 분류하는 프로그램이 있다. 패션 아이템을 기본 MLP로 분류하는 프로그램을 작성하고 심층 신경망과 비교하여 보자. 성능이 얼마나 높아지는가?

12 사이킷런에서 기본으로 제공하는 데이터 중에 붓꽃 데이터 세트가 있다. 이 데이터 세트는 세 가지 붓꽃 종류(Iris setosa, Iris virginica, Iris versicolor)의 150개 샘플로 구성된다. 각 샘플에서 꽃받침 길이와 너비, 꽃잎의 길이와 너비의 4가지 특징이 측정되었다. 이 4가지 특징의 조합을 기반으로 로날드 피셔는 종을 서로 구별하는 선형 판별 모델을 개발했다. 우리는 알려진 붓꽃들을 대상으로 학습을 시킨 후에, 미지의 붓꽃에 대한 꽃받침 크기와 꽃잎 크기를 입력하여서 이것이 어떤 붓꽃인지를 예측할 것이다. 케라스로 구현된 심층 신경망으로 이것을 시도해보자. MLP에 비하여 얼마나 성능이 높아지는가?

13 https://archive.ics.uci.edu/ml/datasets/Wine+Quality에 와인 품질 데이터 세트가 있다. 이 데이터 세트는 Wine Quality Dataset은 각 와인의 화학적 측정을 고려하여 화이트 와인의 품질을 예측한다. 이것은 다중 클래스 분류 문제이지만 회귀 문제로도 구성될 수 있다. 여기서는 다중 클래스 분류 문제로 접근해보자. 11개의 입력 특성과 하나의 출력 변수(Qulaity: 0부터 10 사이의 값)가 있으며 4,898 개의 샘플이 있다. 심층 신경망을 구성하여서 와인을 분류해보자.

	fixed acidity	volatile acidity	citric acid	residual sugar	chlorides	free sulfur dioxide	total sulfur dioxide	density	pH	sulphates	alcohol	quality
0	7.4	0.70	0.00	1.9	0.076	11.0	34.0	0.9978	3.51	0.56	9.4	5
1	7.8	0.88	0.00	2.6	0.098	25.0	67.0	0.9968	3.20	0.68	9.8	5
2	7.8	0.76	0.04	2.3	0.092	15.0	54.0	0.9970	3.26	0.65	9.8	5
3	11.2	0.28	0.56	1.9	0.075	17.0	60.0	0.9980	3.16	0.58	9.8	6
4	7.4	0.70	0.00	1.9	0.076	11.0	34.0	0.9978	3.51	0.56	9.4	5

14 다양한 종류의 밀에서 추출한 종자의 측정값을 기준으로 종 예측을 하는 프로그램을 작성해보자. 이것은 2가지의 클래스가 있는 이진 분류 문제이다. Wheat Seeds Dataset(https://archive.ics.uci.edu/ml/datasets/seeds)을 사용한다. 7개의 입력 특성과 1개의 출력 변수가 있고 210개의 샘플이 있다.

	A	P	C	LK	WK	A_Coef	LKG	target
0	15.26	14.84	0.8710	5.763	3.312	2.221	5.220	0
1	14.88	14.57	0.8811	5.554	3.333	1.018	4.956	0
2	14.29	14.09	0.9050	5.291	3.337	2.699	4.825	0
3	13.84	13.94	0.8955	5.324	3.379	2.259	4.805	0
4	16.14	14.99	0.9034	5.658	3.562	1.355	5.175	0

09

컨벌루션 신경망

컨벌루션 신경망은
합성곱 신경망으로도 번역됩니다.
컨벌루션은 인간의 눈이 영상 정보를
처리하는 것을 모방해서 만든 신경망
입니다. 복잡하긴 하지만 일반적으로
기존의 신경망보다 성능이
우수합니다.

학습목표

- 컨벌루션 신경망을 이해한다.
- 컨벌루션 신경망을 적용해본다.

컨벌루션 신경망

1. 컨벌루션 신경망 소개

이제까지 학습한 신경망에서는, 하위 레이어의 유닛들과 상위 레이어의 유닛들이 완전히 연결되어 있었다. 우리가 8장에서 분석한 대로 신경망에 매개 변수(가중치)가 너무 많으면 과잉적합에 빠질 수도 있고 학습이 늦어진다. 컨벌루션 신경망(Convolution Neural Network)에서는 하위 레이어의 유닛들과 상위 레이어의 유닛들이 부분적으로만 연결되어 있다. 따라서 복잡도가 낮아지고 과잉적합에 빠지지 않는다. 그림 9-1은 완전 연결 신경망과 컨벌루션 신경망을 비교한 그림이다.

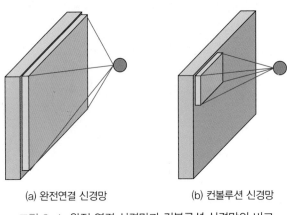

(a) 완전연결 신경망   (b) 컨볼루션 신경망

그림 9-1 완전 연결 신경망과 컨볼루션 신경망의 비교

컨볼루션 신경망에서 하나의 유닛은 제한된 영역만을 본다. 즉 부분적으로만 연결되어 있다고 볼 수 있다. 이에 비하여 우리가 이제까지 해왔던 신경망에서는 특정 레이어의 유닛은 앞단의 모든 유닛들을 볼 수 있다(즉, 완전히 연결되어 있다).

"컨볼루션 신경망"이라는 이름은 신경망이 "컨볼루션(convolution)"이라는 수학적 연산을 사용함을 나타낸다. 컨볼루션 연산은 영상처리나 컴퓨터 비전에서는 예전부터 사용해온 아주 기본적인 연산이다. 컨볼루션 신경망은 적어도 하나 이상의 레이어에서 행렬 곱셈 대신 컨볼루션 연산을 사용하는 특수한 유형의 신경망이라 할 수 있다.

컨벌루션 신경망의 기원

컨볼루션 신경망의 유닛 사이의 연결 패턴은 고양이의 시각 세포에서 영감을 얻었다. 1962년 두 명의 노벨상 신경학자 허벨(Hubel)과 위젤(Wiesel)은 시각 피질에서 단순 세포와 복합 세포라고 하는 두 가지 유형의 세포를 발견했다. 그들은 고양이에게 여러 방향의 직선 패턴을 보여주고 고양이의 시각 피질을 관찰하였다. 실험의 결과로, 시각 피질 뉴런들은 수용 영역(receptive fields)로 알려진, 제한된 시야 영역에서만 자극에 반응함을 알아냈다. 시각 피질 뉴런들은, 한정된 시야만을 보고 있고, 부분적으로 겹치는 시야를 가지고 있다.

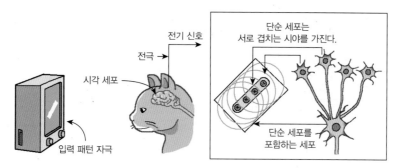

그림 9-2 시각 피질 뉴런의 구조(출처: Hubel's book, Eye, Brain, and Vision)

네오코그니트론

"네오코그니트론(Neocognitron)"은 1980년 후쿠시마(Kunihiko Fukushima)에 의해 소개된 신경망 구조이다. 후쿠시마도 위에서 언급한 허벨과 위젤의 작업에서 영감을 받았다. 후쿠시마는 허벨과 위젤이 발견한 단순 세포와 복합 세포를 패턴 인식에 사용하기 위해, 이 두 가지 유형의 세포로 이루어진 계층적인 모델을 제안했다. 또 네오코그니트론에서는 컨벌루션 신경망의 두 가지 기본 유형 레이어인, 컨볼루션 레이어와 서브 샘플링 레이어를 도입했다. 네오코그니트론은 최초의 컨벌루션 신경망이라고 할 수 있다.

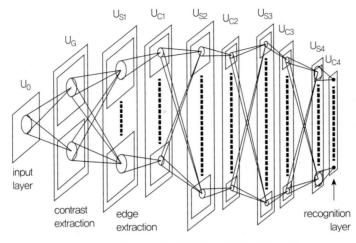

그림 9-3 네오코그니트론(출처: 후쿠시마의 논문)

컨벌루션 신경망의 중요성

컨벌루션 신경망은 모든 신경망 구조 중에서 가장 강력한 성능을 보여주는 신경망 중의 하나이다. 여러 가지 문제에 대해서도 좋은 성능을 보이고 있지만 가장 두드러진 성공은 영상 인식 분야이다. 컨벌루션 신경망은 2차원 형태의 입력을 처리하기 때문에, 이미지 처리에 특히 적합하다. 신경망의 각 레이어에서 일련의 필터가 이미지에 적용된다. 이미지 처리를 위한 일반적인 컨벌루션 신경망의 구조는 다음과 같다.

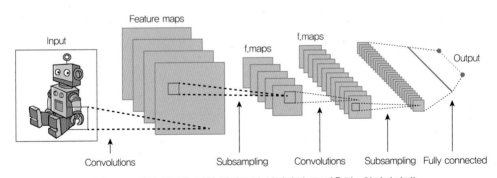

그림 9-4 영상 인식을 위한 컨벌루션 신경망의 구조(출처: 위키미디어)

컨벌루션 신경망은 이미지의 종류를 판별하거나 이미지 안의 물체를 추적하거나, 숫자나 얼굴 인식, 이미지의 내용을 이해하여 이미지를 분류하거나 주석을 붙이는 작업에도 성공하고 있다. 2012년도 영상 인식 경진 대회 ILSVRC에서 우승하여, 딥러닝의 우수성을 전 세계에 알리고 인공지능 부활의 신호탄이 되었던 신경망 모델도 컨벌루션 신경망이었다. 영상 인식에 대해서는 다음 장에서 좀 더 자세하게 살펴본다.

(출처: Google research)

컨벌루션 신경망은 영상 인식 분야를 넘어서 많은 분야에서 좋은 성과를 내고 있다. 컨볼루션 신경망은 추천 시스템 및 자연 언어 처리 분야에서도 폭넓게 응용되고 있다. 바둑 두는 인공지능인 알파고도 다음 수를 결정하기 위하여 컨벌루션 신경망을 사용한다고 한다. 알파고는 정책 신경망 2개와 가치 신경망 1개로 구성된다. 이들 2가지 유형의 신경망은 이미지로 표현되는 현재 게임 상태를 입력으로 사용한다.

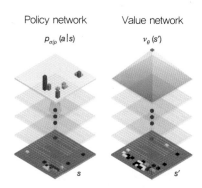

가치 신경망은 현재 게임 상태의 가치에 대한 추정치를 제공한다. 즉 현재 상태에서 흑을 든 경기자가 궁극적으로 게임에서 이기는 확률은 얼마일까를 추정한다. 가치 신경망에 대한 입력은 게임 보드 전체이며, 출력은 승리할 확률을 나타내는 단일 숫자이다. 정책 신경망은 게임의 현재 상태를 고려하여 선택할 착수에 대한 지침을 제공한다. 출력은 각 가능한 합법적인 착수에 대한 확률 값이다. 보다 높은 확률 값을 갖는 착수는 승리로 이어질 가능성이 더 높은 행동에 해당된다.

2. 컨볼루션 연산

컨벌루션 신경망의 구조

컨벌루션 신경망도 여러 레이어를 연결하여 신경망을 구축한다.

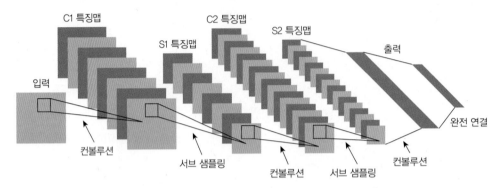

그림 9-5 컨벌루션 신경망의 한 예(출처: 위키피디아)

맨 앞에 2차원 입력값을 나타내는 입력층이 있고, 이어서 입력층에서 컨벌루션 연산을 통하여 특징을 뽑아내는 특징맵(feature map)이 존재한다. 특징맵의 출력에는 ReLU 활성화 함수가 적용된다. 이어서 풀링(pooling) 연산을 적용한다. 풀링 연산은 서브 샘플링이라고도 한다. 컨벌루션 레이어와 풀링 레이어는 여러 번 되풀이 된다. 신경망의 맨 끝에는 완전 연결된 신경망이 있어서, 추출된 특징을 바탕으로 물체를 인식한다. 이 과정에서 2차원 배열은 1차원 배열로 변경되고 출력 레이어의 유닛들은 소프트맥스를 활성화 함수로 가진다.

영상 처리에서의 컨볼루션 연산

컨벌루션(convolution)은 영상 처리나 컴퓨터 시각 분야에서는 아주 기본적인 연산이다. 컨벌루션은 주변 화소값들에 가중치를 곱해서 모두 더한 후에, 이것을 새로운 화소값으로 하는 연산이다. 컨벌루션 연산은 필터링 연산이라고도 한다. 컨벌루션 연산은 이미지로부터 어떤 특징값을 얻을 때 사용한다. 예를 들어서 이미지에서 경계선을 나타내는 에지(edge)를 뽑아낼 때 컨벌루션을 사용한다. 가중치는 작은 2차원 배열로 주어진다. 가중치가 저장된 배열은 흔히 필터(kernel), 필터(filter), 마스크(mask)라 불린다. 마스크의 크기는 일반적으로 3×3, 5×5, 7×7과 같이 홀수이다.

커널은 입력 영상에서 각 화소를 중심으로 덮어 씌워진다. 커널 아래에 있는 화소들은 각각 해당되는 마스크의 값들과 곱해져서 더해진다. 이 계산값은 출력 영상의 동일한 위치에 저장된다. 현재 화소 처리가 끝나면 마스크는 한 칸 이동한다. 예를 들어 다음과 같은 3×3 크기의 마스크를 가정하자.

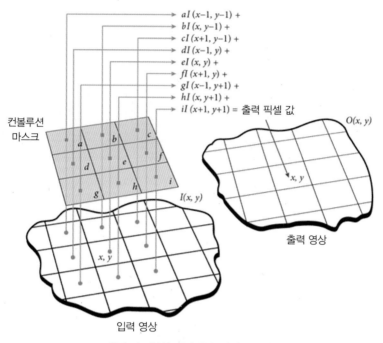

그림 9-6 영상 처리에서 컨벌루션 연산

위의 그림에서 마스크가 입력 화소 (x, y) 위치에 놓인다고 하자. 입력 영상에서 마스크 아래에 있는 화소들은 각각 해당되는 마스크의 값들과 곱해져서 더해진다. 그 결과값은 출력 영상 안에 동일한 위치에 저장된다. 컨벌루션 처리를 수식으로 만들면 다음과 같다.

$$O(x, y) = aI(x-1, y-1) + bI(x, y-1) + cI(x+1, y-1)$$
$$+ dI(x-1, y) + eI(x, y) + fI(x+1, y)$$
$$+ gI(x-1, y-1) + hI(x, y+1) + iI(x+1, y+1))$$

위의 식을 간략하게 표현하면 다음과 같다.

$$O(x, y) = \sum_{i=-1}^{k=+1} \sum_{l=-1}^{l=+1} h(k, l) I(x+k, y+l)$$

그림 9-7에 컨벌루션의 구체적인 진행을 보였다. 일단 가장자리 화소들은 처리하지 않는다고 하자.

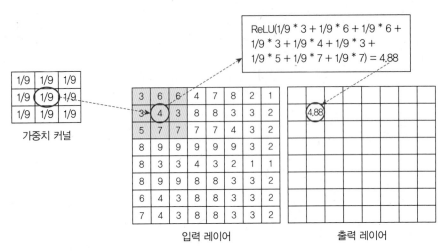

그림 9-7 컨벌루션 연산 #1

입력 레이어의 (1, 1) 위치에 가중치 필터를 덮는다. 가중치 필터의 값과 아래에 있는 값을 곱하여 서로 더하면 1/9 * 3 + 1/9 * 6 + 1/9 * 6 + 1/9 * 3 + 1/9 * 4 + 1/9 * 3 + 1/9 * 5 + 1/9 * 7 + 1/9 * 7 = 4.88이 된다. 이 값을 ReLU() 함수에 넣으면 다시 4.88이 나온다. 4.88을 출력 레이어의 (1, 1) 위치에 저장한다. 이후로도 똑같은 방식으로 필터를 한 칸 옆으로 이동하면서 입력 레이어의 값들을 순차적으로 처리하면 된다.

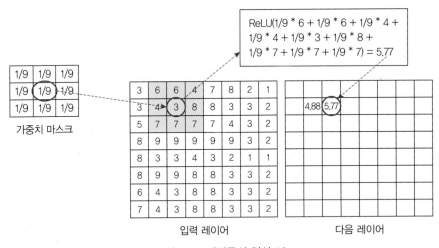

그림 9-8 컨벌루션 연산 #2

구체적인 예로 그림 9-9와 같이 가운데만 8이고 나머지는 -1인 필터를 가정하자. 이 필터는 라플라시안 연산자라고 불리며 영상에서 에지(edge)를 찾는 필터이다. 이 필터를 영상에 적용하면 그림 9-9의 오른쪽과 같은 결과가 얻어진다.

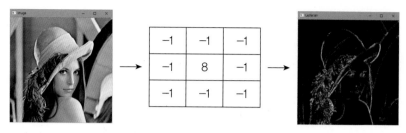
그림 9-9 영상 처리에서의 컨벌루션 연산

컨벌루션를 수행한 결과는 특징맵(feature map)이라고 불리는 데, 그림 9-9가 그 이유를 보여준다. 컨벌루션 연산을 하면 영상에서 어떤 특징을 뽑아낼 수 있다. 위의 필터는 영상에서 에지라고 하는 특징을 추출한다.

여기서 아주 중요한 이야기를 해야겠다. 영상 처리에서는 필터의 가중치가 미리 결정된다. 예를 들어 라플라시안 필터는 항상 위와 같은 가중치를 가진다. 하지만 컨벌루션 신경망에서는 필터의 가중치가 미리 결정되는 것이 아니다. 백지 상태에서 출발하여서 샘플을 이용한 훈련 과정을 통하여 필터의 가중치가 자동으로 결정된다. 즉 어떤 특징을 추출하려고 특정한 가중치를 가지는 필터를 미리 만드는 것이 아니다. 컨벌루션 신경망에서 어떤 컨벌루션 필터가 어떤 특징을 추출하는지는 우리도 알 수 없다.

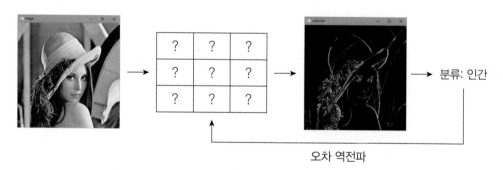
그림 9-10 컨벌루션 신경망에서는 커널의 가중치들이 학습된다.

컨벌루션 신경망에서의 컨벌루션 연산

컨벌루션 신경망에서도 커널이 입력층의 각 화소를 중심으로 덮여 씌워진다. 앞 레이어의 값 X는 각커널 W와 곱해져서 더해져서 WX+b가 된다. 컨벌루션 신경망도 바이어스를 가진다. 이 계산값은 RelU()와 같은 활성화 함수를 통과해서, 다음 레이어의 동일한 위치에 ReLU(WX+b)로 저장된다. 이어서 가중치 필터는 한 칸 이동한다. 앞 절에서도 이야기하였지만 컨벌루션 신경망에서는 커널의 가중치가 학습되는 값이다. 즉 난수에서 출발하여 오차를 줄이는 방향으로 가중치는 변경된다.

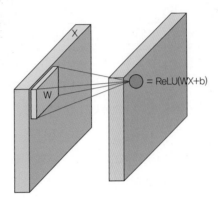

그림 9-11 신경망에서의 컨벌루션 연산

구체적으로 다시 한번 살펴보자. 그림 9-12에서 커널이 (x, y) 위치에 놓인다고 하자. 입력 레이어에서 커널 아래에 있는 화소들은 각각 해당되는 커널의 값들과 곱해져서 더해진다. 그 결과 값은 활성화 함수를 거쳐서 출력 레이어 안에 동일한 위치에 저장된다.

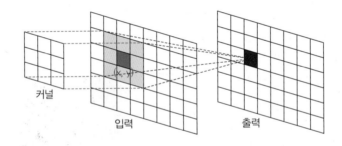

커널   입력   출력

이어서 가중치 필터는 한 칸 이동하여 동일한 연산을 되풀이한다.

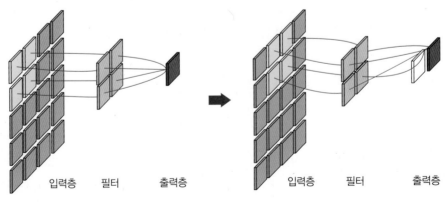

입력층   필터   출력층   입력층   필터   출력층

그림 9-12 컨벌루션 연산

보폭

컨벌루션 신경망에서 나타나는 2가지의 중요한 용어가 있다. 그 중 하나가 보폭(stride)이다. 보폭은 커널을 적용하는 거리이다. 보폭이 1이면 커널을 한 번에 1픽셀씩 이동하면서 커널을 적용하는 것이다. 보폭이 2라는 것은 하나씩 건너뛰면서 픽셀에 커널을 적용한다는 것을 의미한다.

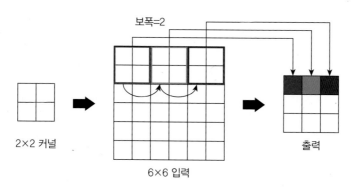

보폭이 2라면 컨벌루션을 적용하면 출력의 크기는 입력의 절반으로 줄어든다. 일반적으로 보폭을 k로 설정하면 출력은 1/k로 줄어든다.

좀 더 구체적으로 하기 위해 수평 보폭 sh 및 수직 보폭 sv을 생각할 수 있다. 수평 보폭이 sh이면 영상에서 매 sh픽셀마다 커널을 적용한다는 것을 의미한다. 우리가 영상 한 줄의 끝에 도달하면 우리는 수직으로 sv만큼 내려가서 동일한 과정을 반복한다.

패딩

패딩(padding)은 이미지의 가장자리를 처리하기 위한 기법이다. 그림 9-13과 같이 가장 자리 픽셀에 커널을 적용할 때는 어떻게 해야 할까?

그림 9-13 패딩이 필요한 이유

몇 가지의 방법이 있다. 케라스에서도 패딩을 나타내는 인수가 있고 이것을 "valid" 또는 "same"으로 설정할 수 있다.

- valid: 커널을 입력 이미지 안에서만 움직인다. 즉 커널이 이미지 외부로 나가지 못하게 하는 것이다. 가장 자리 픽셀은 아예 처리하지 않는다. 컨벌루션이 진행될수록 출력은 점점 작아진다.

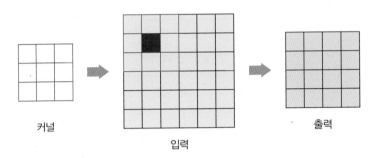

- same: 위의 그림과 같이 입력 이미지의 주변을 특정값(예를 들면 0, 또는 이웃 픽셀값)으로 채우는 것이다. 0으로 채우는 것을 제로-패딩이라고 한다. 패딩을 적용하면, 컨벌루션 후에, 입력과 출력의 크기는 같아진다.

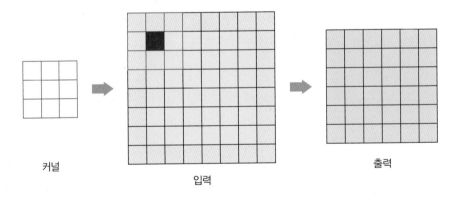

same 패딩을 사용하고 커널의 보폭을 1로 하면 출력의 크기가 입력의 크기와 동일하게 된다. 현실 세계에서 사용되는 딥러닝에서는 통상적으로 많은 개수의 컨벌루션 레이어를 결합하게 된다. 이 경우 valid 패딩을 가지는 컨볼루션 레이어를 여러 번 적용하면 출력이 사라질 수도 있다. 따라서 이런 경우에는 same 패딩을 사용하는 것이 바람직하다.

커널의 개수

이제까지 우리는 하나의 커널만 생각했었다. 그런데 인간은 과연 하나의 커널만 사용할까? 하나의 커널은 하나의 특징만 추출한다. 인간을 비롯한 생물체가 하나의 특징만 사용할 리가 없다. 컨벌루션 신경망도 마찬가지이다. 하나의 컨벌루션 레이어에서 여러 개의 커널을 동시에 학습하는 경우도 많다. 128개나 256개의 커널도 흔히 사용한다.

여기서 학습되는 것은 커널의 가중치이다. 여러 개의 커널을 사용하는 것은 그림 9-14와 같다. 각 커널마다 가중치를 가지고 있으므로 동시에 여러 개 커널의 가중치들이 학습된다. 커널이 많아지면 자연스럽게 특징맵의 개수도 많아진다. 예를 들어서 커널의 개수가 8이면 특징맵의 개수도 8이 된다.

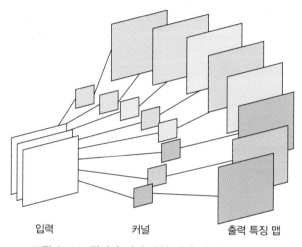

입력   커널   출력 특징 맵

그림 9-14 필터가 여러 개일 때의 컨벌루션 레이어

조금 더 구체적으로 살펴보자. 입력은 컬러 영상으로 크기는 6×6이고 (R, G, B) 3개의 채널로 구성되어 있다고 가정한다. 커널도 (R, G, B) 채널을 가져야 하기 때문에 커널의 크기는 3×3×3이 된다. valid 패딩으로 생각하면 커널 하나의 출력은 4×4가 되고(크기가 작아진다), 커널이 2개가 있기 때문에 전체 출력은 4×4×2가 된다.

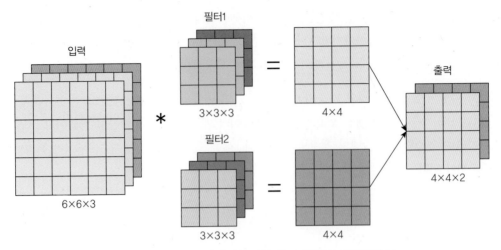

그림 9-15 여러 개의 커널을 적용하는 컨벌루션 레이어의 예

이것을 다음과 같이 박스 형태로도 표시한다.

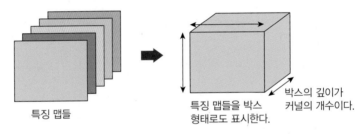

특징 맵들

특징 맵들을 박스
형태로도 표시한다.

박스의 깊이가
커널의 개수이다.

그림 9-16 컨벌루션 레이러를 박스 형태로 표시

3. 풀링(서브 샘플링)

컨벌루션 신경망에서는 컨벌루션 연산을 수행한 직후에 풀링층을 두는 경우가 많다. 풀링 (Pooling)이란 서브 샘플링이라고도 하는 것으로 입력 데이터의 크기를 줄이면서, 입력 데이터를 요약하는 연산이다. 풀링 연산을 수행하면 데이터의 크기가 줄어든다. 입력 데이터의 깊이 (depth)는 건드리지 않는다. 그림 9-17은 가장 흔한 타입인 최대 풀링을 보여주고 있다.

그림 9-17 폴링 레이어

최대 풀링은 컨벌루션처럼 윈도우를 움직여서 윈도우 안에 있는 숫자 중에서 가장 큰 값만 출력하는 연산이다.

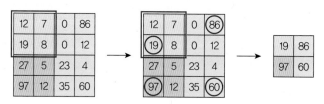

그림 9-18 폴링 연산

그림 9-18에서 첫 번째 블록은 (12, 7, 19, 8)의 픽셀값으로 이루어진다. 여기서 가장 큰 값인 19만을 선택하고 다른 값들은 전부 버린다. 풀링 레이어를 통과하면 데이터의 크기가 작아진다. 풀링 레이어에도 보폭과 필터의 크기가 있다. 위의 예에서는 2×2 크기의 필터를 가정하였고, 보폭은 2로 설정하였다. 풀링 계층에서는 학습이 이루어지지 않는다. 학습시킬 매개 변수가 없기 때문이다.

풀링의 장점은 다음과 같다.

- 레이어의 크기가 작아지므로 계산이 빨라진다.
- 레이어의 크기가 작아진다는 것은 신경망의 매개변수가 작아진다는 것을 의미한다. 따라서 과잉적합이 나올 가능성이 줄어든다.
- 공간에서 물체의 이동이 있어도 결과는 변하지 않는다. 즉 물체의 공간이동에 대하여 둔감해지게 된다.

최대 풀링만 가능한 것은 아니다. 평균 풀링, 가중치 풀링도 모두 가능하다.

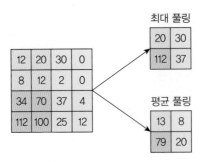

그림 9-19 풀링의 종류

풀링 계층이 하는 작업 중에서 가장 중요한 것은 물체의 이동에 대하여 둔감하게 하는 것이다. 컴퓨터가 이미지 안에 있는 물체를 인식하기 위해서는 물체가 이동하더라도 동일하게 인식하여야 한다. 이것을 영상처리에서는 평행이동-불변(translation-invariant)라고 한다.

그림 9-20 평행이동된 영상

풀링에서 마스크의 크기를 증가시키면 더 크게 이동해도 인식할 수 있다. 이것을 간단히 다음과 같은 그림으로 이해해보자. 다음과 같이 배경은 전부 0이고 배경 위에 2×2 크기의 물체가 있다고 하자.

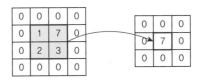

2×2 마스크를 사용하여 최대 풀링 연산을 수행하였다고 하자. 7이 최종 결과값이 될 것이다. 자 이제 물체가 1픽셀만큼 이동하였다고 하자. 이동할 수 있는 방법은 8가지가 있다(대각선 방향의 이동도 가능하다고 가정하자). 그 중에서 3가지의 이동은 동일한 풀링 연산값을 도출한다. 따라서 이미지에서 물체가 이동하여도 풀링 레이어의 값은 변하지 않을 가능성도 많다.

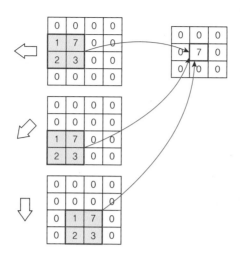

4. 컨벌루션 신경망을 해석해보자.

컨벌루션 신경망은 상당히 복잡하다. 이번 절에서 컨벌루션 신경망의 그림들을 해석해보자.

컨벌루션 신경망의 레이어 분석

자 이제 컬러 영상을 처리하는 컨벌루션 신경망에서 하나의 레이어를 자세히 살펴보자. 그림 9-21과 같이 그릴 수 있다.

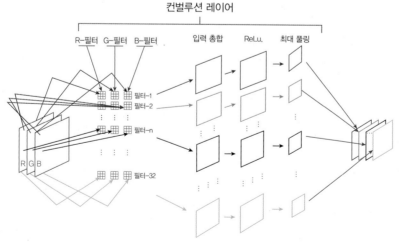

그림 9-21 컨벌루션 레이어의 분석

입력 데이터가 (R, G, B) 3개의 채널 값을 가지는 컬러 영상이라고 하자. 여기에 32개의 커널을 적용한다. 커널을 통해 나온 값은 활성화 함수 ReLu를 통과하게 되고, 다시 이 값은 최대 풀링 레이어를 통하여 출력된다. 필터의 개수 32만큼의 특징맵이 생성된다. 특징맵의 크기는 작아진다.

AlexNet 신경망의 해석

논문에 보면 컨벌루션 신경망은 다음과 같이 그려진다. 그림 9-22는 AlexNet를 그림으로 표기한 것이다. 이 그림의 의미를 해석해보자.

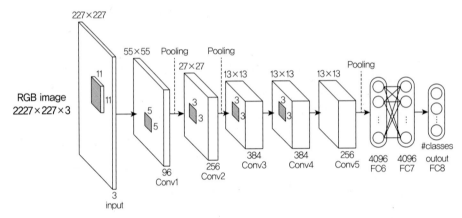

그림 9-22 AlexNet의 구조

AlexNet은 2012년도에 경이적인 영상 인식률로 전세계를 깜짝 놀라게 한 신경망이다. 입력 영상은 컬러이므로 입력 데이터의 깊이는 3이고 크기는 227×227이다. AlexNet은 8개의 레이어(5개의 컨볼루션 레이어와 3개의 완전 연결 레이어)로 구성되어 있다.

(1) 첫 번째 레이어 Conv1은 컨볼루션 레이어로 11×11×3 커널을 96개를 사용하고 보폭은 4이고 패딩은 사용하지 않았다. 여기에 ReLu 활성화 함수를 적용하고 이어서, 3×3 겹치는 최대 풀링이 적용된다. 결과적으로 27×27×96 크기의 특징맵이 나오게 된다.

(2) 두 번째 레이어 Conv2는 256개의 5×5×48 크기의 커널을 사용하여 전 단계의 특징맵을 컨볼루션한다. 보폭은 1로, 패딩은 2로 설정한다. 따라서 27×27×256 크기의 특징맵이 얻어진다. 이어서 3×3 최대 풀링을 보폭 2로 시행한다. 최종적으로 13×13×256 특징맵을 얻는다.

(3) 세 번째 레이어, 네 번째 다섯 번째 레이어는 모두 유사하게 처리된다. 즉 보폭과 패딩이 모두 1로 설정된다. 커널의 개수만 달라진다.

(4) 여섯 번째 레이어 FC6는 완전 연결 레이어(Fully connected layer)이다. 전 단계의 6×6×256 특징맵을 1차원으로 만든다. 결과적으로 6×6×256 = 9216 차원의 벡터가 만들어진다.

(5) 일곱 번째 레이어 FC7도 완전 연결 레이어이다. 4096개의 유닛으로 구성된다.

(6) 여덟 번째 레이어 FC8은 1000개의 유닛으로 구성되어 있다. 각 입력 영상은 1000개의 카테고리 중의 하나에 속해야 하기 때문이다. 1000개 유닛값에 소프트맥스 함수가 적용되어서 각 카테고리일 확률을 계산한다.

도전문제

(1) LeNet-5의 구조를 설명할 수 있는가?

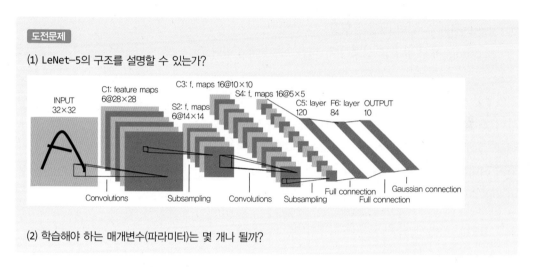

(2) 학습해야 하는 매개변수(파라미터)는 몇 개나 될까?

5. 케라스로 컨벌루션 신경망 구현하기

케라스는 컨벌루션 신경망을 위하여 많은 레이어를 제공한다. 다음 표에서 일부를 표시하였다.

	클래스 이름	설명
컨벌루션 레이어	Conv1D, Conv2D, Conv3D, SeparableConv1D, SeparableConv2D, DepthwiseConv2D,Conv2DTranspose, Conv3DTranspose	컨벌루션 연산을 구현하는 레이어이다.
풀링 레이어	MaxPooling1D, MaxPooling2D AveragePooling1D, AveragePooling2D GlobalMaxPooling1D, GlobalMaxPooling2D GlobalAveragePooling1D, GlobalAveragePooling2D	몇 개의 값을 하나로 합치는 레이어이다.

컨벌루션 레이어

- tf.keras.layers.Conv2D(filters, kernel_size, strides=(1, 1), activation=None, input_shape, padding='valid')
  - filters: 필터의 개수이다.
  - kernel_size: 필터의 크기이다.
  - strides: 보폭이다.
  - activation: 유닛의 활성화 함수이다.
  - input_shape: 입력 배열의 형상
  - padding: 패딩 방법을 선택한다. 디폴트는 "valid"이다.

컨벌루션 레이어의 입력은 항상 (배치크기×이미지높이×이미지너비×채널수)이어야 한다. 즉 넘파이 행렬의 shape으로 표시하면 (배치크기, 이미지높이, 이미지너비, 채널수)가 되어야 한다. 예를 들어서 배치의 크기가 20이고 28×28 흑백 이미지라면 (20, 28, 28, 1)이 될 것이다. 만약 컬러 이미지라면 (20, 28, 28, 3)이 될 것이다. 넘파이의 reshape()이란 함수를 사용하여 형상을 변경할 수 있다.

예를 들어서 다음과 같은 코드를 살펴보자.

```
shape = (4, 28, 28, 3)
x = tf.random.normal(shape)
y = tf.keras.layers.Conv2D(2, 3, activation='relu', input_shape=shape[1:])(x)
print(y.shape)
```

```
(4, 26, 26, 2)
```

① shape=(4, 28, 28, 3)으로 설정되었다. 4는 배치의 크기이고 입력 이미지는 28×28 RGB 이미지이다. 맨 끝의 3은 이미지의 채널 수(RGB)를 나타낸다.
② tf.random.normal(shape)을 호출하여서 입력 형상에 맞는 난수를 발생시킨다. 이것을 입력으로 한다.
③ 입력 x에 대하여 Conv2D()를 호출한다. 2가 필터의 개수이고 3은 필터의 크기(3×3을 의미한다)이다. activation은 활성화 함수를 나타낸다. 인수 input_shape은 입력의 형태이다. shape[1:]로 설정되었으므로 shape[0]을 제외한 (28, 28, 3)을 나타낸다.
④ y는 컨벌루션 연산의 결과물이다. 형상을 출력해보면 (4, 26, 26, 2)가 출력된다. 패딩이 "valid"로 되어 있어서 출력 이미지가 줄어들었다. 왜 출력값은 픽셀에 대하여 2개만 있을

까? 필터의 개수가 2개 이기 때문이다.

⑤ 왜 필터의 값은 지정되지 않았을까? 신경망에서 필터는 영상처리하고는 다르다. 고정된 값이 필터에 있는 것이 아니고 필터의 가중치들이 훈련 과정을 통하여 학습된다.

이번에는 패딩을 "same"으로 지정해보자.

```
input_shape = (4, 28, 28, 3)
x = tf.random.normal(input_shape)
y = tf.keras.layers.Conv2D(2, 3, activation='relu', padding="same",
        input_shape=input_shape[1:])(x)
print(y.shape)

(4, 28, 28, 2)
```

출력의 크기가 변화되지 않음을 알 수 있다.

풀링 레이어

이번에는 풀링 레이어를 살펴보자.

- tf.keras.layers.MaxPooling2D(pool_size=(2, 2), strides=None, padding="valid")
  - pool_size: 풀링 윈도우의 크기, 정수 또는 2개 정수의 튜플이다. (2, 2)라면 2x2 풀링 윈도우에서 최대값을 추출한다.
  - strides: 보폭, 각 풀링 단계에 대해 풀링 윈도우가 이동하는 거리를 지정한다.
  - padding: "valid"나 "same" 중의 하나이다. "valid"는 패딩이 없음을 의미한다. "same"은 출력이 입력과 동일한 높이 / 너비 치수를 갖도록 입력의 왼쪽 / 오른쪽 또는 위 / 아래에 균일하게 패딩한다.

풀링 레이어에는 가중치는 없다. 즉 학습은 이루어지지 않는다. 간단히 코드를 살펴보자.

```
x = tf.constant([[1., 2., 3.],     [4., 5., 6.],     [7., 8., 9.]])
x = tf.reshape(x, [1, 3, 3, 1])
max_pool_2d = tf.keras.layers.MaxPooling2D(pool_size=(2, 2), strides=(1, 1),
        padding='valid')
print(max_pool_2d(x))
```

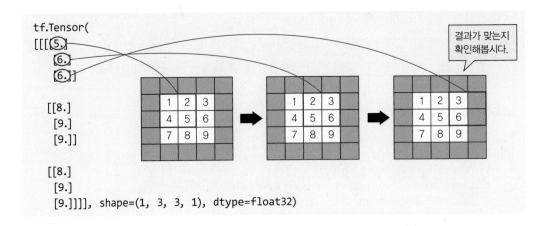

풀링 레이어의 출력은 "same" 패딩을 사용할 때, output_shape = input_shape / strides이 된다.

6. 예제: MNIST 필기체 숫자 인식

우리는 앞에서 MNIST 필기체 숫자를 여러 가지 방식으로 인식해보았다. 앞 장의 간단한 구조로도 97% 정도의 정확도를 얻을 수 있어서 별 감흥은 없지만 그래도 컨벌루션 신경망으로 성능이 얼마나 향상되는지를 살펴보자. 본격적인 컬러 이미지 인식은 다음 장에서 살펴본다.

전처리

전처리 부분의 소스는 다음과 같다. 이미 여러분도 많이 익숙해졌을 것이다.

```
import tensorflow as tf
from tensorflow.keras import datasets, layers, models

(train_images, train_labels), (test_images, test_labels) = datasets.mnist.load_
data()
train_images = train_images.reshape((60000, 28, 28, 1))
test_images = test_images.reshape((10000, 28, 28, 1))

# 픽셀 값을 0~1 사이로 정규화한다.
train_images, test_images = train_images / 255.0, test_images / 255.0
```

컨벌루션 신경망 생성

케라스에서는 6줄만 가지고 컨벌루션 신경망을 정의할 수 있다. Conv2D와 MaxPooling2D 레이어를 쌓는다.

컨벌루션 신경망의 입력은 (이미지 높이, 이미지 너비, 채널 개수) 형상의 텐서를 입력으로 받는다. 물론 배치 개수는 항상 맨 앞에 있다고 가정한다. MNIST 데이터는 흑백 이미지이기 때문에 채널 개수는 하나지만, 컬러 이미지라면 (R, G, B) 세 개의 채널을 가지게 된다. 현재 예제에서는 MNIST 숫자 이미지 모양인 (28, 28, 1) 형상의 입력을 처리하는 신경망을 정의한다. (28, 28, 1) 튜플을 첫 번째 레이어의 input_shape 매개변수로 전달하여야 한다.

```
model = models.Sequential()
model.add(layers.Conv2D(32, (3, 3), activation='relu', input_shape=(28, 28, 1)))
model.add(layers.MaxPooling2D((2, 2)))
model.add(layers.Conv2D(64, (3, 3), activation='relu'))
model.add(layers.MaxPooling2D((2, 2)))
model.add(layers.Conv2D(64, (3, 3), activation='relu'))

model.add(layers.Flatten())
model.add(layers.Dense(64, activation='relu'))
model.add(layers.Dense(10, activation='softmax'))
```

Conv2D와 MaxPooling2D 레이어의 출력은 (높이, 너비, 커널개수) 형상의 3D 텐서이다. 일반적으로 컨벌루션 신경망에서 높이와 너비는 신경망이 깊어질수록 감소하는 경향을 가진다. Conv2D 층에서 출력 채널의 수는 첫 번째 매개변수(32나 64)에 의해 결정된다. 즉 이것은 특징의 수가 된다. 높이와 너비가 줄어들기 때문이 우리는 Conv2D 레이어의 출력 채널을 안심하고 늘릴 수 있다.

신경망 모델의 마지막에는 항상 완전 연결 신경망인 Dense 레이어를 추가하여야 한다. 위의 코드에서도 마지막 컨벌루션 레이어의 출력 텐서((4, 4, 64) 형상)를 2개의 Dense 레이어에 연결하고 있다. 이것은 분류를 수행하기 위해서이다. Dense 레이어는 1차원의 텐서를 입력받기 때문에, 컨벌루션 레이어의 출력인 3차원 텐서를 먼저 1차원으로 평탄화하는 것이 필요하다. 이후에 숫자 이미지는 10개의 유형이 있으므로 마지막 Dense 레이어에 10개의 유닛을 사용하고 활성화 함수로는 소프트맥스를 사용한다.

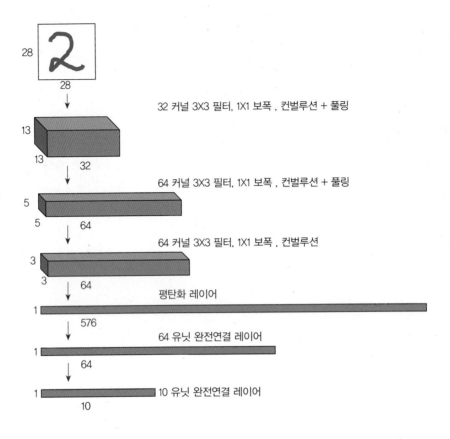

28
28

32 커널 3X3 필터, 1X1 보폭 , 컨벌루션 + 풀링

13
13   32

64 커널 3X3 필터, 1X1 보폭 , 컨벌루션 + 풀링

5
5   64

64 커널 3X3 필터, 1X1 보폭 , 컨벌루션

3
3   64

평탄화 레이어

1
576

64 유닛 완전연결 레이어

1
64

10 유닛 완전연결 레이어
1
10

모델 출력

이제까지 구축된 컨벌루션 신경망의 구조를 출력해보자.

```
model.summary()
```

```
Model: "sequential_1"
```

Layer (type)	Output Shape	Param #
conv2d_3 (Conv2D)	(None, 26, 26, 32)	320
max_pooling2d_2 (MaxPooling2	(None, 13, 13, 32)	0
conv2d_4 (Conv2D)	(None, 11, 11, 64)	18496
max_pooling2d_3 (MaxPooling2	(None, 5, 5, 64)	0
conv2d_5 (Conv2D)	(None, 3, 3, 64)	36928

```
flatten_1 (Flatten)            (None, 576)              0
_____
dense_2 (Dense)                (None, 64)               36928
_____
dense_3 (Dense)                (None, 10)               650
================================================================
Total params: 93,322
Trainable params: 93,322
Non-trainable params: 0
```

여기서 주의해서 봐야 할 부분은 이미지의 크기가 어떻게 줄어드는가이다. (28, 28) → (26, 26) → (13, 13) → (11, 11) → (5, 5) → (3, 3)까지 줄어들다가 평탄화되면 1차원의 576개로 줄어든다. 이어서 576 → 64 → 10이 된다. Conv2D 레이어에서 이미지의 크기가 2만큼씩 줄어드는 것은 패딩 때문이다. MaxPooling2 레이어에서는 이미지의 크기가 절반으로 줄어든다.

컴파일과 훈련

```
model.compile(optimizer='adam',
              loss='sparse_categorical_crossentropy',
              metrics=['accuracy'])

model.fit(train_images, train_labels, epochs=5)

Epoch 1/5
1875/1875 [==============================] - 14s 7ms/step - loss: 0.1414 -
accuracy: 0.9560
...
Epoch 5/5
1875/1875 [==============================] - 14s 7ms/step - loss: 0.0194 -
accuracy: 0.9940
```

정확도는 99%가 넘었다. 여기서 손실 함수를 'sparse_categorical_crossentropy'라고 하면 훈련 샘플의 출력을 원-핫 인코딩으로 만들지 않아도 된다.

요약

- 영상 인식에 많이 사용되는 신경망은 컨볼루션 인공신경망(컨벌루션 신경망)이다. 컨볼루션 신경망(컨벌루션 신경망)은 동물의 조직에서 영감을 얻어서 만들어진 신경망이다. 컨벌루션 신경망에서 뉴런의 수용 공간은 다른 유닛들과 약간 겹치게 된다. 컨볼루션 신경망은 영상 및 비디오 인식, 추천 시스템 및 자연 언어 처리 분야에서 폭넓게 응용되고 있다.

- 컨볼루션(Convolution Neural Network: 컨벌루션 신경망) 신경망에서는 하위 레이어의 유닛들과 상위 레이어의 유닛들이 부분적으로만 연결되어 있다. 따라서 복잡도가 낮아지고 과대 적합에 빠지지 않는다.

- 컨볼루션은 주변 화소값들에 가중치를 곱해서 더한 후에 이것을 새로운 화소값으로 하는 연산이다.

- 풀링(Pooling)이란 서브 샘플링이라고도 하는 것으로 입력 데이터의 크기를 줄이는 것이다.

연습문제

01 컨볼루션 신경망은 일반적인 심층 신경망에 비하여 어떤 장점을 가지는가?

02 컨볼루션 신경망은 동물 시각 피질 세포의 구조에서 영감을 받았다. 동물 시각 세포에서 받은 영감이 무엇인지 조사해보자.

03 컨벌루션 연산에 대하여 설명해보자.

04 풀링이란 어떤 연산인가? 풀링에서 보폭이란 무엇인가?

05 "valid" 패딩과 "same" 패딩에 대하여 설명해보자.

06 과거에는 전통적인 MLP(Multilayer Perceptron) 모델이 이미지 인식에 사용되었다. 그러나 유닛 사이의 완전히 연결되어 있으므로 가중치의 개수가 어마어마하게 커지게 된다. 이것을 "차원의 저주"라고 한다. 따라서 픽셀을 직접 처리하여 이미지를 인식하는 것은 상당한 어려움을 겪고 고해상도 이미지로 확장할 수 없었다. 예를 들어서 RGB 색상 채널이 있는 1000×1000 크기의 이미지를 처리하는 신경망의 가중치는 몇 개나 될까? 대략 계산해보자.

07 컨벌루션 신경망은 "참조의 지역성"을 중시하는 모델이다. 참조의 지역성이란 이미지에서 서로 가까이 있는 화소들은 멀리 떨어져 있는 화소보다 더 중요하다는 의미이다. 왜 그럴까?

08 컨볼루션 신경망은 일반적으로 3차원으로 배열된 레이어를 가진다. 아래 그림을 참조하라. 이유는 무엇일까?

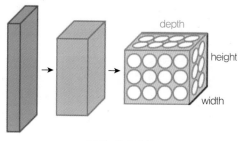

(출처: 위키백과)

09 다음과 같은 컨벌루션 신경망에서 하나의 컨벌루션 연산을 수행하여 출력층에 적어보자.

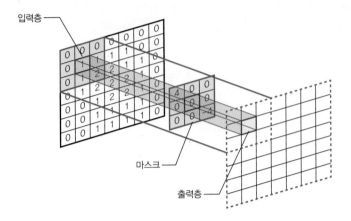

10 다음 계층에서 2×2 최대 풀링을 수행하고 결과를 적어보자.

28	15	27	190
1	99	70	38
15	12	45	2
10	8	7	6

11 우리는 7장에서 패션 아이템을 분류하는 MLP 신경망을 작성한 적이 있다. 우리는 케라스에서 기본적으로 제공하는 패션 MNIST 데이터 세트를 사용한다. 10개의 범주(category)의 약 70,000개의 패션 관련 이미지(옷, 구두, 핸드백 등)가 제공된다. 해상도는 28×28이다. 동일한 작업을 컨벌루션 신경망을 이용하여 시도해보자. 성능이 얼마나 증가되는가?

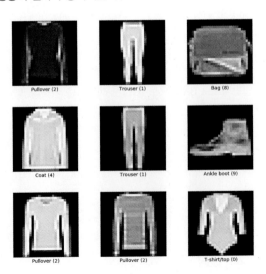

영상 인식

영상을 인식하는
신경망을 만들어봅시다.
이전 장에서 학습한
컨벌루션 신경망을
사용합니다.

학습목표

- 영상 인식에서 나타나는 여러 가지 문제를 살펴본다.
- 컨벌루션 신경망을 이용하여 영상 인식(image recognition)을 수행해본다.
- 가중치를 저장하고 복원하는 방법을 학습한다.
- 디렉토리에서 영상을 하나씩 읽어서 학습하는 방법을 학습한다.
- 전이 학습을 이해한다.

10 | 영상 인식

1. 영상 인식이란?

인간은 아주 쉽게 다른 사람의 얼굴을 인식하고, 필기체 글자를 읽을 수 있다. 인간은 생존을 위해, 수백만 년 동안 진화를 통하여 영상(패턴)을 인식할 수 있게 되었다. 영상 인식(image recognition)이란 영상 안의 물체를 인식하거나 분류하는 것이다. 컴퓨터가 자동으로 영상 안의 물체들을 인식할 수 있다면 얼마나 편리할 것인가? 우리한테 냉장고의 음료수를 찾아서 가져다줄 수도 있고, 옷장 속의 옷들을 꺼내서 자동으로 분류할 수 있을지도 모른다.

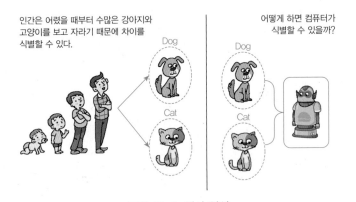

그림 10-1 영상 인식

안타깝게도 아직까지, 컴퓨터는 인간만큼 영상 인식을 잘하지는 못한다. 하지만 최근에 딥러닝을 이용한 방법으로 아주 좋은 결과를 내고 있다. 많은 연구들이 활발하게 진행되고 있기 때문에, 가까운 미래에 컴퓨터가 인간처럼 영상을 자유자재로 인식할 수 있을 날이 올 것이다.

그림 10-2 영상 인식 시스템

우리는 이번 장에서 신경망의 일종인 컨벌루션 신경망(CNN)을 이용한 영상 인식 방법을 살펴본다. 생물체의 영상 처리 구조에서 힌트를 얻은 컨벌루션 신경망은 영상 인식뿐만 아니라 다양한 분야에도 적용되고 있다.

영상인식 신경망 체험하기

https://transcranial.github.io/keras-js/#/에 가보면 Keras.js라는 딥러닝 라이브러리를 이용하여
여러 가지 영상 인식 신경망을 구현해놓았다. 작성자 "Leon Chen"에 감사드린다. 왼쪽의 메뉴 중
에서 "ResNet-50"은 ImageNet 경진 대회에서 우승한 적인 있는 컨벌루션 신경망이다. 이번에는
특히 화면의 하단에 있는 컨벌루션 신경망의 복잡한 구조를 주의깊게 살펴보자.

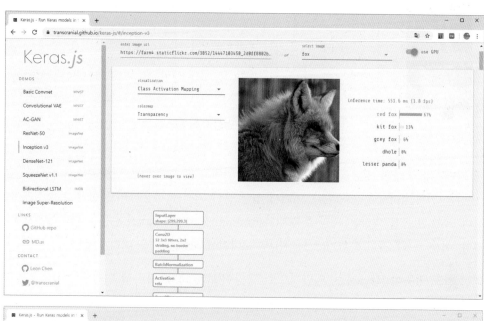

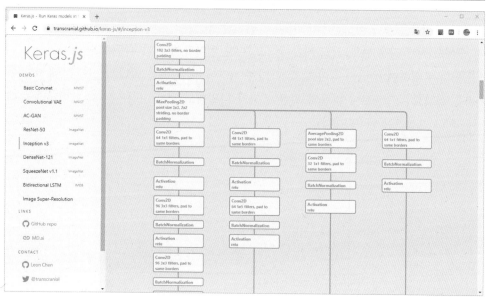

2. 전통적인 영상 인식

신경망을 이용한 방법은 전통적인 컴퓨터 시각 방법과 상당히 다르다. 이번 절에서는 전통적인 방법에서는 어떻게 물체를 구분하는지 간단하게 살펴보자. 강아지와 고양이를 분류하는 문제를 예로 들어보자. 우리는 카메라를 통하여 영상을 찍어서 강아지와 고양이의 특징(키, 길이, 색상, 얼굴 형태 등)을 파악한 후에 특징을 이용하여 분류할 것이다.

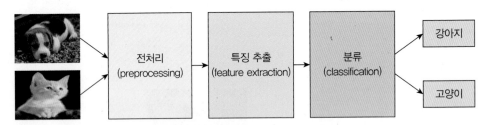

그림 10-3 전통적인 영상 인식 시스템

먼저 카메라가 동물의 영상을 캡처한다. 잡음을 없애고 후속 작업을 단순화하기 위하여 캡처된 영상은 전처리(preprocess)된다. 이어서 영상 분할 기법을 사용하여 동물들을 배경에서 분리한다. 추출된 동물 영상은 특징 추출기(feature extractor)로 보내지며 동물들의 특징값을 측정한다. 이들 특징값들이 분류기(classifier)로 보내져서 최종 판단을 내리게 된다.

우리도 알고 있듯이 "강아지"는 일반적으로 "고양이"보다 크다. 따라서 여기서 동물의 키는 하나의 특징이 될 수 있다. 따라서 우리는 입력된 동물의 키가 특정한 값보다 크면 "강아지"라고 판단하고 특정한 값보다 작으면 "고양이"라고 판단할 수 있다. 하지만 절대적인 것은 아니다. 강아지 중에도 키가 작은 종도 있고 키가 큰 고양이도 얼마든지 있기 때문이다. 강아지와 고양이의 키를 알기 위하여 우리는 강아지 몇 마리와 고양이 몇 마리를 골라서 실제로 측정할 필요가 있다. 실제로 측정해보니 다음과 같은 결과가 나왔다고 하자(이것은 실제 데이터가 아니고 설명을 위한 가상적인 데이터이다).

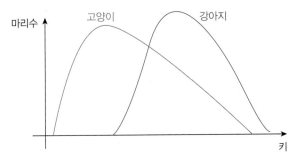

그림 10-4 특징

안타깝게도 키만 가지고서는 강아지와 고양이를 신뢰성 있게 분류할 수 없다. 어떻게 하면 좋을까? 이때는 특징을 하나 더 추가하여야 한다. 이번에는 전체적인 밝기를 특징으로 사용해보자.

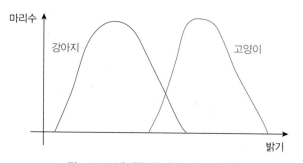

그림 10-5 밝기를 특징으로 사용한다.

이번 결과는 어느 정도 만족스럽다. 강아지와 고양이들은 더 잘 분리되어 있다. 하지만 아직도 완벽하지는 않다. 어떻게 하는 것이 좋을까? 우리는 분류기의 성능을 향상하기 위하여 2개의 특징을 동시에 사용할 수 있다.

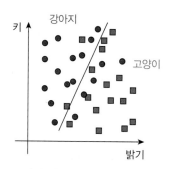

그림 10-6 키와 밝기를 동시에 특징으로 사용한다.

그림 10-6에서는 키와 밝기를 특징으로 사용하고 있다. 이것을 x1, x2라고 하자. 특징 추출기는 입력 영상을 다음과 같은 특징 벡터(feature vector)로 변환한다. 특징 벡터들이 존재하는 공간을 특징 공간(feature space)이라고 한다.

$$x = \begin{bmatrix} x_1 \\ x_2 \end{bmatrix}$$

남은 문제는 특징 공간을 두 개의 영역으로 분할하는 것이다. 한 지역의 모든 점은 "강아지"이고 다른 지역의 모든 점은 "고양이"이면 좋다. 우리가 샘플의 특징 벡터를 측정한 결과, 그림 10-6과 같은 분포를 얻었다고 하자. 가장 간단한 분류 방법은 특징 공간에서 판단 경계선(decision boundary)을 그어서 특징 벡터가 직선의 왼쪽에 있으면 강아지라고 판단하고 특징 벡터가 직선의 오른쪽에 있으면 고양이라고 판단하는 것이다. 이 규칙을 사용하면 어느 정도 강아지와 고양이를 분리할 수 있다. 이것을 선형 분류자라고 한다. 우리가 5장에서 학습한 퍼셉트론도 선형 분류자의 일종이었다.

어떻게 하면 분류기의 성능을 향상할 수 있을까? 아마도 더 많은 특징을 사용하는 것이 바람직할 것이다. 예를 들면 다리의 길이와 같은 특징을 사용할 수도 있다. 또 우리가 판단 경계선을 복잡하게 할 수 있다면 좀 더 분류를 잘 할 수 있을 것이다. 하지만 이들 판단 경계선은 학습에서 사용한 샘플은 완벽하게 분류하지만 새로운 샘플에 대해서는 좋지 않은 성능을 나타낼 수도 있다. 훈련 샘플에 포함된 노이즈에 대하여 너무 과민하게 반응하고 있기 때문이다.

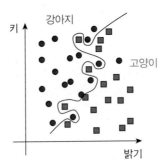

그림 10-7 과잉 적합된 분류기

성능과 단순성을 적절하게 조합한, 그림 10-8과 같은 판단 경계선이 바람직할 수도 있다.

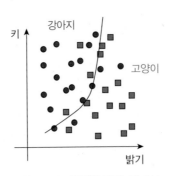

그림 10-8 적절한 판단 경계선

여러 개의 샘플을 보여주고 판단 경계선을 만드는 과정을 우리는 "학습(learning)"이라고 부른다. 학습이 완료되면 새로운 샘플을 가지고 "테스팅(testing)" 과정을 거치게 된다. 여기서는 설명을 위하여 특징을 간단한 것으로 국한하였다. 현대적인 영상 처리에서는 엣지, SIFT, HoG, HSV와 같은 특징들을 많이 사용한다.

이 방법의 최대 문제점은 인간이 개입해야 한다는 점이다. 특징을 선택하고 이미지에서 특징값을 추출하는 과정은 인간이 해주어야 한다. 특징이 추출된 후에 분류하는 과정은 여러 가지 방법으로 자동화가 가능하다(신경망도 사용할 수 있다). 신경망을 연구하는 학자들은 특징의 선택과 추출도 학습시키면 가능하지 않을까 생각하였다.

3. 심층 신경망을 이용한 영상 인식

최근에는 신경망을 사용하여 특징 추출과 분류를 동시에 한다.

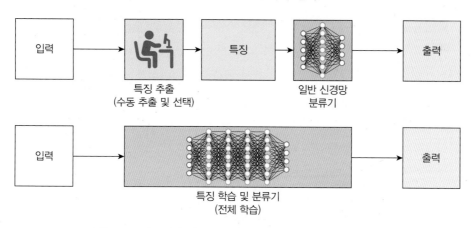

그림 10-9 전통적인 영상 인식과 심층 신경망을 이용한 영상 인식
(출처: 논문 "Deep learning for smart manufacturing: Methods and applications")

그림 10-9의 윗부분이 전통적인 영상 인식 방법이다. 인간이 특징을 추출하고 특징을 선택하여서 분류기로 보낸다. 분류기는 MLP와 같은 신경망을 사용할 수 있다. 그림 10-9의 아랫부분은 특징 추출도 신경망을 통하여 수행된다. 이것이 최근의 영상 인식 방법이다.

심층 신경망(Deep Neural Network)의 은닉층은 입력의 특징들을 학습하는 것으로 알려져 있다. 따라서 영상 인식 문제에 심층 신경망을 사용할 수 있다. 심층 신경망을 사용하면 인간이 영상으로부터 특징을 추출할 필요가 없다. 영상을 보여주기만 하면 심층 신경망이 스스로 특징을 학습할 것이다. 하지만 영상을 처리할 때는 더 적합한 신경망 구조가 있다. 무엇일까? 영상 인식에 많이 사용되는 신경망은, 우리가 앞장에서 학습하였던 컨볼루션 신경망(CNN)이다. 컨볼루션 신경망(CNN)은 동물의 시각 조직에서 영감을 얻은 신경망으로 9장에서 학습한바 있다.

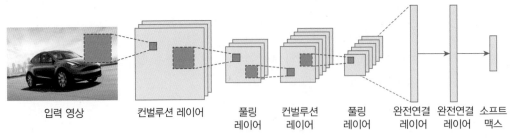

입력 영상 　컨벌루션 레이어 　풀링 레이어 　컨벌루션 레이어 　풀링 레이어 　완전연결 레이어 　완전연결 레이어 　소프트 맥스

그림 10-10 컨벌루션 신경망을 이용한 영상 인식

영상 인식 신경망은 다음과 같이 크게 2부분으로 구성되어 있다고 생각하면 된다.

특징 추출기 (컨벌루션 신경망) → 특징 분류기 (완전 연결 신경망) → 강아지

컨벌루션 신경망은 이미지 데이터 처리에 특히 적합한 신경망이다. 컨벌루션 신경망은 영상처럼 2차원 배열을 입력으로 사용한다. 컨벌루션 신경망의 각 레이어에서 일련의 필터가 영상에 적용된다. 컨벌루션 신경망은 숫자, 얼굴 및 번호판 인식과 같은 영상을 입력으로 사용하는 모든 종류의 작업에 적용된다.

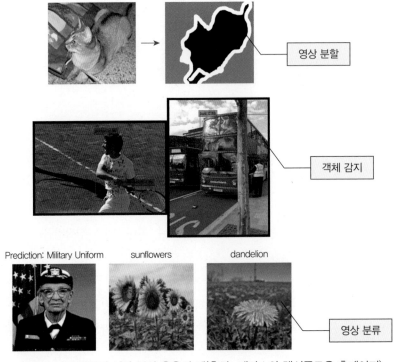

영상 분할

객체 감지

Prediction: Military Uniform 　sunflowers 　dandelion

영상 분류

그림 10-11 컴퓨터 시각 분야 응용의 예(출처: 케라스와 텐서플로우 홈페이지)

4. 예제: CIFAR-10 영상 분류하기

이번 예제에서는 컨벌루션 신경망을 이용하여서 컬러 영상을 분류해보자. CIFAR-10 데이터 세트를 사용한다.

CIFAR-10 데이터 세트

CIFAR는 "Canadian Institute For Advanced Research"의 약자이다. CIFAR-10 데이터 세트는 CIFAR 연구소에서 CIFAR-100 데이터 세트와 함께 개발되었다. 데이터 세트는 (0: airplane, 1: automobile, 2: bird, 3: cat, 4: deer, 5: dog, 6: frog, 7: horse, 8: ship, 9: truck)의 10개 부류의 컬러 영상 60,000개로 이루어진다. 영상의 크기는 비교적 작아서 32×32이다.

CIFAR-10은 잘 알려진 데이터 세트이며, 머신러닝 분야에서 컴퓨터 비전 알고리즘을 벤치마킹하는 데 널리 사용된다. 이들 영상을 대상으로 80%의 정확도를 달성하는 것은 비교적 간단하다. 최고의 성능을 원한다면, 정확도가 90% 이상 나오는 컨볼루션 신경망을 사용하여야 한다.

컨벌루션 신경망을 이용한 CIFAR-10 분류 프로그램

(1) 라이브러리와 데이터 세트 포함

```
import numpy as np
import matplotlib.pyplot as plt
import tensorflow as tf
from tensorflow import keras
from tensorflow.keras import Sequential
```

```
from tensorflow.keras.layers import *

# CFAR-10 데이터 세트를 적재한다.
# 훈련 세트와 테스트 세트를 반환받는다.
(X_train, y_train), (X_test, y_test) = keras.datasets.cifar10.load_data()
```

프로그램 작성에 필요한 라이브러리와 데이터 세트를 다운로드받는다.

(2) 영상 화면 표시

데이터 세트 중에서 하나를 골라서 화면에 표시해보자. 데이터 세트의 2번째 영상을 표시해본
다. 해상도가 낮아서 구별하기 쉽지 않다. 영상의 픽셀값을 [0, 255]에서 [0, 1] 사이의 값으로 변
환한다.

```
# 두 번째 영상(트럭)을 화면에 표시한다.
plt.figure()
plt.imshow(X_train[1])
plt.colorbar()

# 영상의 픽셀 값을 0에서 1 사이로 변환한다.
X_train = X_train/255.0
X_test = X_test/255.0
```

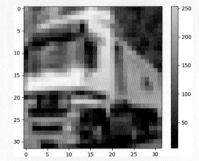

(3) 신경망 모델 구축

```
# 순차 모델을 구축한다.
model = Sequential()
model.add(Conv2D(64, activation = 'relu', kernel_size = (3,3 )))
model.add(MaxPooling2D(pool_size = (2, 2)))
model.add(Conv2D(32, activation = 'relu', kernel_size = (3,3 )))
model.add(Flatten(input_shape = (32, 32, 3)))
model.add(Dense(80, activation = 'relu'))
model.add(Dense(10, activation = 'softmax'))
```

Sequential 모델을 생성하고 Conv2D 레이어와 MaxPooling2D 레이어를 번갈아서 추가한다.
2차원 행렬을 1차원 행렬로 만들기 위하여 Flatten 레이어를 둔다. 분류를 위하여 완전 연결 신
경망을 추가한다. 분류가 10개이므로 마지막 레이어의 유닛은 10개로 하고 소프트맥스 활성화
함수를 사용한다.

(4) 신경망 모델 구축

```
# 모델을 컴파일한다.
model.compile(optimizer = 'adam', loss = 'sparse_categorical_crossentropy',
              metrics = ['accuracy'])
# 모델을 훈련한다.
history = model.fit(X_train, y_train, epochs=10, verbose=1,
                    validation_split=0.3)
```

손실 함수로 "sparse_categorical_crossentropy"을 사용하면 정답 레이블을 원핫 인코딩으로 바꾸지 않아도 된다. validation_split=0.3은 훈련 데이터의 30%를 검증 데이터로 사용하라는 의미이다.

```
Epoch 1/10
1094/1094 [==============================] - 20s 18ms/step - loss: 1.4957 -
accuracy: 0.4596 - val_loss: 1.2741 - val_accuracy: 0.5512
Epoch 2/10
1094/1094 [==============================] - 19s 18ms/step - loss: 1.1695 -
accuracy: 0.5858 - val_loss: 1.1663 - val_accuracy: 0.5869
...
Epoch 9/10
1094/1094 [==============================] - 19s 18ms/step - loss: 0.5404 -
accuracy: 0.8100 - val_loss: 1.1284 - val_accuracy: 0.6453
Epoch 10/10
1094/1094 [==============================] - 20s 18ms/step - loss: 0.4703 -
accuracy: 0.8339 - val_loss: 1.2012 - val_accuracy: 0.6419
```

훈련 데이터의 정확도는 83%이지만 검증 데이터에 대해서는 64%밖에 안 된다.

(5) 손실값을 그래프로 그린다.

```
# 손실값을 그래프로 그린다.
plt.plot(history.history['loss'])
plt.plot(history.history['val_loss'])
plt.title('loss')
plt.ylabel('loss')
plt.xlabel('epoch')
plt.legend(['loss', 'val_loss'], loc = 'lower right')
plt.show()
```

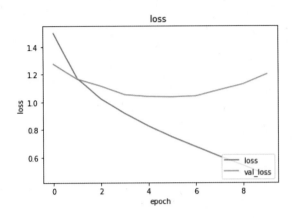

약간 엉망인 그래프가 나왔다. 훈련 샘플에 대해서는 손실이 많이 줄었지만, 검증 데이터에 대한 손실은 오히려 증가하기도 했다. 이것은 과잉 적합 징조이다. 다음 절에서 이것을 방지할 수 있는 데이터 증대 기법을 살펴보자.

(6) 테스트

우리는 아직 테스트 세트를 사용하지 않았다. 테스트 세트를 신경망에 투입해보자. 테스트 세트의 첫 번째 이미지를 출력해보자. 정답과 신경망의 예측값도 출력해본다.

```python
plt.figure()
plt.imshow(X_test[0])
y_pred = model.predict(X_test)
print("정답=", y_test[0])
print("예측값=", y_pred[0])
```

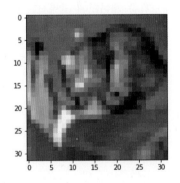

```
정답= [3]
예측값= [1.2904912e-12 5.1581086e-13 4.5277499e-14 9.9997449e-01 1.3750282e-09
 4.7490963e-07 2.5059153e-05 8.8131386e-12 2.7819570e-11 2.6272799e-08]
```

사진을 보면 고양이처럼 보인다. 정답은 정수 3으로 출력되고, 신경망의 출력은 원핫 인코딩으로 출력되었다. 원핫 인코딩 중에서 인덱스 3이 제일 값이 크다. 신경망이 잘 예측한 것 같다.

5. 데이터 증대

현실 세계에서 사용되는 신경망에는 수십만 개의 가중치가 있고 이 가중치들은 아주 큰 훈련 데이터로 학습되어야 한다. 하지만 훈련 데이터는 아주 구하기 어렵고 만들기도 어렵다. 만약 훈련 데이터가 충분하지 않다면 신경망은 과잉 적합에 빠지게 된다(매개 변수가 많기 때문이다). 즉 훈련 데이터는 잘 분류하지만, 데이터가 조금이라도 변경되면 잘 분류하지 못한다. 이것을 막는 다양한 기법들이 개발되었다. 이 절에서 공부할 데이터 증대도 하나의 기법이다.

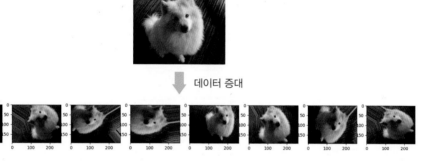

과잉 적합은 데이터가 많아지면 해소된다. 하지만 데이터를 많이 수집하는 것은 쉽지 않다. 많은 시간과 비용이 필요하다. 데이터 증대(data augmentation)는 한정된 데이터에서 여러 가지로 변형된 데이터를 만들어내는 기법이다. 특히 영상의 경우에는 변형된 데이터를 만들기가 비교적 쉽다. 영상을 회전시키거나, 반사시키거나, 크기의 변화를 줄 수 있다.

케라스에서는 원본 영상에 좌우반전, 밝기조절, 좌표이동, 회전, 확대 등을 통해 새로운 영상을 만들어주는 함수를 제공하고 있다. ImageDataGenerator()가 바로 그 함수이다. 간단하게 컴퓨터에 저장된 영상을 읽어서 여러 가지로 변형을 가한 후에 화면에 표시해보자.

(1) 라이브러리를 포함시킨다.

```
import tensorflow as tf
import matplotlib.pyplot as plt
from numpy import expand_dims
from tensorflow.keras.preprocessing.image import load_img, img_to_array
```

(2) 영상을 읽는다.

```
image = load_img("dog.jpg")
array = img_to_array(image)
sample = expand_dims(array, axis=0)
```

케라스에서 영상을 읽는 방법에는 2가지가 있다. 케라스가 제공하는 load_img() 함수를 사용하거나 opencv를 설치한 후에 imread() 함수를 사용하는 방법이 있다. 여기서는 첫 번째 방법을 사용한다. 넘파이의 expand_dims()은 넘파이 배열의 차원을 증가시키는 함수이다. expand_dims(array, axis=0)과 같이 호출하면 array 행렬에서 0번째 축을 추가한다. 다음 코드를 참조하라.

```
>>> image = tf.zeros([10, 10, 3])
>>> tf.expand_dims(image, axis=0).shape.as_list()
[1, 10, 10, 3]
```

이것은 훈련 데이터가 항상 4차원으로 되어 있어야 하기 때문이다. 즉 예를 들어서 (1, 32, 32, 3)과 같이 되어 있어야 한다. 맨 처음에 있는 숫자는 배치의 개수이다. 두 번째와 세 번째 숫자는 영상의 크기이고 맨 끝의 숫자는 컬러 채널의 개수이다.

(3) ImageDataGenerator()을 이용하여 영상 변형을 정의한다.

```
from tensorflow.keras.preprocessing.image import ImageDataGenerator

datagen = ImageDataGenerator(rescale = 1./255,
    rotation_range=90, brightness_range=[0.8, 1.0],
    width_shift_range=0.2, zoom_range=[0.8, 1.2],
    height_shift_range=0.2)
```

ImageDataGenerator 클래스는 지정된 대로 변형 이미지를 만들어서 우리에게 제공한다. 다음과 같은 매개 변수를 가진다.

- rotation_range=90: 회전 한도
- brightness_range=[0.2, 1.0]: 밝기 변형 비율
- width_shift_range=0.2: 좌우 이동 한도
- zoom_range=[0.2, 1.2]: 확대 한도

이외에도 여러 가지 변형을 정의할 수 있다. 자세한 내용은 케라스 홈페이지를 참조한다.

(4) ImageDataGenerator로부터 제너레이터 객체를 얻는다.

ImageDataGenerator 출력은 파이썬의 제너레이터 형식이다. 영상을 생성하는 제너레이터 객체를 생성한다. 제너레이터는 next()가 호출되면 변형된 영상을 하나씩 보내게 된다.

```python
obj = datagen.flow(sample, batch_size=1)
```

(5) 변형된 영상을 표시한다.

```python
fig = plt.figure(figsize=(20,5))
for i in range(8):                    # 9번 반복하면서 영상을 생성하고 출력한다.
    plt.subplot(1,8,i+1)              # 3×3 격자에서 (i+1) 격자를 지정한다.
    image = obj.next()               # 제너레이터에서 다음 영상을 가져온다.
    plt.imshow(image[0])             # 영상의 픽셀값은 [0, 1] 사이어야 한다.
```

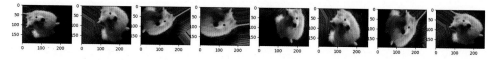

6. 예제: 강아지와 고양이 구별하기

컨벌루션 신경망을 사용하여서 강아지와 고양이를 구별해보자. 강아지와 고양이를 구별하는 문제는 2013년도에 Kaggle에서 컨테스트로 나온 적이 있다. Kaggle 사이트에서 데이터 세트를 받을 수도 있고 마이크로소프트사의 사이트에서 받아도 된다. 이 데이터 세트는 Petfinder. com과 Microsoft 간의 파트너십으로 개발되었다고 한다.

강아지와 고양이 데이터 세트

https://www.kaggle.com/c/dogs-vs-cats/data 사이트에서 다운로드받을 수 있다. 다운로드받은 Kaggle의 데이터 세트에는 25000장의 이미지가 있다. 이중 절반은 강아지 이미지이고 다른 절반은 고양이 이미지이다. 우리는 이 이미지들 중에서 약 2200장만 추리기로 하자. 2000장은 훈련 데이터로 사용하고 200장은 테스트용으로 사용한다. 다음과 같이 디렉토리를 만들고 여기에 이미지들은 나누어서 저장한다. 각 이미지들은 크기가 다르다.

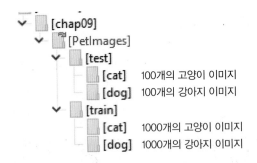

라이브러리 설치

이 예제는 pillow라고 하는 이미지 처리 라이브러리를 사용한다. 아나콘다의 가상환경을 사용하는 사용자라면 먼저 사용자를 "deep"으로 변경하고 다음과 같은 문장을 사용하여 필요한 라이브러리를 설치한다.

```
(base) C:\Users\chun> activate deep
(deep) C:\Users\chun> pip install pillow
(deep) C:\Users\chun> pip install matplotlib
```

이미지 출력

1개의 이미지만 화면에 출력해보자.

```
from matplotlib import pyplot
from matplotlib.image import imread
image = imread('./Petimage/train/dog/1.jpg')
pyplot.imshow(image)
pyplot.show()
```

신경망 모델 생성

우리는 컨벌루션 신경망을 이용하여 신경망을 구성해본다.

```
from tensorflow.keras import models, layers

train_dir = './Petimages/train'
test_dir = './Petimages/test'

model = models.Sequential()
model.add(layers.Conv2D(32,(3,3), activation='relu', input_shape=(128,128,3)))
model.add(layers.MaxPooling2D(2,2))
model.add(layers.Conv2D(64,(3,3), activation='relu'))
model.add(layers.MaxPooling2D(2,2))
model.add(layers.Flatten())
model.add(layers.Dense(units=512, activation='relu'))
model.add(layers.Dense(units=1, activation='sigmoid'))

model.compile(optimizer = 'adam', loss = 'binary_crossentropy', metrics =
['accuracy'])
```

역시 Conv2D 레이어와 MaxPooling2D 레이어를 이용한다. 활성화 함수는 'relu'이고 입력 영
상은 128×128 크기의 컬러 영상이다. 끝에 평탄화 레이어가 있고, 완전 연결된 레이어를 이용
하여 영상을 분류한다. 이 분류는 "강아지 또는 고양이"이므로 이진 분류가 된다. 맨 끝의 출력
층은 유닛이 하나이고 시그모이드 활성화 함수를 사용한다. 옵티마이저는 'adam'이고 손실 함

수는 이진 분류이므로 'binary_crossentropy'로 지정하였다.

이미지 전처리

이미지는 바로 신경망에 투입할 수는 없다. 우리가 잘 알다시피 신경망에는 0에서 1 사이의 실수만 투입할 수 있다. JPG 타입의 이미지는 먼저 압축부터 풀어야 한다. 다음과 같은 작업이 필요하다.

① JPG 이미지 파일을 읽는다
② JPG 압축을 풀어서 RGB 형태로 픽셀값을 복원한다.
③ 픽셀값들은 실수형식의 넘파이 텐서로 변환한다.
④ 0~255 사이의 픽셀값들을 0.0~1.0 사이의 실수로 스케일링한다.

아주 머리가 아프지만, 다행히도 케라스에는 이것들을 전부 수행해주는 유틸리티 함수가 있다. 일단 소스를 보고 설명해보자.

```
from tensorflow.keras.preprocessing.image import ImageDataGenerator

train_datagen = ImageDataGenerator(rescale = 1./255, shear_range = 0.2,
    zoom_range = 0.2, horizontal_flip = True)
```

ImageDataGenerator()가 바로 그 함수이다. 어떤 디렉토리의 이미지들을 읽어서 압축을 풀고 픽셀값들을 0.0~1.0 사이의 실수로 스케일링한다. 여기서 추가로 이미지들 회전시키거나 확대 축소하고 밀림 변환까지 수행하면서 이미지의 개수를 늘린다. 이미지 증대에 대해서는 앞 절의 설명을 참조한다.

테스트 데이터는 변형이 필요 없으므로 그냥 픽셀값들을 0.0~1.0 사이의 실수로 스케일링한다.

```
test_datagen = ImageDataGenerator(rescale = 1./255)
```

데이터 제네레이터를 디렉토리와 연결해야, 디렉토리의 이미지 파일을 하나씩 읽어서 프로그램에 텐서 형식으로 이미지를 공급한다. 전체 이미지를 한번 다 읽으면 너무 크기가 커지기 때문에, 이렇게 하는 것이 효율적이다. 파이썬의 제네레이터 기법을 사용한다.

```
train_generator = train_datagen.flow_from_directory(
    train_dir,
    target_size=(128, 128),
    batch_size=20,
    class_mode = 'binary')

test_generator = test_datagen.flow_from_directory(
    test_dir,
    target_size=(128, 128),
    batch_size=20,
    class_mode = 'binary')
```

flow_from_directory() 호출할 때 이미지를 읽을 디렉토리를 전달한다. 이때 우리는 이미지의 크기도 표준화할 수 있다. 우리는 (128, 128)로 표준화하였다. 배치 크기는 20으로 한다.

훈련

이제 훈련을 시도해보자. 데이터 제너레이터를 사용할 때는 fit()가 아니고 fit_generator()를 사용한다.

```
history = model.fit_generator(
    train_generator, steps_per_epoch = 100, epochs=10,
    validation_data=test_generator, validation_steps=5)
```

```
Found 2000 images belonging to 2 classes.
Found 200 images belonging to 2 classes.
Epoch 1/10
100/100 [==============================] - 20s 195ms/step - loss: 0.7629 -
accuracy: 0.5620 - val_loss: 0.6502 - val_accuracy: 0.7300
...
Epoch 10/10
100/100 [==============================] - 19s 191ms/step - loss: 0.4509 -
accuracy: 0.7765 - val_loss: 0.5774 - val_accuracy: 0.7800
```

이때 훈련 데이터로는 train_generator가 건네주는 데이터를 사용하고 검증할 때는 test_generator가 전달하는 데이터를 사용한다. steps_per_epoch은 하나의 에포크에 몇 개의 샘플을 추출하느냐이다.

학습 결과 그래프 표시

훈련 데이터의 정확도와 검증 데이터의 정확도를 그래프에 표시해보자.

```python
import matplotlib.pyplot as plt
plt.plot(history.history['accuracy'])
plt.plot(history.history['val_accuracy'])
plt.xlabel('Epoch')
plt.xlabel('Accuracy')
plt.legend(['Train', 'Test'], loc='upper left')
plt.show()
```

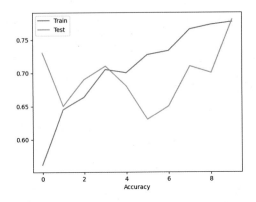

이번에는 정확도를 그래프에 나타내었다. 검증 데이터가 약간은 불안하지만 그런대로 정확도가 증가하고 있음을 알 수 있다.

7. 가중치 저장과 전이 학습

학습된 가중치의 저장 및 적재

일반적으로 신경망의 학습에는 많은 시간이 소요된다. 연구실에서 실험적으로 사용하는 신경망을 학습시키는데도 며칠이 걸리기도 한다. 우리가 신경망을 사용할 때마다 이렇게 시간을 들여서 학습시켜야 한다면 문제는 심각하다. 딥러닝 신경망을 사용할 때마다 매번 이렇게 학습시켜야 할까? 아니다. 우리는 이미 학습된 모델의 가중치를 저장할 수 있고, 필요할 때마다 가중치를 불러와서 바로 신경망이 예측을 할 수 있게 할 수 있다.

케라스에서 학습된 가중치를 저장하는 방법은 매우 간단하다. 모델이 가지고 있는 save() 함수를 호출하면 된다.

```
model.save('mymodel')
```

위의 코드가 실행되면 현재 디렉토리에 mymodel이라는 디렉토리가 생성된다. 이 디렉토리 안에는 "assets", "saved_model.pb", "variables"와 같은 파일들이 있고, 이 파일 안에 다음과 같은 정보들이 저장된다.

- 신경망 모델의 아키텍처 및 구성
- 훈련 중에 학습된 모델의 가중치 값
- 신경망 모델의 컴파일 정보
- 옵티마이저와 현재 상태(훈련을 중단한 곳에서 다시 시작하기 위해)

모델을 디스크에 저장하는 데 사용할 수 있는 2가지의 형식은 TensorFlow SavedModel 형식과 이전 Keras H5 형식이다. 현재 케라스에서 권장하는 형식은 SavedModel이라고 한다. 아무런 확장자가 없으면 SavedModel 형식이고 확장자가 h5이면 Keras H5 형식이다.

저장된 신경망 가중치를 불러오려면 어떻게 하면 될까? load_model() 함수를 호출하면 된다.

```
model = load_model('mymodel')
```

간단한 예제를 보자.

```
import numpy as np
import tensorflow as tf

# 난수로 훈련 예제를 만든다.
test_input = np.random.random((128, 32))
test_target = np.random.random((128, 1))
```

```
# 입력이 32, 출력이 1 노드인 신경망 모델을 구축한다. 함수형 API를 사용하였다.
inputs = tf.keras.Input(shape=(32,))
outputs = tf.keras.layers.Dense(1)(inputs)
model = tf.keras.Model(inputs, outputs)
model.compile(optimizer="adam", loss="mean_squared_error")

# 신경망을 3번 훈련시킨다.
model.fit(test_input, test_target, epochs=3)

# 3의 에포크를 수행한 모델을 저장한다.
model.save("my_model")

# 저장된 모델을 불러온다.
saved_model = tf.keras.models.load_model("my_model")

# 저장된 모델을 다시 학습시킨다.
saved_model.fit(test_input, test_target, epochs=3)
```

```
Epoch 1/3
4/4 [==============================] - 0s 499us/step - loss: 0.7929
Epoch 2/3
4/4 [==============================] - 0s 499us/step - loss: 0.7068
Epoch 3/3
4/4 [==============================] - 0s 498us/step - loss: 0.6226
INFO:tensorflow:Assets written to: my_model\assets
Epoch 1/3
4/4 [==============================] - 0s 748us/step - loss: 0.5518
Epoch 2/3
4/4 [==============================] - 0s 564us/step - loss: 0.4866
Epoch 3/3
4/4 [==============================] - 0s 505us/step - loss: 0.4354
```

위의 실행 결과를 보면 학습이 중단되었던 곳부터 다시 학습이 재개되어서 손실이 줄고 있는 것을 볼 수 있다.

전이 학습

이제까지 우리는 훈련된 모델을 원래의 용도로만 사용해왔다. 만약 사전 학습된 모델의 가중치를 얻을 수 있다면 이것을 전달받아서 다른 용도로도 사용할 수 있지 않을까? 전이 학습(transfer learning)은 하나의 문제에 대해 학습한 신경망의 모델과 가중치를, 새로운 문제에 적용하는 것이다. 예를 들어서 일반적인 운송수단을 대상으로 학습한 신경망을, 자동차와 트럭을 구별하는데 사용하는 것이다. 사전 훈련된 모델을 받아서, 우리가 추가적인 학습을 시킬 수도 있다. 전이 학습은 높은 정확도를 순식간에 얻을 수 있기 때문에, 컴퓨터 시각 분야에서 상당히 유용하다.

전이 학습이란 사전 학습된 신경망 모델을 다른 용도로 사용하는 것입니다.

심층 신경망을 학습시키는 데는, 방대한 컴퓨팅 시간과 자원이 필요하다. 이제까지 우리가 실습한 모델은 훈련 데이터가 작아서 시간이 얼마 걸리지 않은 것이다. 일반적인 작업을 위한 훈련은 며칠이 소요될 수도 있다. 따라서 사전 훈련된 모델을 컴퓨터 시각 및 자연어 처리 작업의 시작점으로 사용하는 것은 무척 매력적이다. 일반적으로 사전 학습된 모델을 받아서 모델의 일부를 제거하고 우리의 목적에 맞는 레이어를 추가하여 사용하는 것이 일반적이다. 그림 10-12에 처음부터 개발하는 방법과 사전 훈련된 모델을 받는 방법을 비교하였다.

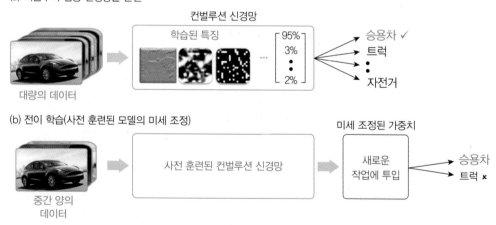

그림 10-12 (a) 처음부터 개발하는 방법 (b) 사전 훈련된 모델을 받아서 미세 조정하는 방법

사전 훈련된 신경망 모델

케라스는 사전 훈련된 딥러닝 모델들을 제공한다. 이것을 케라스에서는 "케라스 애플리케이션 (keras applications)"이라고 부른다. 우리는 이러한 모델을 다운로드하여서 예측, 특징 추출 및

미세 조정에 사용할 수 있다. 가중치는 모델을 인스턴스화 할 때 자동으로 다운로드된다. 케라스 애플리케이션의 일부는 다음과 같다.

모델	크기	Top-1 정확도	Top-5 정확도	매개 변수	깊이
Xception	88MB	0.790	0.945	22,910,480	126
VGG16	528MB	0.713	0.901	138,357,544	23
VGG19	549MB	0.713	0.900	143,667,240	26
ResNet50	98MB	0.749	0.921	25,636,712	–
ResNet101	171MB	0.764	0.928	44,707,176	–
ResNet152	232MB	0.766	0.931	60,419,944	–
ResNet50V2	98MB	0.760	0.930	25,613,800	–
ResNet101V2	171MB	0.772	0.938	44,675,560	–
ResNet152V2	232MB	0.780	0.942	60,380,648	–
InceptionV3	92MB	0.779	0.937	23,851,784	159
InceptionResNetV2	215MB	0.803	0.953	55,873,736	572
MobileNet	16MB	0.704	0.895	4,253,864	88
MobileNetV2	14MB	0.713	0.901	3,538,984	88

Top-1 및 Top-5 정확도는 ImageNet 유효성 검사 데이터 세트에서 모델의 성능을 나타낸다. 깊이는 신경망의 깊이를 나타낸다. 여기에는 활성화 레이어, 정규화 레이어 등이 포함된다.

사전 훈련된 모델을 내 프로젝트에 맞게 재정의하기

사전 훈련된 모델을 이용하는 것은 매우 매력적이다. 하지만 나의 목적과는 약간 맞지 않는다. 어떻게 해야 할까? 이때는 사전 훈련된 모델에서 분류기 레이어를 없애고, 나의 목적에 맞는 분류기 레이어를 추가하는 방법을 많이 사용한다. 또 이렇게 만들어진 모델을 어떻게 학습시키느냐에 따라, 그림 10-13과 같은 3가지의 경우가 있을 수 있다.

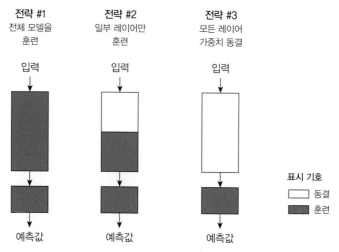

그림 10-13 사전 훈련 모델을 사용하는 3가지 방법

- 첫 번째 전략: 새롭게 만들어진 모델을 전부 새로 학습시킨다. 이 방법은 사전 훈련 모델의 구조만 사용하는 것이다. 학습은 전부 새로 시키게 된다. 좋은 컴퓨터와 많은 데이터가 준비되어야 한다.
- 두 번째 전략: 사전 훈련된 모델의 일부분은 변경되지 않도록 한 상태에서 나머지 부분을 새로 학습시킨다. 앞의 레이어들은 입력에서 특징을 추출하는 레이어들이다. 따라서 이 방법은 특징을 추출하는 레이어 중에서 일부는 고정시키고 일부는 학습시키는 방법이다. 분류기 레이어는 전부 다시 학습시킨다. 내가 가진 데이터 세트가 크지 않다면 많은 레이어의 가중치를 변경시키지 않는 편이 안전하다.
- 세 번째 전략: 이 방법에서는 특징을 추출하는 레이어들은 학습시키지 않는다. 오직 분류기 레이어만을 학습시킨다. 이것을 미세조정(fine-tuning)이라고 한다.

예제 #1

첫 번째 예제는 ResNet50을 다운로드받아서 변경하지 않고 그대로 사용해보자. 구체적으로 인터넷에서 강아지 사진을 다운받아서 올바르게 인식하는지를 보자.

(1) 필요한 라이브러리를 포함시킨다.

```
from tensorflow.keras.applications.resnet50 import ResNet50
from tensorflow.keras.preprocessing import image
from tensorflow.keras.applications.resnet50 import preprocess_input, decode_
predictions
import numpy as np
```

(2) ResNet50 객체를 생성한다.

```
model = ResNet50(weights='imagenet')
```

```
Downloading data from https://storage.googleapis.com/download.tensorflow.org/
data/imagenet_class_index.json
40960/35363 [==============================] - 0s 2us/step
```

객체가 생성되는 순간, 모델과 가중치가 다운로드된다.

(3) 인터넷에서 다운받은 강아지 영상을 전처리한다.

```
img_path = 'dog.jpg'
img = image.load_img(img_path, target_size=(224, 224)) # 영상 크기를 변경하고 적재한다.
x = image.img_to_array(img)      # 영상을 넘파이 배열로 변환한다.
x = np.expand_dims(x, axis=0)    # 차원을 하나 늘인다. 배치 크기가 필요하다.
x = preprocess_input(x)          # ResNet50이 요구하는 전처리를 한다.
```

(4) ResNet50 모델을 이용하여 예측한다.

```
preds = model.predict(x)
print('예측:', decode_predictions(preds, top=3)[0])
```

```
예측: [('n02111889', 'Samoyed', 0.9557966), ('n02114548', 'white_wolf', 0.01857086),
('n02112018', 'Pomeranian', 0.00947881)]
```

예제 #2: 사전 훈련된 모델을 특징 추출기 전처리기로 사용

케라스가 제공하는 사전 훈련된 모델 중에서 MobileNet을 다운로드받고 여기에 우리가 만든 분류기 레이어를 붙여서 새로운 신경망을 만든다. 이 신경망을 우리가 가지고 있는 강아지와 고양이 영상으로 학습시켜보자.

(1) 필요한 라이브러리를 포함시킨다.

```
import numpy as np
import matplotlib.pyplot as plt
from tensorflow.keras.layers import Dense,GlobalAveragePooling2D
from tensorflow.keras.applications import MobileNet
from tensorflow.keras.preprocessing import image
from tensorflow.keras.applications.mobilenet import preprocess_input
from tensorflow.keras.preprocessing.image import ImageDataGenerator
from tensorflow.keras.models import Model
from tensorflow.keras.optimizers import Adam
```

(2) 사전 훈련된 모델을 생성한다.

```
base_model = MobileNet(weights='imagenet', include_top=False)
```

사전 훈련된 모델 중에서 MobileNet을 생성한다. 이때 매개 변수로 include_top=False을 보내면 분류기 레이어를 포함되지 않는다. weights='imagenet'이라고 지정하면 imagenet의 방대한 사진들을 대상으로 훈련된 가중치가 다룬로드된다.

(3) 사전 훈련된 모델에 분류기 레이어를 추가한다.

```
x=base_model.output
x=GlobalAveragePooling2D()(x)
x=Dense(1024,activation='relu')(x)
x=Dense(1024,activation='relu')(x)
x=Dense(512,activation='relu')(x)
preds=Dense(2,activation='softmax')(x)

model=Model(inputs=base_model.input,outputs=preds)
```

MobileNet의 출력에 분류기 레이어들을 생성하여 연결한다. 분류기 레이어는 주로 완전 연결된 relu 활성화 함수를 가지는 레이어로 이루어진다. 맨 마지막 레이어는 소프트맥스 활성화 함수를 가지는 노드가 2개 있는 레이어가 된다. 함수형 API를 사용하여 케라스 모델을 완성한다.

(4) 변경되는 부분과 변경되지 않는 부분을 지정한다.

```
for layer in model.layers[:20]:
    layer.trainable=False
for layer in model.layers[20:]:
    layer.trainable=True
```

레이어가 가진 속성 중에서 trainable이 훈련되느냐, 훈련되지 않느냐를 결정한다. 모델이 가진 레이어 중에서 앞에서 20번째 레이어까지는 변경되지 않도록 설정한다. 20번째 레이어부터 마지막 레이어까지는 변경이 가능하도록 설정한다.

(5) 강아지와 고양이 영상을 가지고 훈련시킨다.
하드디스크에 있는 강아지와 고양이 영상을 이용하여 신경망 모델을 학습시킨다. ImageData Generator를 이용하여 데이터를 증대시킨다.

```
train_datagen=ImageDataGenerator(preprocessing_function=preprocess_input)
train_generator=train_datagen.flow_from_directory('./Petimages/',
                                                  target_size=(128,128),
                                                  color_mode='rgb',
                                                  batch_size=32,
                                                  class_mode='categorical',
                                                  shuffle=True)
```

(6) 신경망 모델 훈련

```
model.compile(optimizer='Adam',loss='categorical_crossentropy',metrics=['accuracy']
)
step_size_train=train_generator.n//train_generator.batch_size
model.fit_generator(generator=train_generator,
                    steps_per_epoch=step_size_train,
                    epochs=5)
```

신경망을 컴파일하고 학습을 수행한다.

```
WARNING:tensorflow:`input_shape` is undefined or non-square, or `rows` is not in
[128, 160, 192, 224]. Weights for input shape (224, 224) will be loaded as the
default.
Found 2200 images belonging to 2 classes.
Epoch 1/5
68/68 [==============================] - 30s 434ms/step - loss: 0.4500 -
accuracy: 0.8875
```

```
Epoch 2/5
68/68 [==============================] - 30s 443ms/step - loss: 0.2678 -
accuracy: 0.9096
Epoch 3/5
68/68 [==============================] - 29s 430ms/step - loss: 0.2181 -
accuracy: 0.9179
Epoch 4/5
68/68 [==============================] - 29s 431ms/step - loss: 0.1864 -
accuracy: 0.9290
Epoch 5/5
68/68 [==============================] - 29s 431ms/step - loss: 0.1646 -
accuracy: 0.9470
```

요약

SUMMARY

- 영상 인식(image recognition)이란 영상 안의 물체를 인식하거나 분류하는 것이다.

- 전통적인 영상 인식 시스템에서는 카메라를 통하여 영상을 찍어서 강아지와 고양이의 특징(키, 길이, 색상 등)을 추출하고 이것을 이용하여 물체를 분류한다.

- 영상 인식에 많이 사용되는 신경망은 컨볼루션 인공신경망(CNN)이다. 컨볼루션 신경망(CNN)은 동물의 조직에서 영감을 얻어서 만들어진 신경망이다. CNN에서 뉴런의 수용 공간은 다른 뉴론들과 약간 겹치게 된다. 컨볼루션 신경망은 영상 및 비디오 인식, 추천 시스템 및 자연 언어 처리 분야에서 폭넓게 응용되고 있다.

- 컨볼루션(Convolution Neural Network: CNN) 신경망에서는 하위 레이어의 노드들과 상위 레이어의 노드들이 부분적으로만 연결되어 있다. 따라서 복잡도가 낮아지고 과대 적합에 빠지지 않는다.

- 컨벌루션은 주변 화소값들에 가중치를 곱해서 더한 후에 이것을 새로운 화소값으로 하는 연산이다.

- 풀링(Pooling)이란 서브 샘플링이라고도 하는 것으로 입력 데이터의 크기를 줄이는 것이다.

- 데이터 증대(data augmentation)는 한정된 데이터에서 여러 가지로 변형된 데이터를 만들어내는 기법이다.

- 케라스에서는 save(), load_model() 메소드를 이용하여 가중치를 저장하거나 불러올 수 있다.

- 전이 학습(transfer learning)은 하나의 문제에 대해 학습한 신경망의 모델과 가중치를, 새로운 문제에 적용하는 것이다.

연습문제

01 전통적인 영상 인식 방법과 신경망을 이용한 영상 인식 방법의 차이점을 설명하라.

02 케라스에서 제공하는 이미지 전처리 기능에 대하여 설명해보자.

03 본문에서 컨벌루션 신경망으로 CIFAR-10 데이터 세트를 인식하는 프로그램을 소개하였다. CIFAR-10 데이터 세트를 기본적인 심층 신경망으로 처리하는 프로그램을 작성해보자. 이것과 본문의 컨벌루션 버전을 비교해보자. 어떤 쪽이 더 성능이 높은가?

04 데이터 증대(data augmentation)라는 것은 무엇이며, 왜 필요한가?

05 케라스의 ImageDataGenerator() 메소드를 이용해서 주어진 이미지를 다양하게 변형하는 프로그램을 작성해보자.

06 전이 학습이란 무엇인가? 전이 학습의 3가지 전략에 대하여 설명하라.

07 케라스 라이브러리에서 가중치를 저장하려면 어떻게 해야 하는가? 저장된 가중치를 불러와서 사용하려면 어떻게 해야 하는가?

08 사전 학습된 ConvNet, ResNet, MobileNet과 같은 케라스 애플리케이션 중에서 하나를 선택하여, 다양한 인터넷 사진을 인식하는 프로그램을 작성해보자.

09 구글 텐서플로우 사이트에는 약 3700장의 꽃 사진 데이터 세트가 있다. 이 데이터 세트에서는 3700장의 사진을 5종의 꽃(daisy, dandelion, roses, sunflowers, tulips)으로 분류한다. 컨벌루션 신경망을 이용하여서 이들 꽃을 분류하는 프로그램을 작성해보자. https://www.tensorflow.org/tutorials/images/classification을 참조한다.

10 9번 문제를 layers.experimental.preprocessing.RandomFlip()과 같은 데이터 증강 레이어를 추가하여 다시 작성해보자. https://www.tensorflow.org/tutorials/images/data_augmentation을 참고한다.

순환 신경망

데이터 중에는 의외로
순서를 가진 데이터들이 많습니다.
우리가 사용하는 자연어가 바로 그 대표적인
예입니다. 주식의 가격, 사운드, 날씨 정보 등도
시계열 데이터입니다. 시계열 데이터를
처리하는 순환 신경망에 대하여
알아봅시다.

학습목표

- 순환 신경망의 작동 원리를 이해한다.
- 순환 신경망을 이용하여서 사인파를 예측하는 프로그램을 작성해본다.
- 순환 신경망을 이용하여서 주가를 예측하는 프로그램을 작성해본다.

11 | 순환 신경망

1. 순환 신경망이란?

순차 데이터(시계열 데이터)

이 세상에는 순차 데이터(sequence data) 또는 시계열 데이터(time series data)도 많다. 순차 데이터란, 순서가 있는 데이터이다. 시간적인 순서도 가능하고 공간적인 순서도 가능하다. 예를 들어서 주식 가격이나 텍스트 데이터, 오디오 데이터 등은 모두 데이터 간에 순서가 있다. 아래 그림은 테슬라의 1년 주가와 악보를 나타낸 것이다.

이러한 순차 데이터는 우리 주변에 아주 많다. 예를 들어서 우리가 사용하는 텍스트는 단어의 시퀀스로 나눌 수 있다. 예를 들어서 "나는 딥러닝을 좋아한다."는 문장에서는 단어들이 순서 대로 등장한다. 단어들의 순서를 바꾸면 문장을 이해할 수 없다. 음악, 의료 분야의 심전도, 유전자의 염기 서열 등도 순차 데이터에 속한다.

이들 순차 데이터는 어떻게 처리하면 좋을까? 순차 데이터를 처리하여 정확한 예측을 하려면, 과거의 데이터를 어느 정도 기억하고 있어야 한다. 간단한 예를 들어보자. 우주에서 운석이 움직이는 사진이 도착했다. 운석이 어디로 이동할지를 예측할 수 있을까? 만약 운석에 대한 사전 궤적이 없다면 어디로 갈지는 아무도 모른다.

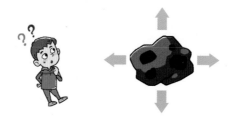

하지만 다음과 같이 운석의 사전 궤적이 우리에게 주어졌다면 사후 예측이 훨씬 쉬워진다.

우리가 앞에서 학습한 표준 신경망을 사용하여도 어느 정도 예측이 가능하지만, 표준 신경망은 멀리 떨어진 과거의 데이터를 잘 기억하지는 못한다. 따라서 표준 신경망의 구조를 순차 데이터를 잘 처리하게끔 변경하는 것이 필요하다. 이것이 바로 순환 신경망(RNN: recurrent neural network)이다.

순환 신경망의 응용 분야

순환 신경망은 어디에 사용할 수 있을까? 순환 신경망은 텍스트, 오디오, 비디오 등의 시계열 데이터를 가지는 다양한 문제에 적용된다. 음성 인식, 주식 거래 패턴 감지, 염기 서열 분석, 언어 모델링, 번역, 비디오 동작 인식 등에도 사용할 수 있다. 텍스트의 문장을 분석하여서 사용자의 감정을 분석할 수도 있고, 자동 번역에도 사용된다.

분야	형태	최종 결과물
음성 인식		What are recurrent neural network?
감정 분석	"It is my favorite time travel sci-fi"	★ ★ ★ ★ ★
자동 번역	"순환 신경망이란 무엇인가?"	"What is Recurrent Neural Network?"

구체적인 예

우리가 사용하는 언어는 순차 데이터의 가장 좋은 예이다. 문장 중의 빈칸을 예측하는 문제를 생각해보자. 우리는 흔히 문맥을 파악해야 한다고 한다. 예를 들어서 다음과 같은 문장을 보자.

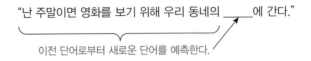

"난 주말이면 영화를 보기 위해 우리 동네의 ____에 간다."

이전 단어로부터 새로운 단어를 예측한다.

우리 인간은 이전 단어로부터 빈칸에 들어갈 단어를 쉽게 추측할 수 있다.

"난 주말이면 영화를 보기 위해 우리 동네의 <u>극장</u>에 간다."

이 작업을 신경망으로 하려면 어떻게 해야 하는가? 다음 단어를 예측하기 위하여 피드포워드 신경망을 구축하였다고 하자. 피드-포워드 신경망(feed-forward network)이란 이제까지 우리가 학습한 신경망으로 데이터가 입력층에서 출력층으로만 전달되는 신경망이다. 문제는 피드포워드 신경망은 오직 정해진 길이의 입력밖에는 받지 못한다는 점이다. 예를 들어서 이전의 두 단어만을 가지고 다음 단어를 예측하는 것이다.

"난 주말이면 영화를 보기 위해 우리 동네의 ____에 간다."

하지만 두 단어로서는 다음 단어를 충분히 예측하지 못할 수도 있다. 고정된 윈도우를 가지는 신경망은 장기 의존성을 모델링하지 못한다. 단어를 올바르게 추측하려면 원거리에 있는 정보를 필요로 할 수도 있다. 두 단어만 보고 있었다면 이것은 불가능하다. 이전 세 단어, 아니면 다섯 단어로 확대한다고 하여도 불가능할 수도 있다. 우리의 예에서도 문장의 시작 부분에 있는 "영화"라는 단어를 기억해야 빈칸의 단어 "극장"을 올바르게 추측할 수 있다. 따라서 원거리 정보를 신경망에 통합할 방법이 필요하다. 일반적으로 순환 신경망은 다음과 같은 기능을 가져야 한다.

- 가변 길이의 입력을 처리할 수 있어야 한다.
- 장기 의존성을 추적할 수 있어야 한다.
- 순서에 대한 정보를 유지해야 한다.
- 시퀀스 전체의 파라미터를 공유할 수 있어야 한다.

2. 순환 데이터의 이해

본격적으로 순환 신경망을 학습하기 전에 순환 데이터를 이해해보자. 순환 데이터는 데이터들이 순서를 가지면서 저장되어 있다(또는 시간 정보를 가지고 저장된다). 순환 신경망을 훈련시킬 데이터는 어떻게 만들어야 할까?

어떤 사람이 빵을 제조하는 공장을 운영한다고 하자. 직영 제과점에서 판매되는 빵의 수요량을 예측하는 문제를 생각해보자. 미래의 수요량을 정확히 예측할 수 있다면 버려지는 빵의 개수를 최소로 줄일 수 있을 것이다. 사업가는 딥러닝 기술을 이용하여, 예측을 해보기로 결심하였다. 이전 3일간의 판매량과 내일의 판매량 사이에 어떤 관련이 있지는 않을까?

기업가는 3년 동안 매일같이 빵의 판매량을 기록하여서 3년×365=1095 길이의 데이터가 확보되어 있다.

1	2	3	4	5	6	7	...	1092	1093	1094	1095
16	8	32	9	23	11	19	...	22	15	7	18

이것으로 어떻게 신경망을 학습시켜야 하는가? 순환 신경망을 학습시키려면 위의 데이터를 일정한 길이로 잘라서 여러 개의 훈련 샘플을 만들어야 한다. 이 훈련 샘플들은 부분적으로 중첩된다. 이 훈련 샘플을 가지고 순환 신경망을 훈련하게 된다. 샘플의 크기를 윈도우라고 한다. 예를 들어서 윈도우가 3이라면, 이전 3일 동안의 판매량 패턴을 가지고 다음 날의 판매량을 예측할 수 있도록 훈련시키는 것이다.

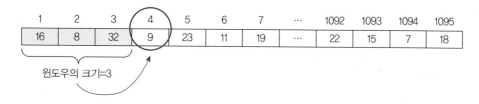

즉 전체 데이터를 다음과 같이, 크기가 3인 샘플과 정답으로 분리하게 된다.

샘플 번호	x(입력)	y(정답)
1	[16, 8, 32]	[9]
2	[8, 32, 9]	[23]
3	[32, 9, 23]	[11]
...	...	...
1092	[22, 15, 7]	[18]

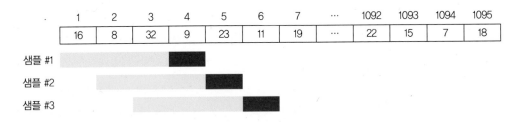

예제: 데이터를 다운로드하고 그래프로 그려보자.

실제 주식 데이터를 가지고, 순환 신경망의 학습에 사용할 수 있는 샘플을 제작해보자. 우리는 삼성전자의 주가를 구한 후에 이것을 잘라서 훈련 샘플로 제작해보자. 먼저 삼성전자의 주가를 다운로드하여 그래프로 그려보자.

(1) 라이브러리 설치

필요한 라이브러리 BeautifulSoup4와 finance-datareader를 설치한다.

```
(base) C:\Users\chun>activate deep
(deep) C:\Users\chun>pip install BeautifulSoup4
(deep) C:\Users\chun>pip install finance-datareader
```

(2) 그래프를 그려보자.

```python
# 라이브러리 포함
import FinanceDataReader as fdr
import numpy as np
import matplotlib.pyplot as plt

# 삼성전자 코드='005930', 2020년 데이터부터 다운로드
samsung = fdr.DataReader('005930', '2020')
```

```
# 시작가만 취한다.
seq_data = (samsung[['Open']]).to_numpy()

# 선형 그래프로 그린다.
plt.plot(seq_data, color='blue')
plt.title("Samsung Electronics Stock Price")
plt.xlabel("days")
plt.xlabel("")
plt.show()
```

주가 정보는 여러 웹 사이트에서 구할 수 있다. 일반적으로 이런 데이터는 CSV 파일 형식이 많다. CSV 파일은 다음과 같이 판다스 라이브러리를 이용하여 읽어서 넘파이 배열로 변환하는 것이 일반적이다.

```
import pandas as pd

f = open("data.csv", "r")
seq_data = pd.read_csv(f, header=0)
```

여기서는 finance-datareader 라이브러리를 이용하여 주가 정보를 판다스의 데이터 프레임 형식으로 다운로드하였다. 다운로드한 파일을 출력해보면, 다음과 같이 6개의 열을 가지는 테이블임을 알 수 있다.

```
>>> print(samsung.head())
            Open   High   Low    Close  Volume    Change
Date
2020-01-02  55500  56000  55000  55200  12993228  -0.010753
2020-01-03  56000  56600  54900  55500  15422255   0.005435
2020-01-06  54900  55600  54600  55500  10278951   0.000000
2020-01-07  55700  56400  55600  55800  10009778   0.005405
2020-01-08  56200  57400  55900  56800  23501171   0.017921
```

이제 위의 테이블에서 'Open' 열만을 취해서 넘파이 배열 형식으로 바꿔서 seq_data로 저장한다. seq_data 길이는 len(seq_data)로 계산할 수 있는데 현재 291이다.

```
seq_data = (samsung[['Open']]).to_numpy()
```

이 데이터를 그래프로 그리면 아래와 같다.

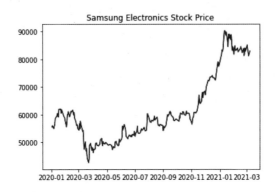

예제: 데이터를 잘라서 샘플을 작성해보자.

앞의 주식 데이터 seq_data를 윈도우 크기만큼씩 잘라서 훈련 샘플을 만들고, 정답도 넘파이 배열로 저장해보자. 다음은 이것을 수행하는 함수이다. 주석을 참조하도록 하자.

```
def make_sample(data, window):
    train = []                              # 공백 리스트 생성
    target = []
    for i in range(len(data)-window):       # 데이터의 길이만큼 반복
        train.append(data[i:i+window])      # i부터 (i+window-1) 까지를 저장
        target.append(data[i+window])       # (i+window) 번째 요소는 정답
    return np.array(train), np.array(target)  # 훈련 샘플과 정답 레이블을 반환

X, y = make_sample(seq_data, 7)             # 윈도우 크기=7
print(X.shape, y.shape)                     # 넘파이 배열의 형상 출력
print(X[0], y[0])                           # 첫 번째 샘플 출력
```

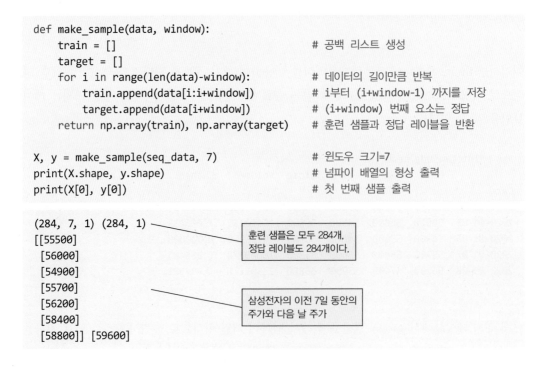

(284, 7, 1) (284, 1)
[[55500]
 [56000]
 [54900]
 [55700]
 [56200]
 [58400]
 [58800]] [59600]

훈련 샘플은 모두 284개,
정답 레이블도 284개이다.

삼성전자의 이전 7일 동안의
주가와 다음 날 주가

3. RNN의 구조

순환 신경망 vs 피드-포워드 신경망

우리가 앞에서 배운 신경망들은 모두 입력층에서 입력된 값이 은닉층을 지나서 출력층 방향으로만 향했다. 이런 신경망들을 피드-포워드 신경망(feed-forward neural network)이라고 한다. 피드-포워드 신경망으로도 많은 문제를 해결할 수 있었다. 하지만 순차 데이터는 시간에 따라서 데이터가 들어오고, 또 과거 데이터를 기억해야 하기 때문에 이전에 사용하던 신경망과는 구조가 약간 달라져야 한다. 피드-포워드 신경망은 항상 현재 입력만 고려한다. 피드-포워드 신경망은 과거에 일어난 일에 대한 기억이 없다. 따라서 피드-포워드 신경망으로는 순차 데이터를 예측하는 데는 상당한 어려움이 있다.

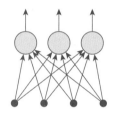
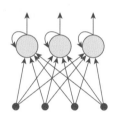

피드-포워드 신경망　　　　　　　　　　순환 신경망

순환 신경망은 순차 데이터를 처리하는데 적합한 신경망이다. 순환 신경망에서는 은닉층의 유닛에서 나온 값이, 다시 은닉층 유닛의 입력으로도 보내진다. 순환 신경망은 이전에 수신한 정보를 계속 보유한다는 점에서 순방향 신경망과 다르다. 순환 신경망의 은닉층 유닛들은 간선으로 서로 연결되어 있는데, 이것이 피드백 루프를 만들고, 결국 과거 정보를 지속되게 한다. 이것은 일종의 단기 기억이라고도 할 수 있다. 이 단기 기억은 순환 신경망의 은닉 가중치에 저장된다. 따라서 순환 신경망에서는 동일한 입력이라고 하여도 이전 입력에 따라, 서로 다른 출력을 생성할 수 있다. 이번 절에서 기본적인 순환 신경망인 RNN(Recurrent Neural Network)을 살펴보자.

RNN

RNN은 다음과 같이 그릴 수 있다. 입력 벡터 x가 처리되어서 출력 벡터 y가 생성되지만, 내부적으로 이전 상태가 다시 피드백되는 구조이다. 벡터 x는 시계열 데이터이다. 즉 시간에 따라서 데이터가 연속된다. 입력 벡터 x는 x_t로 표시하기도 하는데 t는 시각을 의미한다. 즉 시간 t에서의 입력 벡터이다.

예를 들어서 다음 단어를 예측하는 신경망을 RNN을 이용하여 구현할 수 있다. 이때 순차 데이터는 "I", "love", "recurrent", "neural", "network"와 같이 될 수 있다. 학습이 끝난 신경망에 "love"를 입력하면 "recurrent"를 출력할 것이다. 출력은 한참 후에 필요할 수도 있다.

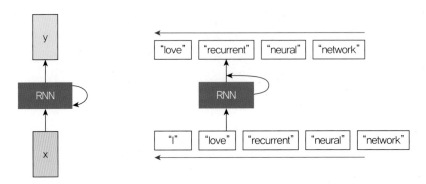

RNN에서는 흔히 은닉층의 유닛을 셀(cell)이라고 한다. 과거의 값을 기억하는 것이 바로 이 셀이어서 흔히 메모리 셀이라고도 한다.

RNN은 시간적으로 진행되기 때문에 생각하기 어렵다. 따라서 다음과 같이 시간축으로 펼쳐서 놓기도 한다. 그림 11-1의 각 상자는 우리에게 친숙한 피드-포워드 신경망으로 간주할 수 있다. 피드-포워드 신경망에서는 데이터가 한 방향으로만 흐른다. 즉 순환되지 않는다. 단 주의해야 할 것은 각 상자들이 서로 다른 신경망은 아니다. 즉 모든 상자는 동일한 신경망이다.

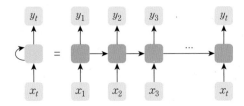

그림 11-1 순환 신경망을 펼쳐 놓은 그림

> **NOTE** 은닉 상태, 입력 벡터, 출력 벡터
>
> 지금까지는 은닉층이란 용어를 사용했지만, 순환 신경망에서는 은닉 상태라는 용어를 주로 사용한다. 또 입력층, 출력층보다는 입력 벡터, 출력 벡터라고 한다. 만약 주가 예측 신경망에서 지난 3일치의 데이터를 가지고, 다음 날짜의 주가를 예측한다면, 입력 벡터의 크기는 3일 것이다.

RNN의 동작

RNN을 수식으로 표현하면 다음과 같다. RNN에는 은닉층의 상태를 저장하고 있는 벡터가 있다. 현재 시점 t에서의 은닉 상태를 h_t라고 정의하자. 새로운 은닉 상태 h_t는 이전의 은닉 상태 h_{t-1}과 현재의 입력 벡터 x_t를 $f_W()$에 넣어서 얻을 수 있다. 활성화 함수로는 $\tanh$ 함수를 주로 사용한다.

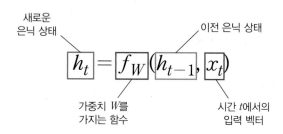

위의 식을 좀 더 자세하게 기술해 보면 다음과 같다.

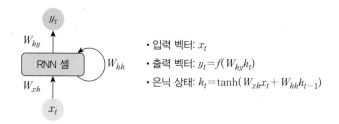

- 입력 벡터: x_t
- 출력 벡터: $y_t = f(W_{hy}h_t)$
- 은닉 상태: $h_t = \tanh(W_{xh}x_t + W_{hh}h_{t-1})$

RNN에서는 3개의 가중치 행렬이 사용된다. W_{hh}는 이전 은닉 상태를 새로운 은닉 상태로 변환하는데 사용되는 가중치 행렬이다. W_{xh}는 새로운 입력을 새로운 은닉 상태로 변환하는 가중치 행렬이다. W_{hy}는 현재 은닉 상태에서 출력을 생성하는데 사용되는 가중치 행렬이다. $f()$은 결과값인 y_t를 계산하기 위한 활성화 함수로, 이진 분류라면 시그모이드 함수를 사용하고 다양한 부류 중에서 하나를 선택하는 문제라면 소프트맥스 함수를 사용한다.

RNN의 종류

RNN에는 4가지 유형이 있다.

- 일대일(One to One)
- 일대다(One to Many)
- 다대일(Many to One)
- 다대다(Many to Many)

일대일(One to One)

이것은 이제까지 우리가 학습해온 가장 기본적인 신경망이다. 단일 입력과 단일 출력이 있는 가장 일반적인 신경망이다. 많은 머신 러닝 문제에 사용된다. 이것을 보통 "Vanilla Neural Network"이라고 한다(아이스크림 중에서는 바닐라 아이스크림이 가장 기본이기 때문이다).

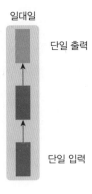

일대다(One to Many)

이 유형의 RNN은 하나의 입력을 받아서 많은 수의 출력을 한다. 가장 좋은 예가 이미지 캡션을 생성하는 RNN이다. 하나의 이미지가 입력되면 이미지를 가장 잘 설명하는 캡션들이 생성된다. 또 하나의 난수를 받아서 음악을 생성하거나 텍스트도 생성할 수 있다.

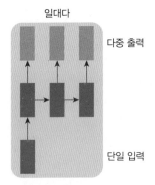

다대일(Many to One)

이 RNN은 일련의 입력을 받아 단일 출력을 생성한다. 예를 들어서 감정(Sentiment) 분석 신경망이 이 타입에 속한다. 감성 분석 신경망은 주어진 문장들이 긍정적 또는 부정적 감정인지를 분류한다.

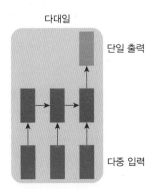

다대다(Many to Many)

이 RNN은 많은 수의 입력을 받아 많은 수의 출력을 생성한다. 기계 번역이 가장 좋은 예이다. 기계 번역에서는 단어들을 다른 단어들로 계속 출력하게 된다.

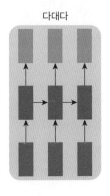

4. RNN의 순방향 패스

RNN의 순방향 패스에 대하여 좀 더 자세히 살펴보자. RNN을 시간 축으로 풀어서 그려보면 다음과 같이 될 것이다. 여기서 $f_W()$는 이전의 은닉 상태 h_{t-1}과 현재의 입력 벡터 x_t를 받아서 새로운 은닉 상태 h_t를 계산하는 활성화 함수이다.

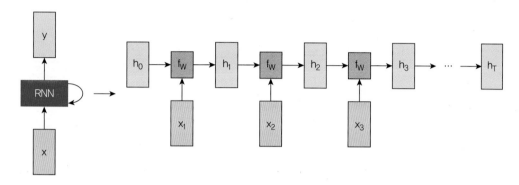

여기서 동일한 가중치가 매 시간 단계에서 사용된다. 만약 우리가 중간 중간 출력하기를 원한다면 다음과 같이 다른 가중치를 이용하여서 출력할 수 있다. 여기서 우리는 다대일(many-to-one) 방식을 선택하자. 즉 맨 끝에서 하나의 출력만 생성된다.

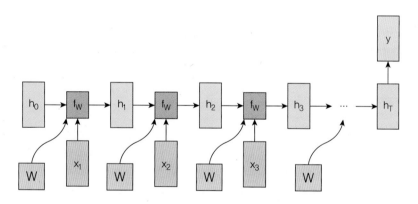

위의 그림을 가중치 행렬을 이용해서 작성하면 다음과 같다. 다대일이라면 마지막 출력에서 손실을 계산할 수 있다.

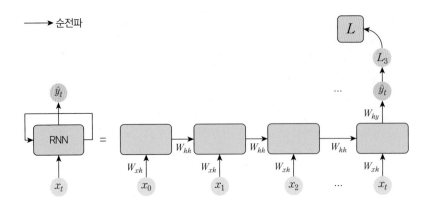

다대다일 경우에는 모든 개별 시간의 손실을 합산하여 전체 손실을 계산한다. 이때는 신경망을 훈련할 때도, 이들 시간 요소를 포함하여야 한다.

순방향 패스 알고리즘

순방향 패스를 이해해보자. 예를 들어서 다음 단어를 예측하는 RNN으로 만든다면 아마 다음과 같은 의사 코드가 될 것이다. 의사코드이다. 실제 코드가 아니다.

```
hidden_state = [ 0, 0, 0, 0 ]
sentence = [ "I", "love", "recurrent", "neural" ]

for word in sentence:
    hidden_state = np.tanh(np.dot(Wxh, word) + np.dot(Whh, hidden_state))
    prediction = f(np.dot(Wxh, word) + np.dot(Why, hidden_state))

print(prediction)  # "network"이 되어야 한다.
```

앞에서 본 방정식에 따라 은닉 상태를 업데이트한다. 이후에 이전 은닉 상태와 입력 x에 관련 가중치 행렬을 곱한 후에 tanh()와 같은 비선형 함수를 통해 전달한다. 또 출력은 은닉 상태와 또 다른 가중치 행렬을 곱하여 생성된다.

케라스에서의 RNN

케라스에서는 RNN을 구현한 SimpleRNN 클래스를 제공한다. 우리는 다음과 같이 사용할 수 있다.

```
inputs = np.random.random([32, 10, 8]).astype(np.float32)

simple_rnn = tf.keras.layers.SimpleRNN(4)        # 4개의 셀
output = simple_rnn(inputs)  # output은 최종 은닉 상태로 `[32, 4]` 형상이다.
```

SimpleRNN(4)와 같이 호출하면 셀이 4개인 RNN 레이어가 만들어진다. SimpleRNN의 입력은 [batch, timesteps, feature]과 같은 형상을 가지는 3차원 텐서라고 간주된다. 위의 코드에서는 [32, 10, 8]이다. 즉 32개의 샘플이고 각 샘플당 10개의 시계열 데이터가 있다. 하나의 데이터는 8개의 실수로 이루어진다. 그림 11-2에서 일반적인 신경망과 순환 신경망의 입력 형상을 비교하였다.

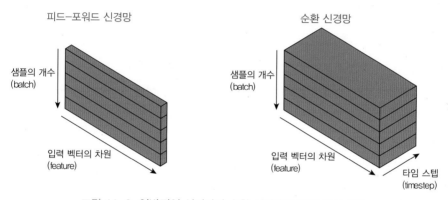

그림 11-2 일반적인 신경망과 순환 신경망의 입력 형상 비교

기본적으로, RNN 레이어의 출력은 하나의 벡터가 된다. 이 벡터는 마지막 타임스텝에 해당하는 RNN 셀 출력으로, 전체 입력 시퀀스에 대한 정보를 포함한다. 이 출력의 형상은 (batch, units)이고, 여기서 units는 RNN 레이어의 생성자에 전달된 units 인수에 해당한다.

메모리 셀의 각 시점에서의 모든 은닉 상태값을 반환받고 싶으면 RNN 레이어의 return_sequences 매개 변수에 True를 설정하면 된다. 이 경우, SimpleRNN 클래스는 (batch, timesteps, hidden_units) 형상의 3차원 텐서를 반환한다.

```
simple_rnn = tf.keras.layers.SimpleRNN(
    4, return_sequences=True, return_state=True)

whole_sequence_output, final_state = simple_rnn(inputs)

# whole_sequence_output의 형상은 `[32, 10, 4]`.
# final_state의 형상은 `[32, 4]`.
```

5. 순환 신경망의 학습

시간에 따른 역전파(BPTT)

어떻게 순환 신경망은 훈련될 수 있을까? 피드-포워드 신경망에서는 각 오차에 대한 가중치의 미분치를 계산하여 신경망 전체의 손실이 최소화하도록 가중치를 조정한다.

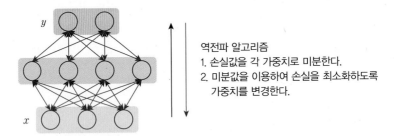

역전파 알고리즘
1. 손실값을 각 가중치로 미분한다.
2. 미분값을 이용하여 손실을 최소화하도록 가중치를 변경한다.

순환 신경망에서는 계층을 통해 오류를 역전파하는 대신, 시간을 거슬러 올라가면서 그래디언트를 역전파한다. 이것을 BPTT(Backpropagation Through Time)라고 한다.

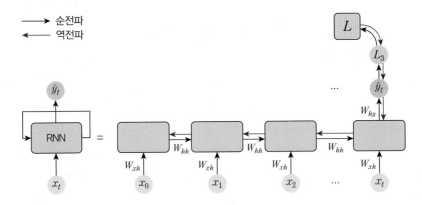

위의 그림에 빨간색 선이 BPTT를 나타낸다. BPTT는 데이터 시퀀스의 시작 부분까지 시간을 거슬러 올라간다. 그래디언트를 역전파하려면 각 타임 스텝에서 수많은 가중치 행렬 W_{hh}과의 곱셈이 필요하고 또 활성화 함수의 미분값과도 수없이 곱해진다.

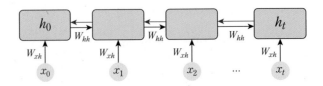

이렇게 행렬과 활성화 함수의 미분값이 여러 번 곱해지면 문제가 될 수 있다. 2가지의 시나리오 중의 하나가 가능하다.

- 1보다 작은 값이 여러 번 곱해지는 경우 → 그래디언트가 점점 작아지다가 사라지게 된다.
- 1보다 큰 값이 여러 번 곱해지는 경우 → 그래디언트가 폭발적으로 증가한다.

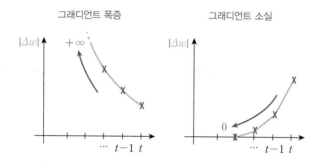

그래디언트 소실 문제

0과 1.0 사이에 있는 숫자를 많이 곱하면 점점 적어지다가 결국 없어지게 된다. 그렇다면 왜 사라지는 그래디언트가 문제가 되는가? 이런 경우에는 학습이 진행되어도 먼 거리의 의존 관계는 파악하지 못하고 근거리의 의존 관계만을 중시하게 된다.

예를 들어보자. 단어 예측 신경망에서 일반적으로 비교적 짧은 거리에 있는 단어들의 영향을 받는다. 하지만 다음 예처럼 상당히 멀리 떨어진 단어의 영향을 받는 경우에는 컨텍스트가 필요하다.

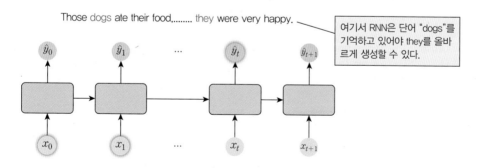

사라지는 그래디언트 문제에 대한 해결책은 몇 가지가 있다. 피드-포워드 신경망과 마찬가지로 활성화 함수를 ReLU로 바꾸면 도움이 된다. 또 다른 해결책으로는 가중치를 단위 행렬로 초기화하는 방법이 있다. 바이어스는 0으로 초기화하는 것도 도움이 된다. 그리고 또 하나의 해결책은 보다 복잡한 순환 유닛인 LSTM이나 GRU 같은 Gated Cell을 사용하는 것이다. 이들 게이트들은 어떤 정보를 지나가게 할 것인지를 제어할 수 있어서 장기적으로 기억할 수 있다.

그래디언트 폭증 문제

그래디언트 폭증은 그래디언트가 너무 커지는 것이다. 이때는 그래디언트를 일정 크기 이상 커지지 못하게 하는 방법이 많이 사용된다.

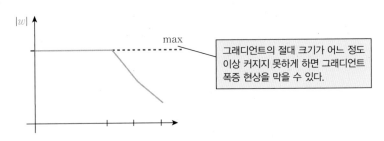

그래디언트의 절대 크기가 어느 정도 이상 커지지 못하게 하면 그래디언트 폭증 현상을 막을 수 있다.

6. 예제: 사인파 예측 프로그램

우리는 아주 간단한 프로그램을 작성해보자. 사인파를 학습시켜서 코사인파를 예측하는 순환 신경망 모델을 작성해보자.

(1) 필요한 라이브러리 모듈을 포함시킨다.

```
import numpy as np
from tensorflow.keras.models import Sequential
from tensorflow.keras.layers import SimpleRNN
from tensorflow.keras.layers import Dense
import matplotlib.pyplot as plt
```

(2) 데이터를 생성한다.

```
def make_sample(data, window):
    train = []                          # 공백 리스트 생성
    target = []
    for i in range(len(data)-window):   # 데이터의 길이만큼 반복
```

```
        train.append(data[i:i+window])          # i부터 (i+window-1)까지를 저장
        target.append(data[i+window])           # (i+window) 번째 요소는 정답
    return np.array(train), np.array(target)     # 파이썬 리스트를 넘파이로 변환
```

위의 함수는 데이터를 받아서 윈도우 크기만큼씩 잘라서 훈련 데이터셋을 제작하는 함수이다. 11.2절에서 설명한 적이 있다. 생성된 싸인 데이터를 한 칸씩 밀어서, 길이 10인 시퀀스 데이터로 변환하여야 한다.

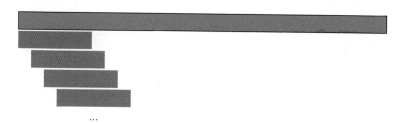

(3) 사인파 데이터를 생성하고 make_sample() 함수를 호출하여서 순차 데이터를 만든다.

```
seq_data = []
for i in np.arange(0, 1000):
    seq_data += [[np.sin( np.pi * i* 0.01 )]]
X, y = make_sample(seq_data, 10)                 # 윈도우 크기=10
```

1000개의 사인파 데이터를 생성하고 이것을 10개씩 쪼개서 훈련 샘플을 만든다.

(4) 순환 신경망 모델을 정의한다. 순환 신경망에서는 ReLU 함수보다 tanh 활성화 함수가 더 좋은 성능을 보인다.

```
model = Sequential()
model.add(SimpleRNN(10, activation='tanh', input_shape=(10,1)))
model.add(Dense(1, activation='tanh'))
model.compile(optimizer='adam', loss='mse')
```

은닉층으로 SimpleRNN 레이어를 이용하고 출력층으로는 완전 연결된 Dense 레이어를 추가한다. 손실 함수로는 평균 제곱 오차를 사용한다. 왜냐하면 이 순환 신경망이 예측하려고 하는 것은 실수이기 때문이다.

(5) 순환 신경망을 학습시킨다.

```
history = model.fit(X, y, epochs=100, verbose=1)
plt.plot(history.history['loss'], label="loss")
plt.show()
```

```
...
Epoch 99/100
31/31 [==============================] - 0s 2ms/step - loss: 5.6981e-04
Epoch 100/100
31/31 [==============================] - 0s 3ms/step - loss: 5.4923e-04
```

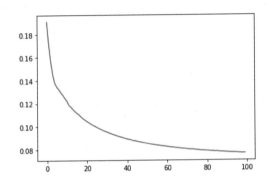

손실 함수의 값이 학습이 진행됨에 따라 줄어드는 것을 볼 수 있다.

(6) 학습된 모델을 테스트한다.

이번에는 사인파가 아니고 코사인파를 생성시켜서 신경망을 테스트해보자. 테스트 데이터도 길이가 10인 순차 데이터로 변환하여야 한다.

```
seq_data = []
for i in np.arange(0, 1000):                          # 테스트 샘플 생성
    seq_data += [[np.cos( np.pi * i* 0.01 )]]
X, y = make_sample(seq_data, 10)                      # 윈도우 크기=10

y_pred = model.predict(X, verbose=0)                  # 테스트 예측값
plt.plot(np.pi * np.arange(0, 990)*0.01, y_pred )
plt.plot(np.pi * np.arange(0, 990)*0.01, y)
plt.show()
```

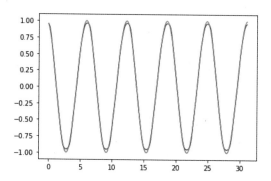

에측값이 정답과 유사함을 볼 수 있다.

도전문제

(1) 위의 프로그램에서 RNN을 학습시킬 때, 사인파 데이터에 약간의 잡음을 추가하여 학습해보자.
(2) SimpleRNN 레이어를 LSTM 레이어로 바꾸어서 실험해보자. 결과가 어떻게 바뀌는가?
(3) 학습이 완료된 후에 사인파의 일부만 주어보자. 나머지를 성공적으로 복원해내는가?

7. LSTM 신경망

RNN의 한계

앞에서 살펴본 RNN은 장기 문맥을 기억하지 못하는 단점이 있다. RNN의 출력 결과가 비교적 가까운 이전의 입력만을 기억한다. 시간이 길어질수록 이전에 입력되었던 정보가 뒤로 충분히 전달되지 못한다. 예를 들어서 다음 그림을 보자. 역시 다음 단어를 예측하는 신경망이다. 첫 번째와 두 번째 단어인 "What"과 "time"을 기억하고 있어야 "now"를 올바르게 예측할 것이다. 하지만 RNN에서는 그래디언트 소실 현상 때문에 초반의 입력은 뒤로 갈수록 점점 손실된다. RNN이 초반의 입력을 기억 못 한다면 다음 단어를 엉뚱하게 예측할 것이다. 이것을 장기 의존성 문제라고 한다.

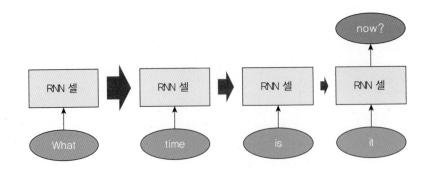

LSTM 소개

LSTM(Long short-term memory)도 순환 신경망 중의 하나이다. LSTM은 기존 RNN을 훈련할 때 발생할 수 있는 그래디언트 소실 문제를 해결하기 위해 개발되었다. LSTM 유닛은 셀, 입력 게이트, 출력 게이트, 삭제 게이트로 구성된다. 셀은 임의의 시점에 대한 값을 기억하고 세 개의 게이트(입력 게이트, 망각 게이트, 출력 게이트)는 셀로 들어오고 나가는 정보의 흐름을 조절한다. LSTM 네트워크는 시계열 데이터를 분류하고, 처리하거나 예측하는데 적합하다. 시계열 데이터에는 중요한 이벤트 간에 지연이 있을 수 있기 때문이다. 지연에 대한 상대적 둔감성은 LSTM의 장점이다. LSTM은 긴 길이의 시계열 데이터를 처리하는데 RNN보다 훨씬 우수한 성능을 보인다.

LSTM의 구조는 다음과 같다. 표준 RNN에 비하여 셀 상태를 나타내는 c_t가 추가되었다.

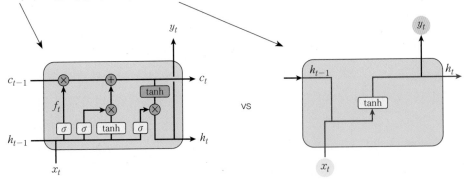

위의 그림에서 σ는 시그모이드 함수를 의미하고, tanh는 하이퍼볼릭탄젠트 함수를 의미한다.

게이트

LSTM의 주된 빌딩 블록은 게이트(gate)이다. LSTM 안의 정보들은 게이트를 통하여 추가되거나 삭제된다.

게이트는 시그모이드 함수와 요소별 곱셈으로 이루어진다. 시그모이드 함수의 출력값은 0.0에서 1.0 사이이며 직관적으로 예전 정보가 얼마나 많이 유지되어야 하는지를 제어한다. 0은 예전 정보를 하나도 통과시키지 않는 것이며, 1은 모두 통과시키는 것이다.

삭제, 저장, 업데이트, 출력 연산

LSTM의 작동은 삭제(Forget), 저장(Store), 업데이트(Update), 출력(Output) 연산으로 이루어진다.

(1) 저장 연산은 셀 상태에 관련있는, 새로운 정보를 저장하는 것이다.

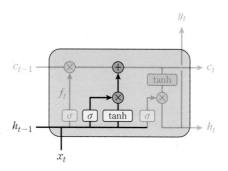

저장 연산은 입력 게이트를 통하여 이루어진다. 구체적으로 다음과 같은 연산이 수행된다.

$$i_t = \sigma(W_{xi}x_t + W_{hi}h_{t-1})$$
$$g_t = \tanh(W_{xg}x_t + W_{hg}h_{t-1})$$

이후 수식은 생략된다.

(2) 삭제 연산은 예전 상태 중에서 일부 관련이 없는 정보를 지우는 것이다.

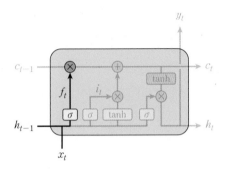

삭제 게이트는 기억을 삭제하기 위한 게이트이다. 현재 시점의 입력 x_t와 이전 은닉상태 h_{t-1}이 시그모이드 함수를 거친다. 0과 1 사이의 값이 출력되는데 이 값이 바로 셀 상태에서 삭제를 결정하는 값이다. 0에 가까우면 기억이 많이 삭제될 것이고 1에 가까우면 정보들이 많이 살아남는다.

(3) 업데이트 연산은 선택적으로 셀 상태 값을 업데이트하는 것이다.

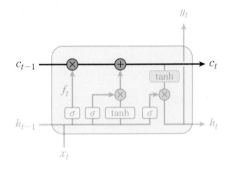

LSTM에서 장기 기억이 저장되는 곳이 셀 상태 c_t이다. 여기서는 셀 상태를 계산한다. 먼저 셀 상태에 삭제 게이트를 통하여 들어온 값을 곱해서 일부 기억을 삭제한다. 여기에 입력 게이트를 통한 값을 더해준다. 즉 입력 게이트에서 선택된 기억이 추가되는 것이다. 삭제 게이트는 이전 시점의 입력을 얼마나 기억할지를 결정하고, 입력 게이트는 현재 시점의 입력을 얼마나 기억할지를 결정한다.

(4) 출력 연산은 어떤 정보를 다음 시점 셀로 출력할지를 제어한다.

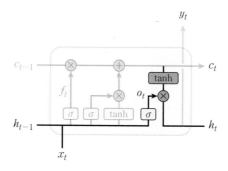

출력 게이트는 현재 시점의 입력값과 이전 시점의 은닉 상태에 시그모이드 함수를 적용한다. 시그모이드 함수의 결과 값은 다음 시점의 은닉 상태를 결정하는 일에 사용된다.

그래디언트 소실 문제 해결

LSTM은 어떻게 그래디언트 소실 문제를 해결했을까?

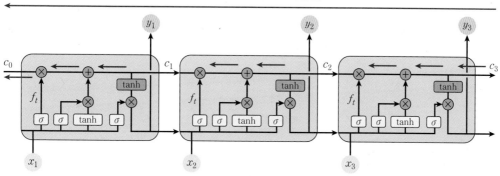

훈련 모드에서 LSTM에서는 셀 상태 c를 이용하여 그래디언트가 끊기지 않고 역방향으로 흐를 수 있다. 이것이 RNN에서 발생하는 그래디언트 소실 문제를 해결한다.

케라스에서의 LSTM

케라스에서는 LSTM 클래스를 제공한다. 간단히 난수로 테스트해보자.

```
inputs = tf.random.normal([32, 10, 8])

lstm = tf.keras.layers.LSTM(4)          # 4개의 셀을 가진다.
output = lstm(inputs)

print(output.shape)
print(output)
```

```
(32, 4)
```

이것도 역시 중간 단계의 출력이다. 즉 입력층과 은닉층만 생성한 것이다. 출력층은 없다. 다음 절의 예제에서 여기에 출력층을 추가한 완전한 신경망을 만들어보자.

8. 예제: Keras를 이용한 주가 예측

케라스는 순환 신경망을 위하여 다음과 같은 3가지 클래스를 제공한다.

클래스	구조	설명
keras.layers.SimpleRNN		기본 순환 신경망이다. 앞 절에서 다룬 바 있다.
keras.layers.LSTM		1997년 Hochreiter & Schmidhuber 이 처음 제안한 순환 신경망 모델로서 앞 절에서 다룬 바 있다.

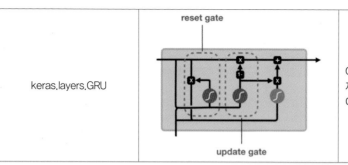

| keras.layers.GRU | | Cho et al. 등이 2014년도에서 처음 제안한 순환 신경망 모델이다. 이 책에서는 다루지 않았다. |

이번 절에서는 주식의 가격을 예측하는 딥러닝 모델을 구축해보자. 주식의 가격은 정치적 요인이나 사회 경제적인 요인도 많지만 여기서는 이러한 요소는 깡그리 무시한다. 여기서는 주가의 과거 패턴만을 학습하고 여기에 기반하여 미래의 주가를 예측한다. 우리는 LSTM을 사용한다. LSTM은 상당히 먼 과거 정보도 저장할 수 있기 때문에 시계열 예측 문제에서 강력하다. 우리는 주식의 이전 가격만을 사용하여 미래 가격을 예측하기 때문에 이것이 중요하다.

(1) 필요한 라이브러리 모듈을 포함시킨다.

넘파이, 판다스와 finance-datareader 라이브러리를 가져온다. 아나콘다 프롬프트에서 "pip install finance-datareader" 명령을 사용하여서 finance-datareader 라이브러리를 설치한다.

```python
# !pip install finance-datareader

import FinanceDataReader as fdr
import numpy as np
import matplotlib.pyplot as plt
import pandas as pd
```

(2) 데이터셋 로드

다음 단계는 훈련에 사용될 데이터셋을 가져와야 한다. 과거 주가는 CSV 파일로도 가져올 수 있다. 여기에서는 finance-datareader 라이브러리를 사용하여 다운로드하였다. 삼성전자의 주식 번호는 '005930'이고 2016년도 이후 데이터만 가져오자. 데이터는 판다스의 데이터 프레임 형식으로 반환된다.

```python
samsung = fdr.DataReader('005930', '2016')
print(samsung)
```

```
           Open    High    Low    Close   Volume   Change
Date
2016-01-04  25200   25200   24100   24100   306939  -0.043651
2016-01-05  24040   24360   23720   24160   216002   0.002490
2016-01-06  24160   24160   23360   23500   366752  -0.027318
2016-01-07  23320   23660   23020   23260   282388  -0.010213
2016-01-08  23260   23720   23260   23420   257763   0.006879
```

삼성전자의 주가는 해당 날짜의 시작값, 최고값, 최소값, 종가, 거래량, 변화율 등의 5개의 열로
저장되어 있다. Open 열은 시작값이다. Close 열은 특정 거래일의 종가이다. High 열과 Low
열은 특정일의 최고 및 최저 가격을 나타낸다. 이 중에서 시작값만을 사용하자.

```
openValues = samsung[['Open']]
```

(3) 특징값 정규화

항상 신경망의 입력은 0에서 1 사이의 실수이어야 한다. 따라서 주가도 0에서 1 사이의 값으로
변환한다. 이때 많이 사용하는 클래스가 MinMaxScaler이다.

```
from sklearn.preprocessing import MinMaxScaler
scaler = MinMaxScaler(feature_range = (0, 1))
scaled = scaler.fit_transform(openValues)
```

(4) 훈련 데이터와 테스트 데이터의 분리

테스트 데이터는 후반부의 200개로 한다. 나머지는 모두 훈련 데이터로 사용한다.

```
TEST_SIZE = 200
train_data = scaled[:-TEST_SIZE]
test_data = scaled[-TEST_SIZE:]
```

(5) 순차 훈련 데이터를 생성한다.

LSTM은 훈련 데이터가 3D 배열일 것으로 예상한다. 따라서 데이터를 60개씩 분리하여 묶어야
한다. 앞 절에서 설명한 make_sample() 함수를 사용한다.

```
def make_sample(data, window):
    train = []
```

```
        target = []
        for i in range(len(data)-window):
            train.append(data[i:i+window])
            target.append(data[i+window])
        return np.array(train), np.array(target)

X_train, y_train = make_sample(train_data, 30)
```

(6) LSTM 구축하기

LSTM를 구축하기 위해, 우리는 케라스에서 몇 가지의 모듈을 가져와야 한다.

```
from tensorflow.keras.models import Sequential
from tensorflow.keras.layers import Dense
from tensorflow.keras.layers import LSTM

model = Sequential()
model.add(LSTM(16,
              input_shape=(X_train.shape[1], 1),
              activation='tanh',
              return_sequences=False)
          )
model.add(Dense(1))
```

LSTM 레이어를 추가한다. 이때 LSTM 셀 개수는 16개로 하고, 입력은 훈련 데이터의 두 번째 차원으로 한다. return_sequences=False로 하여 출력 시퀀스의 마지막 출력만을 반환하도록 한다. 최종 출력을 위하여 Dense 레이어를 추가한다.

(7) 모델 학습

```
model.compile(optimizer = 'adam', loss = 'mean_squarred_error')
model.fit(X_train, y_train, epochs = 100, batch_size = 16)
```

인기 있는 Adam 옵티마이저를 사용하여 모델을 컴파일하고 손실을 mean_squarred_error로 지정한다. 이것은 제곱 오차의 평균을 계산한다. 다음으로, 배치 크기를 16으로 하고 100 에포크 동안 실행되도록 모델을 학습시킨다. 컴퓨터 사양에 따라 실행을 완료하는 데 몇 분 정도 걸릴 수 있다.

(8) 테스트셋을 이용하여 미래 주가 예측

먼저 예측을 수행하는 데 사용할 테스트셋을 가져와서, 시계열 데이터 형식으로 변환한다.

```
X_test, y_test = make_sample(test_data, 30)
pred = model.predict(X_test)
```

(9) 그래프 그리기

마지막으로 맷플롯립을 사용하여 예상 주가와 실제 주가를 그래프로 그린다.

```
import matplotlib.pyplot as plt
plt.figure(figsize=(12, 9))
plt.plot(y_test, label='stock price')
plt.plot(pred, label='predicted stock price')
plt.legend()
plt.show()
```

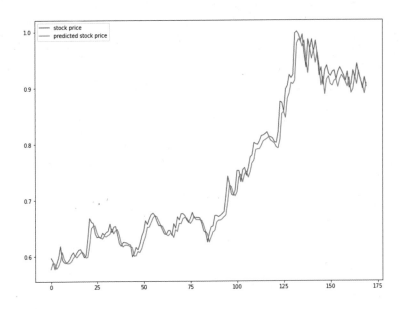

결과는 실행할 때마다 달라질 수 있다. 위의 그래프는 가장 좋은 결과를 그린 것이다. 일치하지 않는 경우도 많다.

요약

SUMMARY

- RNN(Recurrent Neural Network)은 시계열 또는 자연어와 같은 시퀀스 데이터를 모델링하는 데 강력한 신경망이다. RNN은 시계열 데이터나 시퀀스 데이터를 잘 처리할 수 있다.

- RNN 레이어는 for 루프를 사용하여 시퀀스의 시간 단계를 반복하면서 지금까지 본 시간 단계에 대한 정보를 인코딩하는 내부 상태를 유지한다.

- RNN은 시간을 통하여 오차를 역전파하여 학습한다. 이것을 시간에 따른 역전파(BPTT)라고 한다.

- Keras에는 세 가지 내장 RNN 레이어가 있다. keras.layers.SimpleRNN는 이전 시간 단계의 출력이 다음 시간 단계로 공급되는 완전히 연결된 RNN이다. keras.layers.GR은 Cho et al. 등에 의하여 2014년에서 처음으로 제안되었다. keras.layers.LSTM은 1997년 Hochreiter & Schmidhuber에 의하여 처음으로 제안되었다.

- LSTM과 같은 Gated Cell은 장기 의존성을 구현할 수 있다.

- RNN은 음악 생성이나 기계 번역 등에 사용할 수 있고 주가 예측이나 텍스트 처리, 기후 예측과 같은 분야에도 사용할 수 있다.

연습문제

01 피드 포워드 신경망과 순환 신경망의 차이점은 무엇인가?

02 장기 의존성이란 무엇인가?

03 순환 신경망에서의 학습을 설명해보자.

04 순환 신경망은 주로 어디에 사용되는가?

05 왜 순환 신경망에서는 그래디언트 소실이나 그래디언트 폭발과 같은 문제가 발생하기 쉬운가?

06 LSTM 셀은 어떻게 동작하는가?

07 LSTM 셀은 어떻게 그래디언트 소실 문제를 해결하였는가?

08 본문의 주식 프로그램에 구글의 주가를 대입하여서 실험해보자.

09 FordA 데이터 세트를 이용하여 시계열 데이터를 분류해보자. FordA 데이터 세트에는 3601 개의 훈련 샘플과 1320개의 테스트 샘플이 들어 있다. 이들 시계열 데이터는 자동차 엔진 센서가 포착한 엔진 소음 측정값이다. 이 작업의 목표는 엔진에 특정 문제가 있는지 자동으로 감지하는 것이다. 이것은 이진 분류 작업으로 볼 수 있다. 시계열 데이터도 단순한 컨벌루션 신경망을 사용하여 분류할 수도 있다. https://keras.io/examples/timeseries/을 참조한다.

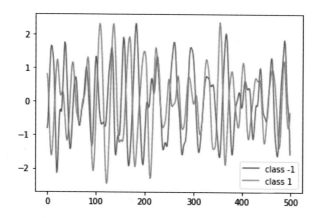

10 날씨 데이터를 LSTM으로 처리하는 프로그램을 작성해보자. 사용하는 데이터 세트는 Max Planck Institute for Biogeochemistry에서 기록한 Jena Climate 데이터 세트이다. 데이터 세트는 온도, 압력, 습도 등 14가지 특징으로 구성되며 10분에 한 번씩 기록된다. https://keras.io/examples/timeseries/를 참조한다.

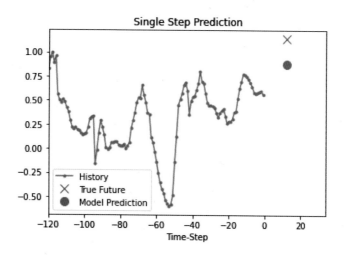

12

자연어 처리

자연어 처리는
오래 전부터, 많은 연구자들이
연구해온 분야입니다. 최근에는 딥러닝으로
인하여 많은 진전을 보이고 있습니다.
이번 장에서 자연어 처리의 가장
기초적인 부분만 살펴봅니다.

학습목표

● 단어를 실수로 변환하는 워드 임베딩을 이해한다.
● 자연어 처리 시스템의 구조를 이해한다.
● 예제: 신경망으로 다음 단어 예측하기
● 예제: iMdb 영화평 구별하기

12 | 자연어 처리

1. 자연어 처리란?

개발자 세계에서 언어라고 하면 흔히 프로그래밍 언어를 의미한다. 이것과 구별하기 위하여, 인간이 일상생활에서 사용하는 언어를 자연어(natural language)라고 한다. 자연어 처리란 컴퓨터가 자연어를 이해하게 만드는 것이다. 컴퓨터가 자연어를 이해할 수 있다면, 인간과 자연스럽게 대화하는 컴퓨터가 가능할 것이다. 인간에게는 자연어가 아주 중요하므로, 자연어 처리는 인공 지능의 중요한 분야이다.

자연어 처리는 구체적으로 어디에 사용될 수 있을까? 자연어 처리의 응용 분야 중 하나가 챗봇이다. 예를 들어서 통신 회사에 챗봇이 있고 우리가 챗봇에 "이번 달 통신 요금은 얼마인가요?"라고 문자를 보내면 챗봇이 이 문자를 이해하여서 이번 달 통신 요금 고지서를 우리한테 보낼 수 있다. 이때 자연어 처리가 사용된다. 자연어 처리에 음성 인식 기술이 더해지면 애플의 음성 인식 서비스인 "시리"가 된다. 시리는 스마트폰 사용자의 음성 명령을 인식해 실행하고 간단한 대화까지 구현한다.

자연어 처리는 1950년대부터 시작되어, 그동안 많은 연구가 진행되었다. 그동안은 단어 간의 통계적인 유사성에 바탕을 둔 방법이 많이 사용되었다. 예를 들어서 네이버나 구글의 검색 엔진들은 단어 간의 통계적인 유사성을 바탕으로 문서를 검색한다. 하지만 최근에는 딥러닝을 이용한 방법이 많은 인기를 얻고 있다. 자연어 처리는 주로 순환 신경망(RNN)을 많이 이용한다. 자연어의 문장에는 컨텍스트가 있어서 앞의 단어가 뒤의 단어 해석에 영향을 끼치기 때문이다. 자연어 처리는 음성 인식, 정보 검색, 내용 요약, 기계 번역, 사용자의 감정 분석, 챗봇 시스템 등에서 사용된다.

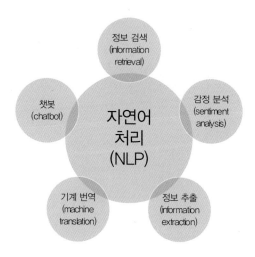

음성 인식과 자연어 처리

자연어 처리는 텍스트 형태로 자연어를 입력받아서 처리한다. 자연어 처리와 유사한 분야가 음성 인식(speech recognition)이다. 음성 인식은 음성에서 출발하여서, 컴퓨터를 이용하여 음성을 텍스트로 변환하는 방법론과 기술을 개발하는 분야이다. 음성 인식도 오랜 역사를 가지고 있다. 음성 인식도 최근에 딥러닝 및 빅데이터의 발전으로 혜택을 받았다. 시리와 같은 개인 비서 프로그램들은 사용자의 음성을 받아서 "음성 인식"을 거쳐서 텍스트를 생성하고, 생성된 텍스트를 "자연어 처리"가 이해한다고 볼 수 있다. 즉 음성 인식을 자연어 처리의 전단계로 사용할 수 있다. 이 책에서는 음성 인식은 다루지 않는다.

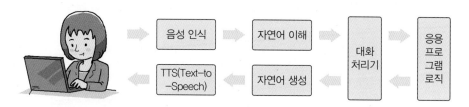

자연어 처리 라이브러리

자연어 처리를 위한 파이썬 라이브러리에는 어떤 것들이 있을까?

① 일단 가장 기본이 되는 것이 NLTK이다. 파이썬에서는 다음과 같은 명령어로 간단히 설치가 가능하다.

```
C> pip install nltk
```

NLTK에는 "NLTK Data"라는 실습 데이터도 포함되어 있다. NLTK에는 많은 말뭉치, 샘플 문법, 훈련된 모델 등이 함께 제공된다. 이들은 별도로 다음과 같이 다운로드 받아야 한다. 파이썬 인터프리터를 실행하고 다음 명령을 입력한다.

```
>>> import nltk
>>> nltk.download()
```

만약 실행 중에 "NLTK Data"가 설치되지 않았다는 경고문이 나타나면 경고문에서 말해주는 데로 코드를 추가하면 된다.

② 케라스에는 자연어 처리를 위한 기본적인 함수들이 포함되어 있다. 이들 함수들은 케라스 프로그램과 함께 설명하고자 한다.

2. 텍스트 전처리

자연어 처리의 첫 단계는 텍스트 전처리이다. 텍스트를 받아서 토큰으로 분리하는 작업, 각종 구두점을 삭제하는 것 등이 전처리에 속한다. 전처리가 되지 않으면, 딥러닝을 올바르게 적용할 수 없다. 이것은 김치를 담기 전에 배추를 손질하는 것과 같다.

토큰화

자연어 처리에서 텍스트들이 모여 있는 데이터를 말뭉치 또는 코퍼스(corpus)라고 부른다. 실제로 사용되는 문장들을 모아서 만든 언어 자료라고 할 수 있다. 말뭉치에 포함된 텍스트를 꺼내서 토큰(token)이라 불리는 단위로 나누는 작업을 토큰화(tokenization)라고 한다. 토큰의 단위는 단어도 될 수 있고 문장도 될 수 있지만 우리는 단어로 분리하는 것만 살펴보자.

예를 들어서 "This is a dog."라는 문장이 있다고 하자. 이 문장에서 구두점과 같은 문자를 삭제하고 단어들을 분리시키는 토큰화 작업을 해보면 "This", "is", "a", "dog"가 되어야 한다. 이런 토큰화 작업은 비교적 간단하다. 즉 마침표를 삭제한 후에, 스페이스를 기준으로 하여 단어로 분리하면 된다. 하지만 구두점들을 전부 삭제하면, 안 되는 경우도 많아서 토큰화도 결코 쉽지 않은 작업이다. 특히 한국어에서는 띄어쓰기만으로는 단어로 분리하기가 어려운 경우가 많다.

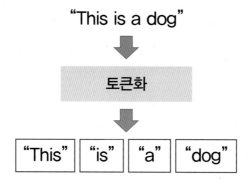

소문자로 변환하기

영문에서는 대문자를 소문자로 통합하는 것도, 중요한 전처리 과정이다. 영문에서는 문장의 첫 부분에서만 대문자가 쓰이고, 나머지 경우에는 소문자가 사용된다. 따라서 대문자로 된 단어를 소문자로 변경하면 단어의 개수를 줄일 수 있다. 또 검색할 때, "dog"와 "Dog"가 들어간 문서들을 모두 찾을 수 있다. 하지만 무조건 대문자를 소문자로 만들어도 안 된다. 미국을 나타내는 "US"와 우리는 의미하는 "us"는 구분되어야 한다.

구두점 제거하기(정제)

만약 토큰화 결과에 구두점이 포함되어 있다면 삭제하는 것이 좋다. 일반적으로 구두점들은 자연어 처리에 도움이 되지 않기 때문이다. 어떻게 삭제할 수 있을까? 간단한 파이썬 문장을 이용하여 우리는 구두점들을 삭제할 수 있다.

```
from nltk.tokenize import word_tokenize

tokens = word_tokenize("Hello World!, This is a dog.")

# 문자나 숫자인 경우에만 단어를 리스트에 추가한다.
words = [word for word in tokens if word.isalpha()]
print(words)
```

```
['Hello', 'World', 'This', 'is', 'a', 'dog']
```

불용어

자연어 처리를 하기 전에 말뭉치에서 자연어 분석에 도움에 되지 않는 토큰들을 제거하는 작업이 필요하다. 불용어(stopword)는 문장에 많이 등장하지만 큰 의미가 없는 단어들이다. 일반적으로 관사, 전치사, 조사, 접속사 등이 여기에 속한다. 우리는 국어나 영어 시간에 조사가 매우 중요하다고 배웠는데 아직까지도 컴퓨터는 이들 조사나 접속사를 정확하게 해석할만한 수준이 안 되기 때문일 것이다. 각 언어에 따라서 불용어는 많이 달라진다. 영어 문장을 처리하려면 NLTK가 정의한 불용어를 사용하면 될 것이다.

영어에서는 도대체 어떤 단어들이 불용어로 되어 있을까? 처음부터 20개만 출력해보자.

```
import nltk
nltk.download('punkt')
nltk.download('stopwords')

from nltk.corpus import stopwords
print(stopwords.words('english')[:20])
```

```
['i', 'me', 'my', 'myself', 'we', 'our', 'ours', 'ourselves', 'you', "you're",
"you've", "you'll", "you'd", 'your', 'yours', 'yourself', 'yourselves', 'he', 'him',
'his']
```

NLTK를 이용한 전처리

NLTK 라이브러리에는 토큰화를 시킬 수 있는 함수 word_tokenize()가 포함되어 있다. 이것을 이용하여 간단하게 토큰화를 수행하는 코드를 작성해보자.

```
import nltk
nltk.download('punkt')                    # ①
```

```
from nltk.tokenize import word_tokenize        # ②

text = "This is a dog."                          # ③
print(word_tokenize(text))

['This', 'is', 'a', 'dog', '.']
```

① Punkt Tokenizer을 다운로드한다. Punkt Tokenizer는 비지도 알고리즘을 사용하여 텍스트를 문장 리스트로 분할한다.
② word_tokenize 모듈을 NLTK 라이브러리에서 가져온다.
③ 변수 text는 하나의 문장으로 초기화된다.
④ text 변수가 word_tokenize 모듈에 전달되고 결과가 출력된다. 이 모듈은 스페이스를 이용하여 각 단어를 구분한다.

만약 텍스트 데이터를 문장 단위로 분리하고 싶다면 다음과 같이 sent_tokenize 모듈을 사용하면 된다.

```
from nltk.tokenize import sent_tokenize         # ①

text = "This is a house. This is a dog."
print(sent_tokenize(text))                      # ②

['This is a house.', 'This is a dog.']
```

① sent_tokenize 모듈을 NLTK 라이브러리에서 가져온다.
② Punkt Tokenizer가 텍스트를 2개의 문장으로 분리한다.

케라스를 이용한 전처리

케라스에도 토큰화를 위한 함수 text_to_word_sequence()가 포함되어 있다. 기본적으로 이 함수는 다음과 같은, 3가지 작업을 수행한다.

- 공백으로 단어를 분할한다. (split =" ")
- 구두점을 필터링한다. (filters = '!"#$%&()*+,-./:;<=>?@[₩₩]^_`{|}~₩t₩n')
- 텍스트를 소문자로 변환한다. (lower = True)

우리는 text_to_word_sequence() 함수에 키워드 인수를 전달하여 이러한 기본값을 변경할 수 있다. 이번에는 케라스를 이용하여 동일한 문장을 토큰화하여 보자.

```
from tensorflow.keras.preprocessing.text import *

print(text_to_word_sequence("This is a dog."))
```

예제를 실행하면 문서의 모든 단어가 포함된 리스트가 생성된다. 이 리스트를 출력하면 다음과 같다.

```
['this', 'is', 'a', 'dog']
```

NLTK 토큰화 모듈과는 약간 다르게, 케라스 토큰화 모듈은 구두점들을 모두 제거한다. 토큰화 모듈마다 약간씩 다른 결과를 제공하기 때문에, 사용자의 목적과 일치하는 도구를 사용하는 것이 좋다.

> **NOTE** 말뭉치
>
> 말뭉치(코퍼스)는 주어진 자연 언어 응용 프로그램에 대한 사용자의 입력 데이터로 사용하는 문서의 모음이다. 18권의 고전 책으로 구성된 말뭉치도 있을 수 있다. 훨씬 더 큰 말뭉치의 예는 위키미디어의 모든 영어 기사이다.

3. 단어의 표현

심층 신경망이 텍스트(언어)를 처리하려면 신경망이 소화할 수 있는 방식으로, 단어를 신경망에 제공해야 한다. 신경망은 숫자만을 입력으로 사용한다. 아스키코드값은 안 된다. 따라서 텍스트를 처리할 때 가장 먼저 해야 할 일은 단어들을 수치값으로 변환하는 작업이다. 정수 인코딩, 원-핫 인코딩, 워드 임베딩 등의 방법이 있다.

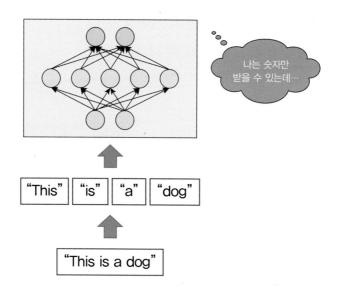

정수 인코딩

우리는 고유한 숫자를 사용하여 각 단어를 인코딩할 수 있다. 예를 들어서 말뭉치에 단어가 1,000개가 있다면, 각 단어에 1번부터 1,000번까지의 번호(정수)를 매긴다. 구체적인 예를 들어보자. 애완동물을 나타내는 단어 집합 ["cat", "dog", "turtle", "fish", "bird"]은 [1, 2, 3, 4, 5]와 같이 순차적인 정수를 이용하여서 표현될 수 있다. 예를 들면 다음 그림과 같다.

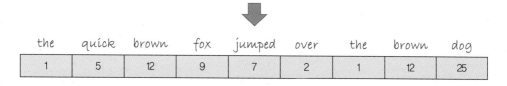

일반적으로는 단어를 빈도순으로 정렬한 후에, 빈도가 높은 단어부터, 번호를 차례대로 부여한다. 즉 빈도가 높은 단어들이 낮은 번호를 가지게 된다. 왜냐하면, 빈도가 높은 단어들이 일반적으로 더 중요하기 때문이다. 자연어 처리를 할 때, 말뭉치에 있는 단어를 모두 사용하기보다는, 빈도수가 높은 몇 개의 단어만 사용하는 경우가 많다. 예를 들어서 k개의 단어만 사용하고 싶다면 단어 집합에서 번호가 1부터 k까지인 단어들만 사용하면 된다.

이 접근 방식은 효율적이다. 벡터가 희소하지 않기 때문이다. 하지만 이 방식에는 단점이 많다. 정수 인코딩이 임의적이라는 점이다. 즉 단어 간의 관계를 올바르게 표현하지 못한다. 두 단어의 유사성과 정수 인코딩의 유사성 간에는 전혀 관계가 없기 때문에 학습이 이루어지지 않는다. 두 번째로, 이 정수 인코딩은 신경망 모델이 해석하기 어려울 수 있다. 정수값이 매우 커지면 신경망의 입력으로 사용할 수 없다. 신경망의 입력은 항상 0에서 1 사이의 실수가 바람직하다.

원-핫 인코딩(one-hot encoding)

이 방법은 머신러닝으로 자연어를 처리하기 위한 전통적인 접근 방식이다. "원-핫(one-hot)"이라는 의미는, 이진 벡터 중에서 하나만 1이고 나머지는 모두 0이라는 것을 의미한다. 예를 들어서 단어들은 다음과 같이 표현될 수 있다.

텍스트 데이터 안의 단어들을 원-핫 인코딩 벡터로 만들려면, 먼저 텍스트를 단어들로 분해하고 이들 단어에 순차적인 번호를 매긴 후에, 번호에 해당하는 위치에 1을 넣으면 된다. 또 텍스트 전체를 원-핫 벡터로 표현하려면, 문장에 있는 각 단어의 원-핫 인코딩을 서로 연결하면 된다. 예를 들어서 "the cat dog"란 텍스트는 [[1, 0, 0, 0], [0, 1, 0, 0], [0, 0, 1, 0]]로 표현될 수 있다.

케라스에서 원-핫 인코딩 만들기

케라스에는 원-핫 인코딩을 만들 수 있는 함수 to_categorical()이 있다. 우리는 각 단어들에 순차적인 인덱스를 매긴 후에, 인덱스를 원-핫 인코딩으로 변환한다.

```python
import numpy as np
from keras.utils import to_categorical

# 우리가 변환하고 싶은 텍스트
text = ["cat", "dog", "cat", "bird"]

# 단어 집합
total_pets = ["cat", "dog", "turtle", "fish", "bird"]

print("text=", text)

# 변환에 사용되는 딕셔너리를 만든다.
mapping = {}
```

```
for x in range(len(total_pets)):
  mapping[total_pets[x]] = x      #"cat"->0, "dog"->1, ...
print(mapping)

# 단어들을 순차적인 정수 인덱스로 만든다.
for x in range(len(text)):
  text[x] = mapping[text[x]]

print("text=", text)

# 순차적인 정수 인덱스를 원-핫 인코딩으로 만든다.
one_hot_encode = to_categorical(text)
print("text=", one_hot_encode)
```

```
text= ['cat', 'dog', 'cat', 'bird']
{'cat': 0, 'dog': 1, 'turtle': 2, 'fish': 3, 'bird': 4}
text= [0, 1, 0, 4]
text= [[1. 0. 0. 0. 0.]
 [0. 1. 0. 0. 0.]
 [1. 0. 0. 0. 0.]
 [0. 0. 0. 0. 1.]]
```

원-핫 인코딩의 약점

원-핫 인코딩의 최대 약점은 무엇일까? 비효율성이다. 원-핫 인코딩된 벡터는 희소하다. 즉 벡터의 대부분이 0이다. 예를 들어서 단어 집합에 10,000개의 단어가 있다고 가정하자. 각 단어를 원-핫 인코딩하면, 99.99%가 0인 벡터가 10,000개가 만들어진다. 또 각 벡터들은 단어들 간의 유사도를 표현하지 못한다.

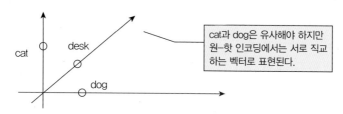

하지만 원-핫 인코딩은 가장 기본적인 단어 인코딩 방법으로 반드시 사용해야 하는 경우도 많다.

> **NOTE** 희소 행렬
>
> 희소 행렬은 행렬의 대부분의 요소가 0인 행렬을 의미한다.

워드 임베딩

원-핫 인코딩은 하나만 1이고 나머지는 전부 0인 벡터로 단어를 표현한다. 원-핫 인코딩의 결과로 나오는 벡터는 대부분의 값이 0이 되는 희소 벡터(sparse vector)가 된다. 단어의 개수가 증가하면 원-핫 벡터의 차원은 엄청나게 늘어난다. 예를 들어서 우리가 가지고 있는 말뭉치 안의 단어가 50000개라면, 원-핫 벡터의 차원은 50000차원이 된다. 하나의 단어를 나타내는 벡터에서 하나만 1이고 나머지 49999개의 요소는 전부 0이다. 원-핫 인코딩은 메모리 공간을 비효율적으로 사용하는 방법이며, 단어들 사이의 유사도도 제대로 표현하지 못한다.

워드 임베딩(word embedding)은 하나의 단어를 밀집 벡터(dense vector)로 표현하는 방법이다. 단어를 표현하는 벡터들은 일반적으로 단어의 개수보다는 무척 차원이 작다. 이들 벡터들은 효율적이고 조밀하다. 이들 임베딩 벡터들은 학습을 통하여 훈련 데이터에서 자동으로 생성하는 것이 일반적이다. 신경망이 주로 사용된다. 학습을 통하여 단어의 의미 및 위치에 대한 정보를 습득하는 것이다.

예를 들어서 (the, cat, sat, on, dog) 단어의 임베딩은 가상적으로 다음과 같이 나타낼 수 있다. 여기서 각 단어는 부동소수점 값의 4차원 벡터로 표시된다.

the →	1.3	−0.2	3.3	2.3
cat →	0.5	2.6	−0.8	0.4
sat →	0.4	3.1	−0.9	0.7
on →	2.1	0.2	0.1	0.4
...	...			

일반적으로 작은 데이터 세트인 경우에는, 단어 임베딩으로 8차원 벡터를 사용한다. 데이터 세트가 커지면 1024차원의 벡터도 사용된다. 하지만 1024차원이라고 하여도 원-핫 인코딩 벡터보다는 차원이 아주 낮다. 차원이 높아지게 되면 학습시키는데 더 많은 데이터가 필요하다. 단어 임베딩을 얻는 방법으로는 LSA, Word2Vec, FastText, Glove 등이 유명하다.

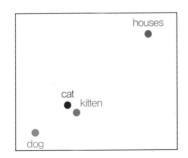 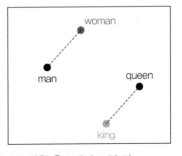

그림 12-1 워드 임베딩의 결과를 차원 축소해서 그린 것

Word2vec

Word2Vec은 단어 임베딩의 한 가지 방법이다. Word2Vec은 아래 다이어그램에 표시된 것처럼 텍스트 말뭉치를 입력으로 받아들이고 각 단어에 대한 벡터 표현을 출력하는 알고리즘이다. 주로 신경망을 이용하여 구현된다. 이때 사용되는 신경망은 은닉층이 하나 있는 신경망이다. 은닉층이 여러 개인 심층 신경망은 아니다. 단어의 유사도는 이웃 단어들로부터 나온다.

Word2Vec에는 CBOW(Continuous Bag of Words)와 skipgram이라는 두 가지 방식이 있다.

- CBOW(Continuous Bag of Words) 모델
- skipgram 모델

CBOW는 주변에 있는 단어들을 가지고, 중간에 있는 단어들을 예측하는 방법이고 반대로 skipgram은 중간에 있는 단어로 주변 단어들을 예측하는 방법이다. 각 컨텍스트의 단어 수를 제한하고 모델의 성능을 조정하기 위해 "윈도우 크기"라는 매개 변수가 사용된다.

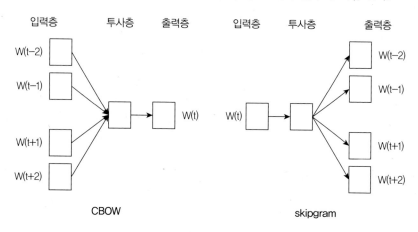

CBOW

구체적인 예를 들어보자. "the quick brown fox jumps over the lazy dog"라는 문장이 있다고 하자. 주변 단어들로부터 중간 단어를 예측하는 것이 CBOW이다. 즉 {"quick", "brown", jumps", "over"}로부터 "fox"를 예측하는 것은 CBOW가 하는 일이다. 이때 예측해야 하는 단어 "fox"를 중심 단어라고 하고, 예측에 사용되는 단어들을 주변 단어라고 한다. 중심 단어를 예측 하기 위해서 앞, 뒤로 몇 개의 단어를 볼지가 윈도우(window)이다. 예를 들어서 윈도우 크기 가 2이고, 예측하고자 하는 중심 단어가 "fox"라고 한다면 앞의 두 단어인 "quick"와 "brown", 그리고 뒤의 두 단어인 "jumps"와 "over"를 참고한다. 즉 이것들이 학습 샘플(예제)이 된다.

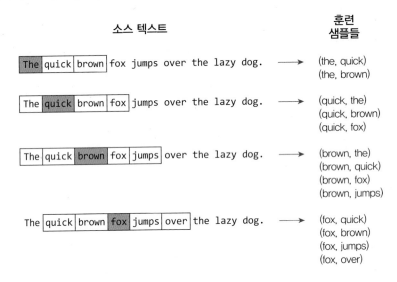

이때 하나의 문제가 있는데, 각 단어들을 어떻게 표현하느냐이다. 이때는 앞에서 심하게 비난하 였던 원-핫 인코딩을 사용한다. 입력층으로 원-핫 인코딩된 주변 단어들이 들어가게 되고, 출력 층에서는 예측 단어의 원-핫 인코딩 벡터가 주어진다. Word2Vec의 결과는 바로 은닉층의 벡터 이다.

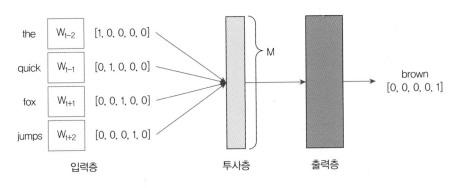

Word2Vec에서는 은닉층을 투사층(projection layer)이라고 부른다. 투사층의 크기 M은 임베 딩 벡터의 차원이 된다. 예를 들어서 투사층의 크기가 5라면 CBOW를 수행하고 나서 얻는 각 단어의 임베딩 벡터 차원은 5가 된다.

CBOW에서 입력층과 은닉층 사이, 은닉층과 출력층 사이에는 가중치 행렬이 존재한다. 학습을 통하여 변경되는 것은 이들 가중치 행렬이다. 학습이 종료된 후에 우리가 사용하는 것은 가중치 행렬이 아니고 투사층의 벡터이다. 투사층의 벡터가 바로 임베딩 벡터가 된다. 은닉층의 활성화 함수는 선형 함수이다. 즉 입력에 가중치를 곱한 총합을 그대로 출력한다. 출력층의 활성화 함수는 소프트맥스가 된다. 소프트맥스의 출력값이 정답 레이블과 비교되고 오차가 교차 엔트로피 형식으로 계산된다.

skipgram

CBOW를 이해했다면 skipgram도 쉽게 이해할 수 있다. CBOW에서는 주변 단어를 통해 중심 단어를 예측한다. 하지만 skipgram은 중심 단어에서 주변 단어를 예측한다. skipgram도 신경망을 통하여 훈련된다.

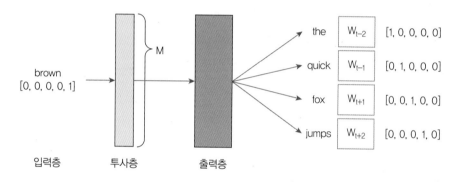

skipgram이 CBOW 모델보다 유추 관련 작업에서 더 잘 수행되는 것으로 나타났으므로 대부분의 경우, skipgram 모델을 사용하는 것이 좋다. 전반적으로 한 모델을 이해하면 다른 모델을 이해하기가 매우 쉽다. 입력과 예측을 뒤집기만 하면 된다.

4. 케라스에서의 자연어 처리

우리가 사용하고 있는 케라스(Keras)에서도 자연어 처리를 위하여 많은 기능을 제공하고 있다. NLTK와 같은 본격적인 자연어 처리 라이브러리를 사용해도 되지만 케라스만 사용하여도 원만큼의 프로그램을 작성이 가능하다. 이 책의 내용이 부족하면 케라스 공식 문서(https://keras.io/)를 참고하여야 한다.

전처리와 토큰화

우리가 제일 먼저 해야 할 일은 텍스트 전처리이다. 12.2절에서도 설명하였지만 전처리에서는 문장을 토큰 단위로 쪼개고, 대문자를 소문자로 바꾸어야 한다. 케라스에서는 Tokenizer 클래스가 토큰화를 담당한다. 토큰화를 하면서 가장 기본적인 전처리는 수행한다.

```
from tensorflow.keras.preprocessing.text import Tokenizer

t = Tokenizer()
text = """Deep learning is part of a broader family of machine learning methods
    based on artificial neural networks with representation learning."""

t.fit_on_texts([text])
print("단어집합 : ", t.word_index)
```

```
단어집합 :  {'learning': 1, 'of': 2, 'deep': 3, 'is': 4, 'part': 5, 'a': 6, 'broader': 7,
 'family': 8, 'machine': 9, 'methods': 10, 'based': 11, 'on': 12, 'artificial': 13,
 'neural': 14, 'networks': 15, 'with': 16, 'representation': 17}
```

fit_on_texts()에 원시 텍스트를 넣어서 호출하면 케라스의 토큰나이저는 텍스트를 분석하여서 단어 사전을 만든다. 이때 사용되는 단어 사전은 t.word_index를 출력하면 알 수 있다.

텍스트의 정수 인코딩

```
seq = t.texts_to_sequences([text])[0]
print(text,"->", seq)
```

```
Deep learning is part of a broader family of machine learning methods
    based on artificial neural networks with representation learning. -> [3, 1, 4,
 5, 2, 6, 7, 8, 2, 9, 1, 10, 11, 12, 13, 14, 15, 16, 17, 1]
```

이어서 texts_to_sequences() 함수를 호출하면 원시 텍스트가 인덱스들의 나열로 바뀌게 된다. 텍스트 안의 모든 단어들에 정수로 된 번호를 부여한다. 이때 대문자는 소문자로 변경되고 구두점도 삭제된다. 또 가장 많이 등장하는 정수가 가장 적은 정수로 인코딩된다. texts_to_sequences()는 시퀀스들의 리스트를 반환한다. 우리는 하나의 텍스트만 보냈기 때문에, 첫 번째 리스트 요소만 가져온다.

샘플의 패딩

텍스트를 가지고 신경망을 훈련시키려면 텍스트를 몇 개의 조각으로 잘라야 한다. 이 과정에서 각 샘플의 길이가 다를 수 있다. 특히 텍스트를 문장 단위로 분리하여 신경망을 훈련시키고자 할 때 많이 발생한다. 구체적으로 "a bad workman always blames his tools" 문장을 3개의 단어씩 쪼개서 훈련 샘플을 만든다고 하자. [a bad workman], [bad workman always], ..., [his tools], [tools]와 같이 만들어질 것이다. 마지막 2개의 샘플은 길이가 3이 아니다.

일반적으로는 모든 샘플의 길이를 동일하게 맞추어야 신경망의 학습이 가능하다. 보통 숫자 0을 넣어서, 길이가 다른 샘플들의 길이를 맞추게 되는데 이것을 패딩(padding)이라고 한다. 케라스에서는 pad_sequence()를 지원한다. pad_sequence()는 지정된 길이보다 짧으면 0으로 채우고, 더 길면 지정된 크기로 자른다. 간단한 프로그램으로 기능을 살펴보자.

```
from tensorflow.keras.preprocessing.sequence import pad_sequences

X = pad_sequences([[7, 8, 9], [1, 2, 3, 4, 5], [7]], maxlen=3, padding='pre')
print(X)
```

우리가 정수 인코딩된 시퀀스를 3개의 샘플 [7, 8, 9], [1, 2, 3, 4, 5], [7]로 분리하였다고 하자. 우리가 원하는 길이는 3이라면 실행 결과는 다음과 같다.

```
[[7 8 9]
 [3 4 5]
 [0 0 7]]
```

pad_sequences()의 매개 변수는 다음과 같다.

```
pad_sequences(sequences, maxlen=None, padding='pre', truncating='pre', value=0.0)
```

• sequences = 패딩이 수행되는 시퀀스 데이터
• maxlen = 샘플의 최대 길이
• padding = 'pre'이면 앞에 0을 채우고 'post'이면 뒤에 0을 채운다.

케라스 Embedding 레이어

워드 임베딩은 원-핫 인코딩과는 다르게, 밀집 벡터로 단어를 표현하는 방법이다. 원-핫 벡터의 경우, 단어의 개수에 따라서 10000차원 이상도 얼마든지 가질 수 있다. 이에 반하여, 임베딩 벡터는 256이나 512차원 정도를 가진다. 임베딩 벡터는 사전 훈련된 데이터를 다운로드할 수도 있고 케라스가 아닌 다른 라이브러리로 훈련하여도 된다.

케라스는 텍스트 데이터를 처리하는 신경망에 사용할 수 있는 Embedding 레이어를 제공한다. Embedding 레이어의 입력 데이터는 정수 인코딩되어서, 각 단어가 고유한 정수로 표현되어야 한다. 이 데이터 준비 단계는 Keras와 함께 제공되는 Tokenizer API를 사용하여 수행할 수 있다.

Embedding 레이어는 워드 임베딩을 학습하는 데, 단독으로 사용되어서 나중에 학습된 워드 임베딩을 다른 모델에서 사용할 수도 있다. 아니면 워드 임베딩이 모델 자체와 함께 딥러닝 모델의 일부로 사용할 수 있다. 전이 학습의 한 유형인 사전 훈련된 단어 임베딩 모델을 적재하는 데도 사용할 수 있다.

Embedding 레이어는 신경망의 첫 번째 은닉층으로 정의된다. 3개의 인수를 지정해야 한다.

```
e = Embedding(input_dim, output_dim, input_length=100)
```

- input_dim: 이것은 텍스트 데이터의 어휘 크기이다. 예를 들어 데이터가 0~9 사이의 값으로 정수 인코딩된 경우 어휘의 크기는 10 단어가 된다.
- output_dim: 이것은 단어가 표현되는 벡터 공간의 크기이다. 각 단어에 대해 이 레이어의 출력 벡터 크기를 정의한다. 예를 들어 32 또는 100 이상일 수 있다.
- input_length: 입력 시퀀스의 길이이다. 예를 들어 모든 입력 문서가 100개의 단어로 구성되어 있으면 100이 된다.
- 입력 형태: 2D 텐서 (batch_size, sequence_length)의 형태이다. 정수 인코딩 형태이어야 한다. 즉 정수의 시퀀스이어야 한다.
- 출력 형태: 3D 텐서 (batch_size, sequence_length, output_dim)의 형태이다.

예를 들어, 아래에서는 어휘 200(예: 0에서 199까지의 정수로 인코딩된 단어), 단어가 표현되는 64차원의 벡터 공간 및 50개의 단어가 있는 입력 문서로 Embedding 레이어를 정의한다.

```
e = Embedding(200, 64, input_length=50)
```

Embedding 레이어에는 학습된 가중치가 있다. 모델을 파일에 저장하면 Embedding 레이어에 대한 가중치가 포함된다. Embedding 레이어의 출력은 입력된 단어 시퀀스 (입력 문서)의 각 단어에 대해 하나의 임베딩이 있는 2D 벡터이다. Dense 레이어를 Embedding 레이어에 직접 연결하려면 먼저 Flatten 레이어를 사용하여 2D 출력 행렬을 1D 벡터로 병합해야 한다.

이제 실제로 Embedding 레이어를 사용하는 방법을 살펴 보자. 간단한 예제는 다음과 같다.

```python
import numpy as np
from tensorflow.keras.layers import Embedding
from tensorflow.keras.models import Sequential

# 입력 형태: (batch_size, input_length)=(32, 3)
# 출력 형태: (None, 3, 4)
model = Sequential()
model.add(Embedding(100, 4, input_length=3))

input_array = np.random.randint(100, size=(32, 3))
model.compile('rmsprop', 'mse')
output_array = model.predict(input_array)
print(output_array.shape)
```

```
(32, 3, 4)
```

위의 코드에서 신경망의 입력은 3개의 단어로 되어 있으며, 임베딩 벡터의 차원은 4이다. 단어 사전의 크기는 100이다. 다음 그림을 참조하자. 입력은 100보다 작은 난수 3개로 이루어진다. 배치 크기는 32이다.

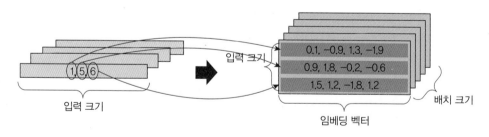

5. 예제: 스팸 메일 분류하기

여기서는 텍스트 분류(text classification) 문제를 신경망을 사용하여 해결해보자. 주로 단어 임베딩을 학습하는 방법을 살펴볼 것이다. 우리는 입력 메일을 스팸 메일과 정상 메일로 분류할 수 있는 신경망을 만들어보자. 입력 데이터로는 입력 메일의 텍스트를 사용한다. 다음과 같은 구조가 된다. 이때 케라스의 Embedding 레이어를 사용해보자.

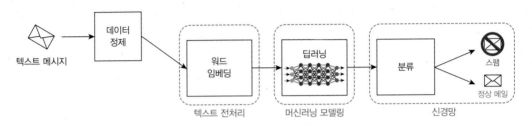

10개의 텍스트 문서가 있는 작은 문제를 정의하자. 각 문서에는 메일의 내용이 저장되어 있다. 각 텍스트 문서는 스팸 메일 "1" 또는 정상 메일 "0"으로 분류된다.

먼저 필요한 라이브러리들을 포함시킨다.

```
import numpy as np
from tensorflow.keras.layers import Embedding, Flatten, Dense
from tensorflow.keras.models import Sequential
from tensorflow.keras.preprocessing.text import one_hot
from tensorflow.keras.preprocessing.sequence import pad_sequences
```

훈련 문서와 정답 레이블을 정의한다.

```
docs = [ 'additional income',
        'best price',
        'big bucks',
        'cash bonus',
        'earn extra cash',
        'spring savings certificate',
        'valero gas marketing',
        'all domestic employees',
        'nominations for oct',
        'confirmation from spinner']

labels = np.array([1,1,1,1,1,0,0,0,0,0])
```

다음으로 각 문서 안의 단어들을 정수 인코딩한다. Embedding 레이어는 정수 시퀀스만을 받는다. 케라스는 one_hot() 함수를 제공한다. one_hot() 함수는 해싱을 이용하여 정수를 생성한다. 해시 함수의 충돌 확률을 줄이기 위하여, 필요한 것보다 훨씬 큰 어휘 크기 50을 지정한다.

```
vocab_size = 50
encoded_docs = [one_hot(d, vocab_size) for d in docs]
print(encoded_docs)
```

```
[[30, 24], [30, 29], [1, 9], [49, 46], [29, 47, 49], [23, 39, 47], [14, 20, 31], [17, 22, 3], [42, 25, 37], [41, 5, 9]]
```

입력 시퀀스의 길이가 같아야 한다. 신경망에서는 모든 입력이 동일한 길이를 가져야 한다. 길이가 4가 되도록 모든 입력 시퀀스를 채울 것이다. 케라스 함수 pad_sequences()로 이것을 수행할 수 있다.

```
max_length = 4
padded_docs = pad_sequences(encoded_docs, maxlen=max_length, padding='post')
print(padded_docs)
```

```
[[30 24  0  0]
 [30 29  0  0]
 [ 1  9  0  0]
 [49 46  0  0]
 [29 47 49  0]
 [23 39 47  0]
 [14 20 31  0]
 [17 22  3  0]
 [42 25 37  0]
 [41  5  9  0]]
```

이제 신경망을 정의해보자. 이것은 이진 분류 모델이다. Sequential 모델을 생성하고 첫 번째 레이어로 Embedding 레이어를 추가한다. Embedding 레이어에서 50개 어휘이고 입력 길이는 4이다. 8차원의 작은 임베딩 공간을 선택한다. Embedding 레이어의 출력은 각 단어당 하나씩 8차원의 벡터 4개가 된다. 우리는 이것을 하나의 32 요소 벡터로 병합하여 Dense 출력층에 전달한다.

```python
model = Sequential()
model.add(Embedding(vocab_size, 8, input_length=max_length))
model.add(Flatten())
model.add(Dense(1, activation='sigmoid'))

model.compile(optimizer='adam', loss='binary_crossentropy', metrics=['accuracy'])
```

이진 분류 모델이므로 손실 함수는 'binary_crossentropy'로 지정하였다.

신경망이 구축되었으므로 신경망을 훈련시키고 평가해보자.

```python
model.fit(padded_docs, labels, epochs=50, verbose=0)

loss, accuracy = model.evaluate(padded_docs, labels, verbose=0)
print('정확도=', accuracy)
```

```
정확도= 1.0
```

정확도가 100% 정도지만 평가할 때, 훈련 데이터를 사용하였기 때문에 큰 의미는 없다. 새로운 텍스트(그러나 우리의 어휘 사전에 있는 단어)를 이용하여 간단하게 테스트해보자.

```python
test_doc = ['big income']
encoded_docs = [one_hot(d, vocab_size) for d in test_doc]
padded_docs = pad_sequences(encoded_docs, maxlen=max_length, padding='post')

print(model.predict(padded_docs))
```

```
[[0.5746514]]
```

우려했던 대로 확실한 결정을 내리지 못하고 있다. 자연어 처리 모델은 많은 훈련 데이터로 아주 많이 학습시켜야 한다.

6. 예제: 다음 단어 예측하기

자연어 처리에서 많이 등장하는 문제 중 하나는, 이전 단어를 고려하여 다음 단어를 예측하는 것이다. 우리는 구글이나 네이버에서 검색할 때 이것을 자주 본다.

이번 절에서는 노래 가사에서 짧은 단어 시퀀스를 추출하고 이것으로 학습을 시켜서 어떻게 단어가 예측되는지 살펴보자. 일단 가장 간단한 모델부터 시작하자. 즉 입력으로 한 단어가 주어지면, 모델은 시퀀스의 다음 단어를 예측한다. 예를 들면 다음과 같다.

X	y
deep	learning
python	download
learning	python
stock	investing
...	...

다음 단어 예측에는 예전부터 통계적인 방법을 많이 사용하였다. 통계 언어 모델은 원시 텍스트에서 학습되며, 어떤 단어가 주어지면, 다음 단어의 확률을 예측한다. 그러나 현재는 순환 신경망 모델인 RNN, LSTM, GRU 등이 많이 사용된다. LSTM 모델은 "메모리 셀"과 함께 딥러닝을 사용하므로 기존 신경망 및 기타 모델보다 텍스트 예측에 더 적합하다.

간단한 예를 들어보자.

　　　"겨울에는 눈이 _____"

다음 단어는 단순히 "내린다"일 것이며, 대부분의 언어 모델과 신경망에서 예측할 수 있다. 하지만 다음 문장을 보자.

"최근의 온난화로 인해 올해 겨울에는 눈이 _____"

위의 문장에서는 아마도 다음 단어가 "내리지 않았다"일 수 있다. "내리지 않았다"를 예측하기 위해 문장의 뒤쪽에서 앞쪽의 컨텍스트를 알아야 한다.

기본 RNN 및 기타 언어 모델은 컨텍스트와 예측할 단어 사이의 거리가 커지면 정확도가 떨어진다. 하지만 LSTM은 이전 컨텍스트를 기억할 수 있는 메모리 셀이 있기 때문에 장기 종속성 문제를 해결할 수 있다. 여기서는 LSTM 모델을 사용하여 신경망을 정의한다. 신경망 모델에는 임베딩 레이어, 각각 50개 유닛이 있는 2개의 LSTM 레이어가 사용된다.

케라스는 텍스트 데이터의 신경망에 사용할 수 있는 Embedding 레이어를 제공한다. Embedding 레이어는 임의 가중치로 초기화되고, 훈련 데이터 세트의 모든 단어에 대한 임베딩을 학습한다. 입력으로 정수 인코딩 형식의 입력 데이터가 필요하다. 이 데이터 준비 단계는 Tokenizer 클래스의 도움으로 수행할 수 있다.

2개의 LSTM 레이어 뒤에는 2개의 완전연결 레이어가 이어진다. 첫 번째 레이어에는 50개의 유닛이 있고 두 번째 완전연결 레이어는 소프트맥스 레이어이며, 어휘 크기와 동일한 유닛 수를 가진다. 소프트맥스 레이어는, 확률을 기반으로, 입력 단어들로부터 다음 단어를 예측한다.

라이브러리 포함하기

```
import numpy as np
from tensorflow.keras.layers import Embedding, Flatten, Dense
from tensorflow.keras.models import Sequential
from tensorflow.keras.preprocessing.text import one_hot
from tensorflow.keras.preprocessing.sequence import pad_sequences
from tensorflow.keras.preprocessing.text import Tokenizer
from tensorflow.keras.utils import to_categorical
```

텍스트를 정수로 변환하기

첫 번째 단계는 텍스트를 정수로 인코딩하는 것이다. 소스 텍스트의 각 단어에는 고유한 정수가 할당되며 단어 시퀀스를 정수 시퀀스로 변환한다. 케라스는 이 인코딩을 수행하는 데 사용할 수 있는 Tokenizer 클래스를 제공한다. Tokenizer는 단어에서 고유한 정수로의 매핑을 개발하기 위해 fit_on_texts() 함수가 호출되면 소스 텍스트를 분석한다. 그런 다음 texts_to_sequences() 함수를 호출하여 텍스트 시퀀스를 정수 시퀀스로 변환한다.

```
text_data="""Soft as the voice of an angel\n
Breathing a lesson unhead\n
Hope with a gentle persuasion\n
Whispers her comforting word\n
Wait till the darkness is over\n
Wait till the tempest is done\n
Hope for sunshine tomorrow\n
After the shower
"""

tokenizer = Tokenizer()
tokenizer.fit_on_texts([text_data])
encoded = tokenizer.texts_to_sequences([text_data])[0]
print(encoded)
```

```
[7, 8, 1, 9, 10, 11, 12, 13, 2, 14, 15, 3, 16, 2, 17, 18, 19, 20, 21, 22, 4, 5, 1,
23, 6, 24, 4, 5, 1, 25, 6, 26, 3, 27, 28, 29, 30, 1, 31]
```

어휘 크기 알아내기

모델에서 단어 임베딩 레이어를 정의하고 원-핫 인코딩을 사용하여 출력 단어를 인코딩하기 위해 어휘(단어 사전 크기)의 크기를 알아야 한다. 어휘 크기는 훈련된 Tokenizer의 word_index 속성에 액세스하여 알 수 있다.

```
print(tokenizer.word_index)
vocab_size = len(tokenizer.word_index) + 1
print('어휘 크기: %d' % vocab_size)
```

```
{'the': 1, 'a': 2, 'hope': 3, 'wait': 4, 'till': 5, 'is': 6, 'soft': 7, 'as':
8, 'voice': 9, 'of': 10, 'an': 11, 'angel': 12, 'breathing': 13, 'lesson': 14,
'unhead': 15, 'with': 16, 'gentle': 17, 'persuasion': 18, 'whispers': 19, 'her': 20,
'comforting': 21, 'word': 22, 'darkness': 23, 'over': 24, 'tempest': 25, 'done':
26, 'for': 27, 'sunshine': 28, 'tomorrow': 29, 'after': 30, 'shower': 31}
어휘 크기: 32
```

위의 코드를 실행하면 어휘의 크기가 32 단어임을 알 수 있다. 단어 인덱스 중에서 가장 큰 정수에 1을 더해야 어휘 크기를 얻을 수 있다. 예를 들어 단어 인덱스가 0~31이면 어휘 크기는 32가 된다.

단어 시퀀스 생성

신경망을 훈련시키기 위하여 한 단어를 입력으로, 한 단어를 출력으로 사용하는 단어 시퀀스를 만들어야 한다. 순환 신경망에서 훈련 데이터를 쪼개서 순차 데이터를 만드는 것과 동일하다.

```python
sequences = list()
for i in range(1, len(encoded)):
    sequence = encoded[i-1:i+1]
    sequences.append(sequence)
print(sequences)
print('총 시퀀스 개수: %d' % len(sequences))
```

```
[[7, 8], [8, 1], [1, 9], [9, 10], [10, 11], [11, 12], [12, 13], [13, 2], [2, 14], [14,
15], [15, 3], [3, 16], [16, 2], [2, 17], [17, 18], [18, 19], [19, 20], [20, 21], [21,
22], [22, 4], [4, 5], [5, 1], [1, 23], [23, 6], [6, 24], [24, 4], [4, 5], [5, 1], [1,
25], [25, 6], [6, 26], [26, 3], [3, 27], [27, 28], [28, 29], [29, 30], [30, 1], [1,
31]]
총 시퀀스 개수: 38
```

위의 코드를 실행하면 신경망을 훈련하기 위한 총 38개의 입력-출력 쌍이 있음을 알 수 있다.

훈련 데이터와 정답 생성하기

이제 시퀀스를 입력(X) 및 정답(y)으로 분할 해보자. 시퀀스 데이터에 두 개의 열만 있으므로 간단하다.

```python
sequences = np.array(sequences)
X, y = sequences[:,0],sequences[:,1]
print("X=", X)
print("y=", y)
```

```
X= [ 7  8  1  9 10 11 12 13  2 14 15  3 16  2 17 18 19 20 21 22  4  5  1 23
  6 24  4  5  1 25  6 26  3 27 28 29 30  1]
y= [ 8  1  9 10 11 12 13  2 14 15  3 16  2 17 18 19 20 21 22  4  5  1 23  6
 24  4  5  1 25  6 26  3 27 28 29 30  1 31]
```

정답은 정답인 단어 위치만 1이고 나머지는 전부 0인 원-핫 인코딩이어야 한다. 우리는 손실 함수로 'sparse_categorical_crossentropy'를 사용할 예정이기 때문에 원-핫 인코딩으로 안 바꿔도 된다.

신경망 모델 정의

이제 신경망 모델을 정의할 준비가 되었다. Embedding 레이어는 번호가 붙여진 단어를 받아서 실수로 된 단어 벡터를 출력한다. 각 단어 벡터는 지정된 길이를 가진다. 이 경우 10차원 벡터를 사용한다. 입력 시퀀스에는 단어 하나만 있으므로 input_length = 1이다.

모델에 50개의 유닛이 있는 LSTM 레이어를 추가한다. 이것은 충분한 숫자이다. 출력층은 어휘의 개수만큼의 유닛이 있으며, 소프트맥스 활성화 함수를 사용하여 출력이 확률처럼 보이게 된다.

```
from tensorflow.keras.models import Sequential
from tensorflow.keras.layers import Embedding, Dense, SimpleRNN, LSTM

model = Sequential()
model.add(Embedding(vocab_size, 10, input_length=1))
model.add(LSTM(50))
model.add(Dense(vocab_size, activation='softmax'))
```

컴파일 및 학습

```
model.compile(loss='sparse_categorical_crossentropy', optimizer='adam',
                                    metrics=['accuracy'])
model.fit(X, y, epochs=500, verbose=2)


...
2/2 - 0s - loss: 0.3056 - accuracy: 0.8421
Epoch 500/500
2/2 - 0s - loss: 0.3053 - accuracy: 0.8421
```

신경망을 컴파일하고 훈련시킨다. 신경망이 모델이 다중 범주 분류 문제이므로 'sparse_categorical_crossentropy' 손실 함수를 사용한다. 우리는 'adam' 옵티마이저를 사용하고 각 세대가 끝날 때 정확도를 추적한다. 이 모델은 500번의 훈련 에포크를 수행한다.

테스트

모델의 학습이 완료되면 어휘 사전에서 하나의 단어를 꺼내서 신경망에 전달하고 신경망이 다음 단어를 올바르게 예측하는지 테스트한다. 여기서 우리는 model.predict()를 호출하여 신경망에 'Wait'을 전달해보자. 단어는 어휘 사전에 있어야 하고, 단어의 인덱스가 전달되어야 한다.

```
# 테스트 단어를 정수 인코딩한다.
test_text = 'Wait'
encoded = tokenizer.texts_to_sequences([test_text])[0]
encoded = np.array(encoded)

# 신경망의 예측값을 출력해본다.
onehot_output = model.predict(encoded)
print('onehot_output=', onehot_output)

# 가장 높은 출력을 내는 유닛을 찾는다.
output = np.argmax(onehot_output)
print('output=', output)

# 출력층의 유닛 번호를 단어로 바꾼다.
print(test_text, "=>", end=" ")
for word, index in tokenizer.word_index.items():
        if index == output:
                print(word)
```

```
onehot_output= [[5.6587060e-06  4.0273936e-03  6.2348531e-03  8.6066285e-03
1.5018744e-05
   9.7867030e-01 6.0064325e-05 5.6844797e-06 1.7885073e-05 8.7188082e-06
   3.1823198e-05 2.8105886e-04 3.3933269e-05 1.3699831e-06 3.2279258e-06
   7.1233828e-08 2.3057231e-05 3.4311252e-06 1.0358917e-05 7.9929187e-08
   1.4642384e-04 1.2234473e-06 1.0129405e-04 1.5086286e-05 8.9766763e-06
   8.6069404e-06 9.3199278e-06 3.4068940e-05 2.0460826e-08 1.5851222e-03
   3.8524475e-05 1.0519097e-05]]
output= [5]
Wait => till
```

테스트 단어 'Wait'는 texts_to_sequences()에 의하여 정수 인덱스로 바뀌게 된다. 이 정수 인덱스를 넘파이 배열로 만들어서 신경망에 투입한다. 신경망의 출력 중에서 가장 높은 출력을 np.argmax()로 찾는다. 실행 결과에서는 5가 나왔다. 이 단어 번호를 어휘 사전에서 찾아서 해당되는 단어를 출력한다. 'till'이 출력된다. 이것은 훈련 데이터와 일치하는 결과이다.

도전문제

2개의 이전 단어를 입력으로 사용하여 한 단어를 출력으로 예측하도록 위의 코드를 수정해보자. 다음 문장을 참조하라.
```
sequences = list()
for i in range(2, len(encoded)):
    sequence = encoded[i-2:i+1]
    sequences.append(sequence)
```

7. 예제: 영화 리뷰 감성 판별하기

IMDB 사이트는 영화에 대한 리뷰가 올려져 있는 사이트이다. 2011년에 스탠포드 대학교에서는 이 리뷰 데이터를 사용하여 영화 리뷰가 긍정적인지 부정적인지를 학습하는 논문을 발표하였다. 이후로 이 데이터는 공공 데이터가 되어서 벤치 마크 데이터로 활용되고 있다. 이 데이터에서는 리뷰에 대한 텍스트가 올려져 있고, 영화 리뷰가 긍정인 경우 레이블 1, 영화 리뷰가 부정적인 경우 레이블 0으로 표시되어 있다. 케라스 라이브러리를 사용하면 이 IMDB 영화 리뷰 데이터를 imdb.load_data() 함수를 통해 바로 다운로드 할 수 있다.

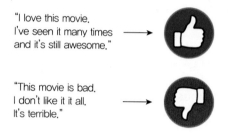

(1) 라이브러리를 포함한다.

```
import numpy as np

import tensorflow as tf
from tensorflow import keras

import matplotlib.pyplot as plt
```

(2) 데이터를 다운로드한다.

```
imdb = keras.datasets.imdb
(x_train, y_train), (x_test, y_test) = imdb.load_data(num_words=10000)
```

• num_words은 몇 개의 단어를 사용할 것인지를 지정한다. 매개변수 num_words=10000은 훈련 데이터에서 가장 많이 등장하는 상위 10,000개의 단어를 선택한다. 아주 드물게 등장하는 단어는 제외한다.

영화 리뷰는 x_train(텍스트 형태)에, 감성 정보는 y_train(0 또는 1)에 저장되어 있다. 훈련 데이터와 테스트 데이터의 길이를 튜플로 출력해보자.

```
len(x_train), len(x_test)
```

```
(25000, 25000)
```

훈련 데이터와 테스트 데이터가 각각 25000개씩 저장된 것을 알 수 있다. 훈련 세트와 테스트 세트의 클래스는 균형이 잡혀 있다. 즉 긍정적인 리뷰와 부정적인 리뷰의 개수가 동일하다.

(3) 데이터를 출력해보자.

첫 번째 데이터를 화면에 출력해보자.

```
print(x_train[0])
```

```
[1, 14, 22, 16, 43, 530, 973, 1622, 1385, 65, 458, 4468, 66, 3941, 4, 173, 36, 256, ...
,32]
```

x_train[0]에는 정수들이 들어있다. 이것은 단어 임베딩은 아니다. 임베딩은 부동소수점수로 된 벡터라는 것을 잊지 말자. imdb 데이터들은 미리 전처리가 되어 있다. 즉 단어들을 토큰화하고 이것을 정수 인덱스로 인코딩한 상태이다. 정수 인덱스는 각 단어들의 출현 횟수에 따라 결정된다. 즉 더 많이 등장하는 단어가 낮은 인덱스가 된다.

```
len(x_train[0]), len(x_train[1])
```

```
(218, 189)
```

영화 리뷰들은 길이가 다르다. 즉 첫 번째 리뷰와 두 번째 리뷰에서 단어의 개수가 달라진다. 신경망의 입력은 길이가 같아야 하기 때문에 나중에 이 문제를 해결하여야 한다.

이번에는 레이블을 출력해보자.

```
y_train[0], y_train[1]
```

```
(1, 0)
```

레이블이 1이면 긍정적인 리뷰이고 0이면 부정적인 리뷰이다. 긍정적인 리뷰와 부정적인 리뷰는 몇 개 씩 있을까? np_unique()를 사용해보자.

```
np.unique(y_train, return_counts=True)

(array([0, 1]), array([12500, 12500]))
```

긍정적인 리뷰와 부정적인 리뷰가 각각 12500개씩 있음을 알 수 있다.

(4) 리뷰를 복원해보자.

정수로 된 인덱스가 아니고 풀 텍스트를 출력할 수는 없을까? imdb.get_word_index()을 호출하면 각 단어와 인덱스가 저장된 딕셔너리를 반환받을 수 있다. 이 딕셔너리의 키와 값의 순서를 바꾼다.

```
# 단어 ->정수 인덱스 딕셔너리
word_to_index = imdb.get_word_index()

# 처음 몇 개의 인덱스는 특수 용도로 사용된다.
word_to_index = {k:(v+3) for k,v in word_to_index.items()}
word_to_index["<PAD>"] = 0           # 문장을 채우는 기호
word_to_index["<START>"] = 1         # 시작을 표시
word_to_index["<UNK>"] = 2           # 알려지지 않은 토큰
word_to_index["<UNUSED>"] = 3

index_to_word = dict([(value, key) for (key, value) in word_to_index.items()])
```

imdb 리뷰 데이터 세트에서는 0, 1, 2는 PAD, START, UNK을 나타낸다. PAD, START, UNK는 "padding", "starting", "unknown tokens"을 의미한다. 따라서 인덱스 4부터가 실제로 리뷰에 등장한 단어이다.

```
print(' '.join([index_to_word[index] for index in x_train[0]]))
```

```
START this film was just brilliant casting location scenery story direction
everyone's really suited the part they played and you could just imagine being
there robert redford's is an amazing actor and ... the whole story was so
lovely because it was true and was someone's life after all that was shared
with us all
```

(5) 전처리

현재 영화 리뷰는 정수 배열로 되어 있다. 신경망에 주입하기 전에 이 정수 배열은 부동소수점 수를 가지고 있는 텐서로 변환되어야 한다. 우리가 학습했다시피 변환하는 방법에는 몇 가지가 있다.

- 원-핫 인코딩(one-hot encoding): 정수 배열을 0과 1로 이루어진 벡터로 변환한다. 예를 들어 배열 [3, 7]을 인덱스 3과 7만 1이고 나머지는 모두 0인 10,000차원 벡터로 변환할 수 있다. 입력층으로는 실수 벡터 데이터를 다룰 수 있는 Dense 층을 신경망의 첫 번째 레이어로 사용한다. 이 방법은 num_words * num_reviews 크기의 행렬이 필요하기 때문에 메모리를 많이 사용한다.
- 임베딩 방법: 정수 배열의 길이가 모두 같도록 패딩(padding)을 추가해 max_length * num_reviews 크기의 정수 텐서를 만든 후에 이런 형태의 텐서를 다룰 수 있는 임베딩 (embedding) 레이어를 신경망의 첫 번째 레이어로 사용할 수 있다. 임베딩 레이어에서 정수 배열을 부동소수점 벡터로 변환한다.

여기서는 두 번째 방식을 사용한다. 순방향 신경망을 사용하여 리뷰를 분류해보자. 먼저 필요한 라이브러리를 포함한다.

```
from keras.preprocessing.sequence import pad_sequences
from keras.models import Sequential
from keras.layers import *
```

영화 리뷰의 크기도 각각 다르기 때문에 이것을 일정 크기 이하로 제한하여야 한다. 이때 사용할 수 있는 함수가 pad_sequences()이다.

```
x_train = pad_sequences(x_train, maxlen=100)
x_test = pad_sequences(x_test, maxlen=100)
```

학습 예제의 길이를 확인해 보자.

```
len(x_train[0]), len(x_train[1])
```

```
(256, 256)
```

패딩된 첫 번째 영화 리뷰를 출력해보자.

```
print(x_train[0])
```

```
[1415    33     6    22    12   215    28    77    52     5    14   407    16    82
    2     8     4   107   117  5952    15   256     4     2     7  3766     5   723
   36    71    43   530   476    26   400   317    46     7     4     2  1029    13
  104    88     4   381    15   297    98    32  2071    56    26   141     6   194
 7486    18     4   226    22    21   134   476    26   480     5   144    30  5535
   18    51    36    28   224    92    25   104     4   226    65    16    38  1334
   88    12    16   283     5    16  4472   113   103    32    15    16  5345    19
  178    32]
```

(6) 신경망 구축

신경망은 레이어(layer)를 쌓아서 만든다. 항상 두 가지를 결정해야 한다.

• 모델에서 얼마나 많은 레이어를 사용할 것인가?
• 각 층에서 얼마나 많은 은닉 유닛(hidden unit)을 사용할 것인가?

이 예제의 입력 데이터는 단어 인덱스의 배열이다. 또 신경망이 예측할 레이블은 0 또는 1이다.

```
vocab_size = 10000

model = Sequential()
model.add(Embedding(vocab_size, 64,
                    input_length=100))
model.add(Flatten())
model.add(Dense(64, activation='relu'))
model.add(Dropout(0.5))
model.add(Dense(1, activation='sigmoid'))

model.summary()
```

```
Model: "sequential_3"
_____
Layer (type)                 Output Shape              Param #
=================================================================
embedding_3 (Embedding)      (None, 100, 64)           640000
_____
flatten_2 (Flatten)          (None, 6400)              0
_____
```

```
dense_3 (Dense)              (None, 64)                409664
_____
dropout (Dropout)            (None, 64)                0
_____
dense_4 (Dense)              (None, 1)                 65
=================================================================
Total params: 1,049,729
Trainable params: 1,049,729
Non-trainable params: 0
_____
```

- 첫 번째 층은 Embedding 층이다. 이 층은 정수로 인코딩된 단어를 입력받고 각 단어 인덱스에 해당하는 임베딩 벡터를 찾는다. Embedding()의 첫 번째 인수는 단어 집합의 크기로 여기서는 10000으로 하였다. 두 번째 인수는 임베딩 후의 벡터 크기로서 64으로 설정하였다. 따라서 리뷰 데이터에서 모든 단어는 64차원의 임베딩 벡터로 표현된다. 이 벡터는 모델이 훈련되면서 학습된다. 리뷰의 최대 길이를 100으로 제한하였다.

- 이 고정 길이의 출력 벡터는 64개의 은닉 노드를 가진 완전 연결(fully-connected) 층(Dense)을 거친다.

- 마지막 층은 하나의 출력 노드(node)를 가진 완전 연결 층이다. 감성 분석은 이진 분류이므로 출력층은 뉴런 하나로 되어 있고 시그모이드 활성화 함수를 사용하여 0과 1 사이의 실수를 출력한다. 이 값은 확률 또는 신뢰도를 나타낸다.

```
model.compile(loss='binary_crossentropy', optimizer='adam',
              metrics=['accuracy'])
history = model.fit(x_train, y_train,
          batch_size=64, epochs=20, verbose=1,
          validation_data=(x_test, y_test))
```

```
...
Epoch 18/20
391/391 [==============================] - 2s 5ms/step - loss: 0.0545 - accuracy:
0.9882 - val_loss: 0.8295 - val_accuracy: 0.8112
Epoch 19/20
391/391 [==============================] - 2s 5ms/step - loss: 0.0527 - accuracy:
0.9890 - val_loss: 0.8738 - val_accuracy: 0.8092
Epoch 20/20
391/391 [==============================] - 2s 6ms/step - loss: 0.0417 - accuracy:
0.9924 - val_loss: 0.9395 - val_accuracy: 0.8077
```

(7) 모델 평가

모델의 성능을 확인해 보자. 두 개의 값이 반환된다. 손실과 정확도이다. 손실은 오차를 나타내는 숫자이므로 낮을수록 좋다.

```
results = model.evaluate(x_test,  y_test, verbose=2)
print(results)
```

```
782/782 - 1s - loss: 0.9395 - accuracy: 0.8077
[0.93949955701828, 0.8076800107955933]
```

이 예제는 매우 단순한 방식을 사용하므로 80% 정도의 정확도를 달성했다.

(8) 우리가 작성한 리뷰로 테스트해보자.

"Back to the Future (1985)" 영화에 대한 일반 사용자의 평을 복사해왔다.

```
review = "What can I say about this movie that was already said? It is my
favorite time travel sci-fi, adventure epic comedy in the 80's and I love
this movie to death! When I saw this movie I was thrown out by its theme. An
excellent sci-fi, adventure epic, I LOVE the 80s. It's simple the greatest time
travel movie ever happened in the history of world cinema. I love this movie to
death, I love, LOVE, love it!"
```

이 영화평은 긍정적일까? 부정적일까? 물론 사람이 읽으면 금방 알 수 있지만, 우리가 학습시킨 신경망도 올바르게 판단할 수 있을까? 신경망에 입력하기 전에 몇 가지의 전처리가 필요하다.

① 알파벳만 남기고 나머지 특수 문자들은 전부 삭제한다. 이것은 정규식을 이용하는 것이 가장 간편하다.

```
import re
review = re.sub("[^0-9a-zA-Z ]", "", review).lower()
```

② 단어를 하나씩 꺼내서 정수 인덱스로 변환하여야 한다.

```
review_encoding = []
# 리뷰의 각 단어 대하여 반복한다.
for w in review.split():
        index = word_to_index.get(w, 2)    # 딕셔너리에 없으면 2 반환
        if index <= 10000:                 # 단어의 개수는 10000이하
```

```
            review_encoding.append(index)
        else:
            review_encoding.append(word_to_index["UNK"])

# 2차원 리스트로 전달하여야 한다.
test_input = pad_sequences([review_encoding], maxlen = 100)
value = model.predict(test_input) # 예측
if(value > 0.5):
   print("긍정적인 리뷰입니다.")
else:
   print("부정적인 리뷰입니다.")
```

긍정적인 리뷰입니다.

요약

- 자연어 처리는 텍스트 형태로 자연어를 입력받아서 처리한다. 자연어 처리와 유사한 분야가 음성 인식 (speech recognition)이다. 음성 인식은 음성에서 출발하여서, 컴퓨터를 이용하여 음성을 텍스트로 변환하는 방법론과 기술을 개발하는 분야이다.

- 자연어 처리의 첫 단계는 텍스트 전처리이다. 텍스트를 받아서 토큰으로 분리하는 작업, 각종 구두점을 삭제 하는 것 등이 전처리에 속한다. 케라스에도 토큰화를 위한 함수 text_to_word_sequence()가 포함되어 있다.

- 심층 신경망이 텍스트(언어)를 처리하려면 신경망이 소화할 수 있는 방식으로, 단어를 신경망에 제공해야 한 다. 단어들을 수치값으로 변환하는 방법에는 정수 인코딩, 원-핫 인코딩, 워드 임베딩 등의 방법이 있다.

- 워드 임베딩(word embedding)은 하나의 단어를 밀집 벡터(dense vector)로 표현하는 방법이다. 단어를 표현 하는 벡터들은 일반적으로 단어의 개수보다는 무척 차원이 작다.

- 케라스는 텍스트 데이터를 처리하는 신경망에 사용할 수 있는 Embedding 레이어를 제공한다. Embedding 레이어의 입력 데이터는 정수 인코딩되어서, 각 단어가 고유한 정수로 표현되어야 한다.

연습문제

01 워드 임베딩이란 무엇인가? 왜 필요한가?

02 본문의 프로그램에서 완전 연결 신경망을 컨벌루션 신경망으로 변환하여 보자. 정확도는 얼마나 향상되는가?

03 본문의 프로그램에서 완전 연결 신경망을 순환 신경망으로 변환하여 보자. 정확도는 얼마나 향상되는가?

04 본문의 영화 리뷰 분류 예제에서 일정 에포크 동안 훈련하면 검증 세트에서 모델 성능이 최고점에 도달한 다음 감소하기 시작한 것을 보았다. 이것은 분명 모델이 훈련 세트에 과잉 적합(overfitting)된 것이다. 이것을 막기 위한 기법들은 무엇인가?

05 imdb 사이트에서 부정적인 리뷰를 가져와서 본문의 신경망을 테스트해보자.

06 본문의 프로그램을 응용하여서 도서의 리뷰를 분류할 수 있는 프로그램을 작성해보자.

07 Gensim은 문서에서 의미론적 주제를 가능한 한 효율적으로 추출하도록 설계된 무료 파이썬 라이브러리이다. Gensim 라이브러리를 사용하여 Project Gutenberg의 "Alice 's Adventures in Wonderland by Lewis Carroll" 코퍼스에서 Word2Vec 모델을 구현해보자. 우리는 말뭉치에 액세스하기 위해 NLTK를 사용한다.

08 두 개의 숫자를 더하는 문자열을 입력받아서 계산의 결과를 문자열로 출력하는 신경망을 제작해보자. 예를 들어서 입력이 "123 + 52"이면 출력은 "175"가 되어야 한다. https://keras.io/examples/nlp/addition_rnn/을 참조한다.

```
Q 4+568    T 572    ☑ 572
Q 121+316  T 437    ☑ 437
Q 78+662   T 740    ☑ 740
Q 883+47   T 930    ☑ 930
Q 696+78   T 774    ☑ 774
Q 23+921   T 944    ☑ 944
```

09 로이터 뉴스를 분류할 수 있는 프로그램을 작성해보자. 케라스에서는 로이터 뉴스 데이터를 제공한다. 로이터 뉴스 데이터는 11,258개의 뉴스 기사를 46개의 뉴스 카테고리로 분류하여 제공한다.

```
from tensorflow.keras.datasets import reuters
(x_train, y_train), (x_test, y_test) = reuters.load_data(test_split=0.3)
```

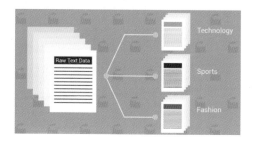

10 본문의 영화평을 분류하는 신경망은 단순한 심층 신경망이다. LSTM과 같은 순환 신경망을 사용하여 소스를 다시 작성해보자.

강화 학습

강화 학습은 요즘에
아주 널리 사용되고 있습니다.
알파고도 자율 학습을 통하여 공포스러운
능력을 얻었습니다. 강화 학습은 게임은
물론 자율 주행 자동차에서도
응용됩니다.

학습목표

- 전통 Q−학습을 이해한다.
- 심층 Q−학습 신경망을 이해한다.
- 심층 Q−학습 신경망의 문제점, 타겟 신경망을 알아본다.
- 심층 Q−학습 신경망의 구현한다.

13 │ 강화 학습

1. 강화 학습이란?

지금까지 우리가 살펴본 딥러닝에는 항상 훈련 데이터와 정답 레이블이 있었다. 따라서 누군가 인터넷에서 자료를 수집하여서 훈련 데이터와 정답 레이블을 제공해주어야 한다. 만약 딥러닝을 탑재한 에이전트가, 환경에서 스스로 행동하여서 학습할 수 있다면 어떨까? 즉 환경을 탐색하여 작업을 해결하는 방법을 배우는 자율 에이전트가 있다면 어떨까? 인간의 감독이나 안내가 필요 없으므로 상당한 장점이 있다. 에이전트는 훈련 데이터 없이, 환경과 상호 작용하는 것만으로도 학습할 수 있다.

그림 13-1 일반적인 딥러닝과 강화 학습의 차이점

최근에 아타리 게임이나 바둑에서는 강화 학습을 이용하여 놀라운 성과를 도출하고 있다. 벽돌깨기와 같은 고전 게임에서는 인공지능이 인간을 넘어선 지 오래다. 스타크래프트는 불완전한 정보를 가지고 있고, 실시간으로 경기가 진행되며, 장기 계획이 필요한 어려운 게임이다. 또 선택할 수 있는 액션의 가지수가 너무 많다. 하지만 스타크래프트에서도 강화 학습 인공지능이 인간을 5-0으로 물리친 바 있다. 또 바둑에서도 강화 학습을 이용한 알파고 마스터가 알파고 버전을 100-0으로 물리친 바 있다. 현재 강화 학습은 게임을 넘어서서 많은 분야에서 실제로 응용되고 있다. 만약 자율 로봇과 게임을 결합할 수 있다면 인간과 경기하는 탁구 로봇이나 테니스 로봇도 만들어 낼 수 있을 것이다.

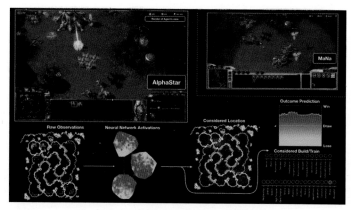

그림 13-2 스타크래프트 게임을 수행하는 알파스타
(출처: 딥마인드사 논문)

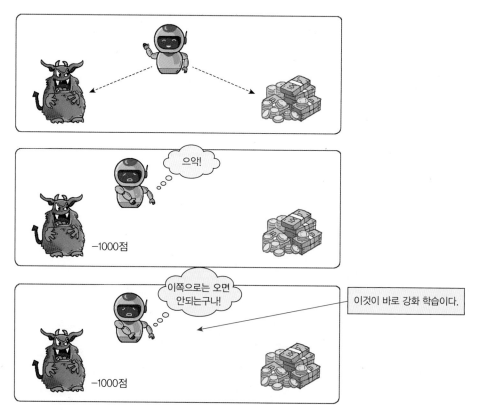

그림 13-3 강화 학습

가장 최신 버전의 알파고도 강화 학습을 사용한다. 최신 버전의 알파고에서는 예전의 기보를 학습하는 것이 아니라 바둑의 규칙만을 알려준 다음, 2대의 알파고끼리 바둑을 두게 한다. 좋은 바둑수를 둔 알파고한테는 보상이 주어진다. 이 보상을 이용하여 학습이 진행되는 것이다.

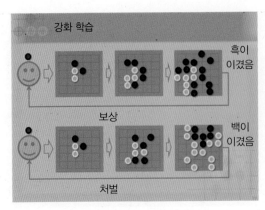

그림 13-4 알파고에서의 강화 학습

강화 학습에서 어려운 점은 컴퓨터가 행동을 취했다고 해서 그 결과가 즉시 나타나지 않을 수도 있다는 점이다. 이것을 "지연 보상" 문제라고 한다. 이것은 바둑에서 "소탐대실"이라는 용어로 설명된다. 지역적으로는 좋은 착수이지만 크게 보면 악수일 수도 있기 때문이다. 반대로 지역적으로는 악수이지만 크게 보면 좋은 착수일수도 있는 것이다. 따라서 강화 학습에서는 당장의 보상값도 고려해야 하지만 나중에 얻을 이익까지도 계산에 넣어야 한다.

강화 학습과 다른 학습 방법의 비교

강화 학습(RL)은 에이전트가 자신의 행동과 경험(시행착오)에서 얻은 피드백을 사용하여 대화형 환경에서 학습할 수 있도록 하는 일종의 머신러닝 기술이다.

	지도 학습	비지도 학습	강화 학습
데이터	(x, y) x는 데이터이고 y는 레이블이다.	(x) x는 데이터이고 레이블은 없다.	(상태, 액션)의 짝
목적	x→y로 매핑하는 함수를 학습하는 것이다.	데이터 안에 내재한 구조를 학습한다.	많은 시간 단계에서 미래 보상을 최대화한다.
예	이미지에서 과일과 강아지를 인식한다.	같은 과일끼리 구분한다.	과일을 먹으면 장기적으로 건강에 좋다는 것을 깨우친다.

지도 학습과 강화 학습, 모두 입력과 출력 간의 매핑을 사용하지만, 에이전트에게 제공되는 피드백이 레이블인 지도 학습과 달리, 강화 학습은 액션에 대한 보상과 처벌을 사용한다.

비지도 학습과 강화 학습은 모두 정답이 주어지지 않는 것은 같지만, 목표 측면에서 다르다. 비지도 학습의 목표는 데이터 간의 유사점을 발견하여, 데이터를 여러 개의 클러스터로 분리하는 것이지만, 강화 학습의 목표는 에이전트의 총 누적 보상을 최대화하는 적절한 액션 모델을 찾는 것이다.

2. 강화 학습 프레임워크

강화 학습에는 다소 생소한 용어들이 등장한다. 이번 절에서 자세히 살펴보자.

- 에이전트(agent): 강화 학습의 중심이 되는 객체, 예를 들어서 배달을 위하여 드론이 사용된다면 드론이 에이전트이다.
- 환경(Environment): 에이전트가 작동하는 물리적 세계
- 상태(state) s_t: 에이전트의 현재 상황, 미로에서의 에이전트의 위치가 상태일 수 있다.
- 보상(reward) r_t: 환경으로부터의 피드백, 에이전트가 환경 안에서 액션을 취하면 환경은 보상을 에이전트에게 보낸다.
- 액션(action) a_t: 에이전트의 행동, 에이전트는 실행 가능한 액션 집합에서 하나의 액션을 선택할 수 있다. 예를 들어서 앞으로 이동, 뒤로 이동 등이다.

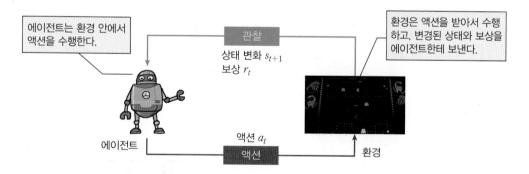

강화 학습 문제는 게임을 통해 가장 잘 설명할 수 있다. 아래의 팩맨 게임을 보자. 에이전트의 목표는 유령을 피하면서 그리드(grid)에서 음식을 먹는 것이다. 그리드 세계는 에이전트를 위한 환경이다. 에이전트는 음식을 먹으면 보상을 받고(점수가 높아진다) 유령에게 잡히면 처벌을 받는다(게임이 종료된다). 상태는 그리드 세계에서 에이전트의 위치이다.

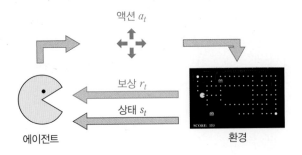

강화 학습에서 에이전트는 환경 안에서 자신의 보상을 극대화하려고 한다. 보상은 성공 또는 실패에 대한 피드백이다. 에이전트가 행동할 때마다 보상을 받을 필요는 없지만, 보상이 지연될 수 있다. 즉 마지막에 하나의 보상만을 받는 경우도 많다.

보상

강화 학습에서는 보상이라는 개념이 아주 중요하다. 보상이 있어야 학습이 이루어진다. 보상을 좀 더 자세히 살펴보자. 보상은 에이전트 액션이 성공했는지 실패했는지를 알려주는 중요한 피드백이다. 보상 r_t 는 시간 t에서 에이전트가 받는 보상이다. 에이전트가 받는 전체 보상을 R_t 라고 하면 R_t 는 다음과 같은 수식으로 나타낼 수 있다.

$$R_t = \sum_{i=t}^{\infty} r_i = r_t + r_{t+1} + r_{t+2} + \cdots$$

즉 시간 t에서 시작하여 미래의 모든 보상을 합친 것이다. 강화 학습에서는 총 누적 보상이 중요하다고 앞에서 언급한 바 있다. 지금은 별 보상이 없지만 최종 단계에서 보상이 주어지는 경우가 많기 때문이다.

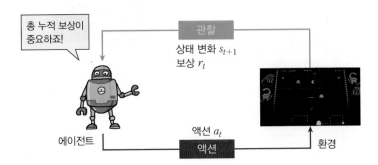

할인(discount)된 보상

할인된 보상이라고 하는 것은 에이전트가 미래에 받을 보상은 약간 할인해서 계산해야 한다는 점이다. 우리의 실생활에서도 미래의 보상은 할인되고 있다. 예를 들어서 당장 1000만원을 받는 것과 5년 뒤에 1000만원을 받는 것을 비교해보자. 동일한 금액을 받는 것이지만 미래에 받는 금액은 할인하는 것이 맞다. 먼 미래에 받는 것은 그다지 가치가 없을 수 있다. 사람들은 가능하면 빠른 보상을 선호한다.

강화 학습에서도 "할인된 보상"이라는 개념을 사용한다. 미래의 보상에는 할인 계수 람다를 곱하여 총 보상을 계산한다. 할인 계수 γ는 0에서 1 사이의 값이다.

$$R_t = r_t + \gamma r_{t+1} + \gamma^2 r_{t+2} + \cdots$$

Q 함수

강화 학습에서 아주 중요한 개념 중의 하나가 Q 함수이다. Q 함수는 다음과 같은 수식으로 정의된다.

$$Q(s_t, a_t) = E[R_t \mid s_t, a_t]$$

상태   액션

즉 Q 함수는 상태 s에 있는 에이전트가 어떤 액션 a를 실행하여서 얻을 수 있는 미래 보상값의 기대값이다. Q 함수는 에이전트에게는 캄캄한 밤에 한줄기 빛이나 마찬가지이다. Q 함수만 안다면 에이전트는 환경에서 길을 잃지 않을 것이다. Q 함수는 오라클(oracle), 즉 신탁을 전하는 사제와 같은 함수이다.

에이전트는 현재 상태 s에서 가장 좋은 액션을 추론하기 위해서는 어떤 정책 $\pi(s)$을 필요로 한다. 정책 $\pi(s)$도 중요한 개념이다. 정책은 미래 보상을 최대화할 수 있는 액션을 선택해야 할 것이다. 따라서 상태 s에서의 정책은 다음과 같은 수식으로 나타낼 수 있다.

$$\pi^*(s) = \underset{a}{\mathrm{argmax}}\, Q(s, a)$$

여기서 argmax는 최대 Q 값을 가지는 액션을 선택한다는 의미이다. 구체적으로 우리는 어떻게 하여야 할까? 현재 상태에서 가능한 모든 액션 중에서 가장 Q 값이 높은 액션을 선택하면 된다. 13.4절에서 얼음 호수 게임을 이용하여 전통적인 Q-학습에서 보상과 Q 함수에 대하여 구체적으로 살펴보자.

환경 유형

강화 학습에서 가정되는 환경은 두 가지 유형으로 나눌 수 있다.

- 결정론적: 이것은 상태 전환 모델과 보상 모델이 모두 결정론적인 경우를 나타낸다. 간단히 말해, 에이전트는 특정 상태에서 액션을 반복하면 동일한 보상과 다음 상태를 기대할 수 있다.
- 확률론적: 이것은 에이전트의 환경에 랜덤한 확률이 내재되어 있는 것을 말한다. 이러한 환경에서는 에이전트가 동일한 액션을 취한다고 해서, 동일한 보상이나 다음 상태를 받을 수 있다고 보장할 수 없다.

강화 학습의 유형

강화 학습은 모델의 유무에 따라 두 가지 유형으로 나눌 수 있다.

- 모델 기반 학습: 모델 기반 알고리즘에서 에이전트는 상태 전환 및 보상 확률 함수를 외부에서 받을 수 있다.
- 모델 프리 학습: 반대로 모델 프리 알고리즘에서는 에이전트가 환경 모델을 사용하지 않고 직접 정책 또는 가치 함수를 학습한다. 여기서 에이전트는 환경에서 가능한 상태와 액션에 대해서만 알고 있으며 상태 전환 및 보상 확률 함수에 대해서는 알지 못한다.

3. OpenAI

OpenAI 재단은 인공지능을 위한 여러 가지 프로젝트를 진행하는 비영리 재단이다. 그 중에서 특히 강화 학습을 위한 Gym 라이브러리(https://gym.openai.com/)가 유명하다. Gym은 강화 학습 알고리즘을 개발하고 비교하기 위한 툴킷이다. 이 툴킷은 보행에서부터 퐁 또는 핀볼같은 게임까지 지원한다. 다음은 OpenAI 에서 지원하는 몇 가지 게임의 예이다.

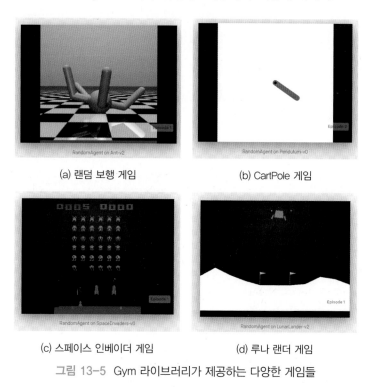

(a) 랜덤 보행 게임   (b) CartPole 게임

(c) 스페이스 인베이더 게임   (d) 루나 랜더 게임

그림 13-5 Gym 라이브러리가 제공하는 다양한 게임들

Gym 라이브러리는 게임이 실행되는 환경을 제공한다. 개발자는 알고리즘만 제공하면 된다. 개발자는 텐서플로우나 Theano와 같은 딥러닝 라이브러리를 사용하여 에이전트를 작성할 수 있다. 먼저 여러분은 아나콘다 가상 환경에서 "pip install gym"으로 Gym 라이러브러리를 설치하여야 한다.

CartPole 게임

많은 게임 중에서 CartPole 게임을 실행하여 보자.

```
import gym

env = gym.make("CartPole-v1")                    # (1)
observation = env.reset()                         # (2)

for _ in range(1000):                             # (3)
  env.render()                                    # (4)
  action = env.action_space.sample()             # (5)
  observation, reward, done, info = env.step(action)   # (6)

  if done:
    observation = env.reset()            # (7)
env.close()
```

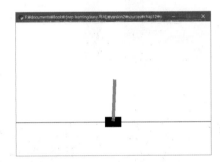

위의 코드를 실행하면 위의 그림과 같은 멋진 실행결과가 나타난다. 한 줄씩 자세히 살펴보자.

(1) env = gym.make("CartPole-v1") - gym 라이브러리가 제공하는 "CartPole-v1" 게임 환경을 생성한다.

(2) observation = env.reset() - 게임 환경을 리셋한다.

(3) for _ in range(1000): - 1000번을 반복한다.

(4) env.render() - 게임 환경을 화면에 그린다.

(5) action = env.action_space.sample() - sample() 함수는 왼쪽이나 오른쪽으로 랜덤하게 간다.

(6) observation, reward, done, info = env.step(action) - step() 함수는 매개변수가 지정한 액션을 수행한 후에 (상태, 보상, 게임 종료 여부, 추가정보) 등을 반환한다. 보상은 성공하면 1, 실패하면 0이다.

(7) 게임이 종료되면 환경을 리셋한다.

현재 프로그램에서는 랜덤한 액션을 선택하고 있다. 강화 학습 알고리즘이 구현된다면 학습결과에 따라 최적의 액션을 선택할 수 있을 것이다.

FrozenLake 게임

얼음 호수(frozen lake) 문제를 가지고 Q-학습을 설명한다. 얼음 호수 문제는 Open-AI 프레임워크에도 포함되어 있어서 파이썬으로 프로그래밍하기도 편리하다.

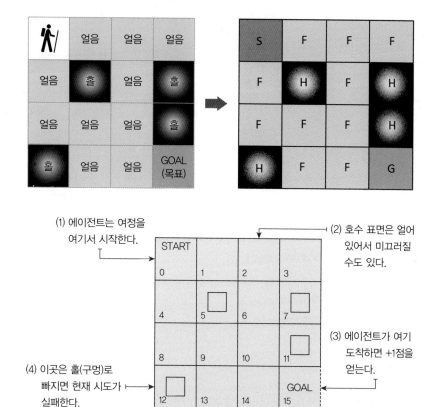

얼음 호수 위를 에이전트가 걸어간다고 생각하자. 얼음 호수에는 홀도 있고 목표도 있다. 홀에 빠지면 게임은 종료된다. 홀에 빠지지 않고 목표에 도착하면 게임에서 1점을 얻는다. 얼음 위에서 미끄러져서 의도하지 않은 위치로 갈 수도 있지만 일단 이 가정은 제외하자.

```
import gym

env = gym.make("FrozenLake-v1", render_mode="human", is_slippery=False)
observation = env.reset()

for _ in range(100):
  env.render()
  action = env.action_space.sample()   # (1)
  observation, reward, done, trunc, info = env.step(action)   # (2)

  if done:
    observation = env.reset()
env.close()
```

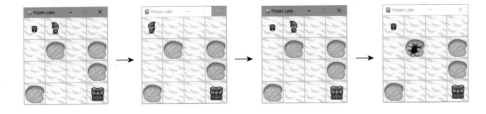

(1) env.action_space.sample() 함수는 랜덤하게 하나의 액션을 선택한다. 즉 지금 에이전트를 완전히 랜덤하게 얼음 호수 위를 걷는다.

(2) env.step(action)을 호출하면 지정된 액션이 실행된다. 변경된 상태, 보상, 종료 여부 등이 반환된다.

4. 전통 Q-학습

우리가 심층 신경망 Q-학습에 대하여 알아보기 전에 전통적인 강화 학습 알고리즘 중의 하나인 Q-학습(Q-learning)을 먼저 살펴보자. 앞 절에서 설명한 얼음 호수(frozen lake) 문제를 가지고 Q-학습을 설명한다. 얼음 호수 위를 에이전트가 걸어간다고 생각하자. 얼음 호수에는 홀도 있고 목표도 있다. 홀에 빠지면 게임은 종료된다. 홀에 빠지지 않고 목표에 도착하면 게임에서 1점을 얻는다. 얼음 위에서 미끄러져서 의도하지 않은 위치로 갈 수도 있지만 일단 이 가정은 제외하자.

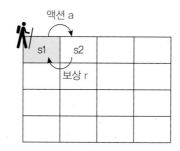

이 게임은 아주 간단해 보이지만, 아무것도 모르는 에이전트 입장에서는 결코 만만한 문제가 아니다. 우리는 전체 게임 보드를 볼 수 있지만, 에이전트는 현재 있는 장소밖에는 알지 못한다. 에이전트는 어떤 행동을 해야만 다음 상태에 대하여 알 수 있다. 현재 에이전트가 시작 상태인 s1에 서 있다고 가정하자.

에이전트가 상태 s1에서 오른쪽으로 이동하여서(이것이 액션이다) 상태 s2로 갔다면 어떤 보상 r을 받게 된다. 보상은 대부분 0이고 에이전트가 목표 상태로 갔을 때만 1이 된다. 보상이 0이라는 의미는 에이전트 행동이 잘한 행동인지 잘못한 행동인지를 잘 모르겠다는 의미가 된다. 처음에는 보상이 거의 0이기 때문에 에이전트는 처음에는 판단하기가 어렵다. 에이전트가 홀에 빠지거나 목표에 도달한 경우에만 보상으로 1을 받는다. 즉 상당한 행동이 지난 후에 비로소 보상을 받게 되는 것이다. 그래서 미래의 총 보상 개념이 중요하다.

자 에이전트는 어떻게 게임 보드를 탐색하여서 목표 상태로 갈 수 있을까? 물론 랜덤하게 탐색할 수도 있겠지만 이것은 좋지 않은 방법이다. 에이전트가 액션을 했으면 이것을 기록으로 남겨서 다음번에 이용할 수 있도록 해야 하는 것이 좋을 것이다. 전통적인 방법은 "동적 프로그래밍(dynamic programming)"이라고 불리는 방법으로, 기본적으로 복잡한 문제를 "약간씩 겹치는 서브 문제"들로 분해하고 이들 서브 문제들의 결과를 테이블에 저장하는 방법이다. 에이전트가 어떤 상태에서 특정한 액션을 하고 보상을 받을 때마다 테이블에 기록한다. 에이전트가 시행착오를 거듭할수록 테이블은 점점 정확해진다.

얼음 호수의 경우, 각 상태에서 수행할 수 있는 행동이 4가지(왼쪽, 오른쪽, 위쪽, 아래쪽)이기 때문에 다음과 같이 셀을 4등분하고, 에이전트가 지나가면서 여기에 각 행동에 대한 보상을 기록한다. 어떤 상태에서 각 액션에 대한 총 보상값을 Q 값이라고 부른다고 하였다. 셀에는 Q 값이 기록된다.

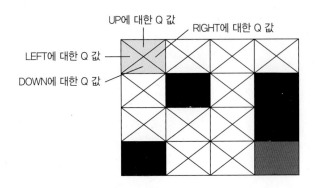

LEFT에 대한 Q 값
UP에 대한 Q 값
RIGHT에 대한 Q 값
DOWN에 대한 Q 값

MDP(마르코프 의사 결정 프로세스)

전통적인 Q-학습은 MDP를 가정한다. 실제로 환경 내의 현재 상태는 모든 이전 상태들의 결과이다. 그러나 간단한 환경에서도 이 모든 정보를 저장하는 것은 쉽지 않다. 따라서 우리는 각 상태가 마코프(Markov) 속성을 따른다고 가정한다. 즉, 각 상태는 전적으로 직전 상태와 직전 액션에만 의존한다고 가정하는 것이다. 아래 미로를 보자.

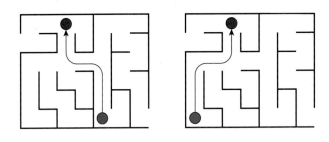

에이전트는 2개의 다른 시작점에서 동일한 상태에 도달하기 위해 다른 경로를 통과한다. 마코프 가정이라고 하는 것은 에이전트가 빨간색 상태에 도달하기 위해 어떤 경로를 택하는지는 중요하지 않다는 것이다. 오직 직전 상태와 직전 액션만이 중요하다. 직전 상태와 직전 액션을 고려하여서 다음 액션이 결정된다.

Q 함수

어떤 상태에서 특정한 행동을 하여서 받은 총 보상값을 Q 함수라고 한다. Q 함수는 에이전트의 현재 상태와 에이전트가 실행하는 액션을 받아서 총 보상값을 반환하는 함수이다. 에이전트가 현재 상태 s에 있고, 액션 a를 실행한다. 만약 Q 함수값이 높으면 액션으로 얻을 수 있는 보상이 높다는 것을 의미한다. Q 함수값이 낮으면 현재 상태에서 바람직하지 않은 액션을 했다고 말할 수 있다. 따라서 우리는 항상 Q 함수값을 극대화하는 액션을 하여야 한다.

상태(state) →

액션(action) →

→ 보상(reward)

Q 함수(state, action)

정책(policy)

에이전트는 이 Q 값을 어떻게 사용하면 좋을까? 예를 들어서 특정한 상태 s에서 다음과 같이 Q 값이 계산되었다고 하자.

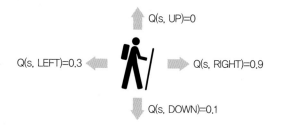

Q(s, UP)=0

Q(s, LEFT)=0.3   Q(s, RIGHT)=0.9

Q(s, DOWN)=0.1

에이전트는 어떤 방향으로 이동하여야 할까? 이것을 강화 학습에서는 정책(policy)라고 한다. 가장 상식적인 정책은 Q 값 중에서 최대값을 찾고 최대값과 관련된 액션을 실행하는 것이다. 이것을 수학 기호를 써서 다음과 같이 표시한다.

$$\pi(s) = \operatorname*{argmax}_{a} Q(s, a)$$

여기서 argmax 기호는 함수 값을 최대로 하는 인수를 찾으라는 의미이다. $\pi(s)$는 상태 s에서의 정책을 의미한다.

Q 값 순환 관계식

Q 값은 어떤 상태에서 어떤 행동을 한 경우, 받을 수 있는 모든 보상을 더한 값이다. 따라서 옆 칸의 Q 값과 어떤 관계가 있을까? 에이전트가 상태 s_t에서 목표 상태 s_n까지 도달했다고 하자. 이 과정에서 받은 보상을 전부 더한 값을 R_t라고 하자. 즉 R_t는 다음과 같이 계산할 수 있다.

$$R_t = r_t + r_{t+1} + \cdots + r_n$$

이것은 다음과 같이 순환 관계식으로도 쓸 수 있다.

$$R_t = r_t + R_{t+1}$$

이것과 유사하게 상태 s에서의 Q 값은 다음과 같이 순환적으로 계산할 수 있다.

$$Q(s, a) = r + \max_{a'} Q(s', a')$$

즉 상태 s에서 액션 a를 실행하였을 때 받는 보상 r에, 다음 상태에서의 Q 값 중에서 최대값을 더하게 된다. 이 순환식이 중요하다. 전통적인 Q-학습에서는 결국 이 순환 관계식을 사용하여 테이블 내의 Q 값들이 계속 업데이트된다. 이제 좀 더 구체적으로 살펴보자.

얼음 호수 문제에서 실제로 Q 값을 계산해보자.

얼음 호수 게임에선 16개의 상태가 있고 각 상태마다 4개의 액션(LEFT, RIGHT, UP, DOWN)이 있다. 여기서 Q-학습을 진행해보자. 시작할 때는 모든 Q 값이 전부 0이다. 에이전트가 시작 상태 s1에서 오른쪽에 있는 상태 s2로 갔을 때의 Q 값을 계산해보자.

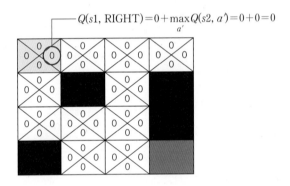

에이전트가 s1에서 RIGHT 액션을 하여서 s2로 갔을 때 보상은 0이다. 또 s2에서 Q 값 중에서 최대 값도 역시 0이기 때문에 Q(s1, RIGHT) 값은 변경이 없다. 다른 상태에서도 계속 Q값은 0이 된다. 하지만 반전이 있다. 만약 에이전트가 목표 상태에 인접한 s15에 도달하였다고 하자. 이때는 Q 값이 0이 아니게 된다.

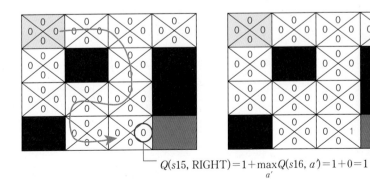

에이전트가 다음 에피소드에서 탐험을 시작하여서 상태 s14에 도달하였다고 하자. 여기서 오른쪽으로 간다면 Q 값은 어떻게 업데이트될까?

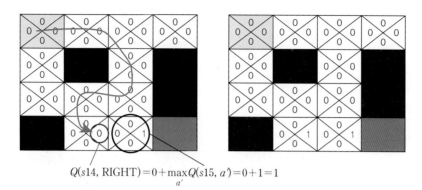

$$Q(s14, \text{RIGHT})=0+\max_{a'}Q(s15, a')=0+1=1$$

이런 식으로 계속 Q 값이 업데이트된다. 따라서 에피소드를 많이 진행하면 다음과 같이 Q 값이 설정될 수 있다.

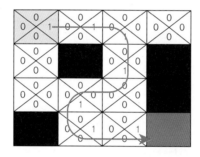

만약 이렇게 Q 값들이 업데이트되어 있다면 에이전트들은 이들 Q 값을 이용하여서 쉽게 목표상태로 갈 수 있다. Q 값이 신탁을 전하는 사제와 같은 역할을 하는 것이다.

탐사(exploration)와 활용(exploit)

지금까지 우리가 살펴본 Q-학습은 에이전트가 항상 동일한 경로만을 탐색하는 문제가 있다. 이 경로는 물론 최적 경로는 아니다. 하지만 우리의 정책대로 한다면 이렇게 움직일 수밖에 없다.

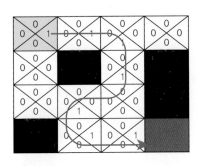 

어떻게 하면 새로운 경로도 찾을 수 있을까? 처음에는 Q 값이 작은 액션이라고 하더라도 시도해볼 필요가 있다. 이것을 탐사라고 한다. 실생활에서 예를 들어보자. 우리 동네에 혜택을 많이 주는 마트가 있다. 홍길동은 항상 그 마트만을 간다. 하지만 다른 마트가 혹시 더 많은 혜택을 주지 않을까? 가끔은 모험을 해봐야 하는 경우도 있다. 강화 학습에서도 처음에는 모험을 할 필요가 있다. 이것은 e-greey 알고리즘으로 가능하다.

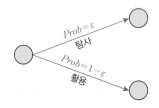

e-greey 알고리즘에서는 ε의 확률로 새로운 액션을 선택한다. $(1-\varepsilon)$ 확률로 기존의 Q 값을 선택한다. 이것은 0과 1 사이의 난수를 발생하여서 난수가 ε보다 작으면 새로운 액션 들 중에서 하나를 선택한다. 만약 난수가 ε보다 크면 기존의 Q 값에 따라서 액션을 선택한다. 이것은 다음과 같이 코드로 정리할 수 있다. 여기서 epsilon은 처음에는 크게, 반복이 진행되면 점점 작게 하는 것이 관행이다.

```
for i in range(10000):
    epsilon = 0.1/(i+1)
    if random.random() < e:
        action = random
    else:
        action = argmax(Q(s, a))
```

이것을 얼음 호수 게임에 적용해보면 에이전트가 새로운 길을 발견할 수도 있다.

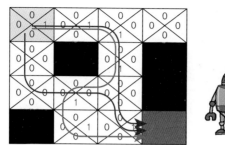

할인(discount)된 보상

앞 절에서 할인된 보상을 이야기한 바 있다. 우리는 이제까지 보상을 할인하지 않았다. 미래의 보상에는 할인 계수 람다를 곱하여 총 보상을 계산한다. 할인 계수 γ는 0에서 1 사이의 값이다.

$$R_t = r_t + \gamma r_{t+1} + \gamma^2 r_{t+2} + \cdots$$

에이전트는 할인된 보상을 극대화하기 위한 액션을 선택하게 된다. Q 값의 순환식에 할인 계수를 도입하면 다음과 같이 변경된다.

$$Q(s, a) \leftarrow r + \gamma \max_{a'} Q(s', a')$$

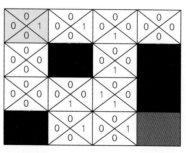

할인된 보상이 필요한 이유는 에이전트가 찾은 경로가 여러 개 있는 경우, 어떤 경로가 더 최단 경로인지를 판단해야 하기 때문이다. 할인된 보상 메커니즘이 없다면 갈림길에서 에이전트의 선택이 어려울 수 있다. Q 값이 모두 1이기 때문이다. 만약 할인된 보상이 적용된다면 긴 경로의 Q 값은 할인이 많이 되어서 작아지게 될 것이다.

할인 계수가 0.8이라고 가정하고 얼음 호수의 Q 값들을 모두 다시 계산해보면 다음과 같다. 목표 상태로부터 멀어지면 Q 값도 작아지게 된다.

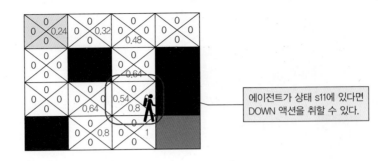

에이전트가 상태 s11에 있다면
DOWN 액션을 취할 수 있다.

수렴할까?

이제까지 우리는 단순히 Q라고 썼지만, 이것은 실제 Q 값이 아니고 근사치이다. 따라서 우리가
다음과 같은 수식을 이용하여 Q 값을 계산했을 때 과연 Q 값이 발산하지 않고 어떤 값에 수렴
할 것인가? 이것도 중요한 문제이다. 여러 연구들에 따르면 결정론적 환경(즉 확률적인 환경이
아니라는 것이다)이고 상태의 개수가 유한하면 Q 값은 수렴한다고 한다. 얼음 호수 문제에서는
에이전트가 얼음에서 미끄러져서 의도하지 않은 상태가 갈 확률이 없고 환경이 유한하다면 Q
값이 수렴할 것이다.

확률적인 환경

앞에서 살펴본 Q-학습은 환경이 결정된 환경에서는 잘 작동한다. 하지만 확률적인 환경에서는
전혀 학습이 되지 않는다. 확률적인 환경이란 액션을 실행하였을 때 에이전트가 의도한 대로
가지 않을 수도 있는 환경이다. 예를 들어서 얼음 호수에서는 표면이 얼어있고 바람이 심하게
분다. 따라서 에이전트가 오른쪽으로 가려고 하여도 아래쪽으로 미끄러질 수 있는 것이다.

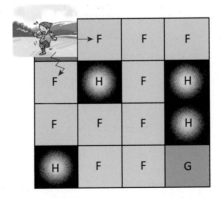

이런 경우에는 무턱대고 새로운 Q 값에만 의지하는 것보다, 자신이 이때까지 축적해온 Q 값도
사용하는 것이 좋다. 왜냐하면 새로운 Q 값이 미끄러져서 얻은 Q 값일 수도 있기 때문이다.

따라서 Q 값 업데이트 방정식이 다음과 같이 변경되어야 한다.

$$Q(s, a) \leftarrow (1-\alpha)Q(s, a) + \alpha\left[r + \gamma \max_{a'} Q(s', a')\right]$$

기존의 Q 값   새로운 Q 값

여기서 α는 학습률이다. α는 새로 획득한 정보가 이전 정보를 대체하는 정도를 결정한다. α가 0.3이라면 새로운 Q 값으로부터는 30%만 학습하겠다는 의미이다. 기존의 Q 값을 70% 섞는다. 다른 문헌에서는 위의 식을 약간 변경하여서 다음과 같이 제시하기도 한다.

$$Q(s, a) \leftarrow Q(s, a) + \alpha\left[r + \gamma \max_{a'} Q(s', a') - Q(s, a)\right]$$

이것이 Q-학습의 최종적인 업데이트 수식이다.

5. 예제: 얼음 호수 게임에서 Q-학습의 구현

우리는 파이썬을 이용하여서 앞에서 학습한 Q-학습을 구현해보자.

(1) 필요한 라이브러리를 포함시킨다.

```python
import gym
import numpy as np
```

(2) 게임 환경을 생성한다. 여기에서 FrozenLake 8x8 환경을 생성한다. OpenAI Gym은 에이전트 교육에 사용할 수 있는 다양한 환경으로 구성된 라이브러리이다. 우리는 Frozen Lake 를 사용한다. 미끄러짐은 없다고 설정한다.

```python
env = gym.make("FrozenLake-v1", render_mode="human", is_slippery=False)
```

(3) 필요한 변수들을 선언한다.

```
discount_factor = 0.95
epsilon = 0.9
epsilon_decay_factor = 0.999
learning_rate = 0.8
num_episodes = 30000
```

(4) Q-테이블을 생성하고 초기화한다. Q-테이블을 생성하기 위해서는, 필요한 행(상태)과 열(액션)의 수를 알아야 한다. OpenAI Gym은 env.action_space.n 및 env.observation_space.n과 같은 속성을 제공한다.

```
q_table = np.zeros([env.observation_space.n, env.action_space.n])
```

실제 Q-테이블은 다음과 같이 만들어진다. 처음에는 물론 전부 0이다.

액션 상태	←	→	↑	↓
상태 s0	0	0	0	0
상태 s1	0	0	0	0
상태 s2	0	0	0	0
상태 s3	0	0	0	0
...	...			

(5) Q-학습을 구현한다.

```
for i in range(num_episodes):
    state, _ = env.reset()
    epsilon *= epsilon_decay_factor            # 입실론: 탐사와 활용 비율 결정
    done = False

    while not done:
        if np.random.random() < epsilon:       # 난수가 입실론보다 작으면 탐사
            action = env.action_space.sample()  # 랜덤 액션
        else:                                   # 난수가 입실론보다 작으면 활용
            action = np.argmax(q_table[state, :])  # Q 테이블에서 가장 큰 값
```

```
        new_state, reward, done, _, _ = env.step(action)
        # 새로 얻은 정보로 Q-테이블 갱신
        q_table[state, action] +=  learning_rate * (reward + discount_factor *
np.max(q_table[new_state, :]) - q_table[state, action])
        state = new_state
print(q_table)
```

위의 코드에는 이제까지 우리가 이야기하였던 모든 것이 구현되어 있다. 즉 탐사와 활용은 입실론론을 통하여 구현되어 있다. 또 미래 보상은 할인되는데 이것은 discount_factor로 구현된다. 가장 중요한 코드는 다음과 같이 Q-테이블을 갱신하는 코드이다.

```
        q_table[state, action] +=  learning_rate * (reward + discount_factor *
np.max(q_table[new_state, :]) - q_table[state, action])
```

이것은 앞에서 이야기하였던 수식을 파이썬으로 코딩한 것이다.

$$Q(s, a) \leftarrow Q(s, a) + \alpha \left[r + \gamma \max_{a'} Q(s', a') - Q(s, a) \right]$$

우리는 Q-테이블을 출력해보았다. 아직 Q-테이블이 완벽하지 않기 때문에 실패도 많이 나온다. 완벽하게 하려면 에피소드 수를 증가시켜야 한다.

```
[[0.73509189 0.77378094 0.77378094 0.73509189]
 [0.73509189 0.         0.81450625 0.77378094]
 [0.77378094 0.857375   0.77378094 0.81450625]
 [0.81450625 0.         0.75248363 0.77377103]
 [0.77378094 0.81450625 0.         0.73509189]
 [0.         0.         0.         0.        ]
 [0.         0.9025     0.         0.81450625]
 [0.         0.         0.         0.        ]
 [0.81450625 0.         0.857375   0.77378094]
 [0.81450625 0.9025     0.9025     0.        ]
 [0.857375   0.95       0.         0.857375  ]
 [0.         0.         0.         0.        ]
 [0.         0.         0.         0.        ]
 [0.         0.9025     0.95       0.857375  ]
 [0.9025     0.95       1.         0.9025    ]
 [0.         0.         0.         0.        ]]
```

6. Deep Q-학습

우리는 앞에서, 전통적인 Q-학습을 살펴보았다. 이제는 심층 신경망을 사용하는 방법을 살펴볼 것이다. 2가지의 방법이 있다.

가치 학습(value learning)	정책 학습(policy learning)
$Q(s, a)$ 를 계산한다.	$\pi(s)$ 를 찾는다.
$a = \underset{a}{\mathrm{argmax}} Q(s, a)$	$\pi(s)$ 에서 액션 a 를 샘플링한다.

첫 번째 방법은 신경망이 Q 함수를 학습한다. 우리는 Q 함수로부터 액션을 결정할 수 있다. 두 번째 경우는 신경망이 직접적으로 정책을 학습한다. 정책에서 바로 액션을 결정한다. 두 번째 방법에서는 중간 단계의 Q 함수가 없다. 우리는 첫 번째 방법을 주로 살펴보자.

왜 신경망을 사용하는가?

전통적인 Q-학습은 에이전트를 위한 치트 시트를 만드는 간단하지만 강력한 알고리즘이다. 이를 통해 에이전트는 수행할 액션을 정확히 파악할 수 있다. 하지만 이 치트 시트가 너무 길면 어떻게 될까? 10,000개의 상태와 상태당 1,000개의 액션이 있는 환경을 상상해보자. 천만 개의 셀을 가지는 Q-테이블이 필요하다. 해당 테이블을 저장하고 업데이트하는 데 필요한 메모리 양은 상태 수가 증가함에 따라 감당할 수 없을 만큼 증가한다. 또 Q-테이블을 만들기 위해 각 상태를 탐색하는 데 필요한 시간은 비현실적이다.

예를 들어서 100×100 크기의 화면을 가지고 있는 비디오 게임의 경우, 한 픽셀이 8바이트라고 하면 상태의 수는 얼마나 될까? 하나의 픽셀이 가질 수 있는 상태의 값은 256개이고 이러한 픽셀이 100×100개나 있으므로 무려 $256^{100 \times 100}$이나 된다.

하지만 생각해보자. 이렇게 탐색 공간이 무척 큰 경우가 바로 심층 신경망이 가장 필요한 경우이다. 우리는 신경망을 사용하여 이러한 Q 값을 근사할 수 있다. 이러한 신경망을 DQN(Deep Q Network)이라고 한다.

DQN(Deep Q Network)

앞에서 Q 값을 학습하는 신경망을 DQN(Deep Q Network)이라고 하였다. DQN에서는 상태와 액션을 입력으로 받아서 Q 값을 출력한다. 신경망이 이것을 학습하게 된다. 가능한 액션의 개수가 n개라면 우리는 신경망을 n번 실행해야 한다. 각 액션에 대한 Q 값이 필요하기 때문이다.

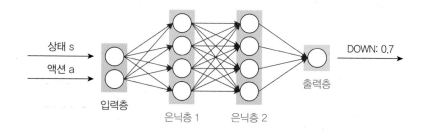

우리는 DQN을 다음과 같이 만들 수도 있다. 이 신경망에서는 상태만을 입력하면 가능한 모든 액션에 대한 Q 값이 출력된다.

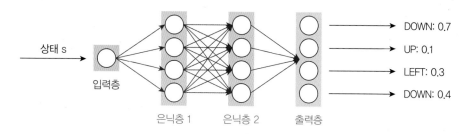

두 번째 신경망이 더 효율적임을 알 수 있다.

Q-학습 vs Deep Q-학습

전통적인 Q-학습과 Deep Q-학습을 비교하면 다음과 같다. 전통적인 Q-학습은 테이블을 이용하는 방법이다. 게임 에피소드가 진행될수록 테이블은 정확해진다. Deep Q-학습에서는 이 테이블을 신경망으로 근사하는 방법이다. 현재의 상태를 입력하면 신경망이 학습된 Q 값을 출력한다.

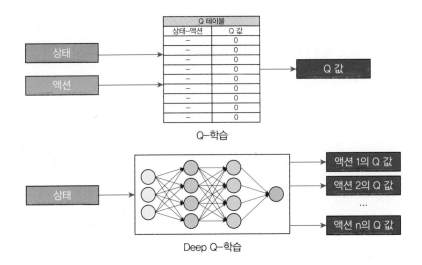

Q-학습

Deep Q-학습

학습 방법

이 신경망을 어떻게 학습시킬 것인가? 이 신경망은 출력값이 실수값(Q 값)이므로 회귀 신경망이어야 한다. 신경망의 출력은 각 액션에 대한 최적의 Q 값이다. 그리고 우리가 원하는 것은 보상을 최대화하는 것이다.

선형 회귀 신경망을 통하여 생성된 출력값을 예측값을 $\hat{Q}(s, a)$라고 하자. 여기서 s는 상태, a는 액션을 의미한다. 정답은 무엇일까? 특정한 액션 a를 실행한 후라면 Q 값은 정의에 의하여 다음과 같이 변경되어야 한다. 이것이 정답이 된다.

$$\left(r + \gamma \max_{a'} \hat{Q}(s', a')\right)$$

위의 값을 신경망이 생성한 Q 값과 비교하면서 차이를 줄이는 방향으로 가중치를 변경하면 된다. 강화 학습에서는 가중치를 θ로 표시한다. 따라서 손실 함수는 다음과 같이 정의된다.

$$E(\theta) = \sum_{t=0}^{T} \Big[\underbrace{\hat{Q}(s_t, a_t \mid \theta)}_{\text{예측값(predicted)}} - \underbrace{\left(r_t + \gamma \max_{a'} \hat{Q}(s_{t+1}', a')\right)}_{\text{목표값(target)}} \Big]^2$$

그래디언트를 이용한 경사 하강법을 사용하여 위의 손실값을 최소로 하는 가중치 θ를 찾으면 된다.

알고리즘

$Q(s, a)$ 값을 난수로 초기화한다.
초기 상태 s를 얻는다.
for t=1,T do
   if 난수 < ε   액션 a_t 를 랜덤하게 선택한다.
   else $a_t = \underset{a}{\mathrm{argmax}}\, Q^*(s_t, a \mid \theta)$
   액션 a_t 를 실행하고 상태가 변경되고 보상 r_t 를 받는다.
   $y_t = r_t + \gamma \underset{a'}{\mathrm{argmax}}\, Q(s_{t+1}, a' \mid \theta)$
   $(y_t - Q(s_t, a_t \mid \theta))^2$ 을 줄이기 위하여 경사 하강법을 사용한다.

위에서 y_t 는 정답 레이블의 역할을 하고 $Q(s_t, a_t \mid \theta)$ 은 현재의 가중치 θ 에 의하여 신경망이 발생시키는 Q 값이다.

실제 적용 예

벽돌깨기 게임에서 Deep Q-학습을 적용한 예를 보자. 딥마인드 사는 다음과 같은 신경망을 구현하였다.

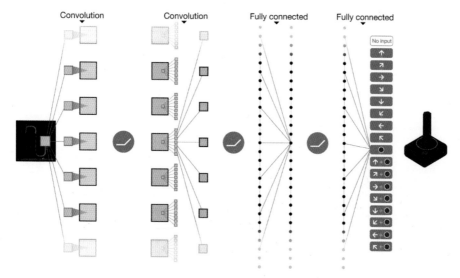

그림 13-6 게임을 위한 강화 학습 신경망
(출처: DeepMind 사의 Nature 논문)

신경망의 학습은 다음과 같이 이루어진다.

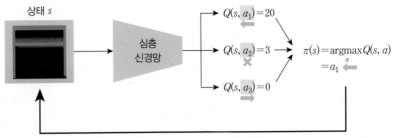

여기서 Q 값 20은 왼쪽으로 가면 아마도 20개의 블록을 깰 수 있다는 의미로 해석하여도 된다. 가만히 있으면 3개의 블록을 깬다는 의미이고, 만약 오른쪽으로 가면 게임에서 질 것을 의미한다. 여기서 총 수익을 최대화하려면 물론 왼쪽으로 가야 한다. 선택된 액션은 아타리 게임 콘솔로 전달되고 게임이 다음 프레임을 반복하고 루프를 통하여 반복된다. 딥마인드 사는 실제로 이러한 신경망이 다음과 같은 결과를 낼 수 있음을 발표하였다.

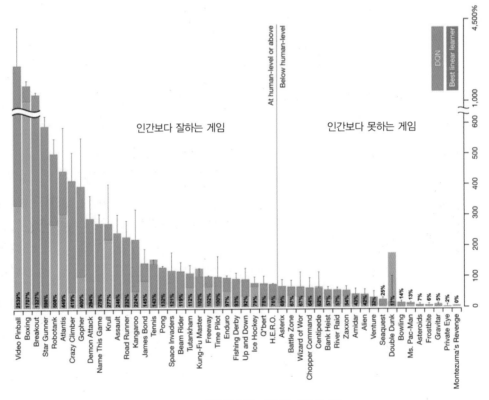

그림 13-7 강화 학습을 이용한 게임의 성능
(출처: DeepMind 사의 Nature 논문)

문제점

Deep Q-학습에서는 약간의 문제가 있다. 우리는 목표 Q 값을 사실 정확히 알지 못한다. 그저 현재의 Q 값을 이용하여 추정할 뿐이다. 따라서 위의 알고리즘에서 볼 수 있듯이 반복할 때마다 목표가 변경된다. 피드포워드 딥러닝에서는 목표가 변경되지 않으므로 훈련이 안정적이지만 Deep Q-학습은 수렴이 안 될 수가 있다. 동일한 신경망이 예측값과 목표값을 동시에 계산하기 때문이다. 따라서 이것을 해결하기 위하여 학습에 2개의 신경망을 사용할 수 있다.

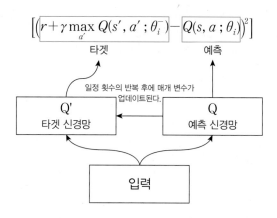

구체적으로 목표값을 추정하기 위해 별도의 신경망(타겟 신경망)을 사용한다. 이 타겟 신경망은 구조는 동일하지만 매개 변수가 고정되어 있다. 일정한 반복이 지나면 예측 신경망의 매개 변수가 타겟 신경망에 복사된다. 이것은 목표값을 잠시 동안이라도 고정하기 때문에 더 안정적인 훈련으로 이어진다.

심층 Q-학습의 단점

- 액션 공간이 비연속적이고 작을 때는 가능, 하지만 연속적인 액션 공간은 처리가 불가능하다.
- 정책은 Q 함수로부터 결정적(determinsitic)으로 계산된다. 따라서 확률적(stochastic)인 정책을 학습할 수 없다.

얼음 호수 문제에 대하여 DQN(심층 Q-학습)을 구현해보자. 우선 다음과 같이 신경망 모델을 구축한다.

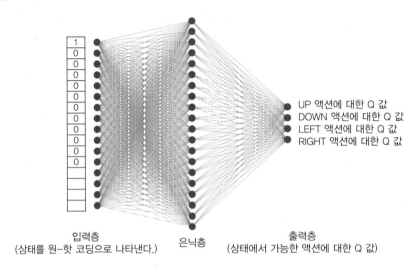

입력층
(상태를 원-핫 코딩으로 나타낸다.) 은닉층 출력층
(상태에서 가능한 액션에 대한 Q 값)

- 입력층: 원-핫 인코딩된 상태 입력 벡터를 입력으로 받는다. 예를 들어서 시작 상태 1은 [1, 0, 0, ..., 0]으로 인코딩된다.
- 은닉층: 10개의 유닛으로 구성된 완전히 연결된 단일 은닉층이 있다.
- 출력층: 이 환경의 액션 개수에 해당하는 4개의 유닛으로 구성된 출력층이 있다. 액션이 UP, DOWN, LEFT, RIGHT이므로 4개가 된다.

이 알고리즘을 충분한 반복 횟수로 실행하면 게임에서 주어진 상태에 대한 동작을 더 정확하게 예측할 수 있는 신경망 모델을 갖게 된다. 신경망 모델은 단순한 Q-테이블보다 복잡한 패턴을 훨씬 더 잘 인식할 수 있다. 하지만 상당히 오랜 기간의 훈련이 필요하다.

(1) 필요한 라이브러리를 포함시킨다.

```python
import gym
import numpy as np
import random
from collections import deque
import tensorflow as tf
from tensorflow.keras.models import Sequential
from tensorflow.keras.layers import Dense
from keras.optimizers import Adam
```

(2) 얼음 호수 게임을 생성한다.

```
env = gym.make("FrozenLake-v1", is_slippery=False)
```

(3) 할인률이나 입실론, 에피소드의 수를 정의한다.

```
discount_factor = 0.9                    # 할인률
epsilon = 1.0                            # 입실론(탐사와 활용 비율)
num_episodes=4000                        # 에피소드 수
max_steps=100                            # 한 에피소드 당 최대 스텝
state_size = env.observation_space.n     # 상태의 수(16)
action_size = env.action_space.n         # 액션의 수(4)
learning_rate=0.01                       # 신경망의 학습률
```

(4) 신경망을 구축한다.

```
model = Sequential()
model.add(InputLayer(batch_input_shape=(1, env.observation_space.n)))
model.add(Dense(20, activation='relu'))
model.add(Dense(env.action_space.n, activation='linear'))
model.compile(loss='mse', optimizer='adam', metrics=['mae'])
```

이 신경망은 회귀가 된다. 따라서 마지막 Dense 레이어의 활성화 함수는 'linear'가 된다. 손실 함수는 평균 제곱 오차(mse)가 된다.

(5) 리플레이 버퍼를 생성한다. 리플레이(replay) 방법이란 이제까지의 플레이를 버퍼에 기억시켰다가 여기서 몇 개를 꺼내서 학습시키는 방법이다.

```
memory = deque(maxlen=2500)    # 리플레이 버퍼
batch_size=32                  # 리플레이 버퍼에서 한번에 꺼내는 개수
```

(6) 상태를 받아서 원-핫 벡터를 반환하는 함수 one_hot()을 작성한다.

```
def one_hot(state):
    state_m=np.zeros((1, env.observation_space.n))
    state_m[0][state]=1
    return state_m
```

(7) Deep Q-학습을 구현한다. 리플레이 시에 학습이 이루어진다.

```python
def replay(batch_size):
        global epsilon
        minibatch=random.sample(memory, batch_size)    # 배치 크기만큼 꺼낸다.
        for new_state, reward, done, state, action in minibatch:
                target = reward
                # ① 목표값을 계산한다.
                if not done:
                        target = reward + discount_factor * np.max(model.predict(one_
hot(new_state), verbose=0))
                        # ② 현재 상태를 계산한다.
                        target_vector = model.predict(one_hot(state), verbose=0)
                        target_vector[0][action]= target
                        # ③ 학습을 수행한다.
                        model.fit(one_hot(state), target_vector, epochs=1, verbose=0)

                # 입실론을 수정한다.
                if epsilon > 0.01:
                        epsilon = 0.99 * np.exp(-0.0005*episode) + 0.01
```

① target이 학습 목표이다. 현재 액션으로 받은 보상에 미래 보상을 전부 더하면 된다.

② target_vector는 현재 상태에 대한 신경망의 출력이다. 즉 4개의 액션에 대한 Q 값이 나오게 된다. 신경망 출력값은 2차원 텐서이다. 즉 신경망의 출력은 [[0.1, 0.2, 0.3, 0.4]]와 같이 나오게 된다. target_vector[0][action] = target 문장으로, 현재 액션에 대한 Q 값을 교체하게 되면 이것이 바로 학습 목표가 된다.

③ 이 학습 목표를 reshape() 함수로 다시 2차원 텐서로 만들어서 fit()를 호출하여 학습한다.

(8) 에피소드 수만큼 게임을 진행한다.

```python
for episode in range(num_episodes):            # 에피소드만큼 반복
    state, _ = env.reset()                     # 환경 초기화
    done = False                               # 게임 종료 여부
    print(f"episode={episode} epsilon={epsilon}")

    for i in range(max_steps):
        if np.random.random() < epsilon:       # 입실론보다 난수가 작으면
            action = env.action_space.sample() # 액션을 랜덤하게 선택
        else:
            action = np.argmax(model.predict(one_hot(state), verbose=0))
                                               # 가장 큰 Q 값 액션
```

```
        new_state, reward, done, _ , _ = env.step(action)      # 게임 단계 진행
        memory.append((new_state, reward, done, state, action)) # 리플레이 버퍼에 저장
        state = new_state        # 새로운 상태로 바꾼다.
        if done:
            print(f'에피소드 번호: {episode}/{num_episodes} 스텝: {i}  보상값 {reward}')
            break

    if len(memory)> batch_size :        # 어느 정도 리플레이 버퍼에 기록이 쌓이면
        replay(batch_size)              # 이때 학습이 이루어진다.
```

④ 학습이 완료된 후에 테스트를 해보면, 안 되는 경우가 훨씬 많다. 심층 Q-학습은 근본적으로 난수에 의존한다(시행착오에 의존하기 때문이다). 따라서 생성되는 난수에 따라서 학습이 좌우된다. 또 보상값이 1.0이 많이 나와야 이것을 바탕으로 학습이 진행된다. 에피소드 수를 늘리고 입실론을 천천히 감소시키야 간신히 학습이 된다. 얼음 호수의 경우, 적어도 4000 정도의 에피소드가 필요하다고 한다. 학습이 완료된 후에 테스트하여 다음과 같이 나오면 성공한 것이다. 전체 소스는 출판사 홈페이지를 참조한다.

```
학습 후 테스트 진행중
상태:4->상태:8->상태:9->상태:13->상태:14->상태:15->보상값=1.0
테스트시 성공률=100.0%
```

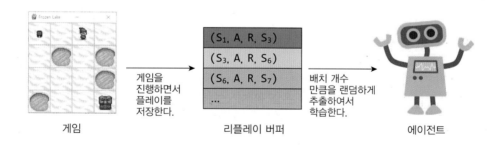

게임   게임을 진행하면서 플레이를 저장한다.   리플레이 버퍼   배치 개수 만큼을 랜덤하게 추출하여서 학습한다.   에이전트

- 지금까지 우리가 살펴본 딥러닝에는 항상 훈련 데이터와 정답 레이블이 있었다. 강화 학습에서는 에이전트가 환경에서 스스로 행동하여서 학습할 수 있다. 인간의 감독이나 안내가 필요 없으므로 상당한 장점이 있다.

- 강화 학습(Reinforcement Learning)에서는 에이전트가 어떤 행동을 취할 때마다 외부에서 처벌이나 보상이 주어진다. 컴퓨터는 이 보상을 최대화하는 방향으로 학습을 진행시킨다.

- 상태(state)는 에이전트의 현재 상황이다. 보상(reward)은 환경으로부터의 피드백이다. 액션(action)는 에이전트의 행동이다.

- 강화 학습에서 보상은 "할인된 보상"이다. 미래의 보상에는 할인 계수 람다를 곱하여 총 보상을 계산한다.

- Q 함수는 상태 s에 있는 에이전트가 어떤 액션 a를 실행하여서 얻을 수 있는 미래 보상값의 기대값이다.

- Q-학습은 Q-테이블을 이용하여서 서브 문제에 대한 결과를 기록한다. 에이전트가 어떤 상태에서 특정한 액션을 하고 보상을 받을 때마다 테이블에 기록한다. 에이전트가 시행착오를 거듭할수록 테이블은 점점 정확해진다.

- 탐사는 가끔 모험을 하는 것이고 활용은 기존의 Q 값을 사용하는 것이다.

- 심층 Q-학습은 Q 값을 심층 신경망을 이용하여 학습한다. 우리는 신경망을 사용하여 이러한 Q 값을 근사할 수 있다. 이러한 신경망을 DQN(Deep Q Network)이라고 한다.

01 딥러닝과 강화 학습의 차이점은 무엇인가?

02 강화 학습에서는 어떻게 학습이 이루어지는가?

03 강화 학습에서 "지연 보상" 문제란 무엇인가?

04 비지도 학습과 강화 학습에서는 정답이 주어지지 않는다. 비지도 학습과 강화 학습의 차이점은 무엇인가?

05 강화 학습에서 "상태", "보상", "액션"이란 무엇인가? 팩맨 게임을 예로 들어서 설명해보자.

06 강화 학습에서는 왜 "할인된 보상"이라는 개념을 사용하는가?

07 강화 학습에서 Q 함수는 어떻게 정의되는가?

08 강화 학습에서 Q 함수를 알고 있다면 최적의 정책은 무엇인가?

09 전통적인 Q-학습을 얼음 호수 게임을 예로 들어서 설명해보자.

10 강화 학습에서 탐사(exploration)와 활용(exploit)은 무엇인가? 예를 들어서 설명해보자.

11 강화 학습에서 e-greey 알고리즘이란 무엇인가?

12 　전통적인 Q-학습과 심층 Q-학습의 차이점은 무엇인가? 왜 어떤 경우에 심층 Q-학습이 필요한가?

13 　심층 Q-학습에서 학습 알고리즘을 설명해보자. 이때 학습 목표가 되는 값은 무엇인가?

14 　"벽돌깨기"라는 고전 게임이 있다. "알파고"를 제작한 딥마인드사는 2016년도에 '벽돌깨기' 게임에 대하여 강화 학습을 적용하였다. 딥마인드 사의 하사비스는 "처음에는 100번 해도 점수가 안 나오더니, 500번 더 하고 나니 인간이 예상하지 못한 게 최적의 솔루션을 스스로 찾아냈다."고 소개했다. 우리는 이 벽돌깨기 게임을 강화 학습을 이용하여 작성해보자. 다만 상당히 복잡하다. 우리는 케라스 홈페이지의 소스를 입력하여 실행해보는 것으로 만족하자. 케라스 홈페이지에서는 BreakoutNoFrameskip-v4 게임 환경에서 Deep Q-Learning의 구현을 보여준다. 딥마인드사에서는 약 38일에 걸쳐서 훈련되었지만 케라스 홈페이지 소스는 최신 컴퓨터에서 24시간 동안만 학습하면 좋은 결과를 제공한다고 한다.

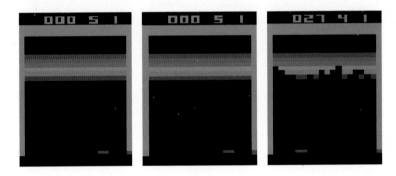

14

생성 모델

오토인코더는 데이터를
압축하여 잠재 표현을 추출할 수 있는 신경망
입니다. 또 GAN은 2개의 신경망이 경쟁하면서
서로의 성능을 높이는 흥미로운 신경망입니다.
이들 생성 모델을 통하여 새로운 이미지나
음악, 소설을 창조할 수 있습니다.

학습목표

- 오토인코더를 이해한다.
- 오토인코더를 이용한 노이즈 제거를 알아본다.
- GAN 생성 모델을 이해한다.

14 | 생성 모델

1. 생성 모델이란?

인간은 창의적인 활동을 할 수 있다. 즉 전혀 존재하지 않았던 새로운 음악을 작곡할 수도 있고, 새로운 그림을 그릴 수 있다. 신경망도 인간처럼 창의적인 작업을 할 수 있을까? 최근의 연구결과를 보면 신경망도 어느 정도 창의적인 작업을 할 수 있을 거 같다.

생성 모델(generative model)은 훈련 데이터의 규칙성 또는 패턴을 자동으로 발견하고 학습하여, 훈련 데이터의 확률 분포와 유사하지만, 새로운 샘플을 생성하는 신경망이다. 구체적으로 생성 모델은 훈련 데이터들의 잠재 공간 표현을 학습할 수 있으며, 학습이 종료된 후에, 잠재 공간에서 랜덤으로 하나의 좌표가 입력되면 거기에 대응되는 출력을 만들어 낼 수 있다. 아래의 사진은 웹사이트 thispersondoesnotexist.com에서 가져온 사진이다. 굉장히 친근해 보이는 아래 사진은 생성 모델 중 하나인 GAN으로 생성된 사진이다. 존재하지 않는 사람의 사진이다.

그림 14-1 GAN으로 생성된 사실적인 사진

생성 모델은 훈련 데이터를 생성하는 규칙을 파악한다.

예를 들어서 우리가 화가 몬드리안의 그림들로 이루어진 데이터 세트를 가지고 있다고 하자. 우리는 굉장히 진짜 같은 몬드리안 스타일 그림을 생성하고자 한다. 만약 생성 모델이 사실적인 몬드리안 스타일 그림을 생성할 수 있다면, 생성 모델은 몬드리안 스타일을 지배하는 어떤 일반적인 규칙을 학습하였다고 봐야 한다(무엇인지는 모르지만). 어떤 화가가 몬드리안 스타일 그림을 잘 그릴 수 있다면, 그 화가는 몬드리안 스타일을 완전히 파악한 것이나 마찬가지이다.

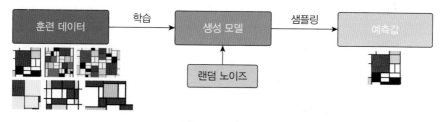

그림 14-2 생성 모델

생성 모델은 결정적이기보다는 확률적이어야 한다. 예를 들어서 우리는 모든 샘플 이미지에 대하여 각 픽셀 위치에서 픽셀값의 평균을 계산하면, 샘플 이미지와 유사한 출력을 생성할 수 있다. 하지만 이와 같은 고정된 계산일 경우, 생성 모델이 매번 동일한 출력을 생성하기 때문에 전혀 흥미롭지 않을 것이다. 따라서 생성 모델은 출력에 영향을 미치는 확률적인 무작위 요소를 포함해야 한다. 생성 모델에서는 학습이 종료된 후에 입력되는 랜덤 노이즈가 이 역할을 한다.

다른 용어로 말하자면, 훈련 데이터 세트 안에 있는, 이미지들을 설명하는, 알려지지 않은 확률 분포가 있고, 우리는 이 확률 분포를 최대한 흉내 내는 생성 모델을 훈련한 후에, 생성 모델에서 하나를 샘플링한다고 생각할 수 있다.

분류 모델과 생성 모델의 차이

이제까지 우리가 학습한 신경망 모델은 대부분 분류 모델(discriminative modeling)이었다. 즉 데이터 x와 레이블 y가 주어지면 분류 모델은 x가 어떤 부류에 속하는지를 판단한다. 분류 모델과 생성 모델을 비교해보자.

주어진 몬드리안 그림이 진본인지를 감별하는 신경망을 설계한다고 하자. 데이터 세트에 몬드리안이 그린 그림과 고호가 그린 그림들이 섞여 있다고 하자. 충분한 훈련 데이터가 있으면, 주어진 그림이 몬드리안에 의해 그려졌는지를 예측하는 분류 모델을 훈련시킬 수 있다. 그림 14-3은 분류 모델을 보여준다. 그림 14-2에 표시된 생성 모델과 어떻게 다른지 확인해보자.

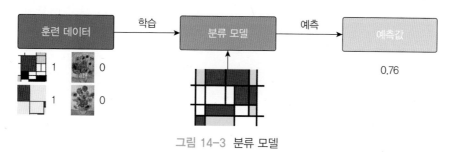

그림 14-3 분류 모델

하나의 주요한 차이점은 분류 모델을 학습시킬 때, 훈련 데이터의 각 샘플에는 정답 레이블이 있다는 것이다. 진본의 레이블은 1이고, 모사본의 레이블은 0이다. 분류 모델은 이 두 그룹을 구별하는 방법을 학습하고 새로운 샘플이 진본일 확률을 출력한다.

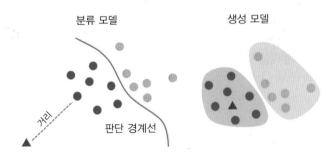

확률 분포로 두 모델을 비교할 수도 있다. 분류 모델은 조건부 확률인 p(y|x)를 알아내는 것이다. 즉 샘플 x가 주어진 상태에서 레이블 y의 확률을 추정한다. 즉 분류 모델은 샘플 x가 범주 y에 속할 확률을 추정하려고 시도한다. 분류 모델은 주어진 그림이 진본인지 아닌지에 대한 확률만 출력할 수 있다. 우리가 몬드리안 그림을 식별하기 위한 완벽한 분류 모델을 만들었어도, 몬드리안 그림을 그리는 방법을 모를 것이다. 반면에 생성 모델은 샘플에 레이블을 지정하는 데는 관심이 없다. 생성 모델은 입력 데이터의 확률 분포 p(x)를 알려고 노력한다.

2. 케라스의 함수형 API

함수형 API 소개

우리는 이제까지 케라스의 Sequential 모델만을 사용하였다. Sequential 모델은 모델을 먼저 만들고 레이어를 차례대로 쌓아서 구성하는 방법이다. add()를 사용하여서 모델에 점진적으로 레이어를 추가한다. Sequential 모델은 신경망의 입력과 출력이 하나라고 가정한다.

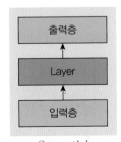

Sequential

이번 장에서는 은닉층의 출력을 꺼내야 하기 때문에 케라스의 함수형 API를 사용하고자 한다. 일부 신경망에서는 입력이 여러 개 필요하거나, 출력이 여러 개 있을 수 있다. 또 레이어를 차곡차곡 쌓지 않고 레이어들을 서로 연결할 수도 있다. 함수형 API는 레이어와 레이어를 변수로 연결하는 방법이다. 우리 마음대로 변수를 연결할 수 있는 장점이 있다.

어떤 경우에 함수형 API가 필요한가? 예를 들어서 부동산의 가격을 예측하는 신경망을 구성한다고 하자. 부동산의 가격을 사용자가 제공하는 아파트 정보와 중개사의 설명, 사진 등의 데이터를 통합하여 예측하려고 한다. 아파트 정보는 완전 연결 신경망을 사용하는 것이 좋을 거 같고, 중개사의 설명은 텍스트를 처리하는 RNN이 좋아 보인다. 또 사진 데이터는 컨벌루션 신경망이 좋을 것이다. 이들을 별도로 구성하여서 학습시켜도 되지만 이들 정보는 상호 관련이 있기 때문에 통합하여 학습시키는 편이 나을 것이다. 따라서 우리는 다음과 같이 모델을 구성할 수 있다.

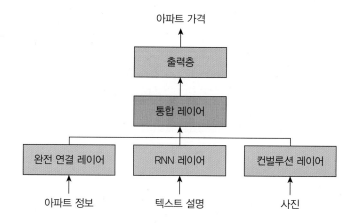

함수형 API를 사용하게 되면, 우리가 원하는 방식으로 객체들을 연결하여 사용할 수 있다. 이번 장에서는 은닉층의 출력을 알아야 한다. 이런 경우에 함수형 API를 사용하는 것이 좋다.

함수형 API 사용하기

함수형 API는 Sequential 함수를 사용하는 것보다 더 유연한 모델을 만들 수 있다. 함수형 API는 비선형 토폴로지, 공유 레이어 및 여러 입력 또는 출력을 사용한 모델을 제작할 수 있다. 일반적인 딥러닝 모델은 레이어들의 방향성 비순환 그래프(DAG)이다. 함수형 API는 레이어 그래프를 작성하는 방법이다. 다음은 인셉션 모듈을 그려본 것이다.

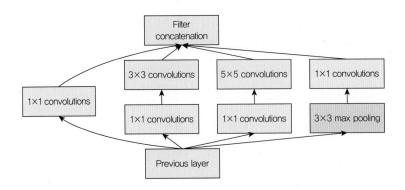

우리가 다음과 같은 모델을 작성하려고 한다고 가정하자. 실제로 이것은 MNIST 숫자 이미지를 처리하는 신경망의 구조이다.

```
import numpy as np
import tensorflow as tf
from tensorflow import keras
from tensorflow.keras import layers
```

3개의 레이어가 있는 신경망을 함수형 API로 빌드해보자.

```
inputs = keras.Input(shape=(784,))                      # (1)
dense = layers.Dense(64, activation="relu")             # (2)
x = dense(inputs)                                       # (3)
x = layers.Dense(64, activation="relu")(x)              # (4)
outputs = layers.Dense(10)(x)                           # (5)
```

(1) 함수형 API를 사용하여 이 모델을 빌드하려면 먼저 입력 레이어를 생성한다. 입력 데이터의 형태는 784차원 벡터이다. 각 샘플의 형태만 지정되므로 배치 크기는 항상 생략된다. 반환되는 inputs에 입력 데이터의 형태와 dtype 정보가 들어 있다. 우리는 이 inputs 레이어에

대하여 다른 레이어를 연결할 수 있다.

(2) 노드가 64개인 Dense 레이어를 생성한다.

(3) 이 문장은 입력 레이어 inputs에서 dense 레이어로 화살표를 그리는 것과 같다. inputs 레이어를 dense 레이어로 연결하고 출력으로 x를 얻는다.

(4) 레이어 그래프에 노드가 64개인 Dense 레이어를 추가한다. 이 문장은 얼핏보면 이해 안 되는 문장일 수 있다. 이 문장은 layers.Dense(64, activation='relu')가 반환하는 객체를 호출하겠다는 의미이다. 이때 x가 전달된다. 나누어 쓰면 다음과 같다.

```
tmp = layers.Dense(64, activation="relu")          # (4)-1
x = tmp(x)                                          # (4)-2
```

(5) 레이어 그래프에 노드가 10개인 Dense 레이어를 추가한다.

이 시점에서 Model을 생성하고 여기에 입력과 출력을 지정할 수 있다.

```
model = keras.Model(inputs=inputs, outputs=outputs)
```

함수형 API의 학습

함수형 API를 사용하여 빌드된 모델의 학습, 평가, 예측은 Sequential 모델을 사용한 것과 동일하다. 이 Model 클래스는 fit() 메서드를 이용하여 학습하고 evaluate()를 이용하여 평가한다. 자기 나름의 훈련 루틴을 구현하기 위해 이러한 루프를 쉽게 사용자 정의 할 수 있다. 여기에서 MNIST 이미지 데이터를 적재하고, 1차원 벡터로 평탄화하고 데이터로 모델을 학습시키면서 테스트 데이터로 모델을 평가하는 코드는 다음과 같다.

```
(x_train, y_train), (x_test, y_test) = keras.datasets.mnist.load_data()

x_train = x_train.reshape(60000, 784).astype("float32") / 255
x_test = x_test.reshape(10000, 784).astype("float32") / 255

model.compile(
    loss=keras.losses.SparseCategoricalCrossentropy(from_logits=True),
    optimizer=keras.optimizers.RMSprop(),
    metrics=["accuracy"],
)

history = model.fit(x_train, y_train, batch_size=64, epochs=2, validation_
split=0.2)
test_scores = model.evaluate(x_test, y_test, verbose=2)
```

Sequential 모델과의 비교

위의 신경망 모델을 Sequential 방법과 함수형 API를 사용하여 구현한 것을 비교해보면 다음과 같다.

Sequential 모델 사용	함수형 API 사용
model = Sequential() model.add(Dense(64, activation="relu", input_shape=(784,))) model.add(Dense(64, activation="relu")) model.add(Dense(10))	inputs = Input(shape=(784,)) x = Dense(64, activation="relu")(inputs) x = Dense(64, activation="relu")(x) outputs = Dense(10)(x) model = Model(inputs=inputs, outputs=outputs)

3. 기본형 오토인코더

오토인코더(auto encoder)는 입력과 동일한 출력을 만드는 것을 목적으로 하는 신경망이다. 오토인코더는 특징 학습, 차원 축소, 표현 학습 등에 많이 사용된다. 우리는 차원 축소 (dimensionality reduction) 문제를 중점적으로 다루도록 하자. 예를 들어서 아래 그림과 같은 오토인코더를 보자. 필기체 숫자 이미지가 주어지면, 오토인코더는 이미지를 더 낮은 차원의 잠재 표현으로 인코딩한다. 이어서 이 잠재 표현을 원래의 이미지로 디코딩한다. 일반적으로 은닉층은 입력층보다 훨씬 더 적은 유닛을 가진다.

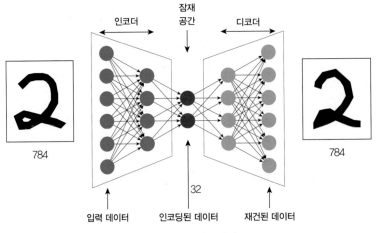

그림 14-4 오토인코더의 구조

그림 14-4에서 784(28×28) 픽셀 크기의 MNIST 이미지는 첫 번째 레이어를 통해 은닉층으로 전달되고 여기서 중간 단계 벡터로 변환되어 원래 입력보다 훨씬 적은 32 픽셀이 된다. 이 벡터는 두 번째 레이어로 전달되어서 입력과 동일한 784 픽셀 크기의 이미지로 복원된다.

오토인코더를 만들기 위해서는 다음과 같은 3가지의 요소가 필요하다. 인코더와 디코더는 일반적인 피드포워드 신경망으로 구현된다. 손실 함수만 정의되면 인코더와 디코더의 매개변수를 경사 하강법을 사용하여 손실을 최소화하도록 변경할 수 있다.

- 인코더(encoder): 입력을 잠재 표현으로 인코딩한다.
- 디코더(decoder): 잠재 표현을 풀어서 입력을 복원한다.
- 손실 함수: 입력 이미지와 출력 이미지의 MSE를 사용한다.

왜 우리는 입력을 압축했다가 다시 복원하여 원래 입력을 만드는 것인가? 우리가 입력과 비교하여 은닉층의 크기를 줄일 수 있다면 신경망은 MNIST 이미지 구조에 대한 정보를 압축했다고 생각할 수 있다. 다른 용어로는 입력 이미지에서 고수준의 특징을 추출하였다고 할 수 있다. 우리는 이것을 다음과 같이 추상적으로 쓸 수 있다.

입력 → 인코더 → 압축된 표현 → 디코더 → 재건된 입력

고수준의 특징들을 추출하였다면 이것을 이용하여 이미지 인식을 쉽게 할 수도 있고, 입력 이미지에서 잡음을 제거하는데 사용할 수도 있다. 오토인코더를 연구하는 또 하나의 이유는 변형 오토인코더(VAE: variational auto encoder) 모델 때문이다. 이것은 기본형 오토인코더와 거의 같지만, 오토인코더가 학습한 스타일과 유사한 이미지를 생성하도록 설계된 오토인코더이다. 비디오 게임 설계자는 도시에서 게임이 진행될 때, 유사한 수백 개의 건물을 설계하는 데 시간을 소비하는 것을 원하지 않는다. 따라서 좋은 변형 오토인코더가 있다면 이 작업을 맡을 수 있다. 우리는 셰익스피어와 같은 대작가의 스타일과 유사한 소설을 작성할 수 있는 변형 오토인코더를 원할 수도 있다.

예제: 필기체 숫자를 압축하는 오토인코더

그림 14-4에서 설명한 MNIST 필기체 숫자 이미지를 압축했다가 복원하는 오토인코더을 작성해보자. 인코더로는 완전히 연결된 레이어를 사용한다. 인코딩 레이어를 통과하면 이미지는 32 픽셀로 압축된다. 디코딩 레이어는 이것을 다시 풀어서 784 픽셀의 이미지로 재구성한다. 케라스를 사용하여서 오토인코더를 만들어보자.

(1) 필요한 라이브러리들을 포함시킨다.

```
import matplotlib.pyplot as plt
import numpy as np
import tensorflow as tf
```

(2) 오토인코더 모델 정의

```
encoding_dim = 32
input_img = tf.keras.layers.Input(shape=(784,))
encoded = tf.keras.layers.Dense(encoding_dim, activation='relu')(input_img)
decoded = tf.keras.layers.Dense(784, activation='sigmoid')(encoded)
autoencoder = tf.keras.models.Model(input_img, decoded)
```

함수형 API를 이용하고 있다. 변수들을 이용하여 각 객체들을 연결한다.

(3) 모델 컴파일

먼저, 화소당 MSE 손실을 사용하도록 모델을 구성하고, optimizer로 'adam'을 사용한다.

```
autoencoder.compile(optimizer='adam', loss=tf.keras.losses.MeanSquaredError())
```

손실 함수는 평균 제곱 오차가 된다.

(4) 입력 데이터 준비

입력 데이터를 준비한다. MNIST 필기체 숫자 이미지를 사용할 것이고, 정답 레이블은 사용하지 않는다. 모든 값을 0~1 사이로 정규화하고 28×28 이미지를 크기 784×1의 벡터로 만든다.

```
mnist = tf.keras.datasets.mnist
(x_train, _), (x_test, _) = mnist.load_data()
```

```
x_train = x_train.astype('float32') / 255.
x_test = x_test.astype('float32') / 255.
x_train = x_train.reshape((len(x_train), np.prod(x_train.shape[1:])))
x_test = x_test.reshape((len(x_test), np.prod(x_test.shape[1:])))
```

reshape()을 호출하여서 훈련 데이터를 (배치크기×784) 형태로 설정한다. np.prod()은 주어진 배열의 요소 값들을 전부 곱하는 넘파이 함수이다. x_train.reshape((len(x_train), 784)와 같다.

(5) 학습

이제 오토인코더를 50 에포크 동안 학습시킨다.

```
autoencoder.fit(x_train, x_train,
                epochs=50,
                batch_size=256,
                shuffle=True,
                validation_data=(x_test, x_test))


...
Epoch 50/50
235/235 [==============================] - 1s 6ms/step - loss: 0.0099 - val_
loss: 0.0096
<tensorflow.python.keras.callbacks.History at 0x7fd00b5f5128>
```

여기서 학습 목표는 입력과 출력이 같아야 하므로 x_train 배열이 입력 데이터와 동시에 정답이 된다. 50 에포크 이후, 오토인코더는 약 0.01의 안정적인 손실 값에 도달하였다.

(6) 재구성

맷플롯립 라이브러리를 사용하여서 x_test에 포함된 원본 이미지와 재구성된 이미지를 화면에 그려보자.

```
decoded_imgs = autoencoder.predict(x_test)

n = 10
plt.figure(figsize=(20, 6))
for i in range(1, n + 1):
    ax = plt.subplot(2, n, i)
    plt.imshow(x_test[i].reshape(28, 28), cmap='gray')        # 원본 이미지

    ax = plt.subplot(2, n, i + n)
```

```
    plt.imshow(decoded_imgs[i].reshape(28, 28), cmap='gray')      # 재구성된 이미지
plt.show()
```

실행 결과는 다음과 같다. 윗줄은 원래의 숫자 이미지이고 아랫줄은 재구성된 숫자 이미지이다.

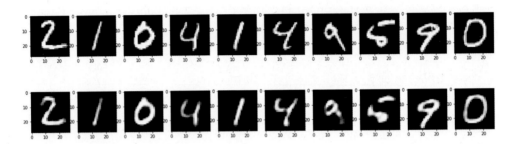

재구성된 이미지가 약간 이상한 것도 있지만 784 픽셀이 32 픽셀로 줄었다가 다시 복원된 것을 감안하면 양호한 수준이다.

4. 노이즈 제거 오토인코더

오토인코더는 노이즈(noise)가 있는 이미지에서 노이즈를 제거하는 용도로도 사용할 수 있다. 여기서 노이즈는 원본 이미지를 손상시키는 무작위 값으로 정의된다. 여기서 이미지는 신호 (signal)라고 가정할 수 있다. 우리는 무작위로 원본 이미지의 일부 픽셀을 0으로 만드는 형태로 이미지에 노이즈를 추가한다. 오토인코더를 사용하면 이미지 전체 픽셀의 50% 이상이 손상된 이미지에서도 원본을 추출할 수 있다.

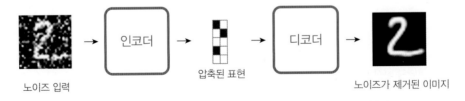

이런 용도로 사용되는 오토인코더를 노이즈-제거 오토인코더(de-noising autoencoder)라고 한다. 이 노이즈 제거 오토인코더의 입력은 노이즈가 추가된 이미지이고 학습은 노이즈가 없는

원본 이미지를 이용하여 이루어진다. 손실 함수는 원본 이미지 픽셀과 디코더가 생성하는 이미지 픽셀 사이의 평균 제곱 오차이다. 이 손실 함수를 사용하면 입력 이미지에서 노이즈를 제거하거나 일부가 소실된 이미지를 다시 복원할 수도 있다.

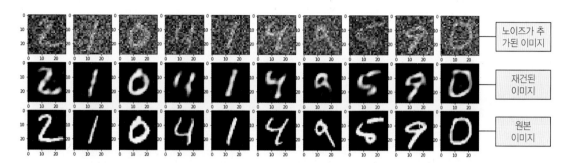

예제: 잡음이 들어간 필기체 숫자를 복원하는 오토인코더

여기서 달라지는 것은 이미지에 노이즈를 추가하는 부분과 학습시키는 이미지뿐이다.

(1) 필요한 라이브러리들을 포함시킨다.

```
import matplotlib.pyplot as plt
import numpy as np
import tensorflow as tf
```

(2) 오토인코더 모델 정의

```
encoding_dim = 32
input_img = tf.keras.layers.Input(shape=(784,))
encoded = tf.keras.layers.Dense(encoding_dim, activation='relu')(input_img)
decoded = tf.keras.layers.Dense(784, activation='sigmoid')(encoded)
autoencoder = tf.keras.models.Model(input_img, decoded)
```

역시 함수형 API를 이용하여 신경망 모델이 정의되었다.

(3) 데이터 읽기

```
mnist = tf.keras.datasets.mnist

(x_train, _), (x_test, _) = mnist.load_data()
x_train = x_train.astype('float32') / 255.
```

```
x_test = x_test.astype('float32') / 255.
x_train = x_train.reshape((len(x_train), np.prod(x_train.shape[1:])))
x_test = x_test.reshape((len(x_test), np.prod(x_test.shape[1:])))

noise_factor = 0.55
```

(4) 노이즈 추가

```
original_train = x_train
original_test = x_test
noise_train = np.random.normal(0, 1, original_train.shape)
noise_test = np.random.normal(0, 1, original_test.shape)
noisy_train = original_train + noise_factor * noise_train
noisy_test = original_test + noise_factor * noise_test
```

넘파이 함수 np.random.normal()을 이용하여 평균 0이고 표준편차가 1인 가우시안 노이즈를 생성한다. 이것을 원래 이미지에 더한다.

(5) 모델 컴파일

먼저, 화소당 MSE 손실을 사용하도록 모델을 구성하고, optimizer로 'adam'을 사용한다.

```
autoencoder.compile(optimizer='adam', loss='mse')
```

(6) 학습

```
autoencoder.fit(noisy_train, original_train,
                epochs=50,
                batch_size=256,
                shuffle=True,
                validation_data=(noisy_test, original_test))
```

```
...
Epoch 50/50
235/235 [==============================] - 1s 6ms/step - loss: 0.0210 - val_loss:
0.0209
<tensorflow.python.keras.callbacks.History at 0x7f5455426898>
```

(7) 학습된 모델 테스트

테스트 데이터에서 10개를 뽑아서 화면에 노이즈가 추가된 이미지, 재구성된 이미지, 원본 이미지를 함께 그려본다.

```python
denoised_images = autoencoder.predict(noisy_test)

n = 10
plt.figure(figsize=(20, 6))
for i in range(1, n + 1):
    ax = plt.subplot(3, n, i)
    plt.imshow(noisy_test[i].reshape(28, 28))          # 노이즈가 추가된 이미지
    plt.gray()

    ax = plt.subplot(3, n, i + n)
    plt.imshow(denoised_images[i].reshape(28, 28))     # 노이즈가 제거된 이미지
    plt.gray()

    ax = plt.subplot(3, n, i + 2*n)
    plt.imshow(original_test[i].reshape(28, 28)) # 원본 이미지
    plt.gray()
plt.show()
```

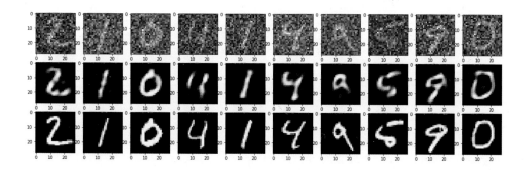

5. GAN이란?

GAN(Generative adversarial network, 생성적 적대 신경망)은 Goodfellow(2014) 등이 설계한 신경망 모델이다. 이 모델에서는 생성자 신경망과 판별자 신경망이 서로 적대적으로 경쟁하면서, 훈련을 통하여 자신의 작업을 점점 정교하게 수행한다. GAN은 흔히 위조지폐를 만드는 범인과 위조지폐를 감별하는 경찰로 그려진다.

예를 들어, 연예인 이미지에 대해 훈련된 GAN은 진짜처럼 보이는 새로운 연예인 이미지를 생성할 수 있다. 아래의 그림은 NVIDIA 연구팀에서 CELEBA-HQ 데이터 세트로 GAN을 학습시킨 후에, GAN이 생성시킨, 가짜 연예인 사진이다. 가짜 사진이지만 사람도 구별할 수 없을 만큼 정교하다.

출처: ICLR 2018 "PROGRESSIVE GROWING OF GANS FOR IMPROVED QUALITY, STABILITY, AND VARIATION", 1024 × 1024 images generated using the CELEBA-HQ dataset

GAN은 원래는 비지도 학습을 위한 생성 모델의 한 형태로 제안되었지만 준지도 학습, 완전 지도 학습, 강화 학습에도 유용하다는 것이 입증되었다.

GAN의 구조

GAN은 서로 대립하는, 2개의 신경망으로 구성된다. 하나의 신경망은 위조품을 만들려는 생성자(generator)이고, 또 하나는 생성자가 생성한 위조품과 진품을 구별하려는 판별자(discriminator)이다. 생성자의 목적은 판별자를 속일 수 있는, 품질이 높은 위조품을 만드는 것이다. 반대로 판별자의 목적은 생성자가 만든 위조품을 정확하게 판별하는 것이다. 여러 번의 훈련을 통하게 되면 생성자는 설득력 있는 위조품을 생성하게 되며, 이에 따라 위조품을 탐지하는 판별자의 능력도 향상된다. 훈련이 계속됨에 따라 두 신경망은 서로를 이기려고 노력하며, 두 모델 모두 각자의 작업에 점점 더 전문화된다. 마치 이것은 두 사람이 서로를 이기기 위하여 훈련을 계속하게 되면 어느덧 두 사람 다 고수가 되는 것과 유사하다. 결국, 이 적대적인 상호 작용의 결과로, 생성자는 인간의 눈에도 설득력 있는 위조품을 생성할 수 있다. 예를 들어서 필기체 숫자를 대상으로 하는 GAN은 다음과 같이 구성된다.

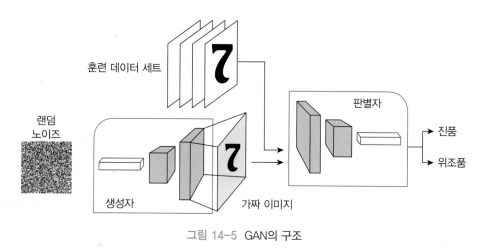

그림 14-5 GAN의 구조

- 생성자(generator): 가짜 데이터를 생성하는 것을 학습한다. 생성된 데이터는 판별자를 위한 학습 예제가 된다.
- 판별자(discriminator): 생성자의 가짜 데이터를 진짜 데이터와 구분하는 방법을 학습한다. 판별자는 생성자가 유사하지 않은 데이터를 생성하면 불이익을 준다.

GAN 훈련 과정

생성자와 판별자는 모두 심층 신경망이다. 생성자의 출력은 판별자 입력에 직접 연결된다. 판별자의 손실은 역전파되어서 생성자와 판별자를 학습하는데 사용된다. 이제부터 GAN의 학습 과정을 좀 더 자세히 살펴보자. GAN 학습은 두 가지의 학습 프로세스로 구성된다. 판별자 훈련과 생성자 훈련이 번갈아 가며 수행된다.

GAN 훈련이 시작될 때 생성자는 아직 무엇을 만들어야 하는지 전혀 알지 못한다. 따라서 입력으로 임의의 노이즈가 공급되며, 생성자는 출력으로 임의의 노이즈 이미지를 생성한다. 이러한 저품질 가짜 이미지는 진짜 이미지와 극명하게 대조되므로, 판별자는 처음에 진짜와 가짜를 판별하는 데 전혀 문제가 없다. 그러나 생성자가 훈련되면서 진짜 이미지의 일부 구조를 복제하는 방법을 점차적으로 학습한다. 결국 생성자는 판별자를 속일 수 있을 만큼 교활해지며, 판별자도 진짜 이미지에서, 보다 복잡하고 미묘한 특징을 학습하여 더 판별을 잘하게 된다. 이러한 방식으로 생성자 훈련과 판별자 훈련을 번갈아 가며 수행하면, 생성자는 더욱 설득력 있는 이미지를 위조하는 방법을 배운다. 어느 시점에서 두 개의 적대적 모델은 교착 상태에 도달한다.

훈련이 끝나면 판별자는 폐기되고 생성자가 최종 제품이 된다. 생성자에 무작위 노이즈를 입력하면, 훈련된 이미지의 스타일과 일치하는 이미지가 출력된다. 이러한 의미에서 GAN의 생성 능력은 어느 정도, 창의적인 것으로 간주 될 수 있다. 유명인의 얼굴 사진에 대한 대규모 훈련 데이터셋이 제공되면 GAN은 존재하지 않았던 "유명인"의 설득력 있는 사진을 생성할 수 있다. 아래 그림에서와 같이 잠복 공간 내에서 특정 좌표를 지정하여 특정 연령, 성별, 안경 유형과 같은 원하는 속성으로 유명인의 얼굴을 출력할 수 있다.

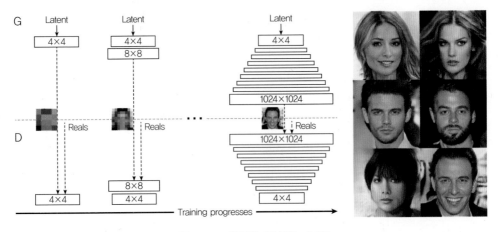

그림 14-6 사진을 생성하는 GAN

(출처: ICLR 2018 "PROGRESSIVE GROWING OF GANS FOR IMPROVED QUALITY, STABILITY, AND VARIATION", 1024 × 1024 images generated using the CELEBA-HQ dataset)

판별자 훈련

판별자 훈련에서 생성자는 가짜 이미지를 생성한다. 판별자는 가짜 이미지를 실제 이미지와 구별하는 방법을 배운다. 판별자 훈련 중에 학습하는 것은 판별자 신경망이다. 생성자 신경망은 역전파에 관여하지 않으므로 아무것도 배우지 않는다.

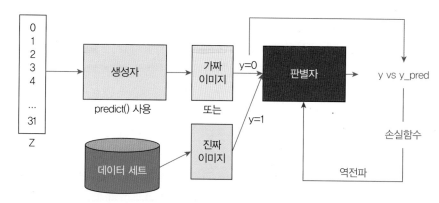

그림 14-7 판별자 훈련 개요

위의 그림이 판별자 훈련 루프의 개요이다. 생성자는 난수를 받아서 가짜 이미지를 생성한다. 이들은 진짜 이미지와 혼합되고, 정답 레이블과 함께 판별자를 훈련하는 데 사용된다. 학습 경로는 빨간색으로 표시되고 비학습 경로는 파란색으로 표시된다.

① 생성자는 가짜 이미지를 생성하고, 이는 진짜 이미지와 혼합되어서 판별자에 공급된다.
② 판별자는 이미지가 진짜일 가능성에 해당하는 예측값(y_pred)을 출력한다.
③ 실제 y 레이블에 대한 판별자의 y_pred 예측값을 교차 엔트로피 손실 함수로 평가한다.
④ 오차 역전파를 통해 판별자의 매개 변수를 조정하여 진짜 이미지와 가짜 이미지를 더 잘 구별하도록 모델을 훈련시킨다.

생성자 훈련

아래 그림에 묘사된 바와 같이, 이 과정에서 판별자는 생성자에 의해 생성된 가짜 이미지를 판단한다. 여기에서 판별자는 추론만 수행하고, 이 정보를 사용하여 학습하는 것은 생성자이다. 생성자는 판별자를 속여, 가짜 이미지를 실제 이미지처럼 만드는 방법을 학습한다.

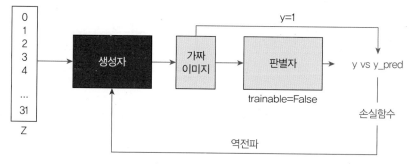

그림 14-8 생성자 훈련 개요

생성자의 순방향 전파는 가짜 이미지를 생성하고 판별자는 이러한 이미지에 점수를 매긴다. 생성자는 오차 역전파를 통해 개선된다. 위의 그림에서와 같이 학습 경로는 빨간색으로 표시되며, 이외의 학습 경로는 파란색으로 표시된다. 생성자 훈련 중에 학습하는 것은 생성자 신경망 뿐이다.

① 생성자는 임의의 노이즈 벡터 z를 입력으로 받아서 가짜 이미지를 생성한다.
② 생성자에 의해 생성된 가짜 이미지는 판별자에 공급된다. 이 과정에서 우리는 의도적으로 판별자에게 거짓말을 한다. 즉 가짜 이미지를 진짜 이미지인 것처럼(y = 1)로 표시한다.
③ 판별자는 추론에 의해, 주어진 입력 이미지가 진짜인지 가짜인지에 대한 예측값 y_pred을 출력한다.
④ 교차 엔트로피 손실값이 계산되고, 이 값은 생성자 신경망의 매개 변수를 조정하는 데 사용된다. 즉 판별자가 속아서 y_pred=1이 되면 손실은 작아진다. 생성자는 가짜 이미지가 판별자에게 얼마나 설득력 있는지 학습한다. 손실값을 최소화함으로써 생성자는 인간의 눈에는 실제처럼 보일 수도 있는 가짜 이미지를 생성하는 방법을 학습한다.

손실 함수

GAN에서는 어떤 손실 함수를 사용해야 할까? 일단 결론부터 이야기하자. GAN의 판별자가 하는 역할은 이진 분류기이다. 즉 진짜 이미지와 가짜 이미지를 구별하는 작업이다. 따라서 이진 교차 엔트로피 손실값을 사용하면 된다.

6. 예제: GAN으로 숫자 이미지 생성

일단 가장 전형적인 예제는 MNIST 필기체 숫자 이미지를 가지고 가상적인 숫자 이미지를 생성해보는 것이다. 이 예제는 텐서플로우 홈페이지에도 나와 있는 예제이다. 여기서는 예제를 좀 이해하기 쉽게 수정하였다.

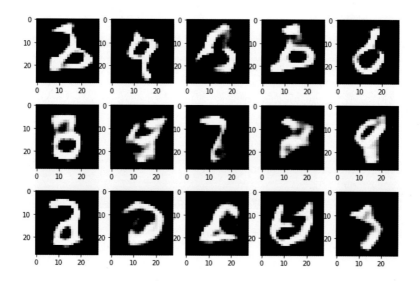

(1) 필요한 모듈들을 포함시킨다.

```
import numpy as np
import tensorflow as tf
from matplotlib import pyplot as plt
```

(2) MNIST 데이터를 다운로드하여 준비한다.

```
# 학습 데이터와 테스트 데이터 분리
(x_train, y_train), (x_test, y_test) = keras.datasets.mnist.load_data()

# 이미지를 [0, 1] 범위로 스케일링
x_train = x_train.astype("float32") / 255
x_test = x_test.astype("float32") / 255
BATCH_SIZE=128
EPOCHS=2000
Z_DIMENSIONS=32
data = np.reshape(x_train, (x_train.shape[0], 28, 28, 1))
```

- 픽셀을 0에서 1 범위로 조정하기 위해 255로 나눈다.
- 판별자 신경망의 첫 번째 은닉층은 2차원 컨벌루션 필터로 구성되므로 이미지를 1×784 배열
  에서 28×28 행렬로 변환한다. 넘파이의 reshape() 메서드를 사용한다. 4번째 차원은 1인데
  이미지가 단색이기 때문이다. 만약 이미지가 풀 컬러이면 3으로 하여야 한다.

(3) 판별자 신경망 구축하기

판별자는 Conv2D 레이어를 포함하는 컨볼루션 신경망이다. 우리는 판별자 모델을 구축하여 반환하는 함수 build_discriminator()를 정의한다.

```python
def make_discriminator():
    model = tf.keras.Sequential()
    model.add(tf.keras.layers.Conv2D(64, (5, 5), strides=(2, 2), padding='same',
        activation='relu', input_shape=[28, 28, 1]))
    model.add(tf.keras.layers.Dropout(0.4))

    model.add(tf.keras.layers.Conv2D(128, (5, 5), strides=(2, 2), padding='same',
        activation='relu'))
    model.add(tf.keras.layers.Dropout(0.4))

    model.add(tf.keras.layers.Conv2D(256, (5, 5), strides=(2, 2), padding='same',
        activation='relu'))
    model.add(tf.keras.layers.Dropout(0.4))
    model.add(tf.keras.layers.Flatten())
    model.add(tf.keras.layers.Dense(1, activation='sigmoid'))

    return model
```

- 입력 이미지의 크기는 28x28이다.
- 3개의 은닉층이 모두 컨볼루션 레이어이다.
- 레이어 당 컨벌루션 필터의 수는 레이어가 깊어질수록 두 배가 된다. 첫 번째 은닉층이 64개의 컨볼루션 필터를 가지고 있어서 64의 깊이를 가진 활성화 맵을 출력한다. 세 번째 은닉층은 256개의 컨볼루션 필터를 가진다.
- 필터 크기는 5×5로 일정하게 유지된다.
- 3개의 컨벌루션 레이어의 보폭은 2×2이다. 즉, 활성화 맵의 높이와 너비가 각 레이어에 의해 대략 절반으로 줄어든다.
- 40%의 드롭아웃이 모든 컨벌루션 레이어에 적용된다.
- 최종 컨벌루션 레이어에서 3차원 활성화 맵을 평면화하여 완전 연결된 출력 레이어로 연결된다.
- 실제 이미지와 가짜 이미지를 구별하는 것은 이진 분류 작업이므로 출력 레이어는 단일 시그모이드 뉴런으로 구성된다.

판별자를 그림으로 나타내면 다음과 같다.

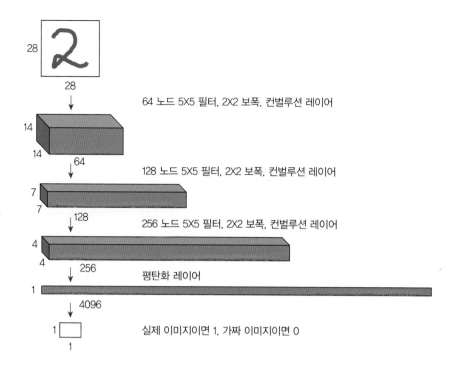

64 노드 5X5 필터, 2X2 보폭, 컨벌루션 레이어

128 노드 5X5 필터, 2X2 보폭, 컨벌루션 레이어

256 노드 5X5 필터, 2X2 보폭, 컨벌루션 레이어

평탄화 레이어

실제 이미지이면 1, 가짜 이미지이면 0

(4) 판별자 생성

```
discriminator = make_discriminator()
```

(5) 판별자를 컴파일한다.

```
discriminator.compile(loss='binary_crossentropy',
                    optimizer=tf.keras.optimizers.Adam(lr=0.0004),
                    metrics=['accuracy'])
```

- 판별자는 이진 분류 모델이기 때문에 이진 교차 엔트로피 손실 함수를 사용한다.
- 옵티마이저로 "Adam"을 사용한다.
- 척도는 정확도이다.

(6) 생성자 신경망 구축하기

생성자는 de-CNN이라고 불리는데, 그 이유는 일반적인 컨볼루션 레이어의 반대 기능을 수행하기 때문이다. 일반적인 컨볼루션 레이어는 입력 이미지로부터 특징을 추출하여서 활성화 맵을 출력하지만, GAN 생성자는 활성화 맵을 가져와서 이미지를 구성한다. 초기 단계에서는 1차원 벡터인 노이즈 입력을 2차원 배열로 재구성한다. 여러 레이어의 디-컨벌루션 연산을 거쳐서 생성자는 임의의 노이즈 입력을 가짜 이미지로 변환할 수 있다.

```python
def make_generator():
    model = tf.keras.Sequential()

    model.add(tf.keras.layers.Dense(7*7*64, input_shape=(Z_DIMENSIONS,)))
    model.add(tf.keras.layers.BatchNormalization(momentum=0.9))
    model.add(tf.keras.layers.LeakyReLU())
    model.add(tf.keras.layers.Reshape((7, 7, 64)))
    model.add(tf.keras.layers.Dropout(0.4))

    model.add(tf.keras.layers.UpSampling2D())
    model.add(tf.keras.layers.Conv2DTranspose(32,
                            kernel_size=5, padding='same',
                            activation=None,))
    model.add(tf.keras.layers.BatchNormalization(momentum=0.9))
    model.add(tf.keras.layers.LeakyReLU())

    model.add(tf.keras.layers.UpSampling2D())
    model.add(tf.keras.layers.Conv2DTranspose(16,
                            kernel_size=5, padding='same',
                            activation=None,))
    model.add(tf.keras.layers.BatchNormalization(momentum=0.9))
    model.add(tf.keras.layers.LeakyReLU())

    model.add(tf.keras.layers.Conv2D(1, kernel_size=5, padding='same',
                    activation='sigmoid'))
    return model
```

- 입력은 일정한 크기의 랜덤 노이즈 배열이다. 입력 노이즈 벡터의 차원 수는 32이다. 입력을 얼마로 할 것인지는 하이퍼 파라미터에 속한다. 고차원 노이즈 벡터는 더 많은 정보를 저장하여 GAN의 가짜 이미지 출력 품질을 향상시킬 수 있다. 하지만 계산은 더 복잡해진다. 일반적으로 입력 노이즈 벡터의 차원은 2의 배수로 설정하는 것이 좋다.
- 첫 번째 은닉층은 완전 연결된 레이어이다. 이 완전 연결 레이어는 잠재 공간 입력을 뒤에 오는 디컨볼루션 은닉층에 유연하게 매핑할 수 있도록 출력을 늘린다. 32개의 입력은 Dense 층의 3,136개의 노드에 매핑되어 1차원 활성화 배열을 출력한다. 이러한 활성화 배열은 reshape() 함수를 호출하여서 7×7×64 활성화 맵으로 재구성된다. 이어서 드롭아웃이 수행된다.
- 신경망에는 2개의 디컨볼루션 레이어(Conv2DTranspose)가 있다. 첫 번째 필터에는 32개

의 필터가 있으며, 두 번째 디컨볼루션 레이어에는 16개의 필터가 있다. 업 샘플링 레이어
(UpSampling2D) 때문에 활성화 맵의 높이와 너비가 두 배가 된다. 2개의 디컨볼루션 레이
어는 모두 다음과 같은 속성값을 갖는다.

- 5×5 커널
- 1×1의 보폭
- 디컨볼루션 후 활성화 맵의 크기를 유지하기 위해 패딩이 SAME으로 설정됨
- LeakyReLU 활성화 함수
- 정규화 레이어 적용

- 출력 레이어는 28×28×16 활성화 맵을 28×28×1 이미지로 축소하는 컨벌루션 레이어이다. 이
  마지막 단계의 시그모이드 활성화 함수는 픽셀 값의 범위를 0에서 1까지로 제한한다.

생성자를 그림으로 나타내면 다음과 같다.

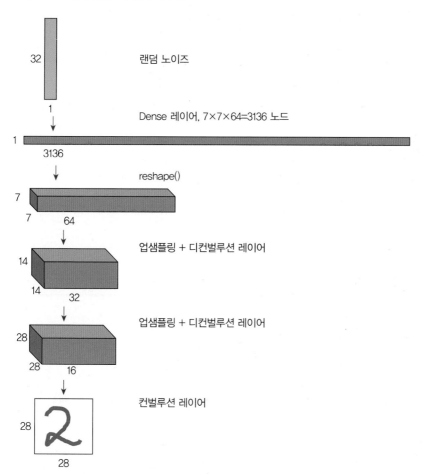

(7) 생성자 생성

생성자를 생성하기 위해 함수 make_generator()를 호출한다.

```
generator = make_generator()
```

아직 훈련되지 않은 생성자를 이용해 이미지를 생성해보자.

```
noise = tf.random.normal([1, Z_DIMENSIONS])
generated_image = generator(noise, training=False)
plt.imshow(generated_image[0, :, :, 0], cmap='gray')
```

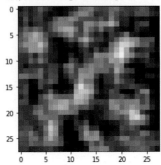

완벽한 노이즈만 생성된다.

(8) 생성적 적대 신경망 구축

우리는 판별자 신경망과 생성자 신경망을 구축하였다. 이제 이것들을 모아서 하나의 모델로 만들어보고 실제 이미지와 가짜 이미지에 대해 훈련시켜보자.

```
z = tf.keras.layers.Input(shape=(Z_DIMENSIONS,))
fake_image = generator(z)
discriminator.trainable = False
prediction = discriminator(fake_image)
gan_model = tf.keras.models.Model(z, prediction)
```

- 입력을 담당하는 Input() 레이어를 생성한다. 32 크기의 랜덤 노이즈의 배열을 받는다.
- z는 생성자로 입력되고 생성자의 출력으로 28×28 이미지를 얻는다.
- 생성자 훈련을 위해 판별자 신경망의 매개 변수 trainable를 False로 고정한다. 즉 판별자는 훈련되지 않는다.

- 가짜 이미지를 판별자 신경망에 전달하면 이미지가 진짜인지 가짜인지에 대한 예측값이 출력된다.
- 케라스의 Model 클래스를 사용하여 GAN 모델을 구성한다. 함수형 API를 사용하였다. GAN의 입력이 z이고 그 출력이 prediction임을 나타낸다.

(9) GAN 모델 컴파일

```
gan_model.compile(loss='binary_crossentropy',
                        optimizer=tf.keras.optimizers.Adam(lr=0.0004),
                        metrics=['accuracy'])
```

compile()에 대한 인수는 판별자 신경망에 사용한 인수와 동일하다.

(10) GAN의 학습

```
def train_gan():
    for i in range(EPOCHS):
        real_images = np.reshape(
            data[np.random.choice(data.shape[0],
                                    BATCH_SIZE,
                                    replace=False)], (BATCH_SIZE,28,28,1))
        fake_images = generator.predict(
            np.random.uniform(-1.0, 1.0,
                                size=[BATCH_SIZE, Z_DIMENSIONS]))

        x = np.concatenate((real_images,fake_images))        진짜 이미지와 가짜
                                                             이미지를 붙인다.

        y = np.ones([2*BATCH_SIZE,1])                        정답 레이블을
        y[BATCH_SIZE:,:] = 0                                 생성한다.

        discriminator.train_on_batch(x, y)                   판별자를 훈련한다.

        noise = np.random.uniform(-1.0, 1.0, size=[BATCH_SIZE, Z_DIMENSIONS])
        y = np.ones([BATCH_SIZE,1])

        gan_model.train_on_batch(noise, y)                   잡음을 입력하여서
                                                             생성자를 훈련한다.

        if i%100 == 0:
            noise = np.random.uniform(-1.0, 1.0,
                                        size=[5, Z_DIMENSIONS])
            generated_image = generator.predict(noise)
            plt.figure(figsize=(10,10))
            for i in range(generated_image.shape[0]):
                plt.subplot(1, 5, i+1)
```

```
            plt.imshow(generated_image[i, :, :, 0],
                        cmap='gray')
        plt.show()
train_gan()
```

- for 루프를 사용하여 epochs만큼 훈련한다.
- 각 에포크 내에서 판별자 훈련과 생성자 훈련을 번갈아가며 수행한다.
- 판별자를 훈련하기 위해 다음을 수행한다.
  - 128개의 실제 이미지를 샘플링한다.
  - 노이즈 벡터를 생성하고 생성기 모델의 predict() 메서드에 전달하여 128개의 가짜 이미지를 생성한다. predict()을 사용하여 생성자는 예측만 수행한다. 가중치 매개변수를 업데이트하지 않고 출력 이미지를 생성한다.
  - 실제 이미지와 가짜 이미지를 단일 변수로 연결하여 판별자에 대한 입력을 만든다.
  - 판별자를 훈련하는 데 사용할 수 있도록 이미지에 실제($y = 1$) 또는 가짜($y = 0$) 레이블을 지정하는 배열을 만든다.
  - 판별자를 훈련하기 위해 입력 x과 레이블 y을 모델의 train_on_batch() 메서드에 전달한다.

- train_on_batch() 메소드는 하나의 배치 데이터를 처리한 후에 그래디언트 강하법을 사용하여 가중치를 변경한다. 즉 하나의 배치를 사용하여 학습하는 메소드이다.
- 생성자를 훈련하기 위해 다음을 수행한다.
  - 임의의 노이즈 벡터(noise라는 변수에 저장됨)를 입력으로 전달하고 모든 이미지가 실제 이미지라고 설정한다(즉, $y = 1$). GAN 모델의 train_on_batch 메서드에 전달한다.
  - GAN 모델의 생성자는 노이즈 입력을 가짜 이미지로 변환하여 GAN의 판별자에 전달된다.
  - GAN 모델 훈련 중에 판별자의 가중치 매개 변수가 고정되기 때문에 판별자는 훈련 없이, 들어오는 이미지가 실제인지 가짜인지 알려준다. 생성자가 가짜를 출력하더라도 실제 이미지로 레이블이 지정되고($y = 1$), 교차 엔트로피 비용을 계산하고 역전파하여 생성자 모델의 가중치를 업데이트한다. 이 손실값을 최소화함으로써 생성자는 판별자가 실수로 실제로 분류하는 가짜 이미지를 생성하는 방법을 학습한다.

- 100 에포크마다 다음을 수행한다.
  - 10개의 노이즈 벡터를 무작위로 샘플링하고 생성자의 predict() 메소드를 사용하여 가짜 이미지를 생성한다.
  - 훈련 중에 생성자 이미지의 품질을 모니터링할 수 있도록 16개의 가짜 이미지를 4x4 그리

드에 플로팅한다.

- train_gan()을 호출하여 훈련을 진행한다.

100 에포크의 훈련 후에 형편없는 가짜 이미지가 생성된다. 그러나 200 에포크가 지나면 이미지가 숫자들의 애매한 스케치처럼 느껴진다. 수백 에포크가 지나면 GAN은 그럴싸한 위조 숫자를 만들기 시작한다.

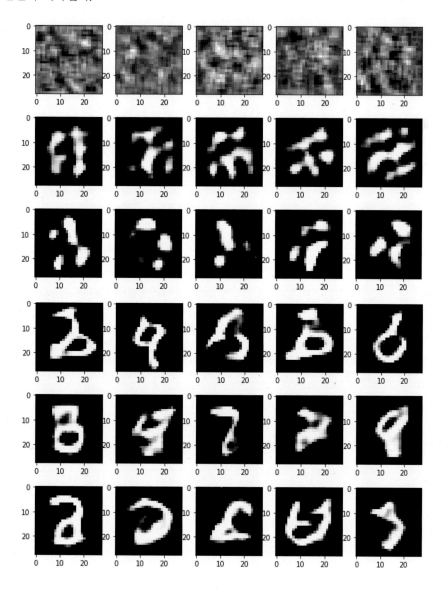

요약

- 생성 모델(generative model)은 훈련 데이터의 규칙성 또는 패턴을 자동으로 발견하고 학습하여, 훈련 데이터의 확률 분포와 유사하지만, 새로운 샘플을 생성할 수 있는 신경망이다.

- 훈련 데이터 세트 안의 확률 분포가 있고, 우리는 이 확률 분포를 최대한 흉내 내는 생성 모델을 훈련한 후에, 생성 모델에서 하나를 샘플링한다고 생각할 수 있다.

- 케라스의 함수형 API는 레이어와 레이어를 변수로 연결하는 방법이다. 우리 마음대로 변수를 연결할 수 있는 장점이 있다.

- 오토인코더(auto encoder)는 입력과 동일한 출력을 만드는 것을 목적으로 하는 신경망이다. 오토인코더는 특징 학습, 차원 축소, 표현 학습 등에 많이 사용된다.

- 오토인코더는 노이즈를 제거하는 용도로도 사용이 가능하다. 노이즈-제거 오토인코더의 입력은 노이즈가 추가된 이미지이고 학습은 노이즈가 없는 원본 이미지이다. 손실 함수는 원본 이미지 픽셀과 디코더가 생성하는 이미지 픽셀 사이의 평균 제곱 오차이다.

- GAN(Generative adversarial network, 생성적 적대 신경망)은 Goodfellow(2014) 등이 설계한 신경망 모델이다. 이 모델에서는 생성자 신경망과 판별자 신경망이 서로 적대적으로 경쟁하면서, 훈련을 통하여 자신의 작업을 점점 정교하게 수행한다.

- GAN은 서로 대립하는, 2개의 신경망으로 구성된다. 하나의 신경망은 위조품을 만들려는 생성자(generator)이고, 또 하나는 생성자가 생성한 위조품과 진품을 구별하려는 판별자(discriminator)이다. 생성자의 목적은 판별자를 속일 수 있는, 품질이 높은 위조품을 만드는 것이다. 반대로 판별자의 목적은 생성자가 만든 위조품을 정확하게 판별하는 것이다.

연습문제

01 오토인코더란 무엇인가?

02 우리가 오토인코더를 사용하는 이유는 무엇인가?

03 GAN(Generative Adversarial Network)이란 무엇인가?

04 GAN에서 생성자와 판별자의 학습 과정을 설명해보라.

05 지금까지 우리는 오토인코더를 2-레이어로만 구성하였다. 하지만 얼마든지 은닉층을 늘릴 수 있다. 이번 절에서는 오토인코더에 심층 신경망을 사용하여 성능이 증가되는지를 관찰해보자. 신경망을 구성하는 부분에서만 소스가 달라진다.

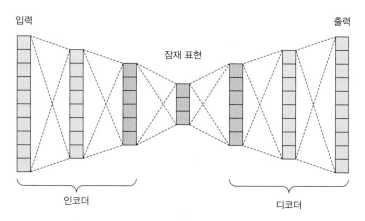

06 지금까지 우리는 오토인코더에서 컨벌루션 신경망을 이용하지 않았다. 즉 완전히 연결된 레이어만을 이용하였다. 하지만 얼마든지 컨벌루션 신경망을 사용할 수 있다. 그러나 이미지를 처리할 때는 컨벌루션 신경망을 사용하는 것이 가장 좋은 결과를 낸다. 이번 절에서는 컨볼루션 신경망을 사용하여 오토인코더를 작성해보자.

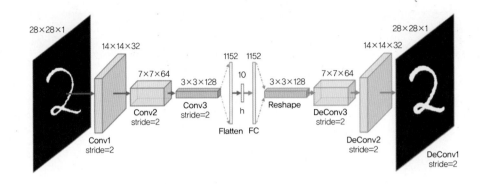

07 MNIST의 fashion 데이터 세트에 대하여 GAN을 적용시켜보자. 즉 fashion 데이터 세트를 학습하여서 진짜 같은 가짜 이미지를 만들어보자.

찾아보기